Hermann Graml
Zwischen Stresemann und Hitler

Schriftenreihe der Vierteljahrshefte für Zeitgeschichte Band 83

Im Auftrag des Instituts für Zeitgeschichte

Herausgegeben von

Karl Dietrich Bracher, Hans-Peter Schwarz, Horst Möller

Redaktion: Jürgen Zarusky

R. Oldenbourg Verlag München 2001

Zwischen Stresemann und Hitler

Die Außenpolitik
der Präsidialkabinette Brüning,
Papen und Schleicher

Von Hermann Graml

R. Oldenbourg Verlag München 2001

Die Deutsche Bibliothek – CIP Einheitsaufnahme

Graml, Hermann:
Zwischen Stresemann und Hitler : die Außenpolitik der Präsidialkabinette Brüning, Papen und Schleicher / von Hermann Graml. – München : Oldenbourg, 2001
  (Schriftenreihe der Vierteljahreshefte für Zeitgeschichte ; Bd. 83)
  ISBN 3-486-64583-8

© 2001 Oldenbourg Wissenschaftsverlag GmbH, München
Rosenheimer Straße 145, D-81671 München
Internet: http://www.oldenbourg-verlag.de

Das Werk einschließlich aller Abbildungen ist urheberrechtlich geschützt. Jede Verwertung außerhalb der Grenzen des Urheberrechtsgesetzes ist ohne Zustimmung des Verlages unzulässig und strafbar. Dies gilt insbesondere für Vervielfältigungen, Übersetzungen, Mikroverfilmungen und die Einspeicherung und Bearbeitung in elektronischen Systemen.

Gedruckt auf säurefreiem, alterungsbeständigem Papier (chlorfrei gebleicht).
Gesamtherstellung: R. Oldenbourg Graphische Betriebe Druckerei GmbH, München

ISBN 3-486-64583-8
ISSN 0506-9408

Inhaltsverzeichnis

Vorwort 7

I. Die Ausgangslage: Kräfte, Tendenzen, Optionen 11

II. Abkehr des Kabinetts Brüning von der Politik Stresemanns . . . 39

III. Versuche zur Rettung der deutsch-französischen Annäherung und der Übergang Berlins zu aktiver Revisionspolitik. 81

IV. Britisch-deutsche Allianz gegen den Young-Plan 113

V. Auf dem Weg zur Konferenz von Lausanne 169

VI. Brünings Entlassung, die Übergangskabinette Papen/Schleicher und das Ende der Reparationen 199

Quellen und Literatur. 229

Personenregister. 237

Vorwort

Nach dem Sturz eines Kabinetts der Großen Koalition unter dem Sozialdemokraten Hermann Müller begann am 30. März 1930 die Periode der erst von Heinrich Brüning, dann von Franz v. Papen und schließlich von Kurt v. Schleicher gebildeten Regierungen, für die sich die Bezeichnung „Präsidialkabinette" eingebürgert hat, da sie weniger und weniger vom Reichstag und mehr und mehr vom Reichspräsidenten abhingen. Das Ende der Periode kam am 30. Januar 1933 mit der Ernennung Adolf Hitlers zum Reichskanzler. Nur knapp drei Jahre währte diese Spanne der deutschen Geschichte im 20. Jahrhundert, doch war sie für das Ende der Weimarer Republik und für die Anfänge der nationalsozialistischen Diktatur offensichtlich von größter Bedeutung. Daher hat sie schon früh die besondere Aufmerksamkeit der deutschen Zeitgeschichtsforschung gefunden; bereits deren erstes bahnbrechendes Pionierwerk, Karl Dietrich Brachers 1954 erschienene und bis heute unübertroffene „Auflösung der Weimarer Republik"[1], war der Analyse und Erklärung jener entscheidenden Jahre gewidmet.

Im Mittelpunkt des Interesses stand dabei die Frage, ob die Präsidialkabinette als Ouvertüre zum nationalsozialistischen Regime, ja fast schon als dessen erste Phase aufzufassen sind oder ob sie als letzter Akt der Weimarer Republik, ja womöglich als Versuch eines Dammbaus gegen die steigende Flut der NS-Bewegung zu gelten haben. Die Frage lenkte die Aufmerksamkeit naturgemäß auf den offenbar wichtigsten und prägenden Präsidialkanzler, auf Heinrich Brüning. Historiker wie Werner Conze[2] und Rudolf Morsey[3] haben Brüning – wofür sie bedenkenswerte Argumente ins Treffen führten – noch in Weimarer Traditionen und als Arbeiter an einem Bollwerk gegen die Nationalsozialisten gesehen, während etwa Karl Dietrich Bracher Brünings „unpolitischer Politik"[4] doch erhebliche Mitverantwortung für das Ende Weimars beigemessen hat. Brüning selbst hat mit seinen 1970 veröffentlichten Memoiren die Verteidiger seiner Politik böse desavouiert, indem er sich als Anti-Republikaner und Nationalist reinsten Wassers decouvrierte, andererseits freilich durch zahllose Irrtümer, Ungenauigkeiten

---

[1] Bracher, Auflösung der Weimarer Republik (1954).
[2] Conze, Brüning als Reichskanzler (1972).
[3] Morsey, Brüning und Adenauer (1972).
[4] Bracher, Brünings unpolitische Politik (1971).

und offensichtliche Unwahrheiten im Detail auch Zweifel an der Richtigkeit seiner grundsätzlichen Konfessionen möglich gemacht.

Jedenfalls befaßte sich die Forschung, wie angesichts der zentralen Fragestellung nur natürlich, in erster Linie mit der innenpolitischen Entwicklung zwischen 1930 und 1933. Das gilt auch für die große und gewichtige Brüning-Biographie, die Herbert Hömig[5] vorgelegt hat und der wir wichtige Aufschlüsse zum Werdegang des Kanzlers verdanken. Es gilt nicht minder für die umfassenden Darstellungen der Weimarer Republik, wie sie uns zuletzt von Hans Mommsen[6] und Heinrich August Winkler[7] gegeben wurden, obwohl bemerkt werden muß, daß der genaue Leser in Winklers Werk auf souveräner Quellenkenntnis beruhende treffende Urteile gerade zur Brüningschen Außenpolitik findet. Auch in der instruktiven Übersicht Eberhard Kolbs[8] steht die Innenpolitik im Zentrum, ebenso bei Gerhard Schulz[9], der erklärtermaßen den „Wandel des politischen Systems in Deutschland" zu zeigen sucht.

Hingegen sind wir über die deutsche Außenpolitik der Jahre zwischen 1930 und 1933 weniger gut unterrichtet. In der klassischen Darstellung Peter Krügers[10] ist die Zeit der Präsidialkabinette – als im Grunde nicht mehr zur Geschichte Weimars gehörig – lediglich in einer Art Anhang behandelt, und in der neuesten Bilanz, die Horst Möller[11] gezogen hat, ist den internationalen Beziehungen zwar viel Raum gewidmet, doch kann sich ein solcher Überblick naturgemäß nicht auf die Details dreier Jahre in der Geschichte eines einzigen Staates einlassen. Selbst Gottfried Niedharts[12] informatives Handbuch zur Außenpolitik der Weimarer Republik muß sich bei der Schilderung des von Brüning, Papen und Schleicher bestimmten Abschnitts auf ein mit knappen Strichen gezeichnetes Bild beschränken. Franz Knippings überzeugende Untersuchung des Verhältnisses zwischen Stresemannscher und Brüningscher Politik[13] bricht 1931 ab, und Andreas Hillgrubers Essay über Kontinuität und Wandel in der Außenpolitik der Weimarer Republik[14] ist vom Autor nur als Wegweiser verstanden worden.

Gewiß liegen nicht wenige und auch wichtige Arbeiten zur Reparationspolitik der Präsidialkabinette vor, so die gründliche Abhandlung von Winfried Glashagen[15], und da Reparationspolitik wesentlich Außenpolitik ge-

---

[5] Hömig, Brüning – Kanzler in der Krise der Republik (2000).
[6] Mommsen, Die verspielte Freiheit (1989).
[7] Winkler, Weimar 1918–1933 (1993).
[8] Kolb, Die Weimarer Republik (1998).
[9] Schulz, Von Brüning zu Hitler (1992).
[10] Krüger, Außenpolitik von Weimar (1985).
[11] Möller, Europa zwischen den Weltkriegen (1998).
[12] Niedhart, Außenpolitik der Weimarer Republik (1999).
[13] Knipping, Das Ende der Locarno-Ära (1987).
[14] Hillgruber, „Revisionismus" (1983).
[15] Glashagen, Reparationspolitik (1980).

wesen ist, mag die Feststellung, die Außenpolitik der Jahre 1930 bis 1933 liege noch in einer Art Dämmerlicht, doch etwas befremdlich erscheinen. Aber bei näherem Zusehen ist festzustellen, daß sich auch die meisten Studien zur Reparationspolitik auf deren innere Voraussetzungen, auf die internen Entscheidungsprozesse und auf die innenpolitischen Konsequenzen konzentrieren. Daher ist auch zu unbestimmt geblieben, welchen Anteil die Gegenspieler und Partner Deutschlands, also namentlich Frankreich, Großbritannien und die USA, zwischen 1930 und 1933 an der Behandlung des Reparationsproblems hatten, wenngleich Philipp Heyde[16] mit seiner Studie jetzt eine der störendsten Lücken geschlossen hat. Nun besitzen wir seit kurzem ein grandioses Gesamtbild deutscher Außenpolitik „von Bismarck bis Hitler" von Klaus Hildebrand[17], und der Autor ist sich sehr wohl bewußt, welche Bedeutung der kurzen Periode der Präsidialkabinette zukommt; da er aber einen so kühnen Bogen spannt, steht er notwendigerweise unter dem Gebot, vornehmlich die für den Gang seiner Handlung wesentlichen Aspekte jener Periode zu analysieren.

So schien es sinnvoll zu sein, die Außenpolitik der Präsidialkabinette noch einmal in den Blick zu nehmen und dabei den Versuch zu machen, die Leitprinzipien und den Zusammenhang der außenpolitischen Handlungen Brünings, Papens und Schleichers zu erfassen und dann dem Leser zwar ohne Verzicht auf das signifikante Detail, doch möglichst übersichtlich zu präsentieren. Dabei sollte die Hauptfrage lenkend sein, wie sich die Außenpolitik der Präsidialkabinette zur Weimarer Außenpolitik bis zum März 1930 und dann zu den Anfängen nationalsozialistischer Außenpolitik verhält, innerhalb dieser Hauptfrage die Frage – auf die schon Klaus Hildebrand aufmerksam gemacht hat –, ob denn die vier Präsidialkabinette (Brüning I und II, Papen und Schleicher) im Hinblick auf ihre Außenpolitik und deren innenpolitische Fundierung überhaupt als Einheit begriffen werden dürfen, ob nicht schon Unterschiede zwischen dem ersten und dem zweiten Kabinett Brüning, erst recht zwischen Brüning und Papen, schließlich zwischen Papen und Schleicher bestanden haben. Im Detail lockte die Frage, ob Brüning tatsächlich der erfolgreiche Reparationspolitiker war, der seinem Nachfolger sozusagen die Konferenz von Lausanne hinterließ, die Frage also, konkret gesagt, ob die Konferenz von Lausanne und das auf ihr beschlossene Ende der Reparationen wirklich der deutschen reparationspolitischen Strategie zu danken war oder nicht doch in gleichem Maße oder gar noch mehr dem Handeln etwa der britischen Politiker. Ebenso war es wohl an der Zeit, der von Knut Borchardt[18] wieder gestellten Frage nach Sinn oder Unsinn der zwischen 1930 und 1932 gemachten französischen Kredit-

---

[16] Heyde, Das Ende der Reparationen (1998).
[17] Hildebrand, Das vergangene Reich (1995).
[18] Borchardt, Zwangslagen und Handlungsspielräume (1979).

angebote und nach den Gründen ihrer Ablehnung durch die Regierung Brüning noch einmal nachzugehen.

Auf solche Fragen Antworten zu finden, ist das Ziel der vorliegenden Arbeit, die ohne die Unterstützung durch das Institut für Zeitgeschichte und seines Direktors Horst Möller nicht zustande gekommen wäre und deren Autor vielen zu danken hat, wobei die freundliche Betreuung im Politischen Archiv des Auswärtigen Amts durch Frau Dr. Keipert, Herrn Dr. Pretsch und Herrn Dr. Grupp zu nennen ist, nicht zuletzt aber die kritische Beratung durch Jürgen Zarusky und Hans Woller, den Chefredakteur der Vierteljahrshefte für Zeitgeschichte, ferner die unermüdliche Mitarbeit von Frau Sybille Benker und Frau Veronika Stroh. In der Arbeit dominiert die vielerorts heute etwas geringgeschätzte Diplomatiegeschichte, doch wer Außenpolitik erkennen und verstehbar machen will, hat gar keine Wahl: er muß sein Augenmerk vor allem auf Aktion und Interaktion der handelnden Personen richten, ob Politiker, ob Diplomaten, ob Militärs.

I. Die Ausgangslage: Kräfte, Tendenzen, Optionen

Dem großen Krieg, der vom Sommer 1914 bis zum Herbst 1918 Europa zutiefst erschüttert und sich durch das Eingreifen Japans, der Türkei und der Vereinigten Staaten von Amerika in der Tat zu einem Weltkrieg ausgeweitet hatte, war ein Zustand gefolgt, in dem die Zukunft der europäischen Staaten so unruhig und friedlos erschien wie nach keinem anderen militärischen Konflikt der vorhergegangenen zweihundertfünfzig Jahre. Das galt für die inneren Verhältnisse der Länder Europas wie auch – in wechselseitiger Abhängigkeit – für die Beziehungen zwischen den Staaten. Letzteres vor allem war – und das ist weniger paradox gewesen, als manche Beteiligte später meinten – gerade dem Willen der Sieger zu danken, dem europäischen Kontinent eine stabile Nachkriegsordnung zu geben.

Geschöpfe eines wissenschaftsgläubigen Zeitalters, hingen die Politiker und Diplomaten der Siegermächte, die in den ersten Nachkriegsjahren die Friedensverträge mit den Besiegten festzulegen hatten, der Vorstellung an, daß nicht nur in Staat und Gesellschaft, sondern auch im internationalen System zivilisierender und humanisierender Fortschritt machbar sei, sofern jetzt, beim Friedensschluß, nicht einfach der entstandenen Machtlage gefolgt, vielmehr ein vernünftiger und Gerechtigkeit schaffender Grundgedanke für eine auf Dauer Frieden stiftende Neukonstruktion der europäischen Staatengesellschaft gefunden werde; an der Notwendigkeit einer solchen Neukonstruktion schien nach viereinhalb Jahren eines ungewöhnlich blutigen Krieges kein Zweifel erlaubt zu sein[1]. Der für den Aufbau als tauglich angesehene Grundsatz war, nicht zuletzt unter dem Einfluß der 1917 in den Krieg eingetretenen USA, bereits vor Kriegsende entdeckt worden: das Selbstbestimmungsrecht der Völker. In den Augen angelsächsischer Friedensmacher kam dem Begriff durchaus der Charakter eines gesellschaftspolitischen Appells zu, eines Appells an die mittel-, ost- und südeuropäischen Nationen, liberaldemokratische Verfassungen – formal und real – zu

---

[1] Hierzu Baumgart, Vom europäischen Konzert zum Völkerbund; Bosl (Hrsg.), Versailles – St. Germain – Trianon; Goldstein, Winning the Peace; Gunzenhäuser, Pariser Friedenskonferenz 1919; Graml, Europa zwischen den Kriegen; Joll, Europe since 1870; Link (Hrsg.), Woodrow Wilson; Mayer, Politics and Diplomacy; Niedhart, Internationale Beziehungen 1917–1947; Schulz, Revolutionen und Friedensschlüsse. Jetzt auch Möller, Europa zwischen den Weltkriegen.

schaffen, in erster Linie umschrieb er aber die Absicht, das Nationalstaatsprinzip durchzusetzen, auf dem europäischen Kontinent leidlich homogene, also saturierte und danach zur friedlichen Lösung internationaler Konflikte befähigte Nationalstaaten zu etablieren.

Hatten die Westmächte im Zeichen dieses Ordnungsprinzips schon während der Kriegsjahre nationale Befreiungsbewegungen in Europa – ebenso im Nahen Osten – politisch, militärisch und finanziell unterstützt, so verhalfen sie nun nach dem Krieg, auf der Pariser Friedenskonferenz, solchen Bewegungen tatsächlich zu eigener Staatlichkeit; existierende Nationalstaaten, die sich jedoch wie Rumänien und Serbien als unvollkommen verstanden, wurden entsprechend arrondiert. Dies hat zwei große Reiche und ein kleineres Reich völlig zerstört: das osmanische Imperium, das habsburgische Imperium und dazu noch das ungarische Imperium. Die Türkei büßte ihre beträchtlichen arabischen Besitzungen ein und sah sich auf das anatolische Kernland beschränkt, die Donaumonarchie zerfiel in etliche Nachfolgestaaten, und Ungarn verlor die Slowakei an die neugeschaffene tschechoslowakische Republik, das Burgenland an Deutsch-Österreich, Kroatien-Slawonien an Jugoslawien, die Bukowina, Siebenbürgen und Arad an Rumänien, das Banat an Rumänien und Jugoslawien. Zwei weitere Reiche mußten herbe Verluste hinnehmen: Rußland fand sich aller seiner Ostseeprovinzen beraubt, im Westen seiner polnischen Territorien und im Südosten Bessarabiens. Deutschland hatte Elsaß-Lothringen an Frankreich, Eupen-Malmedy an Belgien, Posen, Teile Westpreußens und Oberschlesiens an den jungen polnischen Staat, das Memelland an Litauen, einen Streifen in Schleswig an Dänemark und das Hultschiner Ländchen an die Tschechoslowakei abzutreten, außerdem Verzicht auf seine afrikanischen, fernöstlichen und pazifischen Kolonien zu leisten; Danzig fiel zwar nicht an Polen, wurde jedoch abgetrennt und als Freie Stadt unter Völkerbundsverwaltung gestellt. In den Auflösungs- beziehungsweise Schrumpfungsprozessen stürzten außerdem die bisher regierenden Dynastien, und sowohl die übriggebliebenen Kernländer wie die gestutzten Staaten verwandelten sich in Republiken; Ungarn freilich gerierte sich weiterhin als Monarchie – als eine Monarchie, die nur genötigt sei, für eine Weile ohne Monarch zu existieren[2].

Dieser Vorgang schnitt so tief, scharf und schmerzhaft in die gewachsene europäische Staatenwelt ein, daß bereits er, statt Frieden und Stabilität zu bescheren, nichts als Anlässe für künftigen Streit und Hader schuf, zumal naturgemäß gerade die politischen Eliten in Reststaaten wie Ungarn oder in verkleinerten Reichen wie Deutschland und Rußland weder willens noch fähig waren, auf das Denken in imperialen Kategorien und auf das Streben nach Rückgewinnung des Verlorenen, ob Länder, ob Geltung, ob Macht, zu verzichten. Zwar hatte in Rußland eine neue Elite aus kommunistischen Re-

---

[2] Hoensch, Geschichte Ungarns.

I. Die Ausgangslage: Kräfte, Tendenzen, Optionen

volutionären die alte Führungsschicht aus Aristokratie und einem noch kleinen Bürgertum weggefegt, aber die nun herrschenden Bolschewiki eigneten sich, ohne den Anspruch auf die globale sozialistische Revolution aufzugeben, bemerkenswert rasch die imperiale Denkweise ihrer Vorgänger an, die bald sogar Priorität erhielt. Träumten der Hochadel und die Gentry Ungarns von der Restauration des Reiches der Stephanskrone, so die roten Herren Moskaus von der Wiederherstellung der Grenzen des zaristischen Rußland; kaum ein paar Jährchen an der Macht, da schwor Marschall Klimmt J. Woroschilow, Volkskommissar für Verteidigung, einem deutschen Gesprächspartner, er und seine Genossen könnten sich niemals mit den derzeitigen Ostgrenzen Polens abfinden[3].

Der hier angehäufte Zündstoff erhielt eine zusätzliche und seine besondere Brisanz, weil es den Pariser Friedensmachern nicht gelungen war, wenigstens jenes Prinzip, an dem sie die Neuordnung Europas zu orientieren verhießen und ja auch tatsächlich orientieren wollten, rein und überall anzuwenden. Wie denn auch; gerade in Ost- und Südosteuropa ließ das bunte Gemenge der Nationen und Nationalitäten homogene Nationalstaaten überhaupt nicht zu. Jedoch wirkten auf die Konstruktionsarbeit eben auch – ein alter Fluch auf Friedenskonferenzen – prinzipienfremde Gesichtspunkte ein. So schien die wirtschaftliche und militärische Existenzsicherung der jungen und arrondierten Staaten – die außerdem zum Lager der Sieger zählten und überdies bei der Verteidigung der entstehenden Ordnung eine Rolle übernehmen sollten – gebieterisch zu verlangen, ihnen auch Territorien zuzuteilen, deren Bevölkerung keineswegs zur sogenannten „Staatsnation" gehörte und durchaus gegen ihren Willen in einen ungeliebten oder sogar gehaßten Staat gezwungen wurde. In solchen Fällen blieb die Berufung auf das Selbstbestimmungsrecht ohne Echo. Die jeweilige ethnische Gruppe sah sich, statt den Anschluß an einen Staat ihrer Wahl und Nation wählen zu dürfen, plötzlich als „Minorität" in einem fremdnational bestimmten Staat und dort, da die neuen Staatsnationen – fast naturgemäß – einen rabiaten Nationalismus an den Tag legten und mitnichten dem Anspruch auf Einrichtung eines – ihres – Nationalstaats zu entsagen gedachten, permanenter Benachteiligung und zugleich permanentem Einschmelzungsdruck ausgesetzt. So lebten nun etwa in Rumänien mehr äußerst nationalbewußte Ungarn, in Polen mehr antipolnische Ukrainer, im jetzt Jugoslawien getauften Groß-Serbien mehr leidenschaftlich serbenfeindliche Kroaten, als verkraftbar sein konnten; die Tschechoslowakei beherbergte, von kleineren Minder-

---

[3] Hinsichtlich Bessarabiens äußerten sich in gleichem Sinne z.B. Außenkommissar M. Litwinow am 28. 11. 1930 und der sowjetische Botschafter in Berlin, Leo Chintschuk, am 12. 12. 1931; Aufzeichnung Curtius bzw. Aufzeichnung Bülow jeweils an den genannten Tagen; PA, R 70502 bzw. R 29449. Die Äußerung Woroschilows am 14. 11. 1931 in einer Unterhaltung mit General Wilhelm Adam, Aufzeichnung des deutschen Botschafters in Moskau, Herbert v. Dirksen, vom 14. 11. 1931; PA, R 29516.

heiten abgesehen, nicht weniger als 3,5 Millionen höchst unwillige Staatsbürger deutscher Herkunft, die – alsbald Sudetendeutsche genannt – in dem liberaldemokratischen Staatswesen einerseits jede Freiheit hatten, ihr deutsches Nationalbewußtsein zu hegen, zu pflegen und zu schärfen, andererseits aber kaum eine Möglichkeit besaßen, die Außen- und Innenpolitik der Republik mitzubestimmen oder wenigstens zu beeinflussen[4].

Deutschland war im Grunde am sanftesten behandelt worden. Die Abtretung Elsaß-Lothringens an Frankreich und Abtretungen an Polen waren – wenngleich sich über die Gerechtigkeit der nach einer Volksabstimmung verfügten Teilung Oberschlesiens trefflich streiten ließ – keine Sünden gegen das Selbstbestimmungsrecht, sondern Folgen dieses Prinzips, da die Bewohner jener Regionen mehrheitlich im französischen beziehungsweise polnischen Staat zu existieren wünschten. Gewiß hatten die Sieger das Saarland aus dem Reichsverband gelöst und unter Völkerbundsverwaltung gestellt, jedoch nur für fünfzehn Jahre, und der Ausgang der dann vorgesehenen Volksabstimmung stand nie in Frage. Allerdings war nicht nur den Sudetendeutschen, sondern auch den Deutschen in Österreich der verlangte Anschluß an das Reich und damit die Wahrnehmung des Selbstbestimmungsrechts verwehrt worden; ihnen hatten die Friedensmacher eine eigene Staatlichkeit oktroyiert. Wäre den Österreichern, womöglich noch mit den Sudetendeutschen, das Selbstbestimmungsrecht zugestanden worden, hätten die Siegermächte das geschlagene Deutschland zum Hegemon Europas erhoben und damit das Kriegsergebnis ins Gegenteil verkehrt. Ein solches Verhalten zu erwarten oder zu fordern, hieß und heißt die menschliche Natur und das Wesen von Menschen gemachter Politik gründlich verkennen. Die Behandlung der österreichischen und sudetendeutschen Anschlußbewegung war durchaus verständlich, ebenso verständlich wie die Entschlossenheit, den jungen Staaten zur Lebensfähigkeit zu verhelfen. Auf der anderen Seite ist nicht weniger wahr: die Verständlichkeit, in manchen Fällen sogar Unabweisbarkeit der alliierten Politik änderte nichts daran, daß sie Herde künftiger Konflikte produzierte.

Zu den verletzten, verbitterten und nach Restauration trachtenden Imperialisten, die für das Selbstbestimmungsrecht der Völker nicht das geringste Verständnis, sondern nur Verachtung übrig hatten, gesellten sich also aus dem Kreis der Besiegten auch starke Gruppen, die deshalb zu den natürlichen Feinden der neuen europäischen Ordnung gehörten, weil ihnen das Selbstbestimmungsrecht vorenthalten worden war. In der Realität gab es freilich keine reinliche Scheidung. Individuen, politische Parteien und Organisationen, ethnische Gruppierungen konnten sehr wohl von beiden Gravamina gleichzeitig motiviert sein. Am deutlichsten war das bei den Sude-

---

[4] Hoensch, Tschechoslowakei. Ferner zum Problem U. Corsini/D. Zaffi (Hrsg.), Minderheiten.

I. Die Ausgangslage: Kräfte, Tendenzen, Optionen

tendeutschen, die unentwegt für sich das Selbstbestimmungsrecht einforderten und unter Berufung auf dieses Prinzip den tschechischen Machtanspruch mit aufrichtiger Empörung verdammten, daneben aber durchaus Bereitschaft zeigten, im Rahmen eines Großdeutschen Reiches Herrschaft über Tschechen auszuüben. Doch fand sich selbst im Kreise der Siegermächte ein Staat, der sich als konsequenter Gegner des entstandenen Status quo fühlte und verhielt. Italien hatte zwar keinen Quadratkilometer und keine Menschenseele verloren, im Gegenteil das Trentino, Triest, den größten Teil Istriens und überdies das deutschsprachige Südtirol bis zur Brennergrenze erhalten, doch glaubte eine Mehrheit der Italiener trotzdem das Recht auf tiefe Enttäuschung zu haben, da erheblich weiter reichende – und während des Krieges von den Verbündeten Italiens auch in Aussicht gestellte – Ansprüche, so auf Teile Dalmatiens und Albaniens, auf die Inseln des Dodekanes und auf zusätzliches Kolonialgebiet in Afrika, unerfüllt geblieben waren. Im Zorn über die entgangenen Gewinne sprachen viele Italiener bald vom „verstümmelten Frieden" – ein Wort, das ebenso realitätsblind und gefährlich war wie die zur gleichen Zeit in Deutschland wuchernde „Dolchstoß-Legende". In Wahrheit hatte sich der italienische Nationalismus schon vor dem Krieg zu einem Imperialismus gesteigert, der – von den parallelen Imperialismen der deutschen oder der habsburgischen oder der zaristischen Führungsschichten qualitativ kaum unterschieden – ein Anrecht darauf zu haben meinte, sämtliche mediterrane, adriatische und ägäische Regionen italienischer Herrschaft zu unterwerfen, wobei zur mediterranen Region nicht allein praktisch ganz Nordafrika, sondern auch die französische Riviera gerechnet wurde. Daß ein solcher Imperialismus auf der Pariser Friedenskonferenz enttäuscht werden mußte, hat die Bitterkeit, von der die italienischen Nationalisten befallen wurden, nicht gemildert. Die im Oktober 1922 als Resultat innenpolitischer Konflikte an die Macht gelangten, von Benito Mussolini geführten Faschisten standen in dieser nationalistisch-imperialistischen Tradition, ja sie träumten noch begehrlicher vom Mittelmeer als dem „mare nostrum", und so trat auch Italien unwiderruflich neben alle anderen Staaten, die ständig auf Gelegenheiten zur Korrektur der Kriegsergebnisse lauerten[5].

Daß sich Europa somit spaltete, daß sich ein Klub konservativer Verteidiger oder doch Anhänger des Status quo, dessen Mitglieder vor allem Frankreich, Großbritannien, die Tschechoslowakei und Rumänien waren, in permanenter Konfrontation mit einer revolutionär gestimmten Partei von Feinden des Status quo befand, daß also die auf der Pariser Friedenskonferenz geschaffene europäische Ordnung ein recht zartes, ja zerbrechliches Gebilde war, stand jedem Europäer, der sich mit Politik befaßte, von Anfang an sehr deutlich vor Augen. Um so eifriger bemühten sich die Angehö-

---

[5] Burgwyn, Legend of the Mutilated Victory.

rigen des Klubs darum, die Angehörigen der Partei an der aktiven Verfolgung revisionistischer Politik zu hindern. In erster Linie galten solche Anstrengungen naturgemäß dem gefährlichsten, weil potentiell stärksten Revisionisten: Deutschland. Namentlich Frankreich, das durch die Oktoberrevolution in Rußland und durch die revisionistischen Neigungen auch der neuen Herren Moskaus seinen stärksten Bundesgenossen auf dem europäischen Kontinent verloren hatte, dem außerdem eine – als Ausgleich für den Pariser Verzicht auf das Vorschieben der Ostgrenze Frankreichs bis zum Rhein – zugesagte amerikanisch-britische Garantie der eigenen Sicherheit auf Grund des Rückfalls der Vereinigten Staaten in politischen Isolationismus schließlich doch entgangen war, namentlich Frankreich also unternahm alles, um den dräuenden östlichen Nachbarn in Fesseln zu schlagen.

Um einen Ersatz für das nicht mehr existierende russische Bündnis zu schaffen, zimmerten die Pariser Politiker ein Allianzsystem, als dessen östlicher Pfeiler Polen fungierte und das sich im Südosten auf die sogenannte „Kleine Entente" stützte, zu der sich die Tschechoslowakei, Jugoslawien und Rumänien, die drei großen Gewinner der Pariser Friedenskonferenz, zusammengeschlossen hatten. Die Allianz sollte Deutschland in Schach halten, nicht zuletzt durch wachsame Kontrolle etwaiger österreichischer Anschlußtendenzen, und zugleich das ja ebenfalls unruhige Italien daran hindern, seinen imperialistischen Gelüsten nachzugeben, namentlich daran, Beutezüge auf dem Balkan zu unternehmen. Die vier Staaten übernahmen bereitwillig die ihnen von Paris zugedachte Rolle, schienen sie doch dadurch eine französische Garantie ihres Bestands gegen deutsche und italienische Anschläge zu erhalten, eine Garantie, ohne die sie ihre Lage für äußerst gefährdet ansehen mußten[6].

Allerdings sah das Gebäude von Anfang an nicht sehr vertrauenerweckend aus. Es bot gewiß Schutz gegen den italienischen und den ungarischen Revisionismus, jedoch konnte es den deutschen Revisionismus nur abhalten, solange Deutschland schwach war. Wie sollte es Bestand haben, wenn das Deutsche Reich die nach dem Kriege zunächst natürliche Erschöpfung überwand, seine außenpolitische Bewegungsfreiheit zurückgewann und dann womöglich nicht nur seine eigenen revisionistischen Ziele verfolgte, sondern sich an die Spitze der ganzen Revisionisten-Partei setzte? Mithin schien – so glaubten die ersten französischen Nachkriegskabinette – simple Logik zu gebieten, Deutschland möglichst lange in einem Zustand militärischer und außenpolitischer Ohnmacht zu halten. Im Friedensvertrag mit Deutschland, der am 28. Juni 1919 im Spiegelsaal des Schlosses von Versailles – wo 1871 die Gründung des Deutschen Reiches proklamiert worden war – unterzeichnet wurde, hatte sich Frankreich das Recht gesichert, die linksrheinischen deutschen Territorien zu besetzen und rechts des Rheins

---

[6] Wandycz, France and her Eastern Allies; Adam, Richtung Selbstvernichtung.

I. Die Ausgangslage: Kräfte, Tendenzen, Optionen

Stützpunkte zu unterhalten. Das Recht wurde wahrgenommen, und anfänglich beantwortete Frankreich größere oder kleinere oder auch nur sich abzeichnende deutsche Verstöße gegen den Versailler Vertrag mit der Okkupation weiterer deutscher Gebiete: so am 8. März 1921, als Frankreich auf die deutsche Ablehnung einer Reparationsforderung in Höhe von 226 Milliarden Mark mit der Besetzung Düsseldorfs, Duisburgs und Ruhrorts reagierte, so am 11. Januar 1923, als der vom Kabinett Cuno angekündigten Einstellung von Reparationszahlungen die Besetzung des Ruhrgebiets folgte. Auch suchten französische Politiker und Militärs die Okkupationen zur Ermutigung und Finanzierung separatistischer Gruppen an Rhein, Ruhr und in der Pfalz zu nutzen[7]. Ferner war Deutschland die Kraft zu offensivem und selbst defensivem militärischen Handeln genommen worden. Der Friedensvertrag begrenzte die Stärke des deutschen Heeres auf 100 000, die der Marine auf 15 000 Mann, und er verbot die allgemeine Wehrpflicht ebenso wie Flugzeuge, Panzer, U-Boote und schwere Artillerie. Vor allem aber war Deutschland auf französisches Drängen mit einer ungeheuren und im Grunde unbezahlbaren Reparationsschuld belastet worden. Begründet wurde die Schuld mit Deutschlands Verantwortung für den Krieg und damit für alle Schäden, die den Alliierten durch den Krieg entstanden waren (Artikel 231 des Vertrags von Versailles, sogenannter „Kriegsschuldartikel")[8].

In der Tat galten die Reparationen als Strafe, und in der Tat dienten sie zur Finanzierung des Wiederaufbaus in Belgien, Frankreich, Italien, Jugoslawien und Rumänien. Ebenso dringend brauchten die Westmächte Geld, um die gewaltigen Kredite abzahlen zu können, die sie während des Krieges von den Vereinigten Staaten bekommen hatten; die USA bestanden lange Jahre unerbittlich auf Rückzahlung. Jedoch war in französischen Augen nicht weniger wichtig, daß die Reparationszahlungen Deutschlands wirtschaftliche und politische Erholung hemmten und insbesondere Deutschlands Fähigkeit, Geld für militärische Zwecke auszugeben und eine Revisionspolitik stützende Armee zu finanzieren, drastisch beschränkten; eine höchst probate Ergänzung der Entwaffnungsklauseln des Versailler Vertrags.

Gewiß hatten sich die Friedensmacher auch um positive Friedenssicherung bemüht, ebenso darum, den nun in fremde Nationalstaaten gezwungenen Minoritäten die Pille etwas zu versüßen. So war von den Siegern ein Völkerbund ins Leben gerufen worden, dessen Satzung Bestandteil des Versailler Vertrags war. Mit diesem Versuch, liberaldemokratischen Parlamentarismus auf die Staatengesellschaft zu übertragen, sollte ein System kollek-

---

[7] Duroselle, Histoire diplomatique.
[8] Bariéty, Conférence de la paix; Sharp, The Versailles Settlement; Dickmann, Die Kriegsschuldfrage.

tiver Sicherheit errichtet werden, das zwar kriegerische Veränderungen des Status quo ausschloß, aber friedlichen Wandel ausdrücklich zuließ. Der Völkerbund, dessen Sitz Genf wurde, bestand zunächst aus 32 Siegerstaaten – plus 13 neutral gebliebene Länder –, doch war die Aufnahme der Besiegten durchaus vorgesehen, die dann begründbare revisionistische Forderungen zumindest in der Theorie friedlich im Rahmen des Bundes anstreben konnten. Außerdem schuf der Völkerbund ein kompliziertes Geflecht von Minderheitenschutzverträgen, dazu bestimmt, die „Staatsnationen" zu zügeln und ihnen jedenfalls die staatsbürgerliche und wirtschaftliche Gleichberechtigung ihrer Minoritäten abzuringen[9].

Indes fanden die Besiegten all das wenig überzeugend. Sie sahen, daß Artikel 19 der Satzung, der es der Vollversammlung erlaubte, Mitgliedern die Revision unanwendbar gewordener Verträge und friedensgefährdender internationaler Verhältnisse zu empfehlen, doch sehr zurückhaltend formuliert war, und sie sahen ferner, daß Artikel 10 jedes Mitglied verpflichtete, nicht nur die politische Unabhängigkeit, sondern auch die territoriale Integrität der anderen Bundesmitglieder zu respektieren und sogar zu schützen. Wie sollte da Revisionspolitik im Rahmen des Völkerbunds und friedlich gemacht werden? Auch gehörten die Sowjetunion und die USA dem Bund gar nicht an. Die sowjetischen Führer begriffen den Völkerbund als eine Vereinigung kapitalistischer Staaten und als Instrument der kapitalistischen Hauptmächte Großbritannien und Frankreich. In den Vereinigten Staaten wiederum war Präsident Woodrow Wilson, der zu den Vätern der neuen Institution zählte und sich von ihr aufrichtig eine fortschrittliche Revolutionierung der internationalen Beziehungen erhoffte, am Rückfall der Amerikaner in Isolationismus und am Widerstand seiner innenpolitischen Gegner gescheitert, die den demokratischen Politiker keinesfalls zu einer Art Weltpräsident aufsteigen lassen wollten. Das Fehlen der beiden potentiellen Weltmächte hatte aber zur Folge, daß im Völkerbund zunächst in der Tat Großbritannien, Frankreich und die französischen Trabanten in Ost- und Südosteuropa dominierten. Viele Angehörige der besiegten Völker verstanden daher den Bund noch nicht als eine Institution, in der sich eine Annäherung an ein Zeitalter allgemeinen Friedens manifestierte; für sie war er vorerst lediglich ein Werkzeug der Sieger zur Sicherung des allein in deren Interesse liegenden Status quo[10].

Ein Jahrfünft lang standen die zwischenstaatlichen Beziehungen in Europa nahezu ausschließlich unter der Spannung zwischen den Verteidigern der neuen Ordnung und den potentiellen Revisionisten. Zwar konnten die Besiegten und Enttäuschten noch kaum etwas unternehmen, doch war stets

---

[9] Dazu die immer noch klassische Darstellung von Walters, League of Nations. Ferner Pfeil, Der Völkerbund.
[10] Kimmich, Germany and the League of Nations.

I. Die Ausgangslage: Kräfte, Tendenzen, Optionen

erkennbar, daß sie sehnsüchtig auf den Augenblick warteten, in dem zu praktischer Revisionspolitik übergegangen werden durfte, und daß sie sich so gut es ging auf diesen Augenblick vorbereiteten. So trat Italien in ein sehr enges Verhältnis zu Ungarn. Ungarische Politiker wie Gyula Gömbös nahmen schon Anfang der zwanziger Jahre Verbindung mit rechtsgerichteten Parteien und Organisationen in Deutschland auf, nicht zuletzt mit der in München beheimateten NSDAP Adolf Hitlers[11]. Auch in Italien beobachteten Mussolini und seine Faschisten mit größter Aufmerksamkeit die Vorgänge im Deutschen Reich; jedes Anzeichen von Erholung und von Kraftzuwachs wurde sorgfältig und freudig registriert, war doch aktive italienische Revisionspolitik ohne deutsche Hilfe nicht recht vorstellbar[12].

Und Deutschland selbst? Es war evident, daß die von hysterischen Zügen nicht freie und immer wieder zu rüden Methoden greifende Sicherheitspolitik Frankreichs, die einen ihrer Höhepunkte in der Ruhrbesetzung fand, den sozusagen naturgegebenen deutschen Revisionismus ebenfalls zu fiebriger Hitze trieb. Frankreich galt rasch nicht allein als ein „Erbfeind", sondern als der „Erzfeind" Deutschlands und der Deutschen. Georges Clemenceau, in der letzten Kriegsphase fast diktatorisch amtierender französischer Ministerpräsident und im Reich zur Symbolfigur französischer Deutschfeindlichkeit stilisiert, habe gesagt, so erzählte man sich allenthalben, es gebe „20 Millionen Deutsche zuviel auf der Welt". Jahre später bat der Präsident des Reichsarchivs das Politische Archiv des Auswärtigen Amts um Verifizierung des Ausspruchs. Wie meist in solchen Fällen stellte sich heraus, daß Clemenceau nichts dergleichen gesagt hatte. Am 9. Juli 1930 mußte Victor v. Heeren (Abteilung II des A.A.) dem Reichsarchiv mitteilen: „Clemenceau selbst hat den Ausspruch in amtlicher oder nachprüfbarer Form nicht getan."[13] Zuvor und auch danach glaubten nur allzu viele Deutsche an die Echtheit der Äußerung und meinten überdies, in der Formel Clemenceaus seien Grundmotiv und Leitprinzip französischer Deutschlandpolitik haargenau getroffen.

Eine der wichtigsten Folgen war die sehr schnell bündnisartige Form annehmende Verbindung zwischen Deutschland und der Sowjetunion[14]. Sie begann 1920 mit einer durchaus polenfeindlichen und für die Sowjetunion

---

[11] Gömbös erinnerte Hitler daran, als er am 6. 2. 1933 zur Ernennung zum Reichskanzler gratulierte; PA, R 74146. Vgl. auch Aufzeichnung Schlimper, 26. 8. 1931; PA, R 74142, und Aufzeichnung Mackensen, 19. 6. 1934; PA, R 74142.
[12] Lowe/Marzari, Italian Foreign Policy, S. 183 ff.; Woller, Rom, S. 141 ff.
[13] PA, R 70502.
[14] Schieder, Rapallo-Vertrag; Helbig, Träger der Rapallo-Politik; Wengst, Graf Brockdorff-Rantzau; Graml, Rapallo-Politik; Hildebrand, Das Deutsche Reich und die Sowjetunion; Rosenfeld, Sowjetrußland und Deutschland 1917–1922; ders., Sowjetunion und Deutschland 1922–1933. In die langfristige Darstellung deutscher Außenpolitik eingebettet Hildebrand, Das vergangene Reich, S. 838 ff.

auch praktisch nützlichen Neutralität Deutschlands im polnisch-sowjetischen Krieg. Sie gewann feste Gestalt 1921/22, als Reichswehr und Rote Armee eine für beide Seiten profitable Zusammenarbeit aufnahmen und diese Kooperation – dazu ein gewisser Wirtschaftsaustausch – mit dem am 16. April 1922 geschlossenen Vertrag von Rapallo auch einen diplomatisch-politischen Rahmen erhielt. Grundlage der Beziehung war, allgemein gesprochen, die generell antiwestliche Orientierung der Partner und die Hoffnung, durch gegenseitige Stützung die jeweils eigene Stellung gegenüber den als Feinde gesehenen Westmächten zu stärken. Die sowjetische Führung versprach sich, wenn sie dazu beitrug, Deutschland auf antiwestlichem Kurs zu halten, insbesondere auch die Verhinderung einer antisowjetischen Einheitsfront der kapitalistischen Staaten, wie sie sich im Frühjahr 1922 in der Tat als Möglichkeit abgezeichnet hatte. In deutschen Augen spielte die militärische Konnexion eine wichtige Rolle, die es erlaubte, die Entwaffnungsbestimmungen des Versailler Vertrags wenigstens in bescheidenem Maßstab zu umgehen. Vor allem aber begriffen beide Partner die Allianz als notwendige Voraussetzung und als Vorspiel gemeinsamer Revisionspolitik gegen Polen. Und so mächtig wirkten antiwestliche und antipolnische Emotionen oder, anders gesagt, die nach solchen Emotionen definierten Interessen, daß die Moskauer Bolschewiki überhaupt keinen Anstand nahmen, sich mit konservativen preußisch-deutschen Offizieren und mit Repräsentanten des nationalen deutschen Bürgertums zu verbrüdern, und daß auf der anderen Seite preußische Aristokraten und bürgerliche deutsche Politiker – wie auch Vertreter des Kapitals – nicht die geringsten Bedenken trugen, mit roten Revolutionären zu konspirieren, und dabei in Deutschland allenfalls links von der Mitte auf Opposition stießen.

Angesichts der tiefen Spaltung Europas und angesichts der bitteren Konflikte, die bei dieser Spaltung schon in naher Zukunft erwartet werden mußten, grenzte es an ein Wunder, daß die Beziehungen zwischen den europäischen Staaten in den Anfangsmonaten des Jahres 1930 erstmals seit dem Kriege nicht mehr zu weiterer Verschlechterung zu tendieren, ja sogar Verbesserung zu verheißen schienen. In den Mächten, die an der Erhaltung des Status quo interessiert waren, begann sich gedämpfter Optimismus zu regen. Konnte die Partei der Feinde des Status quo vielleicht doch mit der Versailler Ordnung versöhnt werden? Genauer gefragt: Konnte der potentiell stärkste Revisionist, Deutschland, vielleicht doch dazu gebracht werden, eine friedlich-stabile Gegenwart und Zukunft den Fährnissen aktiver Revisionspolitik vorzuziehen, und konnten danach all die anderen Revisionisten, denen ohne deutsche Führung und Hilfe die Kraft zum revolutionären Umsturz der Staatengesellschaft fehlte, zu Tolerierung und allmählicher Gewöhnung genötigt sein?

Der Grund solcher Fragen und der Grund dafür, daß eine bejahende Antwort immerhin denkbar wurde, war eine deutsch-französische Annäherung,

I. Die Ausgangslage: Kräfte, Tendenzen, Optionen

die 1924 eingesetzt und sich trotz größerer und kleinerer – von beiden Seiten verschuldeter – Zwistigkeiten bis zur Jahreswende 1929/30 kontinuierlich fortgesetzt hatte[15]. Es gab sowohl in Frankreich wie in Deutschland etliche Politiker, Diplomaten und Intellektuelle, die an die Verständigung ihrer Länder glaubten und daher konsequent daran arbeiteten, aus Annäherung tatsächlich Verständigung zu machen. Gelungen war das bis Anfang 1930 noch nicht. Den Beginn des Prozesses hatte ja auch nicht französische und deutsche Verständigungsbereitschaft bewirkt, sondern schiere Erschöpfung. In Deutschland hatten sich alle politischen Gruppierungen, von der extremen Linken und der extremen Rechten abgesehen, im Spätsommer 1923 eingestehen müssen, daß das Deutsche Reich als Resultat einer Politik des permanenten Konflikts mit Frankreich in ein nicht mehr auszuhaltendes finanzielles und innenpolitisches Chaos gestürzt worden war. Zuletzt hatte die Finanzierung des passiven Widerstands gegen die Besetzung des Ruhrgebiets, da das benötigte Geld vornehmlich von der Notenpresse produziert worden war, die ohnehin grassierende Inflation zu einer irrwitzigen Hyper-Inflation gesteigert, die ganze Gesellschaftsschichten ruinierte und in der revolutionäre Bewegungen jeder Art prächtig gediehen. Gustav Stresemann, vom 13. August bis zum 30. November 1923 Reichskanzler einer Koalitionsregierung und in allen folgenden Kabinetten bis zu seinem Tode am 3. Oktober 1929 Außenminister, zog die Konsequenzen. Zwar war er damals noch kein Verständigungspolitiker im strengen Sinne des Worts, schon gar nicht ein europäisch denkender Staatsmann, wohl aber hatte sich der Annexionist der Kriegsjahre zu einem realistischen Patrioten entwickelt, der Deutschland im europäischen Zusammenhang sah. So begriff er, daß das Deutsche Reich nicht länger versuchen durfte, das Kriegsergebnis einfach zu ignorieren. Am 26. September 1923 brach er den passiven Widerstand an Rhein und Ruhr ab, und in den letzten Monaten des Jahres machte das Kabinett Stresemann mit der Schaffung der Rentenmark und dem Ausgleich des Haushalts auch der Inflation ein Ende. Der Abbruch des passiven Widerstands kam einer deutschen Kapitulation in der Reparationsfrage gleich, und die Stabilisierung der Währung erlaubte nun zum ersten Mal seit dem Kriege eine halbwegs brauchbare Berechnung der deutschen Zahlungsfähigkeit.

Daß Frankreich die deutsche Kapitulation annahm, lag in erster Linie daran, daß sich in Paris ebenfalls Realismus durchsetzte. Auch die Mehrheit der französischen Politiker sah ein[16], daß eine Politik der Feindseligkeit und der simplen Niederhaltung Deutschlands das Sicherheitsproblem lediglich für kurze Zeit zu lösen vermochte, das Problem im Grunde nur in die Zu-

---

[15] Hierzu grundlegend und bis heute gültig Krüger, Die Außenpolitik von Weimar, S. 207 ff. Zu Stresemann vor allem Koszyk, Gustav Stresemann; ferner Hirsch, Stresemann; Turner, Stresemann. Republikaner aus Vernunft; Maxelon, Stresemann und Frankreich.
[16] Hierzu Kaelble, Nachbarn am Rhein; V. Pitts, France and the German Problem; Hagspiel, Verständigung.

kunft verlagerte, auf der anderen Seite aber für eine ständige Beunruhigung der europäischen Verhältnisse – vom Chaos in Deutschland ganz zu schweigen – sorgte und daher die bisherigen Bundesgenossen von Frankreich zu trennen drohte. Vor allem Großbritannien. In London dominierte längst wieder das Interesse – wirtschaftlich und auch sozusagen empirepolitisch begründet – an stabilen Zuständen auf dem europäischen Kontinent, und so redeten Premierminister, Foreign Office und britische Diplomaten nicht nur den Deutschen gut zu, zunächst in der Reparationsfrage endlich vor Frankreich zu kapitulieren, sondern sie setzten zugleich ihre französischen Freunde unter massiven Druck, die deutsche Kapitulation, wenn sie denn kommen sollte und als sie dann in der Tat kam, in versöhnlichem Geiste auch zu akzeptieren. Es gelang ihnen sogar, Frankreich gleichfalls zu einer Art Kapitulation zu bewegen: zwar nicht zum Verzicht auf deutsche Reparationen, wohl aber zum Verzicht auf die bislang ungehemmt praktizierte politische Instrumentalisierung des Reparationsanspruchs und auf die Unterstützung separatistischer Gruppen im Rheinland und in der Pfalz. So wurde in Paris eine auf rücksichtslose und totale Anwendung von Versailles pochende Politik der Vertragslogik von einer Politik der Vernunft abgelöst. Jedenfalls in Ansätzen.

Am 30. August 1924 konnte in London zwischen den Alliierten und dem Deutschen Reich eine Vereinbarung unterzeichnet werden, in der Deutschland einwilligte, wieder in fixen Jahresraten Reparationen zu zahlen, und sich außerdem dazu verstand, sein Finanzwesen partiell internationaler Kontrolle zu unterwerfen, bis zu einem gewissen Grade auch die Reichsbank, die überdies unabhängig von der Reichsregierung wurde. Dafür handelte sich Deutschland schon einen reparationspolitischen Vorteil ein. Künftig war die Reichsregierung nur noch für die Aufbringung der Jahresraten zuständig, während für den Transfer der Gelder in die Gläubigerstaaten das internationale Kontrollorgan verantwortlich zeichnete, das dabei darauf zu achten hatte, daß die Reparationszahlungen nicht zu einer Gefahr für die deutsche Währung wurden, das hieß nicht eine neue Inflation bewirkten. Vor allem aber tauschte Deutschland gegen seine reparationspolitische Kapitulation und gegen die Eingriffe in seine Souveränität eine internationale Garantie der Reichseinheit ein, unter der auch die französische Unterschrift stand. Ein Erfolg, den noch ein Jahr zuvor niemand in Deutschland für möglich gehalten hätte. Daß hinter der britischen Intervention auch bereits amerikanischer Einfluß – namentlich auf Frankreich – am Werke gewesen war, ließ sich daran erkennen, daß zu den Architekten des Reparationsplans ein Amerikaner gehört hatte, der nun dem fertigen Vertrag seinen Namen gab: General Charles G. Dawes, exzellenter Finanzmann und Administrator, im Weltkrieg hervorragender Logistiker in der amerikanischen Armee; kurz nach der Londoner Konferenz wurde er Vizepräsident der USA unter Präsident Calvin Coolidge.

I. Die Ausgangslage: Kräfte, Tendenzen, Optionen

Mit der Annahme des Dawes-Plans war Deutschland wieder kreditwürdig geworden, und von einer internationalen Sofortanleihe abgesehen, die 800 Millionen Goldmark betrug und dem Reich den Start der Reparationszahlungen ermöglichen sollte, begannen amerikanische, britische und in bescheidenerem Maße sogar französische Kapitalgeber ihr Geld sogleich in Deutschland anzulegen[17]. Dieser Kreditstrom, der auch in den folgenden Jahren reichlich floß, diente nur zum geringeren Teil zur Finanzierung der Reparationsleistung. Überwiegend wurde in Wirtschaftsunternehmen investiert, gingen Anleihen an Länder und nicht zuletzt an Kommunen. Die deutsche Wirtschaft kam in Fahrt, der innere Markt kräftigte sich, der Lebensstandard breiter Schichten, gerade auch der Arbeiter, stieg, und danach konnte auch die Beruhigung der innenpolitischen Verhältnisse, wie sie mit der Währungsreform von 1923/24 verbunden war, zu Stabilisierung fortschreiten.

Der konjunkturelle Aufschwung war – ebenso wie die politische Erholung – keineswegs eine „Scheinblüte", wie oft gesagt wurde und wird. Die Blüte war durchaus real, jedoch konnte sie, wie schon viele Zeitgenossen nicht verkannten, ungewöhnlich leicht ungewöhnlich großen Gefährdungen zum Opfer fallen. Viele Anleihen kamen als kurzfristige Kredite, wurden aber von den Empfängern, namentlich von den Kommunen, oft in Vorhaben gesteckt, die ihrer Natur nach langfristige Kredite erfordert hätten. Solange es keine Schwierigkeiten machte, abgelaufene und abgerufene Kredite durch neues kurzfristiges Geld zu ersetzen, funktionierte das System, wurde aber der Kreislauf gestört oder zum Stocken gebracht, führte eine wirtschaftliche oder politische Krise – womöglich beides – zur Desertion kurzfristiger Kredite, ohne daß Ersatz zu beschaffen war, brachen sogleich Katastrophen herein.

Zunächst war jedoch die wohltätige Wirkung, in Wirtschaft wie Politik, zu sehen und zu spüren, und in dem solchermaßen veränderten Klima konnten weitere Schritte folgen. Stresemann betrachtete den Dawes-Plan, wie auch die meisten Politiker in den alliierten Staaten, lediglich als Provisorium. Im fünften Jahr der Laufzeit des Plans sollte von den moderateren Raten der ersten vier Jahre wieder zu den weit höheren Raten der Vor-Dawes-Periode zurückgekehrt werden. Für Stresemann hieß das nur, daß nach Ablauf der vier Jahre Verhandlungen aufgenommen werden müßten, und zwar nicht etwa über das Ausmaß einer Erhöhung, sondern über eine neuerliche Herabsetzung. Ebenso wichtig war in seinen Augen die Aufhebung der Finanzkontrollen und – da der Dawes-Plan bloß die Räumung des Ruhrgebiets und etlicher Städte des Rheinlands binnen eines Jahres zusagte – der Abzug französischer Truppen aus den laut Versailler Vertrag noch länger

---

[17] Aldcroft, Die zwanziger Jahre; Kindleberger, A Financial History; Rowland (Hrsg.), Balance of Power.

besetzten deutschen Territorien; außerdem hatte auch die für die Reichswehr höchst unbequeme Interalliierte Militärkontrollkommision zu verschwinden.

Nun war aber klar, daß man all dies allein dann zu erreichen hoffen durfte, wenn es gelang, Frankreich zur Zustimmung zu bewegen. Stresemann wußte sehr genau, daß Großbritannien bereit war – um der Stabilisierung Kontinentaleuropas willen –, gegenüber Deutschland Appeasement-Politik zu betreiben. Andererseits hatte er frühzeitig erkannt, daß die britische Neigung zum Appeasement nicht so weit ging, sich gegen Frankreich ausspielen zu lassen oder ein gegen Frankreich gerichtetes Bündnis mit Deutschland einzugehen. Die britische Regierung hatte 1923/24 bewiesen, daß sie durchaus fähig war, den französischen Freunden bei Verirrungen, das hieß bei allzu unruhestiftender Handhabung des Versailler Vertrags, in den Arm zu fallen und dabei auch ernstere Konflikte nicht zu scheuen. Doch Deutschland bei der allmählichen Lockerung von Versailler Bindungen behilflich zu sein, war den britischen Politikern nur möglich, wenn sich die deutsche Regierung in Paris um das französische Einverständnis mit den einzelnen Etappen bemühte und dabei selber Konzessionen machte. Frankreich war nicht zu umgehen; die partielle Abkehr von Versailles bedingte eine partielle deutsche Anerkennung von Versailles[18].

Angesichts der gegenüber Versailles und Frankreich so feindlichen Stimmung großer Teile der deutschen Bevölkerung war die Wendung zu Realismus und Vernunft nicht nur ein innenpolitisch schwieriger, sondern sogar ein für Stresemann persönlich gefährlicher Akt; schließlich lag die Ermordung Matthias Erzbergers und Walther Rathenaus erst wenige Jahre zurück. Gleichwohl übermittelte Stresemann, von Lord D'Abernon, dem britischen Botschafter in Berlin, nachdrücklich ermuntert, der Regierung Großbritanniens am 20. Januar 1925 eine Note, in der er die freiwillige Anerkennung der deutschen Westgrenze anbot und einen die Anerkennung dokumentierenden wie garantierenden Sicherheitspakt der interessierten Mächte vorschlug. Die britische Regierung betrachtete das Dokument nicht ohne Skepsis. Die Skepsis galt jedoch nicht dem Vorschlag Stresemanns, sondern der deutschen Aufrichtigkeit und nicht weniger der Bereitschaft Frankreichs, sich auf das deutsche Projekt einzulassen. Auch durfte in Paris nicht der Verdacht auf eine deutsch-britische Konspiration geweckt werden. So vergingen einige Tage, ehe das britische Kabinett Ende Januar zu verstehen gab, daß die deutsche Note nicht ungünstig aufgenommen worden sei, und mit dem Hinweis, in derartigen Fragen könne England nicht ohne seine Alliierten verhandeln, einen ähnlichen deutschen Schritt in Paris empfahl. Stresemann folgte dem Wink und unterbreitete seine Vorschläge am 9. Februar

---

[18] Graml, Europa zwischen den Kriegen, S. 175 ff.

1925 auch der französischen Regierung. Damit hatte er den Versuch zu einer deutsch-französischen Annäherung offiziell eröffnet[19].

In Paris ließ man sich mit der Antwort freilich Zeit. Hier begegneten die deutschen Absichten noch viel größerem Mißtrauen als in London, und nachdem in die ohnehin schon längere Phase französischer Unschlüssigkeit am 26. April die Wahl des Generalfeldmarschalls Paul v. Hindenburg zum Reichspräsidenten gefallen war, eines allem Anschein nach typischen Repräsentanten des wilhelminischen Deutschland, erhielt das Mißtrauen neue Nahrung, zumal jeder Politiker und Journalist in Europa wußte, daß Hindenburg die Kandidatur nicht zuletzt auf Zureden des Großadmirals Alfred v. Tirpitz akzeptiert hatte, der allenthalben geradezu als klassische Symbolfigur für deutschen Militarismus und Imperialismus galt[20]. Indes wurde dann doch deutlich, daß die Wahl Hindenburgs keinen negativen Einfluß auf Stresemanns Kurs hatte. Langsam bekehrte sich die französische Regierung – wiederum nicht ohne lenkende und steuernde britische Pression – zu der Auffassung, daß es wohl besser sei, den Deutschen, statt sie sich vom Leibe zu halten, entgegenzukommen. Vielleicht gelang es einer Politik der Aussöhnung und Annäherung, Deutschland an den Status quo zu fesseln. Wie stark dieses Motiv – als Hoffnung – war, kam in der französischen Note deutlich zum Ausdruck, die am 16. Juni 1925 in Berlin einging. In ihr stimmte die französische Regierung Verhandlungen über die deutschen Vorschläge grundsätzlich zu, wobei bezeichnenderweise bereits eine östliche Ergänzung des Garantiesystems angeregt – nicht verlangt – wurde. Ebenso bezeichnend war, daß die französische Regierung Deutschlands Eintritt in den Völkerbund, also die formelle Rückkehr des Reiches in die Staatengesellschaft, nicht etwa als Belohnung für deutsche Konzessionen in Aussicht stellte, sondern eine conditio sine qua non für erfolgreiche Verhandlungen nannte; sie sah darin einen dicken Faden, um Deutschland zu binden.

So begann eine Verhandlungsrunde, in der sich Deutsche und Franzosen allem Argwohn zum Trotz in der Tat näherkamen. Bedenkt man die Vorbehalte, namentlich die französischen Vorbehalte, so wurde bemerkenswert wenig Zeit gebraucht, bis Repräsentanten der Mächte zur Konferenz von Locarno zusammentreten und dann ebenso bemerkenswert zügig, vom 5. bis 16. Oktober 1925, konkrete Resultate aushandeln konnten[21]. Zwischen Deutschland, Großbritannien, Frankreich, Belgien und Italien wurde ein Garantiepakt vereinbart, der Deutschland zur Anerkennung der in Versailles gezogenen deutsch-französischen beziehungsweise deutsch-belgischen Grenze und zu der im Versailler Vertrag (Artikel 42 und 43) festgeleg-

---

[19] Krüger, Die Außenpolitik von Weimar, S. 272.
[20] Dorpalen, Hindenburg in der Geschichte der Weimarer Republik, S. 76.
[21] Krüger, Die Außenpolitik von Weimar, S. 295 ff.

ten Entmilitarisierung des Rheinlands verpflichtete. Deutschland und Belgien beziehungsweise Deutschland und Frankreich sagten sich zu, „in keinem Falle zu einem Angriff oder zu einem Einfall oder zu einem Kriege gegeneinander zu schreiten". Waffengewalt blieb nur zur Selbstverteidigung, das hieß zum Widerstand gegen eine Verletzung des Garantiepakts und im Rahmen einer vom Völkerbund beschlossenen Aktion erlaubt. Mithin war die Rückkehr Frankreichs zu der zwischen 1919 und 1924 verfolgten Politik bis zur Unmöglichkeit erschwert, zumal Deutschland mit Belgien und Frankreich noch Abkommen traf, die eine schiedsgerichtliche Regelung aller auftauchenden und nicht auf diplomatischem Wege lösbaren Streitfragen obligatorisch machten.

Daß die Abmachungen von Locarno in solchem Tempo zustande kamen, war nicht zuletzt einem persönlichen Element zu verdanken. Leiter des Foreign Office war in jenen Jahren Sir Austen Chamberlain, ein konservativer Politiker, der großen Respekt vor Deutschland – er hatte 1887 als junger Mann noch am Tische Bismarcks gesessen[22] – mit tiefer Bewunderung französischen Geistes und französischer Kultur verband, sowohl in Berlin wie erst recht in Paris Vertrauen genoß und daher für die Rolle des britischen Vermittlers deutsch-französischer Annäherung die besten Voraussetzungen mitbrachte. Sein und Stresemanns Partner auf französischer Seite war Aristide Briand, der sich, ursprünglich Sozialist, zu einer der großen Gestalten der humanistischen Traditionen Frankreichs und des französischen Liberalismus entwickelt hatte[23]. Kein Pazifist, war er jedoch spätestens durch die Erfahrung des Weltkriegs zum Anhänger einer Politik der Kriegsverhütung um fast jeden Preis geworden; mithin lag ihm eine friedenssichernde Verständigung zwischen Frankreich und Deutschland wirklich am Herzen. Daß er prinzipienfest war, hinderte ihn nicht daran, taktisch geschickt zu operieren, und so durfte er auf eine glanzvolle politische Karriere zurückblicken. Vielen französischen Kabinetten hatte er angehört, oft als Regierungschef, und zur Zeit von Locarno amtierte er als Außenminister unter dem Ministerpräsidenten Paul Painlevé. Am 1. Dezember 1925 wurden die im Oktober formulierten Verträge in London unterzeichnet.

Ein Ziel war von Stresemann nicht erreicht worden. Obwohl er seine nicht geringe Überredungskunst aufgeboten und auch das zu Briand allmählich entstehende Vertrauensverhältnis zu nutzen versucht hatte, war es ihm nicht gelungen, die Westmächte für eine Abmachung zu gewinnen, in der sich Frankreich und Großbritannien gewissermaßen als Belohnung für den deutschen Verzicht auf Elsaß-Lothringen zur vorzeitigen Räumung der gemäß dem Friedensvertrag besetzten rheinischen Gebiete verpflichtet hätten. Schließlich mußte sich Stresemann mit dem Versprechen Briands be-

---

[22] Chamberlain, Erinnerungen, S. 82 ff.
[23] Siebert, Aristide Briand; Baumont, Aristide Briand.

scheiden, daß er sich bemühen werde, die Räumung, die nicht als französische Konzession mit dem Locarno-Pakt verbunden werden könne, nach seiner Rückkehr in Paris als freiwillige Geste Frankreichs durchzusetzen. Was die Kölner Zone betraf, so vermochte Briand sein Wort zu halten. In den ersten Novembertagen, noch ehe die Verträge von Locarno in London unterzeichnet wurden, teilte er Stresemann mit, daß der Abzug der Truppen demnächst eingeleitet und bis Februar 1926 abgeschlossen sein werde. Er hatte sein Versprechen guten Glaubens gegeben, jedoch angesichts der noch immer breiten Front französischer Sekuritätsfanatiker vorerst nicht weiter gehen können. Erst im August 1929, wenige Monate vor seinem Tode, erhielt Stresemann die Zusage, daß auch in den beiden letzten Zonen die Okkupation im Laufe des Jahres 1930, bis zum 30. Juni, vorzeitig beendet werde.

Obwohl sich also nicht alle Wünsche erfüllt hatten, durften Briand und Stresemann dennoch annehmen, einen großen Erfolg für ihre Länder errungen zu haben. Deutschland hatte an Sicherheit, finanzpolitischer Stabilität und internationaler Bewegungsfreiheit gewonnen, zumal sich Großbritannien und Italien verpflichtet hatten, als Garantiemächte der Vereinbarungen von Locarno zu fungieren, das hieß bei einer deutschen Vertragsverletzung Frankreich und Belgien, bei einer französischen oder belgischen Vertragsverletzung Deutschland Beistand zu leisten. In Frankreich wiederum konnte man sich in dem Glauben wiegen, den unruhigen Nachbarn mit britischer Hilfe auf den Anfang eines Weges geschoben zu haben, der von Revanche und Revisionismus wegführte. In Deutschland wie in Frankreich schien die Phalanx der Gegner von Locarno zurückgedrängt werden zu können. Im übrigen Europa – und in den USA – hatten fast alle, die als Akteure oder Beobachter mit der internationalen Situation befaßt waren, erst recht den Eindruck, daß sich das deutsch-französische Verhältnis positiv entwickle, die noch überwiegend vom Krieg bestimmte Periode ihr Ende gefunden habe und das Tor zu einer friedlichen Zukunft des Kontinents aufgestoßen worden sei. Es war Ausdruck dieser kurz zuvor noch unvorstellbaren Zuversicht, daß Chamberlain und Dawes 1925, Briand und Stresemann 1926 den Friedensnobelpreis erhielten. Am 8. September 1926 wurde Deutschland in den Völkerbund aufgenommen, und zwar sofort als ständiges Ratsmitglied. Das stärkte die Zuversicht noch, brachte dem Deutschen Reich einen beträchtlichen Prestigegewinn, und als am 31. Januar 1927 die Interalliierte Militärkontrollkommission ihre Tätigkeit einstellte, wurde auch das als Signal verstanden, daß die Zeit vorbei sei, in der Deutschland mit einer Front von „Alliierten" konfrontiert war, daß vielmehr Deutschland wieder als moralisch und politisch gleichrangiges und gleichberechtigtes Mitglied zum Kreis der europäischen Großmächte gehöre.

Im Lauf der nächsten Jahre sah sich das Deutsche Reich sogar bereits umworben, und zwar von ganz unterschiedlichen Freiern. Daß revisionistische Staaten wie Ungarn und Italien sehr aufmerksam den Zuwachs Deutschlands an Einfluß und realer politischer Kraft im internationalen Mächtespiel registrierten, war angesichts ihrer eigenen Ambitionen nicht weiter verwunderlich. Ihre Hoffnung auf deutsches Geleit nahm noch zu, als sich im Herbst 1929 die Räumung der letzten besetzten Zonen in Deutschland abzeichnete; danach mußten sich dem Reich größere Möglichkeiten für aktive Revisionspolitik öffnen[24]. Das Datum 30. Juni 1930 begann in ungarischen und italienischen Köpfen herumzuspuken. Ungarische Politiker, so Ministerpräsident Graf Bethlen am 26. Mai 1929 in einer Ansprache zur Enthüllung eines Gedenksteins für den „Unbekannten Ungarischen Soldaten", akzentuierten Ungarns revisionistische Forderungen in bislang nicht gekannter Schärfe, und zwar nach Rücksprache mit dem deutschen Gesandten in Budapest, Hans v. Schoen[25]. Und hatte Graf Kuno Klebelsberg, der ungarische Kultusminister, noch im April 1929 zu Stresemann gesagt, man wisse natürlich in Ungarn, „daß Deutschland vorerst eine gewisse Zurückhaltung bewahren" müsse[26], so meinte Baron Kalman Kanya, Ungarns Gesandter in Berlin, als er ein Jahr später mit Staatssekretär Carl v. Schubert sprach, nach der Rheinlandräumung werde Deutschland doch die Hände freier haben und eine aktivere allgemeine Politik treiben können[27].

Ähnliche Erwartungen regten sich in Italien und gingen auch dort – wenngleich dies nicht allein von der deutschen Entwicklung verursacht war – mit lauten öffentlichen Bekundungen des italienischen Revisionismus, sogar mit unverhohlenen Kriegsdrohungen einher. Am 11. Mai 1930 hielt Mussolini in Livorno – "wenige Seemeilen von Korsika entfernt", wie der deutsche Botschafter in Rom beziehungsvoll anmerkte[28] – eine Rede, in der er – so auch am folgenden Tag in Florenz – die „Opferbereitschaft des italienischen Volkes" beschwor, wenn es darum gehe, „sich aus der Gefangenschaft innerhalb des Meeres zu befreien, das einst in seiner Gesamtheit Rom untertan gewesen" sei. Rückblickend schrieb ein erfahrener deutscher Diplomat, Mussolini, der bereits während der Ruhrbesetzung Sympathien für Deutschland gezeigt und wohl schon bei der Beobachtung des nationalsozialistischen Putschversuchs vom November 1923 erstmals an eine spätere militärische deutsche Unterstützung italienischer Revisionspolitik gedacht habe, sei seit Mitte der zwanziger Jahre an einer Verständigung mit dem Deutschen Reich interessiert gewesen[29]. Zwar war der Duce Realist genug, um sich mit Stresemanns Locarno-Politik und mit Locarno selbst abzufinden, zumal die Italien zugefallene Rolle des zweiten Garanten der Vereinba-

---

[24] Aufzeichnung Schubert über Gespräch mit Baron Kalman v. Kanya, ungarischer Gesandter in Berlin, 27. 5. 1930; PA, R 74146.
[25] Schoen an AA, 27. 5. 1929; PA, R 74142.
[26] Aufzeichnung Auswärtiges Amt, 25. 4. 1929; PA, R 74142.
[27] Aufzeichnung Schubert, 27. 5. 1930; PA, R 74142. Staatssekretär Carl v. Schubert reagierte sehr zurückhaltend.
[28] Neurath an AA, 19. 5. 1930; PA, R 70024.
[29] Prittwitz, Ein Diplomatenleben, S. 153.

I. Die Ausgangslage: Kräfte, Tendenzen, Optionen 29

rung seinen Großmachtgelüsten schmeichelte. Doch gegen Ende der zwanziger Jahre mehrten sich die Anzeichen dafür, daß Mussolini glaubte, Deutschland werde bald wieder genügend Handlungsfreiheit erlangt haben, und daß er sich rüstete, dann auf ein gutes und mit revisionspolitischen Spitzen versehenes Einvernehmen zwischen Berlin und Rom hinzuarbeiten.

Aber auch in Frankreich fand die Ansicht, man müsse sich mit Deutschland arrangieren, ja enger verbinden, immer mehr Anhänger. Das war einerseits durchaus eine Wirkung der Annäherungspolitik, wie sie Briand und Stresemann verfolgten, andererseits aber vornehmlich eine natürliche Reaktion auf die beunruhigende italienische Haltung. Schließlich waren da nicht allein die imperialistischen und antifranzösischen Brandreden des Duce. Italien leistete sich eine Militär- und Rüstungspolitik, die, abgesehen davon, daß sie dem Land eine zu schwere Last auferlegte, nur dann einen Sinn ergab, wenn man unterstellte, daß sie in der Tat auf einen Krieg gegen Frankreich zugeschnitten war. Auf einer Konferenz, die maritime Abrüstung oder doch Rüstungsbegrenzung der fünf Seemächte USA, Großbritannien, Japan, Frankreich und Italien debattieren und beschließen sollte – sie begann am 21. Januar 1930 und zog sich monatelang hin –, steuerte die italienische Delegation einen Kurs, der jedermann klar vor Augen führte, daß Italien im Hinblick auf seine imperialistischen und speziell gegen Frankreich gerichteten Ambitionen gar nicht daran dachte, auch nur auf eines seiner existierenden oder geplanten Kriegsschiffe zu verzichten. Die Londoner Flottenkonferenz endete denn auch mit einem Abkommen, dessen wichtigste Teile lediglich USA, Großbritannien und Japan banden. Italien und damit notgedrungen auch Frankreich hatten sich jeder neuen Beschränkung ihrer Seerüstung verweigert.

In Frankreich blickte man mit wachsender Besorgnis auf Rom. Noch nicht mit Angst. Dazu war Italien denn doch zu schwach, waren seine Ressourcen allzu knapp. Was aber, wenn eine italienisch-deutsche Verbindung zustande kam, die den Angriff auf den Status quo bezweckte? Daß Mussolini die Verständigung mit Berlin suchen werde, stand für die französischen Politiker und Diplomaten außer Zweifel. Am 8. April 1930 prophezeite Briand solche italienischen Bemühungen in einer Unterhaltung mit dem deutschen Botschafter in Paris[30], und als er den Botschafter einen Monat später fragte, ob Deutschland wohl bald einen italienischen „Bündnisantrag" erhalten werde, war das nur halb scherzhaft gemeint[31]. In solcher Situation mußte danach getrachtet werden, Deutschland vom Eingehen auf italienische Avancen abzuhalten, wenn möglich sogar auf die Seite Frankreichs zu ziehen, und dieses Ziel sahen nicht nur viele professionelle Politiker, sondern sah auch ein stetig wachsender Teil der Bevölkerung. Der deut-

---

[30] Hoesch an AA, 8. 4. 1930; PA, R 70502.
[31] Hoesch an AA, 11. 5. 1930; PA, R 70502.

sche Botschafter in Paris sprach vom „Anschwellen" der Stimmung für die französisch-deutsche Annäherung[32].

Es konnte das französische Kabinett und weitere führende Pariser Politiker in ihrem Annäherungswillen nur bestärken, daß sie es mit Repräsentanten deutscher Politik zu tun hatten, die ihr Vertrauen besaßen oder erwarben. Der damalige Leiter des Auswärtigen Amts, Staatssekretär Carl v. Schubert, Neffe des kaiserlichen Staatssekretärs Richard v. Kühlmann und durch das Erbe seiner Mutter, einer geborenen v. Stumm, an der Saarindustrie beteiligt, war ein so überzeugter Anhänger der Annäherung an Frankreich, daß er zum kongenialen Mitarbeiter des Außenministers wurde, ja in den ersten zwei oder drei Jahren die in Stresemanns Politik steckenden echten Verständigungselemente deutlicher sah und bewußter vertrat als dieser selbst[33]. Beide, der Minister und sein Staatssekretär, durften sich außerdem auf die loyale Mitarbeit hervorragender Diplomaten stützen. Zwar hat der Vortragende Legationsrat Ernst Freiherr v. Weizsäcker, der zwölf Jahre später selbst die Leitung des Auswärtigen Amtes übernehmen sollte, am 9. Januar 1926 in einem Brief an seine Eltern räsoniert, die deutsche Diplomatie sei „heruntergekommen". Aber auch ein solch strenger Kritiker mußte sogleich einräumen, daß es Ausnahmen gebe: „Gut bedient sind wir z.Zt. in Paris…"[34]

Leopold v. Hoesch, dem sächsischen Zweig einer rheinischen Industriellenfamilie entstammend und finanziell unabhängig, war schon im Januar 1921 als Botschaftsrat nach Paris gekommen und Anfang 1923, nachdem die Ruhrbesetzung zur Abberufung des Botschafters geführt hatte, Geschäftsträger geworden. Er bewährte sich und gewann bei seinen französischen Gesprächs- und Verhandlungspartnern soviel Vertrauen, daß ausgerechnet Ministerpräsident Raymond Poincaré, der deutscher Politik und deutschen Politikern zutiefst mißtraute, der Reichsregierung einen Wink gab, Hoesch zum Botschafter zu ernennen – was dann auch geschah. Thomas Mann, ein scharfer Beobachter seiner Mitmenschen, lernte bei seinem ersten Besuch in Paris nach dem Kriege Hoesch im Januar 1926 kennen und schrieb danach, die Charakterisierung des Botschafters, die einem französischen Journalisten eingefallen war – er hatte den „jeune ambassadeur" als einen Mann mit der „élegance précise d'un capitaine de cavalerie" bezeichnet – sei ganz falsch: „Die Umgangsformen unseres Geschäftsträgers [sic] entbehren jeder überflüssigen Schärfe und törichten Korrektheit; sie sind zivilisiert und gewinnend, und seine Sprechweise … ist sanft und gescheit. Bei der Berührung mit ihm versteht man sehr bald die ungewöhnliche Raschheit seines Aufstiegs als Diplomat." Von einer langen Unterredung mit Paul Painlevé,

---

[32] Hoesch an AA, 25. 7. 1930; PA, R 70024.
[33] Hierzu Krüger, Die Außenpolitik von Weimar, S. 211, 270 ff.
[34] Weizsäcker-Papiere, S. 374.

damals Kriegsminister, gekommen, habe der Botschafter geseufzt: „Die Militärs, die Militärs! Die Sicherheit Frankreichs. Und schließlich hängt man an der ‚Armée du Rhin' als Institution, das ist eine Sache, wohltuend zu sagen, glorios. Wir müssen Geduld üben und uns mittlerweile ... die stolze Machtvollkommenheit unserer Zivilregierung vorstellen im Falle, daß Ludendorff gesiegt hätte."[35] Seine Liebenswürdigkeit und sein Verhandlungsgeschick verband er mit außerordentlichem Fleiß, der ihn zu einem genauen und verständnisvollen Kenner der französischen Verhältnisse machte. In seinen Berichten an die Berliner Zentrale vermochte er die innenpolitischen Ursachen aller Züge, Manöver und Reaktionen französischer Außenpolitik präzise zu analysieren und zu erklären; die Ratschläge, die er den Leitern der deutschen Außenpolitik gab, waren stets richtig. Ein geradezu leidenschaftlicher Verfechter nicht nur deutsch-französischer Annäherung, sondern dauerhafter deutsch-französischer Verständigung, war er jedoch sehr wohl Patriot, der deutsche Interessen nicht für eine Sekunde aus den Augen verlor, allerdings realistisch definierte deutsche Interessen. So wurde er, weit über die normale Rolle eines Botschafters hinaus, acht Jahre lang zu einem der wichtigsten Mittler zwischen Berlin und Paris, davon sechs Jahre lang vor allem zwischen Stresemann und Briand[36].

Der deutsche Botschafter in Rom, Konstantin Freiherr v. Neurath, konnte keineswegs als Anhänger deutsch-französischer Annäherung oder gar Verständigung gelten. Ein Denken in solchen Kategorien lag ihm völlig fern. Sein Kollege Friedrich Wilhelm v. Prittwitz und Gaffron, der von Ende 1927 bis zum 6. März 1933 in Washington als Botschafter amtierte, nannte ihn einen „Deutschnationalen und Stahlhelmer"[37]. Das war das harte Urteil eines Mannes, der wohl als einziger Angehöriger des deutschen Diplomatischen Dienstes den liberaldemokratischen Parlamentarismus der Republik von Weimar vorbehaltlos bejahte und dem denn auch als einzigem deutschen Diplomaten die Machtübernahme der Nationalsozialisten Anlaß genug war, den Abschied zu nehmen. Aber Neurath zählte in der Tat zu den Anhängern deutschen Großmachtstrebens, nach Versailles also zunächst deutscher Revisionspolitik. Gleichwohl war es verständlich, daß er 1919 mit ausdrücklicher Billigung des Reichspräsidenten Ebert in den Diplomatischen Dienst, den er 1917 quittiert hatte, zurückgeholt worden war[38]. Der Sproß eines alten württembergischen Adelsgeschlechts bewies nämlich Nüchternheit und Klugheit; sein Urteil und sein Verhalten orientierte er mithin stets an den gegebenen Realitäten. Es wäre sicherlich verfehlt, ihn einen Vernunftrepublikaner zu nennen, ihn als einen Diplomaten zu verstehen, der sich aus rationalen Gründen auf lange Jahre einer Stresemannschen

---

[35] Mann, Pariser Rechenschaft, S. 279; die Niederschrift stammt aus dem Januar 1926.
[36] Verschau, Leopold v. Hoesch, in: Neue Deutsche Biographie, Bd. 9, S. 367f.
[37] Prittwitz, Ein Diplomatenleben, S. 145.
[38] Heineman, Hitler's first foreign minister, S. 19.

Außenpolitik eingerichtet hätte. Doch betrachtete er die Republik von Weimar als die im Augenblick einzige Form der Staatlichkeit, die für die deutsche Nation möglich war, und angesichts der militärischen Schwäche des Reiches den Kurs Stresemanns als unvermeidlich. So vermochte er – bis zu einer Änderung der Verhältnisse – der Republik und der Politik von Locarno loyal zu dienen. Da er außerdem, bei allem Respekt vor Mussolini, wenig Sympathien für den Faschismus und das faschistische System hatte, riet er bei italienischen Avancen zu Zurückhaltung[39]. In Paris ist das nicht unbemerkt geblieben.

Doch konnte sich niemand in Paris und London, in Warschau, Prag, Bukarest und Belgrad verhehlen, daß es noch immer genügend Gründe zur Sorge gab. Zwar wußte man nicht, daß etwa am 24. Juni 1925 der Chef der Heeresleitung, General Hans v. Seeckt, in einer Kabinettssitzung Stresemann und Reichskanzler Hans Luther scharf angegriffen und sozusagen im Namen der Armee erklärt hatte, Deutschland dürfe unter keinen Umständen auf Elsaß-Lothringen verzichten. Wenn jemand sage, hatte er hinzugefügt, im Moment sei doch an die Wiedergewinnung Elsaß-Lothringens gar nicht zu denken, so sage er, Seeckt, man müsse unaufhörlich daran denken; im übrigen könne eine Revision der Grenzen natürlich nur mit Waffengewalt durchgesetzt werden[40]. Auch war sicherlich nicht nach außen gedrungen, daß dem General nicht allein von den deutschnationalen Ministern, sondern selbst von jenen Kabinettsmitgliedern zugestimmt worden war, die dem Zentrum angehörten. Daß aber Stresemann die nach Locarno und zum Eintritt in den Völkerbund führende Politik nur gegen härteste innenpolitische Widerstände hatte durchsetzen können, war naturgemäß nicht zu übersehen gewesen, und jedermann mußte sich eingestehen, daß bei der Beantwortung der Frage, ob der Reichsaußenminister die Mehrheit seiner Kritiker und Gegner inzwischen bekehrt habe, große Skepsis am Platze sei. Die Skepsis schien um so angezeigter, als keineswegs verborgen geblieben war, daß Stresemann seine Politik intern, halböffentlich – in Gremien seiner Partei, der DVP – und gelegentlich auch öffentlich in der Sprache des deutschen Nationalismus und Revisionismus erläutert und sie – was anfänglich ja auch seine eigene Meinung gewesen war – als revisionspolitische Taktik charakterisiert und verkauft hatte: Beruhigung und Frieden – oder doch Waffenstillstand – im Westen, um desto energischer und erfolgreicher Revisionspolitik im Osten, gegen Polen, machen zu können.

Dazu paßte es nur allzu gut, daß Stresemann herkulische Anstrengungen unternommen hatte, um zu verhindern, daß die spezielle und vornehmlich gegen Polen gerichtete Beziehung Deutschlands zur Sowjetunion durch die

---

[39] Vgl. zum Beispiel Bericht Neurath, 19. 5. 1930; PA, R 70024.
[40] Meier-Welcker, Seeckt, S. 475.

I. Die Ausgangslage: Kräfte, Tendenzen, Optionen

Locarno-Politik beschädigt wurde[41]. In dieser Hinsicht war seine Haltung kompromißlos, und die Westmächte – wie ihre ost- und südosteuropäischen Klientelstaaten – hatten sich schließlich damit abfinden müssen, daß das Deutsche Reich erstens ein „Ost-Locarno", das hieß die Anerkennung auch der deutschen Ostgrenze, verweigerte und zweitens weiterhin die revisionspolitische Karte der deutsch-sowjetischen Verbindung im Spiele hielt: Am 24. April 1926 schloß das Reich demonstrativ mit der Sowjetunion einen Freundschaftsvertrag, der das in Rapallo begründete Verhältnis noch festigte, den sogenannten „Berliner Vertrag", und am Ende mußten es die Westmächte sogar hinnehmen, daß Deutschland beim Eintritt in den Völkerbund bekundete, sich an nach Artikel 16 der Satzung verhängten Sanktionen der Institution dann nicht zu beteiligen, wenn sie sich gegen die Sowjetunion richteten.

Es war ein Ausdruck solchermaßen genährter Besorgnis, daß französische Politiker trotz Locarno und trotz des deutschen Eintritts in den Völkerbund fortwährend nach weiteren Stärkungsmitteln zur Kräftigung des Status quo fahndeten. Wenn Briand im Sommer 1927, auf eine amerikanische Initiative reagierend, den USA einen Vertrag vorschlug, in dem sich Frankreich und die Vereinigten Staaten zusichern sollten, nie Krieg gegeneinander zu führen, leitete ihn nicht Optimismus, sondern der Zweifel an der Funktionstüchtigkeit des Völkerbunds und des Systems der kollektiven Sicherheit; die USA sollten wieder zu einem stärkeren politischen Engagement in Europa gebracht werden. Der amerikanische Außenminister Frank B. Kellogg antwortete im Dezember, der Vertrag sei nützlicher, wenn er aus einem bilateralen in ein multilaterales Unternehmen umgewandelt werde, und tatsächlich unterzeichneten am 27. August 1928 die Vertreter von fünfzehn Staaten in Paris ein Abkommen, das zum Verzicht auf Krieg als Mittel nationaler Politik verpflichtete; bis 1933 traten dem Briand-Kellogg-Pakt nicht weniger als fünfundsechzig Nationen bei[42].

Briand hätte zufrieden sein können, war es aber nicht, da der Vertrag keine Sanktionsklauseln und keine neuen Abrüstungsversprechen enthielt, also rein deklaratorischen Charakter besaß. So setzte er die Suche nach zusätzlichen Sicherheitsgarantien fort und regte im Herbst 1929 an, erste organisatorische Stützen eines europäischen Staatenbundes zu schaffen: eine regelmäßig tagende Konferenz der europäischen Staaten, einen permanenten politischen Ausschuß als Exekutivorgan und ein Sekretariat. Am 17. Mai 1930 hat er seine Gedanken, zusammengefaßt in einem Memorandum über die „Organisation eines Systems eines europäischen Staatenbun-

---

[41] Krüger, Die Außenpolitik von Weimar, S. 319ff.
[42] Ebenda, S. 409f.

des", den sechsundzwanzig europäischen Mitgliedstaaten des Völkerbunds offiziell übermittelt[43].

Beruhigend wirkte indes der Eindruck, daß Stresemann selbst in den Jahren nach 1926 vom revisionspolitischen Taktiker zum aufrichtigen Verständigungspolitiker geworden war. Er tummelte sich im internationalen Parlamentarismus, wie er im Genfer Völkerbund institutionalisiert worden war, offensichtlich mit dem gleichen Geschick und mit der gleichen Lust wie im heimischen Parteiengetriebe und im Berliner Reichstag. Hatte er sich nicht doch daran gewöhnt, bei der Lösung der internationalen Probleme Deutschlands den Weg über Genf zu suchen? Und konnte dem nicht doch die Gewöhnung an den Status quo folgen? Dafür sprach immerhin, daß Stresemann und Staatssekretär v. Schubert die Einladung, dem Kellogg-Pakt beizutreten, sofort und mit allen Anzeichen der Zustimmung zu Sinn und Zweck des Abkommens angenommen hatten[44]. Dafür sprach ebenfalls, daß Stresemann die Europapläne Briands enthusiastisch begrüßte, obwohl ihm klar sein mußte, daß es Briand in erster Linie um die Stabilisierung des Status quo ging[45]; mißvergnügt schrieb ein jüngerer deutscher Diplomat, der Reichsaußenminister wolle Briand noch „überbieten"[46].

Wahrscheinlich ist der Eindruck, Stresemann habe eine Entwicklung durchgemacht, richtig gewesen: Die Zusammenarbeit mit Frankreich, anfänglich gewiß nur situationsbedingt und revisionspolitisches Manöver, begriff er im Lauf der Jahre offenkundig als dauerhafte Aufgabe deutscher Politik, und zwar nicht allein im Interesse Deutschlands, sondern gleichermaßen im Interesse Europas; dies bedingte aber, daß er den Verzicht auf Elsaß-Lothringen allmählich für nicht mehr rücknehmbar hielt. Außerdem ist nicht zu verkennen, daß die Rückgewinnung der an Polen verlorenen Territorien für ihn 1929 nicht mehr die gleiche Bedeutung besaß wie 1925. Ein endgültiges Urteil ist allerdings nicht möglich, da Gustav Stresemann am 3. Oktober 1929 verstarb. Bis zu seinem Tod war er jedenfalls eine Hoffnung der Anhänger des europäischen Status quo und der Freunde des Friedens geworden, und die Hoffnung, die man auf ihn setzte, verband sich weithin mit der freilich nur zaghaft keimenden Annahme, daß eine Mehrheit der Deutschen den gleichen Gewöhnungsprozeß erlebt hatte wie der Außenminister.

Noch ein Umstand schien eine gewisse Zuversicht zu rechtfertigen. Stresemann hatte in der Reparationsfrage tatsächlich recht behalten. Als das fünfte Jahr des Dawes-Plans und mit ihm eine erhebliche Erhöhung der von Deutschland zu zahlenden Jahresraten näher rückte, mußte wirklich neu

---

[43] Ebenda, S. 523 ff.
[44] Hierzu Knipping, Das Ende der Locarno-Ära, S. 84 ff. Heinemann, Hitler's first foreign minister, S. 19.
[45] Ebenda.
[46] Weizsäcker-Papiere, S. 392.

I. Die Ausgangslage: Kräfte, Tendenzen, Optionen

verhandelt werden, und zwar alles in allem doch zum Vorteil des Reiches[47]. Bereits Ende 1927 verlangte Parker Gilbert, der für den Transfer der deutschen Raten zuständige und in Berlin residierende amerikanische Reparationsagent, eine Prüfung des Problems, weil er überzeugt war, Deutschland werde die höheren Annuitäten nicht aufbringen können. Die französische Regierung unterstützte Gilberts Forderung, wenn auch aus einem ganz anderen Grunde. Frankreich war um seiner amerikanischen Schulden willen an einer größeren deutschen Devisenleistung und daher an einer teilweisen Aufhebung des im Dawes-Plan verankerten Transferschutzes interessiert. Die Reichsregierung nützte die Situation jedenfalls sofort und geschickt aus; ihr Ansuchen um eine Modifizierung des Dawes-Plans hatte Erfolg.

Allerdings blieb der Plan, den eine seit Februar 1929 in Paris konferierende und von dem amerikanischen Bankier Owen D. Young geleitete Kommission internationaler Finanzexperten am 7. Juni 1929 vorlegte, in einer Hinsicht hinter den deutschen Wünschen zurück. An den alliierten Kriegsschulden orientiert, wozu noch ein relativ bescheidener Zuschlag zur Behebung von Kriegsschäden kam, sah der Young-Plan zwar in der Tat vorerst geringere Jahresraten vor, doch dann erneut ein Ansteigen der Annuitäten und vor allem eine Laufzeit der Zahlungen bis 1988. Auf der anderen Seite sollte der Apparat, der zur internationalen Kontrolle der deutschen Finanzen und der deutschen Reparationsleistung geschaffen worden war, abgebaut werden, und in einer Zeit, da die Nationen und ihre politischen Repräsentanten souveränitätssüchtig waren, galt schon das als ganz großer Gewinn. Daß man sich finanzpolitisch nun wieder als Herr im eigenen Haus fühlen durfte, wog schwerer als der damit verbundene partielle Wegfall des Transferschutzes, der die deutsche Währung vor all jenen Gefahren bewahrt hatte, die drohen, wenn ein Staat anderen Staaten hohe Summen ohne wirtschaftlichen Grund zahlt.

Die Verhandlungen, die der Vorlage des Plans folgten, sind sowohl von Frankreich wie von Deutschland – wo in diesem Falle der Außenminister ja nicht allein agieren konnte – mit einer die jeweilige Gegenseite und alle übrigen Beteiligten erbitternden Kleinlichkeit geführt worden[48]. Gleichwohl endeten sie erfolgreich. Was Paris anging, so lag das daran, daß Frankreich wieder unter starken angelsächsischen Druck geraten war und die Pariser Regierung den Young-Plan für die französische Öffentlichkeit schließlich doch als großen Triumph eigener Reparationspolitik zu frisieren vermochte. In Berlin hingegen wußten Regierung und seriöse Beobachter – wie das auch Politiker und Finanzleute außerhalb Deutschlands wußten –, daß das künftige Ansteigen der Jahresraten ebenso nur auf dem Papier stand wie die irrsinnig lange Laufzeit der Reparationsverpflichtung. Nicht anders als der

---

[47] Knipping, Das Ende der Locarno-Ära, S. 58 ff., 96 ff.
[48] Ebenda.

Dawes-Plan galt auch der Young-Plan allgemein lediglich als Provisorium; in einigen Jahren würde er von einem neuen und für Deutschland abermals günstigeren Abkommen abgelöst werden. Daher durfte man die Vorteile, die der Plan für die erste Phase seiner Geltungszeit brachte, ruhig annehmen, ohne daß Sorgen um die Zukunft allzu schwer zu drücken brauchten. Als Stresemann auf einer Haager Konferenz, die vom 6. bis zum 31. August 1929 stattfand, seine Zustimmung zum Young-Plan endlich auch mit dem französischen Versprechen belohnt sah, die beiden letzten Besatzungszonen im Rheinland vorzeitig zu räumen, war es zudem möglich, die innenpolitischen Gegner des Ministers und des Plans in Schach zu halten. Auf einer zweiten Haager Konferenz, die vom 3. bis zum 20. Januar 1930 währte und die Stresemann nicht mehr erlebte, wurde der Plan endgültig angenommen.

In Frankreich, in Großbritannien, in den Vereinigten Staaten, auch in Polen und in den Ländern der Kleinen Entente, glaubten nun viele, daß das Reparationsproblem wenigstens für etliche Jahre aus der Politik verbannt und damit eines der größten Hindernisse auf der Bahn zur europäischen Verständigung für eine wichtige Zeitspanne zur Seite geschoben sei. Wohl war zu sehen gewesen, daß der Young-Plan in Deutschland auf heftigste Gegnerschaft gestoßen war. Die Deutschnationale Volkspartei, der „Stahlhelm" – eine große Organisation ehemaliger Frontsoldaten –, der Landbund, die Landvolkpartei, die NSDAP und einige andere rechtsgerichtete Verbände hatten schon am 9. Juli 1929 einen Reichsausschuß für ein Volksbegehren gegen den Young-Plan ins Leben gerufen, und dieser Reichsausschuß entwarf ein „Gesetz gegen die Versklavung des deutschen Volkes", das vorsah, Regierungsmitglieder, die Verpflichtungen wie den Young-Plan unterschreiben, wegen „Landesverrats" vor Gericht zu stellen[49]. Da Alfred Hugenberg, nicht nur Führer der Deutschnationalen, sondern auch Medienzar, zu den Inspiratoren des Volksbegehrens gehörte, kommentierte Harold Nicolson, Botschaftsrat an der Berliner Mission Großbritanniens, später ein Schriftsteller und Unterhausabgeordneter, der sich nach seinem Tode als einer der großen politischen Tagebuchschreiber des Jahrhunderts entpuppte[50], in einem Bericht an das Foreign Office: „Dieser Gesetzentwurf ist für den nichtdeutschen Geist phantastisch. Als ob Lord Rothermere [Daily Mail, Daily Mirror, London Evening News] sich die Führung der Konservativen Partei gesichert und dann der Wählerschaft einen Vorschlag unterbreitet hätte, der jede Vereinbarung mit Amerika über Flottenabrüstung ablehnt und jeden Minister Seiner Majestät, der eine solche Vereinbarung unterzeichnet, mit einem Strafverfahren bedroht."[51] Jedoch

---
[49] Deutsche Allgemeine Zeitung, Nr. 422, 12. 9. 1929.
[50] Nicolson, Diaries and letters.
[51] Nicolson an Henderson, 4. 12. 1929; DBFP, Series Ia, Vol. VII, Nr. 109.

scheiterte das Volksbegehren, für das sich am 22. Dezember 1929 nur 13,8 Prozent der Stimmberechtigten erklärten, und der Reichstag nahm den Young-Plan am 11./12. März 1930 an. So ist es nicht verwunderlich, daß Orme G. Sargent, Leiter der Zentralabteilung im Foreign Office, am 24. Februar 1930 in einem Brief an Sir Eric Phipps, den britischen Gesandten in Wien, meinte, die Bescheidenheit und Zurückhaltung, mit der das Reich auf italienisches und österreichisches Werben reagiere, sei hoffentlich ein Anzeichen dafür, „daß jetzt, da die Reparations- und die Räumungsfrage aus dem Wege sind, Deutschland sich eher auf inneren Aufbau und innere Entwicklung konzentrieren wird als auf auswärtige Probleme wie Korridor und Anschluß"[52]. Vier Tage später äußerte sich Sir Horace Rumbold, der britische Botschafter in Berlin, im gleichen Sinne[53].

In dieser entspannteren Atmosphäre vermochte Botschafter v. Hoesch seine Stellung in Paris noch zu festigen, und die deutsch-französische Annäherung schien trotz der Reibereien, die der Annahme des Young-Plans vorhergegangen waren, weiter Fortschritte zu machen. Im Januar 1930 schrieb Lord William Tyrrell, der britische Vertreter in Paris, an Sir Robert Vansittart, Staatssekretär im Foreign Office: „Die Deutschen hier sind im Augenblick mit den Franzosen anscheinend in engstem Einvernehmen, und die Intimität ihrer Beziehungen ist für mich eine fortwährende Überraschung und würde vermutlich die Leute in London höchlichst überraschen."[54] Nach solchem Tribut an Hoeschs diplomatische Leistung konstatierte Lord Tyrrell einige Tage später, auch die Franzosen arbeiteten hart an einem besseren Verhältnis zu Deutschland – "um Italien auszustechen". Tatsächlich war der Botschafter über die französische Deutschlandpolitik schon nicht mehr rundum glücklich. Französische Politiker, Wirtschaftler, Diplomaten und unter ihrem Einfluß Briand, so sagte er, seien „bereit, Europa mit Deutschland ohne uns zu organisieren"[55].

---

[52] Sargent an Phipps, 24. 2. 1930; DBFP, Series Ia, Vol. VII, Nr. 248.
[53] Rumbold an Henderson, 28. 2. 1930; DBFP, Series Ia, Vol. VII, Nr. 262.
[54] Tyrrell an Vansittart, 28. 1. 1930; DBFP, Series Ia, Vol. VII, Nr. 231.
[55] Tyrrell an Vansittart, 11. 2. 1930; DBFP, Series Ia, Vol. VII, Nr. 243.

II. Abkehr des Kabinetts Brüning von der Politik Stresemanns

Wenige Monate später war die Lage völlig verändert, herrschte in ganz Europa, vor allem aber in Frankreich, panische Angst vor einem neuen deutsch-französischen Krieg. In den Augen vieler schien der Krieg sogar unmittelbar bevorzustehen. Angesichts der militärischen Kräfteverhältnisse, die der trotz aller Umgehungen des Versailler Vertrags schwachen Reichswehr noch keinen Angriff auf einen der westlichen oder auch östlichen Nachbarn erlaubte, war das natürlich blanker Unsinn. Jedoch kam die Kriegsfurcht nicht von ungefähr, eine tiefgreifende und nichts Gutes verheißende Veränderung der politischen Situation hatte in der Tat stattgefunden.

Schon Ende November 1929 hatte Group Captain M. G. Christie, der Luftattaché an der britischen Botschaft in Berlin, ein Memorandum verfaßt, in dem sich nicht nur recht kritische Bemerkungen fanden über die Unfähigkeit der Deutschen, politisch zu handeln und das Reichsinteresse über Parteiinteressen zu stellen, sondern auch Beobachtungen über die Zusammenarbeit zwischen Reichswehr und Roter Armee wie über die beharrliche – wenn auch noch mühselige und eingeschränkte – Arbeit am Aufbau einer deutschen Luftwaffe; „ermutigt durch die Räumung des Rheinlands, wird das Reichswehrministerium damit heimlich fortfahren". Auch die Prognose über die künftige deutsche Polenpolitik fiel düster aus. Harold Nicolson, der das Memorandum an das Foreign Office sandte, bemerkte in seinem Begleitschreiben: „Ich stimme mit Captain Christie vollauf überein, daß das Deutsche Reich in den nächsten Jahren ein außerordentlich schwieriger Faktor in der europäischen Diplomatie sein wird."[1] Solcher Pessimismus erwies sich als berechtigter denn der – freilich zurückhaltende – Optimismus, den Orme Sargent und Sir Horace Rumbold oder auch Briand an den Tag legten.

Ursache des Wandels war die innenpolitische Entwicklung in Deutschland[2]. Am 27. März 1930 hatte, äußerlich gesehen, ein recht kleinlicher – wenn auch durchaus ernsthafter – Streit um die Finanzierung der Arbeitslosenversicherung, ausgefochten zwischen SPD und Deutscher Volkspartei,

---

[1] DBFP, Series Ia, Vol. VII, Nr. 102.
[2] Dazu die klassische Darstellung von Bracher, Auflösung der Weimarer Republik, S. 287 ff.; ebenso Schulz, Von Brüning zu Hitler, S. 13 ff.; instruktiv und mit exzellenter Literaturübersicht Kolb, Die Weimarer Republik, hier S. 124 ff.; ferner die entsprechenden Abschnitte in der glänzenden Gesamtdarstellung von Winkler, Weimar 1918–1933, S. 363 ff.

zum Rücktritt des von Hermann Müller, einem Sozialdemokraten, geleiteten Kabinetts der Großen Koalition aus SPD, Demokratischer Partei, Zentrum, Bayerischer Volkspartei und Deutscher Volkspartei geführt. Der eigentliche Grund lag indes darin, daß Deutsche Volkspartei, Teile des Zentrums und im Hintergrund Reichspräsident und Reichswehrführung die Teilhabe der Sozialdemokraten an der Macht wieder beenden wollten. Die politischen Gewichte in Deutschland sollten nach rechts verschoben werden, soweit es die Verfassung irgend zuließ. In der Praxis hieß das, den Reichstag zumindest partiell zu entmachten und das Deutsche Reich wie in Zeiten ernster Krisen mit Hilfe des präsidialen Notverordnungsrechts zu regieren. Reichspräsident Paul v. Hindenburg machte denn auch, als er den Zentrumsabgeordneten Heinrich Brüning mit der Kabinettsbildung beauftragte, offiziell und öffentlich klar, daß die neue Regierung nicht auf der Grundlage „koalitionsmäßiger Bindungen" zu bilden sei[3]. Wie zielbewußt zu Werke gegangen wurde, zeigte nicht zuletzt die Schnelligkeit, mit der eine Regierung zustande kam, die doch faktisch eine Verabschiedung von der Weimarer Repulik war, wie sie von 1924 bis 1930 bestanden hatte. Bereits am 30. März konnte der Reichspräsident die Ernennungsurkunden der Kabinettsmitglieder unterzeichnen. Kern der neuen Regierung war das alte Kabinett. Nicht weniger als sieben Minister hatten schon der Regierung Müller angehört. Jedoch war auf der Linken die SPD weggefallen, während auf der Rechten der Deutschnationale Martin Schiele und der Volkskonservative Gottfried Treviranus hinzugekommen waren. In der Mitte saßen etliche Vertreter des Zentrums, namentlich Innenminister Joseph Wirth und der neue Reichskanzler Heinrich Brüning, die bereit waren, sich für den vor allem von Hindenburg und Reichswehr gewünschten Rechtsruck zur Verfügung zu stellen. Da es Brüning immer wieder gelingen sollte, sich für bestimmte Akte seiner Finanzpolitik die Tolerierung durch die SPD zu sichern, wurde längere Zeit verschleiert, wie groß die Entfernung zur alten Weimarer Republik nun war. Tatsächlich aber handelte es sich beim Kabinett Brüning um eine Regierung, die nicht mehr vom Vertrauen des Reichstags abhing, sondern vom Vertrauen des Reichspräsidenten, und dessen Machtbasis stellte, neben seinem Ruhm als „Sieger von Tannenberg", die Reichswehr dar; wer mit dem Artikel 48 der Verfassung, dem Notverordnungsartikel, regierte, stützte sich letzten Endes auf die Armee.

In diesem Kabinett lag die Leitung der Außenpolitik anfänglich nahezu ausschließlich in den Händen Heinrich Brünings und des Außenministers Julius Curtius. Brüning hatte sich im Weltkrieg als Frontoffizier vielfach bewährt und war vom Erlebnis des Krieges tief geprägt worden[4]. Zwar hatte

---

[3] Schulthess' 1930, S. 93.
[4] Dazu vor allem Brüning, Memoiren. Conze, Brüning als Reichskanzler, und Morsey, Brüning und Adenauer, kamen in der noch längst nicht abgeschlossenen Brüning-Diskussion zu positiven Urteilen über die Politik des Reichskanzlers. Hier wird im wesentlichen die Kritik

er sich nach dem Krieg der Zentrumspartei angeschlossen und war – auch als Geschäftsführer des christlichen Deutschen Gewerkschaftsbundes fungierend – Reichstagsabgeordneter und schon 1929 Vorsitzender der Zentrumsfraktion geworden. Auch hatte er in den Jahren seines Aufstiegs, den er nicht zuletzt hohem Fleiß und eindrucksvoller Arbeitskraft verdankte, eine stupende Sachkenntnis in sozial- und vor allem finanzpolitischen Fragen erworben. Gleichwohl hatte sich dieser westfälische Katholik soldatische Gesinnung, größten Respekt vor der preußischen Armee und die Überzeugung bewahrt, daß eine Außenpolitik, wie sie Deutschland künftig führen müsse, um mindestens die bis 1914 errungene Position wiederzugewinnen, der Deckung durch eine schlagkräftige Armee bedürfe; daß die Wiedergewinnung anzustreben sei, stand für ihn außer Zweifel. Im Rahmen solcher Vorstellungswelt erhielt die Abschüttelung der Reparationslast zwangsläufig absolute Priorität. Finanzielle Bewegungsfreiheit war unabdingbare Voraussetzung der rüstungs- und außenpolitischen Bewegungsfreiheit. Hermann Pünder, Staatssekretär in der Reichskanzlei und einer jener wenigen Mitarbeiter Brünings, die als Vertraute angesehen werden können, bescheinigte seinem neuen Chef nach kurzer Zeit, daß er „gewissen großen Zielen" nachgehe[5], und das Bemühen Brünings, die Sozialdemokraten zur Tolerierung seiner Finanzpolitik zu bewegen, kommentierte er in seinem Tagebuch mit den Sätzen: „Wir können ihnen immer nur wieder sagen: wir verlangen alles und versprechen nichts! Fast nur Unpopuläres wird gefordert gegen die gewisse Sicherheit, daß dann in einem anderen Kriege Deutschland insgesamt leidlich gerüstet dastehe."[6]

Die Frage, ob Brüning eine Restauration der Monarchie anstrebte, wie er in seinen Memoiren behauptet hat, kann hier beiseite gelassen werden, hingegen liegt klar auf der Hand, daß er für seine Reparationspolitik eine Finanzpolitik brauchte, die das Land an den Rand des wirtschaftlichen Zusammenbruchs steuern mußte – wie hätte er die Gläubigerstaaten sonst zum Verzicht auf deutsche Reparationen bringen sollen? – und mithin die Unabhängigkeit der Regierung vom Parlament erforderte. Liquidierung des Young-Plans, Deflationspolitik und Zurückdrängung des Reichstags, also hinter der Weimarer Fassade der allmähliche Aufbau eines autoritären Systems, hingen aufs engste zusammen. Brüning war sich nicht nur des Zusammenhangs bewußt, er glaubte auch – mit Recht – die zur Exekution einer solchen Politik notwendige Härte zu besitzen; wie er als Führer einer Maschinengewehr-Kompanie an der Westfront Opfer von seinen Soldaten

---

akzeptiert, die Bracher bekräftigt hat: Brünings unpolitische Politik. Vgl. auch Graml, Präsidialsystem. – Die Studie von Patch, Jr., Heinrich Brüning, enthält nicht wenige sachliche Mißverständnisse bei der Interpretation deutscher Quellen. – Neuerdings die gewichtige Arbeit von Hömig, Brüning – Kanzler in der Krise der Republik.
[5] Pünder, Politik in der Reichskanzlei, S. 61.
[6] Ebenda, S. 91.

verlangt hatte, so war er nun bereit, im Dienste der Sache Opfer von der ganzen Nation zu verlangen. Nicht nur das empfahl ihn Hindenburg und der Reichswehrführung. Zwei Monate vor seiner Ernennung zum Kanzler hatte er, am 11. Februar im Reichstag, unzweideutig erklärt, daß er auch zu den Gegnern der Entmilitarisierung des Rheinlands, eines wesentlichen Bestandteils der Locarno-Politik, gehöre und unnachgiebig für die Revision der deutschen Ostgrenze eintrete[7].

Kein Demagoge in öffentlicher Rede, diskutierte er in Verhandlungen stets unaufgeregt und dem Anschein nach streng sachlich. So wirkte er nicht allein auf angelsächsische Gesprächspartner überaus vorteilhaft und überzeugend. Nachdem er den Reichskanzler kennengelernt hatte, schrieb Benno Reifenberg von der „Frankfurter Zeitung" am 21. Juli 1931 in einem Privatbrief: „Brüning macht zweifellos Eindruck... Ich habe bis jetzt nur die schweren politischen Fehler des Mannes gesehen, habe aber, als ich ihn sah, gelernt, wie wichtig die persönliche Wirkung eines Staatsmannes auch heute sein kann."[8] Brüning war gewiß keine dämonische Gestalt. Aber ihm eigneten – und das zu konstatieren, heißt nicht ihn dämonisieren – Zielbewußtsein, Sinn für politische Strategie und Konsequenz.

Julius Curtius hat viele, mit denen er als Politiker zu tun hatte, ebenfalls sympathisch beeindruckt. Der britische Botschafter fand in seinen Berichten an das Foreign Office wiederholt Gelegenheit, sich rühmend zu äußern, und nachdem Curtius Anfang Oktober 1931 demissioniert hatte, schrieb Sir Horace Rumbold an Lord Reading, damals vorübergehend britischer Außenminister: „Meine Kollegen und ich bedauern Dr. Curtius' Ausscheiden aus dem Außenministerium. Zwar hatte er weder die Vorstellungskraft und den weiten Horizont noch das politische Genie seines Vorgängers, doch war er ein ausgeglichener Mann, und seine ruhige und höfliche Art machten den Umgang mit ihm angenehm."[9] Jüngere deutsche Diplomaten nannten ihn „hölzern", „etwas phantasielos", „anständig", „ein bißchen naiv", aber doch „selbstbewußt"[10]. Er selbst betrachtete sich als „Testamentsvollstrecker" Stresemanns, dem er, nachdem er sich als Wirtschaftsminister Meriten erworben hatte, im Amt gefolgt war. Dabei hat er seinen Parteifreund freilich verkannt. Er sah in ihm immer noch den puren Revisionisten und revisionspolitischen Taktiker, wie Stresemann es zwischen 1923 und 1927/28 ja tatsächlich gewesen war; den Wandlungsprozeß des Vorgängers hat er nicht bemerkt oder nicht verstanden[11]. Mit seinen eigenen Zielen war er, der sich

---

[7] Schulthess', 1930, S. 31 f.
[8] Hummerich, Wahrheit zwischen den Zeilen.
[9] Rumbold an Lord Reading; DBFP, Second Series, Vol. II, Nr. 262.
[10] So etwa Weizsäcker-Papiere, S. 393.
[11] Rödder, Stresemanns Erbe, ist geneigt, Curtius' Selbstverständnis zu akzeptieren. Dem wird hier nicht zugestimmt.

II. Abkehr des Kabinetts Brüning von der Politik Stresemanns 43

im parlamentarischen Getriebe des Genfer Völkerbunds nicht wohl fühlte, Revisionspolitiker reinsten Wassers[12].

Curtius stimmte mit Brüning in der Reparationsfrage ebenso vorbehaltlos überein wie in der Rüstungsfrage; auch den Zusammenhang beider Probleme beurteilte er nicht anders als der Reichskanzler. Einen Unterschied gab es jedoch. Brüning war im Grunde – und mit Grund – der Meinung, daß die Revision territorialer Bestimmungen des Versailler Vertrags – gegen die natürlich unentwegt agitiert werden müsse – erst erreichbar sei, wenn hinter deutscher Außenpolitik wieder ein starkes Heer stehe. Curtius hingegen hoffte auf baldige Revisionen allein mit politischen Mitteln: Westpreußen und Posen! Oder vielleicht erst Anschluß Österreichs? Mit der Rückgliederung des Saargebiets bis zur Abstimmung im Januar 1935 warten zu müssen, dünkte ihm schier unerträglich.

Wenige Monate nach der Regierungsbildung stellte sich denn auch heraus, daß der Testamensvollstrecker Stresemanns dessen wichtigsten Gehilfen nicht mehr in Berlin und im Auswärtigen Amt zu haben wünschte. Staatssekretär v. Schubert wurde im Juni 1930 als Botschafter nach Rom versetzt, wo er Neurath ablöste, der nach London ging. Nun kommt es zu solchen Revirements nicht selten aus ganz unpolitischen Gründen. In diesem Falle aber handelte es sich nicht um einen gewöhnlichen Vorgang. Zum Nachfolger Schuberts wurde über den Kopf des Ministerialdirektors Gerhard Köpke der Vortragende Legationsrat Bernhard v. Bülow ernannt. Bülow, ein Neffe des Fürsten Bülow, der im wilhelminischen Deutschland Reichskanzler gewesen war, hatte zu den erbitterten Gegnern Stresemanns und dessen Politik gehört. Deutschlands bevorstehenden Eintritt in den Völkerbund hatte der damalige Leiter des Völkerbundsreferats im Auswärtigen Amt mit der Bemerkung kommentiert, die Vertreter Deutschlands in Genf müßten – da dort jeder deutsche Schritt mit „Argusaugen verfolgt werden wird" und die Welt die Frage stelle, „ob wir in den letzten ... Jahren etwas hinzugelernt bzw. umgelernt haben" – die eigentlichen deutschen Bestrebungen durch Reden verschleiern, denen sie einen „salbungsvollen Ton" zu geben hätten[13]. Jede Bindung an internationale Vertragssysteme oder an Frankreich, die Deutschlands revisionspolitische Bewegungsfreiheit behindern mochten, war ihm verhaßt. Der Eckpunkt seiner außenpolitischen Konzeption war das freundschaftliche Verhältnis zur Sowjetunion, das er zur Wiederherstellung der deutschen Ostgrenze für unabdingbar hielt. Allerdings dachte er dabei nicht, wie er einmal dem Zentrumsabgeordneten Franz v. Papen schrieb, an eine neue Teilung Polens[14], ohne freilich dartun zu können, wie das bei einer gemeinsamen – politischen oder gar militäri-

---

[12] In seinen Memoiren sagt er: „Für den deutschen Außenminister war der Aufenthalt in Genf eine Qual." Curtius, Sechs Jahre Minister, S. 167.
[13] ADAP, Serie B, Bd. I, Nr. 26.
[14] Bülow an Papen, 18. 9. 1930; PA, R 29465.

schen – deutsch-sowjetischen Aktion gegen Polen vermieden werden beziehungsweise wie ein im Osten und im Westen kräftig beschnittenes Rest-Polen ohne Zugang zur Ostsee lebensfähig sein sollte.

Indes paßte zu solcher Bescheidung, daß Bülow an sich nicht unbedingt einen völligen Umsturz der europäischen Nachkriegsordnung im Auge hatte. Der Gedanke an eine deutsche Führung der Revisionisten-Partei lag ihm fern. „Wir haben ... kein Interesse, uns mit zweitklassigen Mächten zusammenzutun", sagte er; deshalb „keine zu weite Annäherung an Italien", erst recht kein Beitritt zum „italienischen Club der Lahmen und Blinden (Griechenland, Bulgarien, Türkei und Ungarn)"[15]. Schon gar nicht verstieg er sich zur sozusagen weltpolitischen Ambition einer Kooperation mit Japan, wie sie bereits damals in manchen Köpfen herumspukte: Er könne sich davon nichts versprechen, „ja nicht einmal etwas darunter vorstellen"[16]. Er war deutscher Revisionist – punktum! In diesem Geiste stand er auf dem Boden des Brüningschen Programms, neigte jedoch insofern auch seinem Minister zu, als er das eine oder andere territoriale Problem für lösbar hielt, sofern man es nur geschickt anstellte. Bei alledem entsprach seiner Natur im Grunde bedächtiges Vorgehen, und dieser Hang sollte im Laufe seiner Amtszeit noch zunehmen. Sein Karrieresprung hätte sicherlich viel böses Blut gemacht, wären nicht sein Wesen, sein Charakter und seine Fähigkeiten von den Kollegen sehr geschätzt worden. Neidlos konstatierte Ernst v. Weizsäcker in einem Brief an seine Mutter: „Es ist aber geradezu ein Amtsplebiszit, daß er der richtige sei."[17]

Außerhalb Deutschlands ist die Bildung des Kabinetts Brüning zunächst nicht als zusätzliches oder besonderes Gefahrenmoment gesehen worden. Zwar konnte niemand verkennen, daß ein Rechtsruck stattgefunden hatte. Auch waren gerade die neuen Regierungsmitglieder, allen voran der Reichskanzler, bis zum Zeitpunkt der Ratifizierung mit herber Kritik am Young-Plan hervorgetreten; Brüning hatte im Reichstag nicht verhehlt, daß er und das Zentrum die Reparationsvereinbarung nur deshalb fürs erste akzeptierten, weil mit ihr die Räumung des Rheinlands erkauft werde. Dann gab es noch ein etwas beunruhigendes Indiz. Seit Herbst 1929 war zwischen Frankreich und Deutschland zäh und bislang ergebnislos über eine vorzeitige Rückgliederung des Saargebiets verhandelt worden. Es ging dabei im Kern um das Problem, wie auch nach dem politischen Anschluß des Saargebiets an das Deutsche Reich in irgendeiner Form französisches Miteigentum an den seit Versailles für fünfzehn Jahre französisches Eigentum gewordenen Saargruben gesichert werden konnte, Miteigentum oder doch Mitspracherecht bei ihrer Verwaltung, und wie das künftige Zollregime aussehen

---

[15] Bülow an Dirksen, 14. 6. 1932; PA, R 29518.
[16] Ebenda.
[17] Weizsäcker-Papiere, S. 407.

II. Abkehr des Kabinetts Brüning von der Politik Stresemanns 45

sollte. Die Zähigkeit, mit der die Vertreter Frankreichs verhandelten, obwohl die fruchtlose Streiterei um oft künstlich geschaffene Detailfragen beide Seiten enervierte und immer wieder die Regelung der Reparationen zu gefährden drohte, erklärte sich aus einem bedeutenden wirtschaftlichen Interesse Frankreichs: Paris wollte den seit Jahrzehnten gegebenen und in der Tat schützenswerten Zusammenhang zwischen der Saar und Lothringen, einen Zusammenhang, der sowohl für Kohle und Erz wie für die produzierende Industrie bestand, gegen etwaige politische Gefährdungen abschirmen. Nun war gar nicht zu übersehen: Kaum hatte das Kabinett Brüning die Geschäfte aufgenommen, trat die deutsche Verhandlungsdelegation drängender und fordender auf, schlug sie schärfere Töne an[18].

Auf der anderen Seite durfte man sich sagen, daß Politiker wie Brüning dem Young-Plan am Ende eben doch zugestimmt, ja an seiner Annahme durch den Reichstag maßgeblichen Anteil gehabt hatten. Und wenn nicht zu übersehen war, daß die neue Regierung weniger vom Reichstag als vom Reichspräsidenten abhing, so stand hier einer Alarmreaktion entgegen, daß der Feldmarschall v. Hindenburg mittlerweile in aller Welt geradezu als Garant der Stabilität der inneren Verhältnisse Deutschlands galt. Sogar als Garant der Kontinuität Stresemannscher Politik. Die französischen und britischen Diplomaten hatten ausführlich berichtet, daß Hindenburg von vielen alten Freunden und Kameraden wie auch von vielen Standesgenossen unter massivsten Druck gesetzt worden war, sich gegen den Young-Plan zu stellen; manche hatten ihm vorgehalten, mit der Billigung des Plans begehe er Landesverrat, und angekündigt, ihm in einem solchen Falle nie mehr die Hand zu geben[19]. Hatte der alte Marschall dem Druck nicht standgehalten? War er nicht öffentlich für die Annahme eingetreten? Die Saarfrage wiederum brauchte als politisches Problem nicht allzu ernstgenommen zu werden. Schließlich stand der späteste Termin für die Rückkehr des Saarlands in den Reichsverband fest, und da dieser Termin nur noch ein paar Jahre entfernt war, konnte erwartet werden, daß die Deutschen die französischen Unartigkeiten nicht als Anlaß zum Stop der deutsch-französischen Annäherung nehmen würden. Vor allem aber: Am 30. Juni 1930, lange vor der in Versailles festgelegten Zeit, hatte der letzte alliierte Soldat das besetzte Rheinland zu verlassen. Mußte die deutsch-französische Annäherung davon nicht kräftige Impulse erhalten?

Indes gab das Kabinett Brüning doch bereits früh ein Signal, das die französische Regierung als Warnung auffassen konnte, daß von Berlin vielleicht nicht schon die Abkehr von der Politik Stresemanns, gewiß aber eine kräftige Modifizierung dieser Politik zu erwarten sei. Seit Herbst 1929 standen die

---

[18] Hierzu die das Verlassen des Stresemann-Kurses gültig analysierende Darstellung von Knipping, Das Ende der Locarno-Ära, S. 124ff., 148ff.
[19] So Rumbold an Henderson, 22. 2. 1930; DBFP, Series Ia, Vol. VII, Nr. 250.

Grundgedanken der Konzeption fest, die Briand für eine europäische Union entworfen hatte, und sie sind naturgemäß lebhaft diskutiert worden, noch ehe das offizielle Memorandum des französischen Außenministers am 17. Mai 1930 in den europäischen Hauptstädten überreicht wurde[20]. Reichsaußenminister Curtius traf zwei Tage vorher, als er sich anläßlich der 59. Tagung des Völkerbundsrats in Genf aufhielt, mit Briand zusammen und glaubte bereits diese Gelegenheit wahrnehmen zu müssen, dem Pariser Kollegen mitzuteilen, daß Deutschland durch nichts und niemand sein besonderes Verhältnis zu Rußland stören lassen werde[21]. Angesichts der revisionspolitischen – speziell antipolnischen – Zweckbestimmung der deutsch-sowjetischen Verbindung hatte der deutsche Außenminister damit unmißverständlich gesagt, daß das Deutsche Reich seine revisionpolitischen Ziele und seine revisionspolitische Bewegungsfreiheit nicht auf irgendeinem europäischen Altar opfern werde und daher Briands Europaplan, dem ja nur der Wunsch nach Sicherung des Status quo zugrunde liege, nicht annehmen könne.

Weder die Reichsregierung noch der Reichskanzler hatten Curtius zu dieser immerhin grundsätzlichen Erklärung offiziell ermächtigt. In den folgenden Wochen und Monaten stellte sich jedoch heraus, daß eine solche Ermächtigung überflüssig war. Curtius hatte mit Recht annehmen dürfen, die Meinung des Gesamtkabinetts wiederzugeben und in dessen Namen zu sprechen. Eine 26. Mai datierte Denkschrift des Auswärtigen Amts, die am 31. Mai der Reichskanzlei zuging, besagte unzweideutig, „die politische Diskussion über eine union fédérale européenne im Briandschen Sinne" könne „gar nicht unmißverständlich genug abgelehnt werden", und zwar aus Gründen der Revisionspolitik: „Wenn der Zeitpunkt der Revision vielleicht jetzt nicht gegeben ist, so können wir doch nicht auf die Möglichkeit einer solchen verzichten. Und wir würden darauf verzichten, wenn wir auf Briands Pläne einer ‚vertraglich festgelegten Solidarität' eingehen würden."[22] Am 24. Juni folgte Treviranus, Reichsminister für die besetzten Gebiete, mit einer Aufzeichnung, in der es in gleichem Sinne hieß: „Der Angriff des Europaplans von Briand auf die Grundlagen der bisherigen außenpolitischen Aktionen Deutschlands ist um so gefährlicher, als er ... in den Zielen keinerlei Annäherung herbeiführt. In dieser Richtung handelt es sich insbesondere um die Stellungnahme des Plans zu der Frage der Revision der Friedensverträge... Die überwältigende Mehrheit der europäischen öffentlichen Meinung ... hat den Plan als eine Stabilisierung des durch die Friedensverträge geschaffenen Status Europas erkannt." Im Grunde wolle Briand Deutschland mit dem Europaplan lediglich in ein Ost-Locarno locken[23]. Und als das Kabinett am 8. Juli den vom Auswärtigen Amt formulierten

---

[20] Knipping, Das Ende der Locarno-Ära, S. 155ff.
[21] Aufzeichnung Curtius, 15. 5. 1930; PA, R 27977.
[22] AdRK, Die Kabinette Brüning, Bd. 1, Nr. 40.
[23] AdRK, Die Kabinette Brüning, Bd. 1, Nr. 55.

II. Abkehr des Kabinetts Brüning von der Politik Stresemanns 47

Entwurf der deutschen Antwortnote auf Briands Memorandum erörterte, sagte Reichskanzler Brüning, der Entwurf sei „vielleicht etwas zu vorsichtig gehalten". Der Absicht Briands, „die jetzigen europäischen Zustände zu stabilisieren, müsse Deutschland eine Antwort geben, die als grundsätzliche Festlegung seiner Politik von geschichtlichem Wert sein könne. In deutlichen, wenn auch vorsichtig abgewogenen Worten müsse Deutschland gegenüber den französischen Aspirationen klare Grenzen aufzeigen. Seine Voraussetzungen für eine dauerhafte und gerechte Ordnung Europas, in dem Deutschland seinen ausreichenden natürlichen Lebensraum haben müsse, seien klarzulegen."[24] Das waren große Worte, und die Verwendung eines Begriffs wie „Lebensraum" könnte sogar dazu verleiten, eine Verwandtschaft zur Vorstellungswelt Hitlers und der Nationalsozialisten anzunehmen. Das wäre freilich verfehlt. Aber die Entschlossenheit, an der Revisionspolitik, gerade auch an der territorialen Revisionspolitik, festzuhalten, war in der Tat klar ausgesprochen und hat die Kernaussage der deutschen Antwortnote, die am 15. Juli der französischen Regierung übermittelt wurde, bestimmt. Überaus lang und recht verklausuliert, brachte die Note deutsche Ablehnung zum Ausdruck, nicht anders als der Reichsaußenminister am 15. Mai im Gespräch mit Briand. Curtius sprach von einem Begräbnis erster Klasse[25].

Nun begegnete Briands Vorschlag in praktisch allen europäischen Staaten negativen Reaktionen, bestenfalls kühler Zurückhaltung. Der freundliche Ton, den die Regierungen in ihren Antworten auf Briands Memorandum anschlugen, konnte die Ablehnung nicht kaschieren; lediglich der Autor las zeitweilig in die im französischen Außenministerium einlaufenden Noten mehr Zustimmung hinein als gerechtfertigt. Die Zeit war selbst für bescheidensten freiwilligen Verzicht auf Souveränitätsrechte noch nicht reif. Aber für die Ruhe in Europa machte es naturgemäß einen grundlegenden Unterschied, ob ein Staat sich abwehrend verhielt, weil er seine Souveränität nicht antasten lassen wollte, oder ob ein Staat sich entzog, weil er sich mit dem Status quo auf dem europäischen Kontinent in Unfrieden befand. Italien deutete dieses Motiv an[26], Ungarn sprach es offen aus[27], und Deutschland, die in dieser Frage wichtigste europäische Macht, hatte zu erkennen gegeben, daß die Regierung Brüning gar nicht daran dachte, die ja seit dem Abschluß des Versailler Vertrags von nahezu allen politischen Gruppierungen im Reich pausenlos wiederholte Kampfansage an den Status quo zurückzunehmen. Die Frage, ob Stresemann seinen anfänglichen Enthusiasmus behalten und sich auf Briands Plan eingelassen hätte, ist schwer zu beantworten. Zwei Feststellungen dürfen indes gewagt werden. Wäre Stresemann nach

---
[24] AdRK, Die Kabinette Brüning, Bd. 1, Nr. 68.
[25] Ebenda.
[26] Schulthess', 1930, S. 473f.
[27] Ebenda, S. 477.

genauerer Prüfung nicht bereit gewesen, sich mit den Ideen des französischen Außenministers anzufreunden, hätte er gleichwohl glaubhaft größtes Verständnis bekundet und bei seiner Absage französische Empfindlichkeiten so weit wie irgend möglich geschont. Viel wichtiger ist jedoch: Wäre er persönlich willens gewesen, einen weiteren Schritt von Annäherung zu Verständigung zu tun, Briands Europapläne zu akzeptieren und damit einer deutschen Anerkennung des Status quo ein Stück näher zu rücken, so hätte er das im Sommer 1930 nicht mehr durchzusetzen vermocht. Auch er nicht.

In Deutschland schäumte nämlich, kaum hatte sich die letzte französische Kompanie aus dem Rheinland nach Frankreich zurückgezogen, eine nicht mehr beherrschbare Welle des Nationalismus auf. Sie verursachte erstens eine schwere Krise der deutsch-französischen Beziehungen und ist zweitens auch in ihrer Bedeutung für die weitere Entwicklung der deutschen Außenpolitik kaum zu überschätzen[28]. Das – noch durchaus trügerische – Gefühl, endlich aller Fesseln ledig zu sein und sich auf internationalem Felde wieder frei bewegen zu können, produzierte nicht nur rhetorischen Nationalismus. Abgesehen davon, daß die nun nicht mehr geschützten Rheinländer, die als Separatisten oder sonst als Kollaborateure der französischen Besatzungsmacht galten, in vielen Fällen schwersten und übelsten Mißhandlungen ausgesetzt waren[29], begannen nun, bildlich gesprochen, allenthalben im Deutschen Reich Banner zu wehen, die gerade mit den territorialen Forderungen des deutschen Revisionismus bestickt worden waren, und bei jeder Forderung fand sich der zusätzliche Anspruch: Erfüllung sofort! Organisationen wie der „Stahlhelm", von der Deutschnationalen Partei und den Nationalsozialisten ganz zu schweigen, schlugen Töne an, die wie das Geklirr von Schwertern klangen, und auf Kundgebungen des „Stahlhelm" verlangten Führer wie der stellvertretende Bundesvorsitzende, Theodor Duesterberg, nicht allein die alsbaldige Rückkehr von Westpreußen und Ostoberschlesien, sondern ebenso von Eupen-Malmedy in Belgien und Elsaß-Lothringen in Frankreich[30]. In einem solchen Klima war an einen Ausbau der Locarno-Politik vorerst nicht mehr zu denken.

---

[28] Hierzu Knipping, Das Ende der Locarno-Ära, S. 143 ff. Der britische Botschafter schrieb dazu: „Der Schneeball der ‚Revision' rollt die Abhänge der Wahllandschaft hinab und nimmt, während er rollt, an Tempo und Umfang zu. Man kann in der Tat sagen, daß die erste Wahlkampagne, die in Deutschland ohne den Schatten der Rheinlandbesetzung stattfindet, alles zum Vorschein bringt ..., auf das Deutschland auf dem Felde der Außenpolitik hofft und um das es sich bemühen wird." DBFP, Second Series, Vol. I, Nr. 318.
[29] Aufzeichnung Curtius nach Gespräch mit dem französischen Botschafter, 7. 7. 1930; PA, R 27977.
[30] Hoesch berichtete am 10. 7. 1930 aus Paris, in Frankreich glaube man, „daß durch ganz Deutschland ... zur Zeit eine antifranzösische Welle" gehe; ernstzunehmende Franzosen schrieben der Botschaft, daß sie „sich wegen des Schicksals ihrer in Deutschland befindlichen Angehörigen beunruhigen" oder daß „sie es nicht mehr wagten, ihre Sommerferien in Deutschland zu verbringen"; PA, R 28250 k. Zu Duesterberg Rieth an AA, 10. 10. 1930; PA, R 70024.

II. Abkehr des Kabinetts Brüning von der Politik Stresemanns

Der Ausbruch revisionistischer Stimmung war im übrigen nicht auf die nationalistische Rechte oder auf Politiker und Agitatoren ohne amtliche Verantwortung beschränkt. In den zahllosen Reden, in denen der Befreiung des Rheinlands gedacht wurde, ist auch das amtliche und offiziöse Deutschland nicht nur – was verständlich gewesen wäre – in nationales Pathos und nationalen Überschwang verfallen. In doppelter Weise wurden ominöse politische Zeichen gegeben. So kam in all den Feierstunden und Grußadressen Frankreich nur insofern vor, als vom Abzug der „fremden Besatzungstruppen" und vom endlichen Verschwinden der „letzten Hoheitszeichen fremder Macht" gesprochen wurde. Die stets ausgedrückte Dankbarkeit der Nation galt einzig und allein der rheinischen Bevölkerung, die ihren Leidensweg unter Fremdherrschaft so tapfer und mit so vielen Opfern gegangen sei. Niemand hatte ein Wort des Dankes für den Staat übrig, der immerhin auf strikte deutsche Vertragserfüllung verzichtet, die Okkupation des Rheinlands vorzeitig beendet und die Befreiungsfeiern erst ermöglicht hatte. Und da Frankreich unerwähnt blieb, mußte natürlich auch die Hoffnung unausgesprochen bleiben, daß mit der Räumung des Rheinlands eine Phase noch intensiverer deutsch-französischer Zusammenarbeit beginnen werde. Das zweite politisch relevante Signal bestand darin, daß die enthusiastischen Sätze zum Ende der Besatzungsherrschaft sogleich und ohne weiteres mit der Forderung nach Erfüllung der nächsten revisionistischen Ansprüche verbunden wurden, und zwar so häufig und so selbstverständlich, daß die Anmeldung der zusätzlichen Ansprüche die Gestalt einer regelrechten Kampagne annahm.

Den Anfang machte ausgerechnet der sozialdemokratische Präsident des Reichstags, Paul Löbe, der am 30. Juni im Parlament seine Ansprache zur Räumung des Rheinlands offenbar ohne Bedenken mit der Bemerkung verknüpfte, daß noch nicht alle Wunden geheilt seien, die der Krieg gerissen habe: „Ich brauche nur an das Saarland zu erinnern."[31] Am folgenden Tag erließen Reichspräsident und Reichsregierung einen gemeinsamen Aufruf, in dem es hieß: „Noch harren unsere Brüder im Saargebiet der Rückkehr zum Mutterland. Wir grüßen heute deutsches Land und deutsches Volk an der Saar aus tiefstem Herzen und mit dem Gelöbnis, alles daran zu setzen, daß auch ihre Wiedervereinigung mit uns bald Wirklichkeit wird." Der Aufruf schloß: „Einig wollen wir sein in dem Schwur: Deutschland, Deutschland über alles!" An die Saarbevölkerung richtete Reichspräsident v. Hindenburg sogar ein eigenes Telegramm[32]. Nachdem der Feldmarschall erfahren hatte, daß die preußische Regierung nicht daran denke, das für die Rheinlande noch bestehende Verbot des „Stahlhelm" aufzuheben, sagte er am 15. Juli – in einem Schreiben an Ministerpräsident Otto Braun – seine

---
[31] Schulthess', 1930, S. 158.
[32] Schulthess', 1930, S. 159f.

bereits festgelegte Teilnahme an den Befreiungsfeiern in Koblenz, Trier, Aachen und Wiesbaden ab[33]. Um einen höchst unwillkommenen Skandal zu vermeiden, hob der preußische Innenminister das Verbot schon am folgenden Tag tatsächlich auf, was dem „Stahlhelm" die Gelegenheit verschaffte, sich im Rheinland selbst zur Räumung der Besatzungszonen laut und mit einem revisionistischen Gesamt- und Sofortprogramm zu äußern, und was Hindenburg in die Lage versetzte, in seinen Reden auf den Befreiungsfeiern, die durch seine Gegenwart besonderes Gewicht gewannen, trauernd und fordernd zu erwähnen, daß für das Rheinland noch Entmilitarisierungsbestimmungen in Kraft seien[34]. Mit seinem wuchtigen Eintreten für eine radikalrevisionistische – und insbesondere frankophobe – Organisation und mit seiner eigenen Wendung gegen Locarno zeigte der oberste und jetzt mit zusätzlicher Macht ausgestattete ehrwürdige Repräsentant des Deutschen Reiches, daß der Glaube, gerade er verbürge die Fortsetzung Stresemannscher Politik, eine Illusion gewesen war.

In ganz Europa, vor allem aber in Frankreich, beobachteten Diplomaten, Politiker und Öffentlichkeit mit wachsender Konsternation, daß sich die deutschen Reaktionen auf die Räumung des Rheinlands zu einer einzigen Absage an die mit Locarno eingeleitete Politik summierten. Die Berliner Botschafter vieler europäischer Staaten erschienen im Auswärtigen Amt und suchten bei Curtius oder Bülow die beruhigende Versicherung zu bekommen, daß der Anschein trüge und sie nicht gerade das Begräbnis der Politik Stresemanns erlebten, während sich die Vertreter revisionistischer Länder im Gegenteil die Gewißheit verschaffen wollten, daß der Anschein eben nicht trog. In Paris wiederum mußten sich Hoesch und seine Mitarbeiter einen vielstimmigen Klagechor französischer Politiker anhören, die allesamt Deutschland und die Deutschen gröbster Undankbarkeit beschuldigten. Wenn Hoesch dies nach Berlin berichtete[35] – oder wenn sich dort der französische Botschafter ähnlich äußerte[36] –, so haben die deutschen Empfänger nie verstanden oder verstehen wollen, daß natürlich nicht Dankbarkeit im Alltagssinne, sondern Dankbarkeit im politischen Sinne eingefordert wurde, also eine Honorierung des vorzeitigen Abzugs der französischen Truppen durch deutsche Erklärungen, namentlich durch Erklärungen von Mitgliedern der Reichsregierung, daß Deutschland jetzt, nach der Räumung des Rheinlands, die deutsch-französische Annäherung erst recht fortsetzen wolle. Hoesch meldete ferner – und das war noch ernster –, daß man sich gerade auch in den an sich annäherungswilligen Kreisen der französischen Mitte und Linken zu fragen beginne, ob Frankreich mit der Rheinlandräumung nicht eine „Dummheit" gemacht habe, und daß Briands poli-

---

[33] Ebenda, S. 168.
[34] Ebenda, 1930, S. 173 f.; Hoesch an AA, 1. 8. 1930; PA, R 70502.
[35] So am 4. 9. 1930, Hoesch an AA; PA, R 70502.
[36] Etwa am 31. 7. 1930, Aufzeichnung AA; PA, R 70502.

tisches Prestige nicht unbeträchtlich beschädigt worden sei[37]. Beides war auch deshalb von Bedeutung, weil es zu dem Schluß nötigte, daß sich die deutsche Reaktion auf das Ende der Okkupation zu einem Hindernis für weitere Fortschritte deutscher Revisionspolitik auszuwachsen drohte.

Hoesch machte immer wieder Versuche, in Berlin Verständnis für die französische Enttäuschung und Verbitterung zu wecken. So schrieb er am 25. Juli 1930: „Was bedeutet Deutschland in London, Rom und Washington? Eine Großmacht unter mehreren Großmächten neben vielen anderen Faktoren und Interessen. Was bedeutet es in Frankreich? Das Zentrum der französischen Politik, gegenüber dem alles andere erst in zweite Linie tritt. Politisch mit einander um die Verständigung ringend, psychologisch ununterbrochen in empfindlicher Weise auf einander reagierend, wissenschaftlich und kulturell sich durchdringend und befruchtend, wirtschaftlich einander ergänzend und sich zustrebend, so werden Deutschland und Frankreich ihren Weg in der Welt weitergehen müssen, und Sache der Staatskunst wird es sein, diesen Entwicklungsprozeß zum guten Ende zu führen."[38]

Mit solchen Worten hatte Hoesch freilich nur seine eigene Frankreichpolitik skizziert, nicht das frankreichpolitische Programm des Landes, das er in Paris vertrat. Tatsächlich sollte sich das politische Klima in Deutschland binnen weniger Wochen noch drastisch verschlechtern. Mitte Juli 1930 lehnten SPD, KPD, DNVP und NSDAP Reichskanzler Brünings Programm zur Haushaltsdeckung erwartungsgemäß ab. Auch die danach fällige Notverordnung wurde von einer Reichstagsmehrheit verworfen. Daraufhin löste Brüning mit Zustimmung Hindenburgs den Reichstag auf, die Neuwahl wurde auf den 14. September festgelegt. Der sofort einsetzende Wahlkampf hat die im Lande ohnehin herrschende politische Erregung zur Siedehitze gesteigert. Auch bei den Parteien der Mitte und der demokratischen Linken kam es nun zu Ausbrüchen eines blindwütenden Nationalismus, zumal sie mit der chauvinistischen Propaganda der Deutschnationalen und der Nationalsozialisten konkurrieren zu müssen glaubten. Gewiß trug auch die Verschlechterung der Wirtschaftslage zur Verschlechterung der politischen Stimmung bei. Jedoch hatten erst wenige das Gefühl oder die Einsicht, schon tief in einer epochalen Krise zu stehen. Zwar litt der Export unter der in vielen Teilen der Welt bereits um sich greifenden Kaufkraftschwäche, und die Landwirtschaft steckte durch Preisverfall und die Anfänge der Brüningschen Deflationspolitik in großen Schwierigkeiten[39]. Aber noch flossen die Gelder ausländischer Anleger; auch amerikanische Investoren hatten, dem New Yorker Börsenkrach vom Oktober 1929 zum Trotz, noch keinen Anlaß gesehen, Kredite aus Deutschland abzuziehen. Und die Zahl

---

[37] Hoesch an AA, 25. 7. 1930; PA, R 70502.
[38] Ebenda.
[39] Dazu vor allem James, The German Slump, S. 190ff., 246ff.

der Arbeitslosen, wenngleich wesentlich höher als 1929 oder gar 1928, sprengte noch nicht – wie kurze Zeit später – alle gewohnten Maßstäbe; im übrigen kam die Arbeitslosigkeit in jenen Monaten noch mehr dem Links- als dem Rechtsradikalismus zugute.

Daß die nationalistischen Töne während dieses Wahlkampfes schriller klangen, die revisionistischen Forderungen an die Außenwelt ungenierter und heftiger gestellt wurden, kam tatsächlich in erster Linie aus einem Gefühl, das der Abzug aller fremder Besatzungstruppen aufkommen ließ, aus dem Gefühl, endlich frei und ungestraft vom Aufstand gegen Versailles wenigstens reden zu dürfen. Damals war das klarer als im Rückblick. Ebenso lag auf der Hand, daß die Welle des Nationalismus vornehmlich der NSDAP Adolf Hitlers Stimmen zutreiben werde, die sich seit 1928/29 ohnehin im Vormarsch befand, wie lokale und regionale Wahlen gezeigt hatten, und die gerade eben von den Deutschnationalen als Partner beim Volksbegehren gegen den Young-Plan akzeptiert und damit auch für ehrbares Bürgertum „hoffähig" und wählbar gemacht worden war. Briand sagte zu Hoesch, die Frage nach dem Ausgang der deutschen Wahlen stelle derzeit die „Hauptsorge" der französischen Regierung dar. Ob wohl ein vollständiger Umschwung der politischen Situation in Deutschland bevorstehe? Und es machte seinem Urteil alle Ehre, daß er, wie der Botschafter schrieb, „einen Horror bei dem Gedanken" empfand, die beiden Gefahren, die kommunistische und die nationalsozialistische, könnten sich zu einer Gefahr verbinden[40]. Hoesch suchte zu beruhigen und erklärte einen vollständigen Umschwung in Deutschland für „schlechthin ausgeschlossen"; vielleicht würden „hundert rein negative Abgeordnete" (KPD und NSDAP) im nächsten Reichstag sitzen[41].

Als diese Unterhaltung zwischen Briand und Hoesch stattfand, am 4. August 1930, waren die für französische Ohren erschreckendsten Reden deutscher Politiker noch gar nicht gehalten worden. Am 10. August veranstalteten die Ostverbände anläßlich der zehnten Wiederkehr des Abstimmungstags in West- und Ostpreußen eine Kundgebung vor dem Reichstag. Schmuck der Kundgebung war eine Rede des Reichsministers für die besetzten Gebiete, Gottfried Treviranus. Weizsäcker, selber aus der kaiserlichen Marine hervorgegangen, schrieb einmal in einem Brief an seine Mutter: „Treviranus ist ehemaliger Seeoffizier, aber nicht beste Sorte."[42] Als er an jenem 10. August sprach, scheint sich Treviranus jedenfalls nicht im Zivil eines Regierungsmitglieds, sondern in der jahrelang getragenen Uniform eines Torpedobootfahrers gewähnt zu haben. Kaum hatte er das Aufatmen des ganzen deutschen Volkes konstatiert, weil „die bittere Zeit des Zwanges,

---

[40] Hoesch an AA, 4. 8. 1930; R 70502.
[41] Ebenda.
[42] Weizsäcker-Papiere, S. 401.

II. Abkehr des Kabinetts Brüning von der Politik Stresemanns

der Anblick fremder Uniformen vorbei ist", kaum hatte er „in Wehmut, aber auch in unbeugsamer Hoffnung die Brüder an der Saar wie die Eifelwacht in Eupen und Malmedy" gegrüßt, da wandte er sich mit Worten gegen Polen, als wolle er den baldigen Einmarsch der Reichswehr in Westpreußen ankündigen: „Nun fordert der Osten Einheit und Einsatz des ganzen deutschen Volkes. Wir gedenken in der Tiefe unserer Seele des zerschnittenen Weichsellandes, der ungeheilten Wunde in der Ostflanke, diesem verkümmerten Lungenflügel des Reichs... Ostdeutschlands Blutstokkung bleibt eine europäische Sorge und Gefahr... Weg mit dem Gerede von der Katastrophe, her mit dem Mut, alle Nöte zu bannen."[43]

Nun konnte man solche Sätze jeden Tag in der rechten Presse lesen und in Versammlungen der DNVP oder NSDAP hören. Daß aber ein Mitglied der amtierenden Reichsregierung derartige Töne anschlug, war eine europäische Sensation. Der Schrecken in Deutschlands Nachbarstaaten nahm noch zu, als einen Tag nach dem Auftritt von Treviranus ein weiterer Angehöriger des Kabinetts Brüning das offizielle Startsignal zum Kampf gegen Locarno zu geben schien. Ausgerechnet auf der Verfassungsfeier der Reichsregierung sagte Reichsinnenminister Wirth, vom linken Flügel des Zentrums kommend, jedoch leidenschaftlicher Nationalist: „In unserer Freude über die Befreiung der rheinischen Lande übersehen wir aber nicht, daß Räumung nicht restlose Freiheit bedeutet. Das Land am Rhein ist auch fernerhin noch ein Land mindern Rechts. Wahre Freiheit gewinnen wir erst dann, wenn der Weg vom mindern Recht zum gleichen Recht zu Ende gegangen ist."[44]

In den folgenden Tagen und Wochen registrierte man in ganz Europa mit größter Beunruhigung, daß weder der Reichskanzler noch der Reichsaußenminister einschränkende Worte zu den Ansprachen ihrer stürmischen Kollegen für nötig hielten, also die Meinung der Redner anscheinend teilten. Der Anschein entsprach auch der Realität. Wohl gab es interne Kritik. In der Sache machte aber nur der deutsche Gesandte in Warschau, Ulrich Rauscher, Front gegen Treviranus. Von seinem Urlaubsdomizil in Nonnenhorn am Bodensee donnerte er: Tatsächlich „aber ist die Rede eine offene Kampfansage gegen Polen und wird, als Auslassung eines aktiven Reichsministers, von Warschau als vollgültiger Beweis des Bedrohtseins ... verwertet werden"[45]. Staatssekretär v. Bülow mißbilligte immerhin Form und Zeitpunkt. In einer Unterhaltung mit dem polnischen Gesandten gab er zu, daß Polen Anlaß habe, sich über Treviranus zu erregen[46], und an Rauscher schrieb er, die akute Belastung, die Treviranus' Äußerungen bescherten, würde er gerne in Kauf nehmen, wenn „nicht zu befürchten wäre, daß sie auch auf

---
[43] Schulthess', 1930, S. 188f.
[44] Ebenda, S. 191.
[45] Rauscher an Bülow, 13. 8. 1930; PA, R 28320 k.
[46] Aufzeichnung Bülow, 16. 10. 1930; PA, R 29449.

weite Sicht nur ungünstige Wirkungen haben werden und uns vielleicht wieder um Jahre zurückwerfen werden"⁴⁷.

Außenminister Curtius hingegen protestierte lediglich – wenn auch mit Schärfe – dagegen, daß Treviranus sich mit seinen – noch dazu programmatischen – Sätzen zur Außenpolitik Kompetenzen angemaßt habe, die neben dem Reichskanzler allein ihm, dem Reichsaußenminister Julius Curtius, zustünden⁴⁸. Was den Inhalt betraf, stimmte er jedoch mit seinem Kollegen überein, jedenfalls in der Polenfrage. Am 20. August, zehn Tage nach der Rede von Treviranus, sagte er in einer Kabinettssitzung, schon seit den Verhandlungen um den Young-Plan stehe er mit Rußland in Fühlung, um die Rückgewinnung des Korridors vorzubereiten⁴⁹, und wenn er auch tadelte, daß Treviranus, von der Kompetenzüberschreitung abgesehen, die Franzosen zu früh und zu stark alarmiere, so gab er einige Monate später, als der Reichskanzler vor einer Reise nach Beuthen stand, um dort am zehnten Jahrestag der Abstimmung in Schlesien teilzunehmen, Brüning den Rat, eindringlich von der „blutenden Grenze" zu sprechen; das werde seinen Eindruck auf das Ausland nicht verfehlen⁵⁰.

Der Reichskanzler sah überhaupt keinen Grund zur Rüge, wenn er natürlich auch bemüht war, seinen gekränkten Außenminister zu beruhigen. Der danach gänzlich unbußfertige Treviranus übertraf sich noch selbst, als er am 26. August in Königsberg eine Rede hielt, in der er abermals einen Ausflug auf das Feld der Außenpolitik unternahm. Revision sei nötig, so sagte er, indes könne der „Zeitpunkt für eine solche Aktion doch erst dann bestimmt werden, wenn die innere Stärke unseres Volkes uns die Gewißheit gibt, daß wir Atemkräfte genug haben, um einen solchen Anspruch durchzuhalten"⁵¹. Und obwohl ein solcher Spruch innerhalb wie außerhalb Deutschlands naturgemäß als Ankündigung verstanden wurde, daß das Deutsche Reich, sobald es wieder über eine schlagkräftige Armee verfüge, über Polen herfallen werde, und obwohl die Pariser Botschaft wissen ließ, wie sehr ihre französischen Gesprächspartner nach einem klärenden Wort des Kanzlers lechzten⁵², fiel es Brüning nicht ein, sich von Treviranus zu distanzieren. In Trier sagte er am 31. August in einer Wahlrede lediglich, in der deutschen Außenpolitik sei es nicht damit getan, dieses oder jenes Endziel programmatisch aufzustellen. Die Endziele ergäben sich aus der gesamten Lage

---

⁴⁷ Bülow an Rauscher, 20. 8. 1930; PA, R 29513.
⁴⁸ So in einem Telegramm an Treviranus, 1. 9. 1930; PA, R 29505. Seine Kritik im Kabinett, AdRK, Die Kabinette Brüning, Bd. 1, Nr. 110.
⁴⁹ AdRK, Die Kabinette Brüning, Bd. 1, Nr. 104.
⁵⁰ AdRK, Die Kabinette Brüning, Bd. 2, Nr. 256.
⁵¹ Über die Reaktion Briands berichtete Gesandtschaftsrat Hans Riesser aus Paris am 20. 8. 1930; PA, R 28251 k.
⁵² So Riesser am 20. 8. 1930 nach einem Gespräch mit André Lefebvre de Laboulaye, dem stellvertretenden Leiter der Politischen und Handelsabteilung im französischen Außenministerium; PA, R 70502.

Deutschlands von selbst, und über sie könne und solle in Deutschland kein Streit sein[53]. Das konnte eher als Bestätigung der Reden seines Ministers verstanden werden, im Grunde auch seine anschließende Bemerkung, er und der Außenminister seien verfassungsmäßig für die Führung der Außenpolitik allein verantwortlich, und sie beide böten doch die Gewähr dafür, daß das Schicksal des deutschen Volkes nicht in irgendwelche Abenteuer verstrickt werde, was keinem verantwortlichen deutschen Staatsmann in den Sinn kommen könne. Nach Treviranus' erster Ansprache hatte der britische Botschafter an Außenminister Arthur Henderson geschrieben, nach seiner Meinung ergebe sich die Bedeutung des Vorfalls mehr aus dem, was Treviranus zu sagen unterlassen habe, nämlich daß Deutschland die Revision seiner Ostgrenze nur mit Hilfe des Artikels 19 der Völkerbundssatzung, also nur mit friedlichen Mitteln, anstreben werde. Treviranus sei ein junger und offenbar eigenwilliger ehemaliger Marineoffizier, doch zeige sich in seiner Haltung eine derzeit in Deutschland erkennbare Tendenz, zu weit und zu schnell zu gehen[54]. Brüning tat nichts, um solche Eindrücke abzuschwächen, namentlich nichts zur Beruhigung Frankreichs.

So konstatierte Sir Horace Rumbold einige Tage später mit Fug und Recht, nachdem ihm ein „offensichtlich verlegener" Bülow versichert hatte, Treviranus habe seine Rede nicht mit dem Auswärtigen Amt abgesprochen und sich nicht im Namen der Regierung, sondern inoffiziell geäußert – „soweit die Rede eines verantwortlichen Ministers inoffiziell sein kann": „Reden wie die des Herrn Treviranus sind nicht geeignet..., die Dinge im deutschen Sinne zu bessern. Sie können nur Unruhe und Irritation unter Deutschlands Nachbarn schaffen."[55] In der Tat provozierte Treviranus eine ungeheure Erregung, vor allem in Polen und Frankreich, aber auch in Staaten wie Belgien und der Tschechoslowakei. In Paris hatten Poincaré und Louis Barthou, der mehrmals Minister und auch Regierungschef gewesen war, schon auf die Reden Hindenburgs bei den Befreiungsfeiern heftig reagiert. Barthou hatte sogar geschrieben, der Reichspräsident habe „die bisher geheim gehaltenen Absichten der deutschen Regierung zu enthüllen begonnen" – damit war ein deutscher Angriff auf Locarno gemeint[56]. Poincaré hatte zur Kritik Hindenburgs und anderer deutscher Politiker an der Entmilitarisierung des Rheinlands bemerkt, diese Entmilitarisierung sei ein wesentlicher Teil der Vereinbarungen von Locarno, und es könne einfach nicht akzeptiert werden, daß eine derartige Verpflichtung mit „der Würde und der Souveränität" des Deutschen Reiches nicht vereinbar sei; schließlich habe sich Frankreich sechzig Jahre lang mit der Neutralisierung von Sa-

---

[53] AdRK, Die Kabinette Brüning, Bd. 1, Anm. 3 zu Nr. 110.
[54] DBFP, Second Series, Vol. I, Nr. 312.
[55] DBFP, Second Series, Vol. I, Nr. 317.
[56] Hoesch an AA, 1. 8. 1930; PA, R 70502.

voyen abgefunden[57]. Jetzt aber nahm er den Fehdehandschuh, den Treviranus allen Verteidigern des Status quo vor die Füße geworfen hatte, mit sichtlicher Freude auf und behauptete in einem Artikel, der sich ebenso gegen die französischen Anhänger einer Annäherung an Deutschland wie gegen die Deutschen und ihre Politik richtete, die deutsche „Mentalität" habe sich „seit den Tagen Treitschkes und Bernhardis nicht wesentlich geändert... Die Ausbildung des deutschen Heeres und der deutschen Jugend an den Universitäten wird im alten Geist fortgesetzt."[58] Der Artikel gipfelte in dem unzweideutigen Satz: „Das Verlangen nach Revision bedeutet einen Kriegsruf."

So und so ähnlich rauschte es im gesamten französischen Blätterwald. In vielen Zeitungen war tatsächlich von „Kriegsgefahr" die Rede. Ernster mußte genommen werden, daß Hoesch aus Paris meldete, auch Kabinettsmitglieder sprächen von einer offenkundigen „Umgestaltung der deutschen Politik", hielten dafür, die Rheinlandräumung sei also wohl ein Fehler gewesen, und meinten, das Kabinett werde sich von Briand, dem großen Repräsentanten der französisch-deutschen Annäherung, trennen müssen[59]. Und in London entstand, wie Botschaftsrat Graf Albrecht Bernstorff berichtete, da und dort die Ansicht, die Zunahme von Kommunisten und Nationalsozialisten sei nicht so gefährlich „wie die jetzt betriebene allmähliche Unterhöhlung der Stresemann-Politik"[60].

Dann kam der 14. September 1930, und das Ergebnis der Wahlen zum Reichstag jagte allen, die wie Hoesch in der Unterhaltung mit Briand nur ein noch ungefährliches Ansteigen der braunen und der roten Flut erwartet hatten, einen tiefen Schrecken ein. Die Nationalsozialisten vervielfachten ihren Stimmenanteil; sie allein entsandten nun 107 Abgeordnete in den Reichstag. Die Kommunisten verzeichneten ebenfalls einen großen Erfolg: zu den 54 Sitzen, die sie am 20. Mai 1928 erobert hatten, gewannen sie 23 hinzu und waren also jetzt mit 77 Abgeordneten vertreten.

Nun waren die Nationalsozialisten außerhalb Deutschlands noch eine nahezu unbekannte Größe. Zwar sind sie, da ihr Gewicht in Kommunen und Ländern schon seit 1928/29 zunahm, von den ausländischen Missionen in Deutschland aufmerksam beobachtet worden. Nach den Gemeindewahlen in Preußen, Sachsen und Hessen hatte Harold Nicolson am 29. November 1929 an das Foreign Office geschrieben, das „hervorstechende Merkmal dieser Wahlen ist der gänzlich unerwartete Triumph oder, richtiger gesagt, das Erscheinen der Nationalsozialisten". Das seien „gefährliche Leute": „rote Faschisten oder linke Chauvinisten"[61]. Einige Wochen später hat Sir

---

[57] Ebenda.
[58] Riesser an AA, 15. 8. 1930; PA, R 70502.
[59] Hoesch an AA, 12. 8. 1930; PA, R 28251 k.
[60] Albrecht Graf von Bernstorff an AA, 28. 8. 1930; PA, R 28305 k.
[61] DBFP, Series Ia, Vol. VII, Nr. 87.

II. Abkehr des Kabinetts Brüning von der Politik Stresemanns

Horace Rumbold die Erfolge der NSDAP mit den Sätzen kommentiert: „Der deutsche Charakter, so bewundernswert er in vieler Hinsicht ist, weist einen notorischen Mangel an politischer Vernunft auf... Neben den solideren Parteiorchestern haben sie [die Nationalsozialisten] die magnetische Attraktivität einer Jazzband."[62]

Abgesehen davon, daß solche Urteile noch recht ratlos klingen, erreichten sie natürlich nicht die Öffentlichkeit. Um so mehr Angst erweckten die lauten, groben und gewalttätigen Gefolgsleute eines ebenfalls noch völlig unbekannten Adolf Hitler. Man glaubte zu sehen, daß sie radikaler, zumindest aber unbesonnener seien als die Deutschnationalen, und so traute man ihnen alles zu: Putsch und Errichtung einer Diktatur oder auch Restauration der Hohenzollern, Aufrüstung und Krieg – war nicht die SA schon ein Heer, jünger und daher draufgängerischer als der „Stahlhelm"? –, sofort jedoch Einstellung der Reparationszahlungen und Liquidierung von Locarno. Außerdem berichteten die ausländischen Korrespondenten wie die ausländischen Diplomaten, welch radikalen und brutalen Antisemitismus die NSDAP vertrete und welche Angst daher das Wahlergebnis bei den Deutschen mosaischer Konfession und jüdischer Herkunft ausgelöst habe[63].

Für die internationalen Beziehungen wirkte sich der nationalsozialistische Erfolg in dreierlei Hinsicht aus. Erstens erreichte in Frankreich die Furcht vor dem in mehr als vier Jahren nur mühsam und nur mit Hilfe starker Bundesgenossen niedergerungenen Nachbarn eine neue Dimension. Die Wahlen schienen den Beweis dafür geliefert zu haben, daß das seit Anfang Juli ständig gewachsene Mißtrauen nur allzu berechtigt war. Statt mit Dankbarkeit und belebter Versöhnungsbereitschaft reagierten die Deutschen auf stetes französisches Entgegenkommen offensichtlich mit fortschreitender Freisetzung eines rabiaten Chauvinismus und des Willens zur Revanche. Die Kriegsangst breitete sich weiter aus und bewegte die Gemüter noch stärker als zuvor. Zugleich nahm aber auch die Entschlossenheit zu, sich zu wehren und Deutschland an einem Revanchekrieg entweder mit politischen Mitteln oder durch die Wahrung eines ausreichenden Unterschieds in der einsetzbaren militärischen Kraft zu hindern. Im Oktober 1930 stand ein Kongreß der Radikalsozialisten ganz im Zeichen der Ansicht, das Anschwellen eines extremen Nationalismus in Deutschland sei eine unmittelbare Folge der Rheinlandräumung. Ein Redner nach dem anderen verlangte in Grenoble mit Ungestüm eine radikale Änderung der französischen Außenpolitik, und Angriffe auf Briand häuften sich[64]. Anfang November stellte der Abgeordnete Henri Franklin-Bouillon in der Kammer die gleiche

---

[62] DBFP, Series Ia, Vol. VII, Nr. 142.
[63] Rumbold an Henderson, DBFP, Second Series, Vol. I., Nr. 324.
[64] Rieth an AA, 11. 10. 1930; PA, R 27977.

Forderung und warnte vor jeder weiteren Konzession an Deutschland; das fand auf der gesamten Rechten und auch bei Teilen der Linken lebhaften Beifall: „Bei der Feststellung, daß Polens Grenzen auch Frankreichs Grenzen seien, erhob sich ein wahrer Beifallssturm bis weit in die Reihen der Linken hinein."[65] Auch deutsche Besucher Frankreichs berichteten an das Auswärtige Amt, das Gefühl der Verbundenheit mit Polen sei außerordentlich stark. Tatsächlich war das Bewußtsein sehr lebendig, mit Polen in einem Boot zu sitzen. So konnte man um diese Zeit im „Journal des Débats" lesen: Nach Erfüllung aller deutscher Forderungen „befände man sich einem stärkeren Deutschland gegenüber als dem von 1914. Man müßte besonders naiv sein, wollte man sich einbilden, daß Deutschland, wenn es dieses Ergebnis hat, sich nicht in sehr aktiver Weise auch für seine Westgrenze interessieren würde."[66]

Noch waren Briand und seine Anhänger stark genug, um an der Macht zu bleiben, ihre Politik jedoch hatte einen schweren Stoß erhalten. Konnte sie fortgesetzt werden? Die deutschen Diplomaten in Frankreich, von denen die Reichsregierung getreulich über die Ausschläge der französischen Stimmung unterrichtet wurde, säumten nicht, ihren Hiobsbotschaften deutliche Hinweise anzuhängen, daß es der deutschen Regierung angesichts der prinzipiellen Annäherungsbereitschaft der meisten Franzosen im Grunde ein leichtes sei, durch freundliche Worte, Gesten und Handlungen Briand und Briandsche Politik zu stützen[67]. Manch anderer Beobachter beantwortete die Frage indes bereits verneinend. Im November 1930 schrieb Brigadegeneral A. C. Temperley, Leiter der Informationsabteilung im britischen Kriegsministerium, eine die Verhältnisse in Deutschland präzis analysierende Denkschrift, in der er, ausgehend von der Feststellung, daß elf Millionen Deutsche (4,5 Millionen Kommunisten – 6,5 Millionen Nationalsozialisten) für Gewalt, für die Ablehnung verfassungsmäßigen Regierens und gegen alle mit den Friedensverträgen verbundenen internationalen Abkommen gestimmt hatten, zu dem Schluß kam, Briand und seine Freunde seien desavouiert: „Die Politik der Annäherung und der Abrüstung ist, jedenfalls für den Augenblick, mausetot."[68]

Als zweite Folge des Wahlresultats erlitt – zum ersten Mal wieder seit der Währungsreform von 1923/24 – der deutsche Kredit eine ernste Beschädigung. Die Zukunft Deutschlands schien plötzlich voller Gefahren zu sein, lag jedenfalls im ungewissen. Mit den Nationalsozialisten standen plötzlich

---

[65] Hoesch an AA, 6. 11. 1930; PA, R 27977.
[66] Zit. nach Berliner Tageblatt, 29. 12. 1930.
[67] Hoesch machte z.B. am 13. 11. 1930 darauf aufmerksam, daß Briand, als er sich am gleichen Tage in der Kammerdebatte „erneut in mutigen und überzeugten Worten zur Annäherungspolitik mit Deutschland" bekannte, stürmischen Beifall geerntet habe, abgesehen von den Kommunisten und der äußersten Rechten; PA, R 70503.
[68] Dufour-Feronce an AA; PA, R 29512.

II. Abkehr des Kabinetts Brüning von der Politik Stresemanns

Leute im Vorhof der Macht, denen man, setzten sie ihren Aufstieg fort, eine abenteuerliche Politik zutrauen mußte, jedenfalls die Einstellung der Reparationszahlungen, vielleicht sogar die Unterbindung aller Zahlungen an das Ausland. Schon jetzt war zu befürchten, daß Hitler und die NSDAP, immerhin nun zweitstärkste Partei nach der SPD, allein durch ihre Existenz und ihre Propaganda die amtierende Regierung unter Druck setzten und noch ein Stück weiter nach rechts trieben – zunächst im Hinblick auf den Young-Plan. Solche Ängste befielen zahlreiche ausländische Anleger, ob in New York, London oder Zürich. Kurzfristige Kredite wurden in Höhe von etlichen Milliarden Mark abgezogen[69]. Der so verletzliche finanzielle Kreislauf, von dem die deutsche Wirtschaft zu einem guten Teil lebte und der auf Grund der zunehmenden einheimischen Investitionsschwäche von Monat zu Monat wichtiger wurde, erhielt einen bösen Schock. Noch brach der Kreislauf nicht zusammen. Sowohl Reichsregierung und Reichsbank wie die Regierungen und die Zentralbanken der bedeutenderen Gläubigerstaaten wirkten der Panik energisch entgegen. Auch in Frankreich – französische Kreditgeber hatten rund 400 Millionen Franc abgezogen – sorgten Briand und die Bank von Frankreich für Beruhigung namentlich der Großbanken[70]. Aber großer Schaden war angerichtet, der die ohnehin kriselnde deutsche Wirtschaft hart traf und der aus eigener Kraft vorerst nicht behoben werden konnte.

So hat der Wahlerfolg der NS-Bewegung, partiell gewiß Resultat einer bereits ausgebrochenen Wirtschaftskrise, diese Krise jäh und drastisch verschärft. Aus dem finanziellen Vorgang ergab sich für den Moment jedoch vor allem eine Lehre: Wenn Deutschland und die Deutschen mit ihren Auslandsverpflichtungen, gerade auch mit dem Young-Plan, nicht behutsam umgingen, steuerten sie in eine regelrechte Katastrophe. Die Lage, die sich hier darbot, war nicht ohne Paradoxie. Drohte das Deutsche Reich mit der Verfechtung politisch und moralisch zumindest dubioser Revisionsansprüche, nämlich der territorrialen Forderungen, gleich ganz Europa in Brand zu stecken, weil sich dabei kriegerische Auseinandersetzungen womöglich nicht vermeiden ließen, so brachte ausgerechnet die Verfechtung des einen politisch, wirtschaftlich und moralisch durchaus vertretbaren Anspruchs, nämlich des Verlangens nach der Liquidierung einer unsinnig hohen und unmoralisch langfristigen Reparationslast, zuerst und vor allem die Selbstzerstörung.

Gleichwohl schickte sich die Reichsregierung an, alle bedenklichen Wege auf einmal einzuschlagen. Das lag in der Tat auch am dritten Effekt des Triumphs der NSDAP. Die Annahme, das Kabinett werde unter den Druck der NS-Bewegung geraten oder sich doch einem solchen Druck ausgesetzt

---

[69] Keese, Die volkswirtschaftlichen Gesamtgrößen.
[70] Rieth an AA, 19. 9. 1930; PA, R 27977. Aufzeichnung Curtius, 24. 9. 1930; PA, R 27997.

fühlen, bestätigte sich sofort. Einen Tag nach der Wahl teilte Bülow dem zur 60. Tagung des Völkerbundsrates in Genf weilenden Curtius mit, er solle in seiner Rede die Mitschuld des Auslands am Wahlergebnis betonen und deutlich machen, daß die deutsche Regierung zwar nach wie vor entschlossen sei, in Zusammenarbeit mit anderen Ländern am Wiederaufbau in Europa mitzuwirken, jedoch nur auf der Basis wirklicher Gleichberechtigung und Freiheit; das Wort „Verständigungspolitik" müsse dabei vermieden werden. Dies sei die Meinung des Reichskanzlers, des Ministers Treviranus, der dem Zentrum angehörenden Minister und des Prälaten Ludwig Kaas, des Vorsitzenden der Zentrumspartei[71]. Kaas übte in revisionspolitischen Fragen ohnehin einen alles andere als bremsenden Einfluß auf Brüning aus. In jenen Monaten schrieb er ein Vorwort zu einem Werk über deutsche Außenpolitik, das der „Außenpolitiker" der Zeitschrift „Germania", Walter Hagemann, verfaßt hatte, und in diesem Vorwort sagte er, „der deutsche Samson wird sich nicht auf Lebenszeit an die Tretmühle von Versailles binden lassen", und es könne die Zeit kommen, „wo die Samsontragödie sich im Politischen wiederholt und die Wächter des status quo unter den splitternden Balken ihres eigenen Hauses begraben werden"[72].

Curtius befolgte die Berliner Instruktion und hielt eine Ansprache, in der weniger von deutsch-französischer Annäherung und mehr von der Vertretung deutscher „Lebensnotwendigkeiten" die Rede war, in der ferner der Begriff „Verständigungspolitik" nicht nur vermieden, sondern durch den Begriff „evolutionäre Politik" ersetzt wurde[73]. Damit hatte der Reichsaußenminister den in Genf versammelten Politikern aller europäischer Staaten kundgetan, daß das Deutsche Reich nur durch laufende Erfüllung seines revisionspolitischen Gesamtprogramms saturiert werden könne. In einem Gespräch mit Briand erklärte Curtius seinem französischen Kollegen, die Zunahme der NSDAP sei auf „Versäumnisse des Auslands" zurückzuführen und mit der baldmöglichsten Rückgliederung des Saargebiets müsse vor der Fortsetzung der deutsch-französischen Annäherung ein „Stein des Anstoßes" beseitigt werden; auch wandte er sich mit heftigen Worten gegen den Young-Plan[74]. Einige Wochen später sagte der Abgeordnete Pezet, ein Vertreter der katholischen Demokraten, in einer Debatte der Pariser Kammer, man habe zwar Vertrauen zu Brüning und seiner Regierung, aber eine Erfüllung der deutschen Revisionswünsche sei „unmöglich und gefährlich"; namentlich in der Korridorfrage könnten Deutschland keine Zugeständnisse gemacht werden[75]. Ministerpräsident André Tardieu schloß sich dem

---

[71] Bülow an Curtius, 15. 9. 1930; PA, R 29505.
[72] Hagemann, Deutschland am Scheideweg, S. VII.
[73] Curtius an AA, 16. 9. 1930; PA, R 27977. Die Darstellung, die Curtius selbst gegeben hat (Sechs Jahre Minister, S. 171 f.), ist etwas geschönt.
[74] Aufzeichnung Curtius, 18. 9. 1930; PA, R 29505.
[75] Hoesch an AA, 7. 11. 1930; PA, R 70502.

II. Abkehr des Kabinetts Brüning von der Politik Stresemanns 61

an und erklärte unzweideutig, daß jeder Versuch einer „Neuordnung der Grenzen Europas unfehlbar in Chaos und Krieg enden müßte"[76]. Sechs Tage darauf, am 20. November 1930, erwiderte Curtius im Reichsrat, es sei für die ganze Welt „eine notorische Tatsache, daß das deutsche Volk es nicht für möglich hält, sich mit dem gegenwärtigen Stand der Dinge, insbesondere im Osten einfach abzufinden". Abermals sprach er von den „Lebensnotwendigkeiten unseres Volkes". Ohne deren Berücksichtigung „wäre – das muß mit allem Ernst ausgesprochen werden – jede Hoffnung auf eine gedeihliche Zukunft nicht nur Deutschlands, sondern Europas verloren"[77].

Die britische Regierung hatte Berlin wissen lassen, daß sie alles tun werde, um in Frankreich Briand und die von ihm repräsentierten Kräfte zu stützen, sofern ihr das die deutsche Regierung mit einer maßvollen und vernünftigen Politik ermögliche. Es sah aber gar nicht so aus, als sei die Reichsregierung dazu willens. In die Richtung, in die sie nationalsozialistischer Druck drängte, wollte sie ohnehin gehen, dabei freilich die Gangart selbst bestimmen. Noch war ihr Hitlers Erfolg gar nicht so unwillkommen, mußte er doch, was die Außenpolitik anging, in doppelter Hinsicht die Position des Kabinetts Brüning festigen: Erstens konnte nun in Verhandlungen über deutsche Forderungen die Existenz einer starken nationalistischen Opposition als Argument verwendet werden, zweitens durfte auf größeres Entgegenkommen der Gesprächspartner Deutschlands auch deshalb gerechnet werden, weil sie ein Kabinett Brüning naturgemäß immer noch sympathischer fanden als ein Kabinett Hitler. Ernst v. Weizsäcker gab sicherlich auch die Meinung seines Chefs wieder, als er im Dezember 1930 in einem Brief schrieb, die derzeitige patriotische Welle in Deutschland sei sogar die Vorbedingung, „um uns wieder ein Stück gegenüber dem Ausland vorzuschieben. Solange die Nazis nur randalieren und die Regierung zur politischen Aktivität treiben, ohne sie etwa zu stürzen, sollen sie mir als Folie willkommen sein... Die Schwierigkeiten für unser Amt bestehen nur darin, daß es die Angabe des Tempos nicht aus der Hand verlieren darf."[78] Curtius hatte denn auch nichts dagegen, wenn in das nationalistische Feuer noch weiteres Öl gegossen wurde. Am 5. Oktober 1930 fand in Koblenz eine große Kundgebung des „Stahlhelm" statt, auf der einmal mehr derart chauvinistische Reden gehalten wurden, daß selbst die politischen und militärischen Kreise der Schweiz größte Nervosität zeigten und zum Beispiel, wie der Gesandte Adolf Müller aus Bern meldete, das Militärdepartment Kredite zum Ankauf von Gasschutzmaterial verlangte. Über diesen „Stahlhelmtag" wurde ein Film gedreht, gegen dessen öffentliche Vorführung sogar Beamte des Auswärtigen Amts Bedenken erhoben. Der Minister teilte die Bedenken nicht[79].

---

[76] Ebenda.
[77] WTB, 20. 11. 1930; PA, R 70502.
[78] Weizsäcker-Papiere, S. 412.
[79] Aufzeichnung Köpke, 13. 12. 1930; PA, R 70504.

Andere kleine Vorfälle lassen ebenfalls erkennen, daß die Regierung sich schon auch aus eigenem Antrieb aktiver Revisionspolitik zu nähern gedachte, Vorfälle, die deshalb besonders aufschlußreich sind, weil die Öffentlichkeit von ihnen keine Kenntnis erhalten und daher mit ihnen nicht beeindruckt werden konnte; in ihnen kam die ureigene Gesinnung der Akteure unmittelbar zum Ausdruck. So wandelte sich – gelegentlich bereits vor den Wahlen – die Sprache mancher Diplomaten und auch die des Chefs der Zentrale, des Auswärtigen Amts. Wenn etwa mit dem litauischen Gesandten irgendein Memelproblem zu erörtern war, wurde nun Bülows Haltung strenger und seine Rede schärfer[80], wenngleich er sich selbstverständlich nicht die Denkweise etlicher Führer der Memeldeutschen aneignete, die, wie Hans Ludwig Moraht, der Gesandte in Kowno, mitteilte, der Ansicht waren, „mit den Litauern müsse man nicht verhandeln, sondern man müsse sie anschnauzen und sie hinter die Ohren schlagen"[81]. Ein anderes Beispiel: Briand lag, wie man in Berlin sehr gut wußte, die Besserung der Beziehungen zwischen Reichswehr und französischer Armee am Herzen. Daher hatte er den Chef der Heeresleitung wiederholt darum bitten lassen, die bisher von den Manövern der Reichswehr ausgeschlossenen Militärattachés Frankreichs, Belgiens und Polens doch einzuladen. Die Heeresleitung hatte stets erwidert, das könne nicht in Frage kommen, solange deutsches Territorium von französischen und belgischen Truppen besetzt sei. Jetzt, nach der Rheinlandräumung, habe der General v. Hammerstein aber wiederum abgelehnt, so beklagte sich Briand Anfang September bei Hoesch; diesmal habe man als Grund genannt, daß die Stimmung im deutschen Offizierskorps dafür noch nicht reif sei. Müsse solche Verweigerung nicht als „geradezu tragisch" erscheinen[82]? Als zur gleichen Zeit der französische Geschäftsträger in eben dieser Angelegenheit Staatssekretär v. Bülow um Intervention bei der Heeresleitung bat, holte er sich ein kühles „Nein"[83]. Knapp zwei Wochen zuvor war der britische Botschafter zu Bülow gekommen, um ihm den Vorschlag zu unterbreiten, „kleine intime Frühstücke" zu veranstalten und so die Beziehungen zwischen deutscher Regierung und britischer Botschaft enger zu knüpfen; Sir Horace Rumbold hatte sich den Hinweis gestattet, wie nützlich doch das gute Verhältnis zwischen seinem Vorgänger Lord D'Abernon und deutschen Politikern gewesen sei. Mit dem Argument, die deutschen Gäste wollten dann britische Gastfreundschaft erwidern, seien aber aus finanziellen Gründen kaum dazu in der Lage, ließ Bülow das Angebot praktisch zu Boden fallen[84]. Nach einer Unterredung mit dem französischen Botschafter, während der Herr de Margerie, sicherlich kein überra-

---

[80] Z. B. Aufzeichnung Bülow, 1. 9. 1930; PA, R 29449.
[81] Mohrat an AA, 28. 8. 1930; PA, R 29513.
[82] Hoesch an AA, 4. 9. 1930; PA, R 70502.
[83] Aufzeichnung Bülow, 3. 9. 1930; PA, R 29449.
[84] Aufzeichnung Bülow, 22. 10. 1930; PA, R 29449.

II. Abkehr des Kabinetts Brüning von der Politik Stresemanns 63

gender Diplomat, wieder einmal pflichtgemäß die Beschwerden der Pariser Regierung über den frankophoben Zug der deutschen Politik vorgebracht hatte, was Bülow als „hochfahrend" empfand und mit Härte zurückwies, schrieb der Staatssekretär an Hoesch: „Vielleicht finden Sie einmal eine Gelegenheit, dort maßgebenden Leuten anzudeuten, daß Margerie neben anderen Mängeln auch die Wahnvorstellung hat, er lebe noch in der Zeit der Ultimaten und der Kontrollkommission, und nicht der der Gleichberechtigung und Cooperation."[85] Ebenso charakteristisch war die Reaktion, als Stresemanns Witwe zu einem Vortrag über ihren Mann nach Paris fahren wollte. Gesandtschaftsrat Hans Riesser riet ihr, offenbar ohne Wissen seines Botschafters, dringend davon ab. Sie würde in Paris nur gegen die Nachfolger ihres Mannes „mißbraucht" werden, hielt er ihr vor. Die Krönung der Arbeit Stresemanns sei die Rheinlandräumung gewesen: „Aber selbst er hätte niemals die politische Entwicklung hemmen können, die nach dieser Räumung innen- und außenpolitisch die gesamte Lage so tiefgreifend verändert hat."[86] Curtius und Bülow stimmten Riesser zu[87].

Wichtiger war, daß die Reichsregierung sich daran machte, die Partei der revisionistischen Staaten gewissermaßen in eine Art Formation zu bringen, die gegenseitige Verständigung und Zusammenarbeit erleichtern sollte. Das geschah gewiß mit dem Blick auf alle revisionspolitischen Vorhaben, zunächst jedoch vor allem zur rechtzeitigen Rekrutierung von Bundesgenossen für die kommende Abrüstungskonferenz. Seit Gründung des Völkerbunds galt ja die Abrüstung als eine der bedeutendsten – sogar in der Satzung verankerten – Aufgaben der Genfer Institution. Die frühen Versuche bis Mitte der zwanziger Jahre waren zwar allesamt gescheitert, doch hatte der Völkerbundsrat am 12. Dezember 1925 eine „Vorbereitungskommission für die Abrüstungskonferenz" ins Leben gerufen, die sich im Mai 1926 an die Arbeit gemacht hatte und seither tatsächlich häufig tagte. Wohl brachte auch diese Kommission mitnichten hoffnungsvoll stimmende Resultate zuwege; mühselig genug schleppte sie sich von Sitzung zu Sitzung. Aber im Herbst 1930 stand immerhin fest, daß im kommenden oder im übernächsten Jahr eine große Abrüstungskonferenz stattfinden werde. Da Europa trotz Locarno nach wie vor in Verteidiger und Feinde des Status quo gespalten war, da insbesondere die italienisch-französischen Spannungen in beiden Ländern Anlässe zu großen – nicht zuletzt maritimen – Rüstungsanstrengungen lieferten und da mittlerweile Deutschland – einschließlich der Reichsregierung – unter heftigem Revisionsfieber litt, was wiederum Frankreich in permanente Furcht versetzte, konnte die Konferenz nicht unter einem guten Stern stehen. Dennoch wurde an der Fiktion,

---

[85] Bülow an Hoesch, 29. 10. 1930; PA, R 29512.
[86] Riesser an AA, 9. 2. 1931; PA, R 28698.
[87] Eckel an Riesser, 9. 2. 1931; R 28698.

II. Abkehr des Kabinetts Brüning von der Politik Stresemanns

Abrüstung sei nicht nur geboten, sondern auch erreichbar, weil doch alle Völker und Regierungen den guten Willen dazu hätten, vorerst festgehalten und eine sozusagen prinzipielle Zuversicht zur Schau getragen.

In den Augen der Reichsregierung bot die Abrüstungskonferenz vor allem die Chance, endlich die Entwaffnungsbestimmungen des Versailler Vertrags loszuwerden: Die Konferenz hatte zu scheitern und mit ihrem Scheitern Deutschland das Recht zur Aufrüstung zu verschaffen. Öffentlich ist das nie zugegeben, vielmehr entschieden bestritten worden. Als Generaloberst a.D. Hans v. Seeckt, von März 1920 bis Oktober 1926 Chef der Heeresleitung, im Herbst 1930 in einem Interview mit UP Aufrüstungsforderungen vertrat und trotzdem offenbar von Reichspräsident v. Hindenburg für geeignet gehalten wurde, Mitglied oder sogar Chef der deutschen Kommissionsdelegation zu werden, erklärte auch der amtierende Reichswehrminister, Generalleutnant a.D. Wilhelm Groener, solche Äußerungen als „verfrüht", und Generalmajor Kurt v. Schleicher, Leiter des Ministeramts im Reichswehrministerium, schrieb an Otto Meissner, Staatssekretär im Präsidialamt, es sei doch „mißlich, eine Persönlichkeit mit der Vertretung der deutschen Interessen zu betrauen, die sich bereits öffentlich so festgelegt, und zwar in einer Richtung festgelegt hat, die unserem in Genf bisher vertretenen Standpunkt nicht in allen Punkten gleichläuft"; auch beherrsche Seeckt die freie Rede nicht besonders und sei ein schlechter Debatter. Und während Brüning den Generaloberst immerhin als „außerordentlichen militärischen Sachverständigen" in Erwägung ziehen wollte, lehnte das Auswärtige Amt Seeckt ebenfalls glatt ab[88]. In einer Chefbesprechung sagte Curtius am 30. Oktober 1930, im Augenblick halte er es nicht für zweckmäßig, „die deutsche Taktik zu wechseln, d.h. die Aufrüstung anzukündigen anstatt, wie bisher, die Abrüstung zu fordern". An Stelle von „Aufrüstung" müsse „Parität der Sicherheit" verlangt werden. Jedoch trete er sehr wohl dafür ein, bei den Verhandlungen der Vorbereitungskommission „die deutsche Tonart" wesentlich zu verschärfen; auch sei er durchaus gewillt, „alle tragbaren illegalen Rüstungsmaßnahmen zu decken"[89]. Groener pflichtete ihm bei: „die deutsche Sprache" sei „bisher zu vorsichtig" gewesen. Entscheidende Schritte aber sollten dann erst auf der Abrüstungskonferenz selbst getan werden. Im Moment durfte ohnehin nichts Konkretes geschehen, da, wie Reichskanzler Brüning sagte, 1931 vielleicht die Wendung gegen den Young-Plan einzuleiten sei und dabei eine zuvor geschehene Erhöhung der Rüstungsausgaben die deutsche Position schwächen würde. Curtius stellte dezidiert fest, 1931 gehöre der Reparationsfrage, 1932 der Rüstungsfrage[90].

---

[88] AdRK, Die Kabinette Brüning, Bd. 1., Nr. 158, mit Anm. 3 und 4.
[89] AdRK, Die Kabinette Brüning, Bd. 1, Nr. 158.
[90] Ebenda.

II. Abkehr des Kabinetts Brüning von der Politik Stresemanns

Hingegen brauchte mit der Suche nach Bundesgenossen, die auf der Abrüstungskonferenz der deutschen Sache nützlich sein konnten, nicht gewartet zu werden. Curtius dachte dabei nicht zuletzt an die Vereinigten Staaten, da sich ja herausgestellt hatte, wie sehr die Regierung und die führenden Geschäftsleute der USA bei der im amerikanischen Interesse liegenden deutsch-französischen Annäherung auch Konzessionen Frankreichs für erforderlich hielten[91]. Ferner war es kein Geheimnis, daß viele einflußreiche Amerikaner, innerhalb und außerhalb der Regierung, wenig Geschmack an dem fanden, was sie als französischen „Militarismus" ansahen, und die bisherige Unbeweglichkeit Frankreichs in der Abrüstungsfrage recht kritisch betrachteten; das mochte schwerer wiegen als die bis zum amerikanischen Unabhängigkeitskrieg und zur Französischen Revolution zurückreichende historische Verbundenheit beider Länder. So begann der deutsche Außenminister schon im Herbst 1930 mit dem Versuch, den amerikanischen Botschafter in Berlin, Frederic M. Sackett, zu bearbeiten und ihn – begleitet von Klagen über die Hegemonie Frankreichs in Europa – für Deutschlands Anspruch auf militärische Gleichberechtigung zu erwärmen[92].

Mit den sowjetischen Führern konnten indes bereits konkrete Absprachen getroffen werden. Zwischen Frühjahr 1930 und Mitte 1931 erreichte das gute politische Einvernehmen zwischen dem Deutschen Reich und der Sowjetunion wohl seinen zweiten – nach 1925/26 – Höhepunkt. In Moskau wurde mit tiefer Befriedigung registriert, daß die deutsche Regierung den Europaplänen Briands eine Absage erteilte, und zwar auch mit dem ausdrücklichen Hinweis auf das besondere deutsch-sowjetische Verhältnis, die Bedeutung der Sowjetunion in Europa und das sowjetische Mitspracherecht in europäischen Angelegenheiten[93]. Sowohl die öffentliche Aufwallung von Nationalismus und Revisionismus, die der Rheinlandräumung folgte, wie die revisionspolitisch begründete Rechtsdrift der Regierung Brüning sind, weil antipolnisch und antifranzösisch orientiert, von den Kremlherren nicht nur wohlwollend beobachtet, sondern nachdrücklich ermuntert worden. Die sowjetische Presse – u. a. Karl Radek in der „Iswestija" – griff wieder und wieder die französische „Hegemonie" auf dem europäischen Kontinent an und beschwor eine im Kampf gegen die Pariser Friedensverträge gegebene deutsch-sowjetische „Schicksalsgemeinschaft"[94]. Damit war in erster Linie die gemeinsame Polenfeindschaft gemeint, aber doch auch das ebenfalls gemeinsame Interesse an der allmählichen Auflösung der Kleinen Entente, die sozusagen im Solde der den Status quo sichernden französischen

---

[91] Aufzeichnung Curtius, 5. 11. 1930; PA, R 27977.
[92] Ebenda.
[93] Andererseits warnte die sowjetische Presse bei Anzeichen deutsch-französischer Verständigung sofort, dass sich der „Weg nach Warschau über Paris" als Illusion für Deutschland herausstellen wird. So Dirksen an AA, 12. 2. 1931; PA, R 28698.
[94] Dirksen an AA, 18. 11. 1930; PA, R 70504.

Hegemoniepolitik stand und einerseits die sudetendeutschen Territorien dem Deutschen Reich, andererseits Bessarabien der Sowjetunion vorenthielt; niemals, so sagte Maxim Litwinow, Volkskommissar für auswärtige Angelegenheiten, am 28. November 1930 zu Curtius, werde sich das russische Volk mit dem Verlust Bessarabiens abfinden[95].

Auch im Hinblick auf die baltischen Länder kam es zu einer vorläufigen Verständigung. Eine im Sommer 1930 im Auswärtigen Amt entstandene Aufzeichnung über das sogenannte „Randstaatenproblem" konstatierte, dieses Problem werde nach wie vor vom polnisch-russischen Gegensatz beherrscht: „Die polnische Politik erstrebt die Schaffung eines Nord-Südblocks von Finnland bis Rumänien unter polnischer (dem englischen oder französischen Einfluß mehr oder weniger unterworfener) Führung. Die russische Politik ging und geht dahin, die von Polen angestrebte Protektorrolle über die Randstaaten zu durchkreuzen und diese Staaten, zunächst unter Wahrung ihrer staatsrechtlichen Selbständigkeit, in politische und wirtschaftliche Abhängigkeit von der Sowjetunion zu bringen." Das deutsche Interesse, so schloß die Denkschrift, „liegt in der Linie der russischen Politik"[96]. Zur Debatte stand zwischen Berlin und Moskau vorerst die litauische Frage, da sich die Regierung Litauens gegen die Deutschen im Memelgebiet die in der Minderheitenpolitik aller Länder üblichen Torheiten (Sprache, Schule etc.) erlaubte und die Reichsregierung sich zum Schutz der Memeldeutschen verpflichtet fühlte; auch sollte das Memelland in absehbarer Zukunft wieder zurückgewonnen werden. Die sowjetischen Führer warnten jedoch davor, Litauen durch übergroße Strenge in die Arme Polens zu treiben. Moskau werde die Litauer schon von einer allzu übermütigen Behandlung der Memeldeutschen abhalten. „Um des großen Zieles willen", so sagte der sowjetische Botschafter in Berlin zu Bülow, müsse aber die Unabhängigkeit Litauens erhalten werden. Die Reichsregierung akzeptierte die sowjetischen Argumente und gestand damit stillschweigend ein, daß Litauen zur sowjetischen Interessensphäre gehöre[97].

Die Erfolge der Nationalsozialisten sorgten auch in Moskau für Nervosität, und es zeichnete sich schon früh ab, daß die sowjetische Führung, sollte diese nicht allein Revisionismus, sondern eine deutsche „Raumpolitik" predigende und daher in sowjetischen Augen brandgefährliche Bewegung in die Nähe der Macht oder an die Macht kommen, die Verbindung zu Polen und Frankreich suchen werde; im Oktober und November 1930 kam es zu ersten polnisch-sowjetischen Gesprächen über einen – dann 1932 tatsächlich abgeschlossenen – Nichtangriffspakt. Doch schienen im Herbst 1930 in Deutschland die revisionistischen Kräfte noch eindeutig zu dominieren,

---

[95] Aufzeichnung Curtius, 28. 11. 1930; PA, R 70502.
[96] Aufzeichnung Liedke, 30. 6. 1930; PA, R 28320 k.
[97] Aufzeichnung Bülow, 3. 9. 1930, 10. 9. 1931; PA, R 29449. Ferner Dirksen an AA, 6. 8. 1930; PA, R 28305 k.

schien eine auf Revisionspolitik festgelegte Regierung noch sicher im Sattel zu sitzen. So informierte Litwinow die deutschen Freunde loyal über die polnisch-sowjetischen Fühler und konnte dabei glaubwürdig versichern, daß sich am revisionistischen Kurs der Sowjetunion, also auch am besonderen Verhältnis zwischen Moskau und Berlin, nichts ändere[98]. Zwar sind im Auswärtigen Amt die Mitteilungen über den sowjetisch-polnischen Flirt doch nicht ganz ohne Eifersucht und momentanes Mißtrauen aufgenommen worden, aber das Vertrauen in die Festigkeit der deutsch-sowjetischen Verbindung blieb noch unerschüttert, und so hat die deutsche Seite allen Versuchen, Deutschland von der Seite der Sowjetunion wegzuziehen, auch dann widerstanden, wenn dabei mit Lockspeisen gearbeitet wurde.

Im Januar 1931 unterrichtete zum Beispiel Frédéric Hans v. Rosenberg, ehemals Außenminister, nun deutscher Gesandter in Stockholm, Bülow über eine Unterhaltung, die er mit Dr. Helmer Key gehabt hatte, dem Chefredakteur von „Svenska Dagbladet": Key, gerade aus Frankreich zurückgekehrt, habe in Paris viele Franzosen gesprochen, die den lebhaften Wunsch nach einer antirussischen deutsch-französischen Allianz ausgedrückt und dies mit der Versicherung verbunden hätten, nach der Erledigung der Sowjetunion erledige sich doch das Problem der deutschen Ostgrenze von selbst[99]. Bülow, der zunächst geantwortet hatte, Rosenberg solle den Gedanken an die erwähnte Allianz nicht völlig abweisen, jedoch Gespräche darüber nicht vertiefen[100], sagte dann aber wenige Tage später, bei solchen Avancen handle es sich lediglich um französische Bestrebungen, Deutschland von Rußland zu trennen: „Das kommt naturgemäß nicht in Frage."[101] Als Bülow im Februar 1931 mit dem Genfer Bankier Hensch sprach, der einer Antibolschewistischen Liga vorstand und für den Bruch Deutschlands mit der Sowjetunion bei gleichzeitiger deutsch-französischer Verständigung plädierte, erklärte der Staatssekretär abermals dezidiert, ein Bruch mit Rußland sei ausgeschlossen[102]. Auf den von André François-Poncet, bald französischer Botschafter in Berlin, vorerst noch im Kabinett Unterstaatssekretär für die nationale Wirtschaft, nahezu gleichzeitig Hoesch gemachten Vorschlag, einfach den Berliner Vertrag mit der Sowjetunion nicht zu verlängern, ließ sich Bülow ebenfalls nicht ein[103].

Tatsächlich gingen die Verhandlungen über die Verlängerung des Berliner Vertrags – am 24. Juni 1931 in Moskau unterzeichnet – glatt über die Bühne. Bemerkenswert war nur, wie deutlich die sowjetische Sorge vor einem wei-

---

[98] Dirksen an AA, 14. 7. 1931; PA, R 70505. – Dirksen an AA, 22. 12. 1931; PA, R 28306 k. Aufzeichnung Bülow, 10. 12. 1931; PA, R 29451. – Aufzeichnung Bülow, 28. 1. 1932; PA, R 29451.
[99] Rosenberg an AA, 22. 1. 1931; PA, R 29514.
[100] Bülow an Rosenberg, 26. 1. 1931; PA 29514.
[101] Bülow an Rosenberg, 4. 2. 1931; PA, R 29514.
[102] Aufzeichnung Bülow, 12. 2. 1931; PA, R 28306 k.
[103] Hoesch an AA, 20. 2. 1931; PA, R 28306 k.

teren Aufstieg der NS-Bewegung zum Ausdruck kam. Als Litwinow während einer Unterredung mit Herbert v. Dirksen, dem deutschen Botschafter in Moskau, sein Einverständnis erklärte, den Vertrag ohne Laufzeitbeschränkung abzuschließen, wollte er eine Klausel haben, die eine Kündigung frühestens nach fünf Jahren zuließ: „... auch in Erwägung, daß in den nächsten Jahren in deutscher Regierung und im Reichstag andere Mehrheit maßgebend sein könnte, die vielleicht der Sowjetregierung feindlich gesonnen wäre."[104] Noch herrschte indes Freundschaft, und der gemeinsame Revisionismus, auf dem die Freundschaft beruhte, knüpfte ein so festes Band, daß ihr etliche ernste Störfaktoren nichts anzuhaben vermochten: die unbefriedigende Entwicklung der Wirtschaftsbeziehungen; die Zunahme der Kommunistischen Partei in Deutschland; die Zementierung der Alleinherrschaft Stalins in Moskau, die mit den Anfängen einer gewaltsam durchgesetzten Kollektivierung der Landwirtschaft verbunden war, ebenso mit kirchenfeindlichen und antichristlichen Kampagnen, die Dirksen des öfteren rügte und auch Litwinow – hilflos – beklagte[105]. So konnte Anfang November 1930 zwischen Curtius und Litwinow in vertrauensvollem Gespräch die gemeinsame Taktik auf der kommenden Abrüstungskonferenz beraten werden, nämlich die „Isolierung Frankreichs und seiner Trabanten"[106].

Ungarn warb, wie der deutsche Gesandte in Budapest, Hans v. Schoen, berichtete, jetzt ohnehin drängender um ein engeres Verhältnis zu dem außenpolitisch wieder beweglicher gewordenen und offenbar auch zur Nutzung der neuen Beweglichkeit entschlossenen Deutschen Reich. Als Graf Istvan Bethlen, der ungarische Ministerpräsident, Berlin besuchte, ebenfalls im November, machte es daher keine Mühe, sich gerade in der Abrüstungsfrage zu verständigen. Curtius und der ungarische Regierungschef versicherten einander die „Parallelität" der revisionspolitischen Interessen beider Länder, und auf die etwas besorgte Frage des deutschen Außenministers, ob dem die ungarisch-polnische Freundschaft nicht hinderlich sei, antwortete Graf Bethlen, diese Freundschaft gelte natürlich nicht gegen die deutschen Ansprüche an Polen[107]. Danach durfte man in Berlin ohne weiteres damit rechnen, das eigene Vorgehen auf der Abrüstungskonferenz mit dem ungarischen Verhalten taktisch abstimmen zu können.

Die Zusammenarbeit mit Italien hatte indes vorsichtig behandelt zu werden, gerade weil das italienische Interesse am deutschen und das deutsche Interesse am italienischen Revisionismus so klar zutage lag und daher angesichts der italienisch-französischen Spannung jede allianzartige Verbindung zwischen den beiden Staaten in Paris Alarm auslösen mußte. Deutschland war noch keineswegs so weit, sich eine solche Herausforderung Frankreichs

---

[104] Dirksen an AA, 25. 3. 1931; PA, R 28306 k.
[105] Dirksen an AA, 24. 3. 1931; PA, R 28306 k.
[106] Aufzeichnung Curtius, 3. 11. 1930; PA, R 27977.
[107] Aufzeichnung Curtius, 25. 11. 1930; PA, R 27977.

II. Abkehr des Kabinetts Brüning von der Politik Stresemanns 69

erlauben zu dürfen, und in Italien konnte sich Mussolini zwar Frankreich bedrohende imperialistische Reden leisten, aber nicht einen militärischen Konflikt. Bülow betrachtete eine engere Verbindung mit Italien ohnehin skeptisch. Anfang November 1930 unterhielt sich Albert Freiherr Dufour von Feronce, ein deutscher Diplomat, der nun als Untergeneralsekretär des Völkerbunds amtierte, in Genf mit dem italienischen Justizminister Alfredo Rocco. Mussolini sei ein Freund der internationalen Gerechtigkeit, also der Revision der territorialen Zustände in Europa, sagte Rocco. Italien werde aufrüsten und sei sehr an der „Erstarkung Deutschlands" interessiert; die Männer, die heute Italien regierten, seien ganz anders als die von 1914 und 1919. Bülow kommentierte das mit dem Satz, Roccos Redereien seien doch „reichlich phantastisch"[108]. Wenn Litwinow etwa um die gleiche Zeit zu Dirksen bemerkte, die Sowjetunion sei an guten deutsch-italienischen Beziehungen interessiert, aber nicht an einem Bündnis, da Italien für einen Krieg gegen Frankreich „zu schwach und zu arm" sei[109], so war das Bülow aus dem Herzen gesprochen. Er lehnte es denn auch ab, die Lancierung von Presseartikeln zu finanzieren, die eine deutsch-italienische Allianz propagieren sollten[110]. Die Bitte um Geld kam von Forstrat Escherich, der zur Zeit der Räterepublik in Bayern antikommunistische Heimwehren organisiert hatte, aus denen dann die 1921 auf Druck der Alliierten aufgelöste „Organisation Escherich" (Orgesch) wurde; von 1929 bis 1933 war er Führer des „Bayerischen Heimatschutzes". Immerhin hatte Bülow nichts gegen eine informelle politische Kooperation zwischen Deutschland und Italien; schließlich gab es Felder mit gemeinsamen Interessen, zu denen Abrüstung und Abrüstungskonferenz gehörten. Und ein späteres Bündnis war ja auch nicht auszuschließen. So beschied er Escherich, die Werbung für ein deutsch-italienisches Bündnis sei „derzeit" nicht tunlich, bewilligte ihm aber Geld für Artikel mit positiven Informationen über das faschistische System Italiens[111].

Curtius brachte Italien gewiß mehr Wärme entgegen als Bülow, zumal er dem italienischen Außenminister Dino Grandi „auch menschlich näher gekommen war", wie er sagte[112]. In der Sache stimmte er jedoch mit Bülow durchaus überein. Die Presse der NSDAP agitierte zeitweilig für eine deutsch-italienische Allianz. Curtius hat entsprechende Absichten der Regierung stets dementiert, zwar mit Bedauern, wie er dem italienischen Botschafter erklärte, aber doch gezwungenermaßen: Auf Grund der „gemeinsamen Interessen" würden die Beziehungen zwischen Rom und Berlin auch

---
[108] Dufour-Feronce an Bülow, 4. 11. 1930; PA, R 29512.
[109] Dirksen an Bülow, 9. 12. 1930; PA, R 29512.
[110] Bülow an Escherich, 14. 7. 1930; PA, R 29465.
[111] Ebenda. Bülow an Escherich über Überweisung von Geld, 11. 12. 1930; PA, R 29465.
[112] Aufzeichnung Curtius, 25. 1. 1931; PA, R 27977.

ohne Bündnis immer besser[113]. Es gab in Deutschland freilich nicht nur in der NSDAP Stimmung für ein enges deutsch-italienisches Zusammengehen. Kurz nach der Rheinlandräumung hatte der deutsche Gesandte in Bern, Adolf Müller, seinen Staatssekretär darüber informiert, daß höhere Reichswehroffiziere, die in die Schweiz abkommandiert seien oder sich aus anderen Gründen dort aufhielten, ihren „helvetischen Kameraden" erzählten, wie sehr sie sich „auf einen gemeinsamen Feldzug mit Mussolini gegen Frankreich ... freuen". Müller bat Bülow, dem Reichswehrminister Groener gelegentlich zu sagen, daß „er seine Herren etwas zur Vorsicht mahnen sollte"[114]. Bülow hat der Bitte sicherlich entsprochen, zumal er das Politisieren von Soldaten sowieso mißbilligte. Er hielt sie für politisch naiv und hat den bei General v. Hammerstein gelegentlich aufkeimenden Gedanken einer direkten Verständigung zwischen Reichswehr und französischer Armee – gar einer deutsch-französischen Militärallianz – stets sogleich zu ersticken gesucht: im Hinblick auf Polen und das deutsch-sowjetische Verhältnis, nicht zuletzt indes mit dem Blick auf die bevorstehende Abrüstungskonferenz. Hier sei so etwas auch taktisch falsch, „denn es wird nur dazu führen, daß man uns für ein billiges Trinkgeld die Handlungsfreiheit abknöpfen würde, die wir nach dem Scheitern der allgemeinen Abrüstungskonferenz wieder erlangen könnten"[115]. Nun lagen die Gedankenspiele Hammersteins weit neben den Realitäten der Beziehungen zwischen den beiden Armeen; da konnte nichts daraus werden. Vorzeitige Rodomontaden über ein noch gar nicht existierendes deutsch-italienisches Bündnis und über einen gemeinsamen Krieg gegen Frankreich konnten hingegen üble Wirkungen zeitigen und mußten folglich unterbunden werden.

Im übrigen sahen die italienischen Gesprächspartner von Curtius und Bülow die Dinge nicht anders als die deutschen Politiker. So meldete Schubert Anfang 1931 aus Rom, Grandi habe sich mit dem derzeitigen – lockeren, aber ausgezeichneten – Verhältnis zwischen Deutschland und Italien zufrieden erklärt. Der italienische Außenminister nutzte die von Schubert mitgeteilte Unterredung außerdem zu dem Versuch, der deutschen Regierung die Vorstellung zu vermitteln, daß es zwischen den italienischen Faschisten und den deutschen Nationalsozialisten, den bittersten Feinden des Kabinetts Brüning, keine Zusammenarbeit gebe: „Persönlich halte er von den Hitler-Leuten und ihren außenpolitischen Zielen gar nichts. Was sie verkünden, halte er für Unsinn."[116] Im übrigen war auch in italienischen Augen der potentielle Bundesgenosse nicht stark genug. Die Zeit war noch nicht reif. Befriedigt konstatierte Bülow: „Es zeugt zweifellos von dem realen politischen

---

[113] Aufzeichnung Curtius, 24. 11. 1930; PA, R 29513.
[114] Müller an Bülow, 20. 7. 1930; PA, R 29513.
[115] Bülow an Hoesch, 23. 1. 1931; PA, R 29514. Zitat in Bülow an Hoesch, 11. 11. 1930; PA, R 29512.
[116] Schubert an Bülow und Curtius, 8. 1. 1931; PA, R 29514.

II. Abkehr des Kabinetts Brüning von der Politik Stresemanns   71

Sinn Grandis, wenn er die übertriebenen Anbiederungen der Hitler-Leute als ‚bêtises' ablehnt und sich mit der natürlichen Interessengemeinschaft bescheidet, die uns in manchen Fragen mit Italien verbindet."[117]

Daß in manchen Fragen tatsächlich eine natürliche Interessengemeinschaft bestand, machte man sich allerdings nun öfter gegenseitig klar, und allein schon damit eröffnete sich die Aussicht auf noch engere Beziehungen in der Zukunft. Im Februar 1931 bemerkte Grandi zu Schubert, derzeit sei eine deutsch-italienische Zusammenarbeit nur „im Rahmen von Genf" zweckmäßig, eine darüber hinausgehende Zusammenarbeit „vorläufig nicht gut". Schubert sagte, er hoffe, daß die deutsch-italienische Zusammenarbeit auch in Zukunft weitergehen werde, und fügte „mit leisem Sarkasmus" hinzu: „natürlich im Rahmen von Genf". Grandi erwiderte „lächelnd, man müsse in Bezug auf diese Zusammenarbeit, die im Anfangsstadium sei, noch vorsichtig vorgehen"[118].

In Paris wurden die Indizien, die darauf hindeuteten, daß die ja schon im Frühjahr befürchtete deutsch-italienische Liaison vielleicht doch schon bald Realität werden könne, mit wachsender Sorge beobachtet. Konnte ein unberechenbarer Politiker wie Mussolini nicht zu einer Außenpolitik der Abenteuer verleitet werden? Konnte er womöglich die Scheu vor einem italienisch-französischen Krieg verlieren? Mitte November 1930 kam es zu einer Kammerdebatte, die Hoesch als „treues Spiegelbild der ... Stimmungen und Beunruhigungen" charakterisierte: „Im Mittelpunkt der tagelangen Diskussionen stand immer nur Deutschland... Die Kammerdebatte erweckte den Eindruck, als bestehe die gesamte französische Außenpolitik überhaupt nur in einem unmittelbaren oder mittelbaren Ringen gegen oder um Deutschland ..., und eine deutsch-italienische Verständigung erscheint als drohendes Gespenst."[119]

Zur gleichen Zeit machte Dr. Pfafferott, Rechtsbeistand der deutschen Botschaft in Paris, eine Aufzeichnung über eine Unterhaltung mit Edouard Pfeiffer, einem Radikalsozialisten mit engen Beziehungen zu Ministerpräsident Tardieu. Pfeiffer, der in sozusagen „offiziöser" Mission seiner Partei gekommen sei und Wert auf Weitergabe seiner Bemerkungen lege, habe zunächst konstatiert, daß in Frankreich das noch vor einem Jahr gegebene Vertrauen in die deutsche Politik inzwischen zum größten Teil geschwunden sei. Als Gründe habe er genannt: Das Ergebnis der Septemberwahlen, die chauvinistischen Manifestationen der deutschnationalen Verbände, das Eintreten offizieller deutscher Persönlichkeiten für den allgemeinen Revisionsgedanken und die bereits erkennbare Haltung Deutschlands in der Abrüstungsdebatte. Danach sei Pfeiffer auf Italien zu sprechen gekommen: Er

---

[117] Bülow an Schubert, 13. 1. 1931; PA, R 29514.
[118] Schubert an Curtius, 12. 2. 1931; PA, R 29514.
[119] Hoesch an AA, 14. 11. 1930; PA, R 70502.

und seine politischen Freunde seien auf die Möglichkeit gefaßt, daß Mussolini im März des nächsten Jahres den Auftakt zu kriegerischen Verwicklungen geben werde, und zwar durch provozierte Zwischenfälle an der jugoslawischen Grenze. Unter diesen Umständen, so habe er weiter erklärt, verfolge man mit besonderer Aufmerksamkeit die italienischen Versuche, Deutschland in einen italienisch-deutsch-russischen Block zu ziehen. Abrüstung sei daher zur Zeit unmöglich: „In internen Beschlüssen habe sich die Partei jeder Abrüstung im derzeitigen Augenblick widersetzt." Am Ende habe Pfeiffer den eigentlichen Zweck seines Besuchs enthüllt und gesagt, daß man in Frankreich die deutschen Kolonialwünsche nicht prinzipiell ablehne, anschließend sogar zu verstehen gegeben, daß bei Neutralität Deutschlands in einem französisch-italienischen Krieg selbst die Hinnahme des Anschlusses Österreichs und der Rückkehr des Korridors denkbar sei. Ganz deutlich sei der Satz gewesen: „Falls es zu einem französisch-italienischen Konflikt kommen sollte, und Deutschland sich bei dieser Gelegenheit des Korridors bemächtigen würde, würde Frankreich dies nicht als Kriegsfall Deutschland gegenüber ansehen."[120]

Wie ernst solche Fühler genommen werden mußten, war mehr als fraglich, doch ließen sie erkennen, wie heftig die Kriegsfurcht Frankreich schüttelte. Auch der Aufgeregtheiten abholde Briand äußerte im März 1931 seine Besorgnis über Deutschlands Hinneigung zu Rußland, Italien und Ungarn[121], zumal er aus einer Rede, die Curtius am 10. Februar im Reichstag gehalten hatte, mit Recht die Absicht der deutschen Regierung herauslas, bei einem für Deutschland unbefriedigendem Ergebnis der Abrüstungskonferenz aus dem Völkerbund auszutreten[122].

Nun waren die Sowjetunion, das Deutsche Reich, Italien und Ungarn auch dann nicht zu aktiver territorialer Revisionspolitik fähig, wenn sie sich durch politische Fäden fester miteinander verbanden. Sie proklamierten Ziele, die sie noch immer nicht zu erreichen, und sie bekannten sich öffentlich zu Absichten, für deren Verwirklichung sie nach wie vor nichts zu tun vermochten. Die ebenfalls öffentliche Feststellung identischer Interessen und der dabei nicht selten mit feurigstem Pathos beschworene Wunsch nach gemeinsamem Handeln stürzten Europa in Unruhe und Kriegsfurcht, ohne daß sich an der Handlungsunfähigkeit etwas geändert hätte; es herrschte jetzt lediglich ein Zustand kollektiver Ohnmacht. Der Grund war wie bisher in der militärischen und folglich politischen Schwäche Deutschlands zu suchen. Politische Stärke kann es in zwei Fällen – über wirtschaftliche Kraft hinaus – nur bei militärischer Stärke geben: Wenn ein Nachbarstaat oder mehrere Nachbarn etwas ändern oder an sich reißen wollen, das man selbst

---

[120] Botschaft Paris an AA, 14. 11. 1930; PA, R 70502.
[121] Hoesch an AA, 11. 3. 1931; PA, R 28253 k.
[122] Hoesch an AA, 11. 2. 1931; PA, R 28253 k.

II. Abkehr des Kabinetts Brüning von der Politik Stresemanns 73

für unaufgebbar oder unverzichtbar hält, sei es die Religion, die politische Kultur, die Freiheit, ein Territorium, und wenn man selbst ein Gut oder einen Besitz von Nachbarn begehrt, die diese unter keinen Umständen freiwillig zu opfern gedenken. Daß die territorialen Ansprüche der revisionistischen Staaten allein mit Androhung oder Anwendung militärischer Gewalt durchzusetzen waren, konnte nicht bezweifelt werden. Das galt für die Sowjetunion ebenso wie für Italien und Ungarn, erst recht aber für Deutschland, weil die Erfüllung der deutschen Forderungen das europäische Gleichgewicht völlig zerstören mußte.

In Berlin wußte das jedermann. Wer immer mit ausländischen Politikern, Diplomaten, Journalisten und Geschäftsleuten sprach, hörte – von wenigen Ausnahmen abgesehen –, daß Polen niemals mit friedlichen Mitteln zum Verzicht auf den Korridor, Westpreußen und Ostoberschlesien zu bewegen sei, von einem französischen Verzicht auf Elsaß-Lothringen ganz zu schweigen, und daß ein Konflikt mit Polen sogleich – auf Grund des französischen Eigeninteresses – Frankreich auf den Plan rufen werde. Mit der Reichswehr war jedoch, so wie sie sich 1930/31 darbot, eine militärische Abstützung territorialer Revisionspolitik gänzlich unmöglich. Sah Berlin seine Hände hinsichtlich der Verfolgung deutscher Wünsche gebunden, so sah es sich naturgemäß auch daran gehindert, den Vorreiter für die drei anderen Revisionisten zu machen. Tatsächlich hatte die Reichsregierung genau das eingeleitet, was Bülow als Anschluß an den italienischen Klub der „Blinden und Lahmen" verurteilte – und das, obwohl Deutschland selbst noch lahmte. Nur in einem Falle, der bald ins Spiel kommen sollte, glaubte die Regierung noch an die Brauchbarkeit politischer Rezepte. Ansonsten war sie im Hinblick auf die Territorialfragen zu politischer Ratlosigkeit verdammt. In solcher Lage drängte sich der Gedanke an Krieg nicht nur hitzigen Reichswehroffizieren auf, jedenfalls der Gedanke an Rüstung und die Wiedergewinnung militärischer Schlagkraft. Offensive Politik verlangte eine zur Offensive taugliche Armee, ob man die militärische Karte tatsächlich auf den Tisch schmettern mußte oder in der Hand behalten durfte.

In dieser Situation war es ebenso paradox wie zwangsläufig, daß die Reichsregierung, angetrieben von Entschlossenheit und geplagt von Hilflosigkeit, eine weitere revisionspolitische Forderung aufs Tapet brachte, für deren Realisierung sie ebenfalls noch keine politische Konzeption und keinen taktischen Gedanken hatte. Bereits Ende August 1930 hatte Reichsminister Treviranus in der „Berliner Börsenzeitung" einen Artikel veröffentlicht, der eine wilde Kampfansage an den Young-Plan darstellte. Der Entwurf zu diesem Artikel war im Auswärtigen Amt entstanden, doch hatte Treviranus den Text erheblich verschärft[123]. Tatsächlich war er, obwohl der Plan ja in ganz Europa als Provisorium galt und das Kabinett Brüning

---

[123] Treviranus in Berliner Börsen-Zeitung, 31. 8. 1930. Aufzeichnung AA, o. D.; PA, R 27977.

durchweg aus Kritikern des Plans bestand, vorgeprescht, hatte er sich etwas zu früh und etwas zu kämpferisch geäußert. Doch sollte es nicht lange dauern, bis die Regierung in den sozusagen öffentlich versandten Katalog ihrer revisionistischen Wünsche auch die Revision des Young-Plans aufnahm. Ende September 1930, während der 61. Tagung des Völkerbundsrats, machte Curtius gegenüber Briand eine entsprechende Andeutung, und obwohl der französische Außenminister sofort warnte, so kurz nach Unterzeichnung des Plans sei doch nicht gleich dessen Revision möglich[124], ließ sich die Regierung nicht mehr stoppen. Am 16. Oktober kündigte Reichskanzler Brüning im Reichstag noch etwas verklausuliert die Wendung gegen den Young-Plan an[125], und am 22. Oktober richtete Bülow an die deutschen Botschaften in London und Paris die Frage, wie die britische beziehungsweise die französische Reaktion wäre, wenn Deutschland Zahlungsaufschub verlangen oder Zahlungseinstellung verkünden sollte[126]. Hoesch antwortete sofort, daß das Aufwerfen des Reparationsproblems unweigerlich zu einer Bewegung gegen Briand führen würde, eine Erörterung glatter Einstellung der Zahlungen sogar zur Forderung nach Wiederbesetzung des Rheinlands. Es käme das Argument, Deutschland habe sich die Annahme des Young-Plans mit der Räumung des Rheinlands bezahlen lassen, nur um dann sogleich die Verpflichtungen des Plans abstreifen zu wollen. Das würde in Frankreich als „Illoyalität" gelten; die verheerende Wirkung auf den deutschen Kredit habe er, Hoesch, ja schon bei seinem letzten Aufenthalt in Berlin dargelegt[127].

Von Hoeschs negativer Stellungnahme – und von zahlreichen anderen frühen Warnungen vor einer Schädigung des deutschen Kredits – offensichtlich unbeeindruckt, zitierte Curtius am 27. Oktober erst den britischen und dann den französischen Botschafter zu sich, um ihnen zu eröffnen, daß Deutschland möglicherweise bald in die Lage gerate, gegen den Young-Plan vorgehen zu müssen[128]. Daß Curtius an ein und demselben Tag die Botschafter der beiden Hauptgläubiger solchermaßen informierte, gab seinem Schritt ernste Bedeutung und stempelte das Wörtchen „möglicherweise" zur bloßen Floskel, zumal Reichspräsident v. Hindenburg sich einen Tag danach, und zwar ebenfalls in einem Gespräch mit dem französischen Botschafter, genauso äußerte wie der Außenminister[129]. Curtius setzte die Serie derartiger Mitteilungen am 20. November im Reichsrat fort[130], und am 1. Januar 1931 stellte beim Neujahrsempfang der Reichsregierung Brünings

---

[124] Aufzeichnung Bülow, 27. 9. 1930; PA, R 29465.
[125] Schulthess', 1930, S. 208f.
[126] Bülow an Missionen in Paris und London, 22. 10. 1930; PA, R 27977.
[127] Hoesch an Bülow, 25. 10. 1930; PA, R 27977.
[128] Aufzeichnung Curtius, 27. 10. 1930; PA, R 27977.
[129] Aufzeichnung Meissner, 28. 10. 1930; PA, R 70502.
[130] WTB., 20. 11. 1930; PA, R 70502.

Vertreter Groener vor dem versammelten Diplomatischen Corps die vielsagende „Frage…, ob das deutsche Volk die in dem Neuen Plan vorgesehenen Lasten zu tragen vermag". Die Reichsregierung sei sich „ihrer Pflicht bewußt, dafür zu sorgen, daß die sittlichen und sozialen Lebensgrundlagen des deutschen Volkes nicht erschüttert werden"[131].

Außerhalb Deutschlands begegnete die Ankündigung eines Generalangriffs auf den Young-Plan herber Kritik. Eine nicht geringe Rolle spielte dabei der Eindruck, daß die Regierung Brüning ihre Politik mehr und mehr von den Pressionen der Deutschnationalen und Nationalsozialisten bestimmen lasse. Schon kleine Vorfälle sind in diesem Sinne gedeutet worden, so als nach dem öffentlichen Krawall eines vom Berliner Gauleiter Joseph Goebbels geführten nationalsozialistischen Mobs der auf dem Buch von Erich Maria Remarque basierende Film „Im Westen nichts Neues" verboten wurde. Sir Horace Rumbold kommentierte seine Mitteilung über den Erfolg nationalsozialistischen Randalierens mit der Bemerkung, die Schwäche der Reichsregierung habe „nicht dazu beigetragen, den durchschnittlichen und ordnungsliebenden Bürger zu beruhigen"[132]. Als besonders verstörendes Symptom registrierte der Botschafter: „Jüdische Bankiers, die im Gesellschaftsleben von Nachkriegsberlin eine immer größere Rolle gespielt hatten, haben in diesem Winter bislang überhaupt keine Einladungen mehr gegeben. Das mag zum Teil auf die ernste Wirtschaftslage zurückzuführen sein, die viele von ihnen getroffen hat. Doch ist es auch, davon bin ich überzeugt, eine Folge der Angst vor nationalsozialistischen Angriffen."[133] Erst recht konstatierten nichtdeutsche Beobachter einen Effekt nationalsozialistischen Drucks, wenn sie sahen, wie gleichsam die Regierungsgeschütze auf den Young-Plan einschwenkten. Größten Schrecken löste dabei die sichere Erwartung aus, daß Aktionen der Reichsregierung gegen den Plan die deutsche Wirtschaft schwer erschüttern würden, was bei der krisenhaften Entwicklung der Weltwirtschaft üble Auswirkungen auf ganz Europa haben mußte.

Die schärfste Kritik – verbunden mit einer präzisen Prognose der Konsequenzen deutscher Ungeduld – kam von Arthur Henderson, dem britischen Außenminister. „Mit aller Entschiedenheit möchte ich feststellen", so schrieb er an Sir Horace Rumbold, „daß, nach Meinung der Regierung Seiner Majestät, die derzeitige finanzielle und wirtschaftliche Lage Deutschlands die deutsche Regierung in keiner Weise dazu berechtigt, darauf hinzuweisen, es könne notwendig werden, ein Moratorium zu erklären… Im Gegenteil. Die Regierung Ihrer Majestät vertritt die Ansicht, daß eine solche Aktion im Hinblick auf die schwerwiegenden wirtschaftlichen und politi-

---

[131] Groener, 1. 1. 1931; PA, R 28035.
[132] Rumbold an Henderson, 5. 1. 1931, DBFP, Second Series, Vol. I, Nr. 344.
[133] Ebenda.

schen Folgen, die sie haben muß, aufs schärfste zu mißbilligen ist." Die wirtschaftlichen Schwierigkeiten Deutschlands existierten unabhängig vom Young-Plan. Die unmittelbare Wirkung einer Moratoriumsforderung werde „höchstwahrscheinlich darin bestehen, das Vertrauen ausländischer Geldgeber völlig zu zerstören". Man müsse sich daran erinnern, „daß die Drohungen der Hitler-Leute den Kredit Deutschlands, der in den vergangenen fünf Jahren so mühsam und mühselig wiederhergestellt worden ist, ernstlich erschüttert haben und ihn gänzlich ruiniert hätten, wären die Ängste, die diese Äußerungen weckten, nicht durch die feste Politik beruhigt worden, die von der Deutschen Regierung bislang verfolgt worden ist. Sollte nun der Anschein entstehen, daß die Deutsche Regierung diese Haltung aufgegeben und sich einer Politik ergeben hat, die von den Extremisten diktiert ist, so würde es mit ziemlicher Sicherheit zum vorzeitigen Abzug ausländischer Anleihen und zur Einstellung weiterer Kredite aus dem Ausland kommen, während in Deutschland die Tendenz zur Flucht aus der Mark sich unweigerlich verstärken müßte." Daraus könne sehr wohl „ein vollständiger Zusammenbruch des deutschen Wirtschaftssystems resultieren"[134]. Der britische Botschafter setzte Curtius und Bülow am 10. Dezember 1930 in Kenntnis der Epistel aus London. Vom Anfang bis zum Ende der Unterhaltung sei „die Atmosphäre ausgesprochen freundlich" gewesen – „... es ist doch ein Vorzug, mit einem Manne [d.h. Curtius] solch ruhigen und ausgeglichenen Temperaments zu tun zu haben"[135].

Indes übten die Mahnungen und Prophezeiungen aus London nicht den mindesten Einfluß auf die Reichsregierung aus. Auch die Warnungen der eigenen Fachleute prallten an dem Mann ab, der jetzt, zusammen mit seinen engsten Mitarbeitern, in der Reparationspolitik das Steuer übernahm. Hielt sich Reichskanzler Brüning in anderen außenpolitischen Fragen eher zurück, zwar nicht die Zielsetzung, wohl aber die Wahl des Vorgehens und die Leitung der Geschäfte Kabinettskollegen und vor allem dem Auswärtigen Amt überlassend, so war das beim Problem Young-Plan schlechterdings nicht möglich. Zu eng hing die Reparationspolitik mit der Finanz- und Wirtschaftspolitik, im weiteren Sinne mit der gesamten Innenpolitik der Regierung zusammen. Angesichts dieser Verschränkung war die Behandlung des Young-Plans notwendigerweise Chefsache, ganz unabhängig von Brünings persönlicher Neigung, die den Finanzpolitiker freilich ebenfalls zur bestimmenden Rolle in der Reparationspolitik drängte. Und Brüning ließ die Londoner Stimmen ebenso unbeachtet wie die sorgenvollen Einwände des Reichsbankpräsidenten Hans Luther oder des Staatssekretärs im Finanzministerium Hans Schäffer, wie sie Brünings Staatssekretär Hermann Pünder etwa nach einer Besprechung am 6. März 1931 in seinem Tagebuch

---

[134] Henderson an Rumbold, 2. 12. 1930, DBFP, Second Series, Vol. I, Nr. 338.
[135] Rumbold an Henderson, 10. 12. 1930, DBFP, Second Series, Vol. I, Nr. 340.

II. Abkehr des Kabinetts Brüning von der Politik Stresemanns

festhielt[136]. Auch nach einer Konferenz, die am 23. April 1931 stattfand, notierte Pünder zur Diskussion über eine Attacke gegen den Young-Plan: „Die Zünftigen sind sehr dagegen..."[137]

Brüning war in finanzpolitischen Dingen ein gewiegter Experte und sah daher durchaus, daß die Kritik der Fachleute ins Schwarze traf. Wenn er sie trotzdem ignorierte, so lag das daran, daß ihn, als er sich gegen den Young-Plan zu wenden begann, nicht eigentlich die schlechte finanzielle und wirtschaftliche Situation Deutschlands motivierte, wie er – zusammen mit der ganzen Reichsregierung – alsbald behaupten sollte, und daß ihm eine weitere Verschlechterung, statt ihn zu schrecken, durchaus willkommen war. Ohne daß er in seinem ersten Amtsjahr schon eine klarere Vorstellung gehabt hätte, wie operativ und taktisch vorzugehen sei, begriff er schnell, daß die Krise und ihre laufende Verschärfung irgendwann die einzigartige Chance bieten mußte, die gesamte Reparationslast mit einem Ruck abzuwerfen – und diese Entlastung hielt er für absolut notwendig, wenn auch weniger aus finanziellen und wirtschaftlichen Gründen. Gewiß machte es die Krise nicht gerade leichter, die Annuitäten des Young-Plans aufzubringen, weshalb von der Wirtschaftslage schon ein gewisser Druck zur Reform des Plans ausging. Doch wußte Brüning so gut wie Henderson, daß die Nöte der deutschen Wirtschaft nicht von den Reparationszahlungen verursacht wurden und daß die wirtschaftliche Erholung nicht von der Streichung der Reparationsschuld abhing.

Tatsächlich fühlten sich Brüning und seine Mitarbeiter im Ablauf der Dinge sogar unter Zeitdruck: Was sollte geschehen, wenn sich die Situation der Wirtschaft besserte, ehe man die Reparationen losgeworden war? Entscheidend waren vielmehr zwei andere Antriebselemente. Brünings Politik der Deflation und des ausgeglichenen Haushalts, von ihm zur Behauptung der Währungsstabilität als unvermeidlich erachtet, zwang bei dem rapide fortschreitenden wirtschaftlichen Niedergang fortwährend zu harten Sparmaßnahmen und produzierte damit unentwegt Arbeitslose und Elend; so mutete sie großen Teilen der deutschen Bevölkerung eine schier unerträgliche Belastung zu. Das verlangte nach einem Ausgleich, der nicht allein in Versprechungen für die Zukunft bestehen konnte. Kampf gegen die Reparationen hingegen mochte als ein solcher Ausgleich wirken. Das wies der Nation ein Ziel, in dessen Namen zu Anstrengungen aufgerufen und die Hinnahme eines gerüttelten Maßes an Entbehrungen als nationale Pflicht deklariert werden konnte. Reichspräsident v. Hindenburg entschlüpften solche moralischen Appelle gelegentlich in Gestalt militärischer Vergleiche, so als er auf dem Höhepunkt der Kampagne gegen den Young-Plan einmal in öffentlicher Rede sagte, während der Schlacht bei Tannenberg seien auch

---

[136] Pünder, Politik in der Reichskanzlei, S. 93.
[137] Ebenda, S. 95 f.

Schwierigkeiten aufgetreten, hätten ebenfalls „hohe Anforderungen an die Truppe" gestellt werden müssen[138]. Staatssekretär Pünder drückte das ziviler aus, als er noch vor Beginn der Kampagne in sein Tagebuch schrieb: „Immer weiter drosseln ohne Reparationsreform, das zerreißt unser armes Volk völlig."[139]

Eine derartige Verknüpfung der Finanz- und Wirtschaftspolitik mit der Reparationsfrage bot im übrigen den zusätzlichen Vorteil, daß die Reparationslast, je hitziger über sie geredet und gegen sie gefochten wurde, mehr und mehr als die Ursache der wirtschaftlichen Kalamitäten erschien, ihre Abschüttelung mithin das Ende von Not und Elend verhieß. Noch größere Bedeutung besaß in Brünings Augen jedoch sicherlich die Überlegung, daß die Wiedergewinnung der finanziellen Bewegungsfreiheit erforderlich war, um die von der kommenden Abrüstungskonferenz zuversichtlich erwartete militärische Gleichberechtigung und Rüstungsfreiheit auch ausnützen zu können. Daß dem Reparationsproblem Priorität zukomme, stand fest, da nach einer spürbaren Erhöhung der militärischen Ausgaben die Gläubigerstaaten niemals einer Verringerung oder gar Streichung der Reparationsschuld zustimmen würden. Wie Curtius sagte: das Jahr 1931 gehört der Reparationsfrage, das Jahr 1932 der Rüstungsfrage[140].

Eine brauchbare Taktik bot sich jedoch nicht ohne weiteres an. Das größte Hindernis stellte eine die Reichsregierung offenbar überraschende, ihr jedenfalls höchst lästige Hilfsbereitschaft der Gläubiger dar. Als Hindenburg Botschafter de Margerie bedeutete, Deutschland werde, wenn sich auch nach drastischen Sparmaßnahmen die Erfüllung der Reparationsverpflichtung als unmöglich erweise, an die Gläubigerstaaten herantreten müssen, antwortete de Margerie ohne Zögern: „Dann, wenn trotz der Ersparnisse und der Ausgabeneinschränkung sich die Unmöglichkeit der Erfüllung ... herausstellte, würde niemand Deutschland das Recht bestreiten, in neue Verhandlungen einzutreten, und man würde sich auf diese Unterhandlungen mit gutem Willen einlassen."[141] Eine Woche später sprach Henry Moysset, Tardieus Kabinettschef, ganz unbefangen über eine etwaige Revision des Young-Plans[142], und am 13. November 1930 hielt Briand in der Pariser Kammer eine Rede, in der er nicht nur, wie Hoesch schrieb, sich „in mutigen und überzeugten Worten zur Annäherungspolitik mit Deutschland" bekannte, „die er auch in Zukunft fortzusetzen fest entschlossen sei", sondern überdies mitfühlende Worte über die Not in Deutschland mit dem Wink verband, daß Erleichterungen in der Reparationsfrage durchaus möglich seien: „Minister wurde", so Hoesch, „fast von gesamter Kammer mit

---

[138] Schulthess', 1930, S. 274.
[139] Pünder, Politik in der Reichskanzlei, S. 93.
[140] AdRK, Die Kabinette Brüning, Bd. 1, Nr. 158.
[141] Aufzeichnung Meissner, 28. 10. 1930; PA, R 70502.
[142] Müller an AA, 5. 11. 1930; PA, R 70502. Moysset hielt sich gerade in der Schweiz auf.

Ausnahme Kommunisten und äußersten rechten Flügels mit lebhaftem Beifall begrüßt und erntete zum Schluß ebenfalls stürmische Beifallskundgebungen größten Teils der Kammer."[143]

Derartige Freundlichkeiten fanden Brüning und seine Mitstreiter gar nicht erfreulich, vielmehr irritierend, weil für die eigene Zielsetzung gefährlich. Das französische Entgegenkommen wurde ja unter der Voraussetzung offeriert, daß Deutschland seine Reparationsverpflichtung grundsätzlich weiter anerkenne und nur eine partielle wie temporäre Erleichterung suche. Noch war Frankreich keineswegs bereit, Deutschland die volle finanzielle Bewegungsfreiheit zuzugestehen. Die Furcht vor deutscher Revanche saß dafür viel zu tief. In der Tat war das Mißtrauen, das Deutschland entgegengebracht wurde, für die französischen Politiker das eigentliche Motiv, sich am Young-Plan festzuklammern, weit stärker als die so oft ins Feld geführte Unentbehrlichkeit der deutschen Gelder zur Rückzahlung der amerikanischen Kriegskredite; das sollte sich im Ablauf der Dinge ganz deutlich zeigen. Brüning hingegen wollte nicht eine vorübergehende Minderung der Reparationslast, sondern ihre vollständige Liquidierung. So konnte sich der Kanzler, was er dem Auswärtigen Amt und dem Kabinett wieder und wieder klarlegte, auf kein allzu frühes Moratorium einlassen[144]. Solange sich die deutsche Wirtschaftslage nicht dramatisch verschlechterte, würden die Gläubigerstaaten zwar Konzessionen machen, aber lediglich einer Teillösung zustimmen, die dann, sollte sie von der Reichsregierung akzeptiert werden, einem erneuten Angehen des Reparationsproblems sogar im Wege stehen mußte.

Die Verschärfung der Wirtschaftskrise, erst als Chance begriffen, erwies sich – in Brünings Augen und auch, wie wohl festzustellen ist, tatsächlich – binnen kurzem, kaum hatte man angefangen, ernsthaft über die Möglichkeiten eines Angriffs auf den Young-Plan nachzudenken, als die unerläßliche Voraussetzung erfolgreicher Reparationspolitik. Jedenfalls durfte die französische Hilfsbereitschaft nicht zur Kenntnis genommen werden, glaubte sich die Reichsregierung noch etliche Zeit zu Passivität genötigt, gleichsam zu einer Taktik rein negativer Art. Wie bei den territorialen Fragen auch, schuf die deutsche Regierung selbst in der Reparationsfrage durch drohende Absichtserklärungen Unruhe in Europa, ja – angesichts der globalen Wirkung internationaler Finanzpolitik – in der ganzen Welt, ohne politische Schritte folgen zu lassen. Allein schon damit gab die Regierung des Deutschen Reiches zu erkennen, daß sie – wiederum wie bei den territorialen Ansprüchen – sich nicht mit hemmenden Teillösungen begnügen, sondern im geeigneten Augenblick eine Politik des „Alles oder Nichts" verfolgen werde. Allerdings war zunächst auch für den passenden Moment noch völ-

[143] Hoesch an AA, 13. 11. 1930; PA, R 70503.
[144] So z. B. ein Schreiben Pünders, im Auftrag Brünings, an Bülow, 3. 1. 1931; PA, R 29467.

lig offen, was dann eigentlich zu geschehen habe. Wohl sah der Young-Plan selbst vor, daß Deutschland bei Zahlungs- oder Transferschwierigkeiten eine internationale Expertenkommission anrufen solle, um sich die Schwierigkeiten bestätigen zu lassen. Jedoch schien diese Kommission, nahm man den Plan streng beim Wort, lediglich befugt, die zeitweilige Einstellung der sogenannten „geschützten" Annuitäten vorzuschlagen, und nicht in der Lage, den Young-Plan als Ganzes in Frage zu stellen. Wie Pünder im Februar 1931 notierte: „Die Behelfe des Young-Plans sind nicht viel wert, deshalb soll man sie nicht anwenden, aber trotzdem sie als Kugeln in der Flinte oder als Pappschwert in der Metallscheide politisch verwerten."[145] Aus einem solchen Satz sprach Ratlosigkeit. Man wollte eine Politik des „Alles oder Nichts", hatte für sie indes noch keine Konzeption.

---

[145] Pünder, Politik in der Reichskanzlei, S. 89.

III. Versuche zur Rettung der deutsch-französischen Annäherung und der Übergang Berlins zu aktiver Revisionspolitik

Erste Gespräche über Pariser Finanzhilfe

Auf beiden Seiten des gespaltenen Europas regte sich aber auch Widerstand gegen die fortschreitende Vertiefung der Spaltung. Jene Politiker und Diplomaten, die der deutsch-französischen Annäherung und schließlich Verständigung im Interesse Deutschlands und Frankreichs wie im europäischen Interesse eine überragende Bedeutung beimaßen, waren nicht gewillt, der Entwicklung tatenlos zuzuschauen. Am 6. Juli 1930, als man in Frankreich mit Verblüffung und wachsendem Schrecken beobachten mußte, wie in Deutschland nach der Rheinlandräumung eine Welle des Chauvinismus und der Franzosenfeindlichkeit hoch und höher zu steigen begann, frühstückte in Paris Botschafter v. Hoesch bei Briand; Ministerpräsident Tardieu war ebenfalls anwesend, dazu Philippe Berthelot, der Generalsekretär des französischen Außenministeriums. Die drei Franzosen beklagten sich bitter über das Ausbleiben einer öffentlichen und offiziellen Anerkennung der pünktlichen Räumung; statt dessen gerate man in eine schädliche und sinnlose wechselseitige Mißstimmung. Danach machten sie einen überraschenden Vorschlag. Tardieu behauptete, derzeit seien rund 25 Milliarden Franc in Deutschland als kurzfristige Kredite angelegt, über die Schweiz und Holland mit entsprechenden Gewinnen der Zwischenhändler gelaufen und folglich sehr teuer. Wäre es nicht besser, kurzfristige Kredite direkt über die Regierungen zu leiten? Hoesch antwortete sofort, langfristige Kredite wären interessanter, was die französischen Gesprächspartner noch zurückhaltend aufnahmen[1].

So half bereits die deutsch-französische Krise des Sommers 1930 der Idee langfristiger französischer Kredite für Deutschland ans Tageslicht, einer Idee, die im diplomatischen Verkehr zwischen den beiden Ländern bald einen wichtigen Platz einnahm und sich dann sogar durchzusetzen schien. Am 7. August, also nach immerhin mehreren Wochen der Überlegung, ließen Curtius und Bülow Botschafter v. Hoesch eine Mitteilung zukommen, in der sie sagten, die von Tardieu genannte Zahl, 25 Milliarden Franc, sei um

---

[1] Hoesch an AA, 9. 7. 1930; PA, R 28250 k.

ein Vielfaches zu hoch – was sicher zutraf –, und in der sie außerdem deutlich machten, daß sie dem Vorschlag kurzfristiger Regierungskredite wenig Geschmack abgewinnen könnten. Jedoch bekundeten sie durchaus das deutsche Interesse an langfristigen Krediten[2]. Danach fühlte sich Hoesch ermächtigt, ein Projekt mit Energie und Zähigkeit weiter zu verfolgen, von dem er sich einen außerordentlich günstigen, zumindest aber kalmierenden Einfluß auf die plötzlich so gestörten deutsch-französischen Beziehungen versprach. Auch dürfte er über eine Stellungnahme der Wirtschaftsabteilung des Auswärtigen Amts unterrichtet worden sein, in der es hieß, angesichts der deutschen Kapitalarmut bestehe sehr wohl Bedürfnis nach langfristigen Krediten, und angesichts seines Kapitalüberschusses sollte sich Frankreich in der Tat an solchen Krediten beteiligen; auf diesem Gebiet – nur auf diesem Gebiet – sei ein Ausbau deutsch-französischer Zusammenarbeit möglich[3].

Daß Briand und Tardieu, falls sie sich auf die Idee langfristiger französischer Kredite einließen, davon nicht nur eine momentane Beruhigung der Stimmung in Deutschland erwarteten, sondern darüber hinaus einem finanziell und wirtschaftlich wieder besser gestellten Deutschen Reich den Ausbruch aus dem Young-Plan verwehren und auch der Aussöhnung der Deutschen mit dem Status quo einen Schritt näher kommen wollten, lag auf der Hand. Aber Hoesch hat sich dadurch so wenig beirren lassen, daß der Schluß erlaubt ist, er habe beide Konsequenzen selbst erhofft. Jedenfalls meldete er, als er am 11. August mit Briand über die „böse Wirkung" der Rede von Treviranus sprach, erneut das deutsche Interesse an langfristigen Krediten an[4], und noch im August durfte er konstatieren, daß sich die französische Regierung für den Gedanken zu erwärmen begann[5]. Nur einen Tag nach der Unterhaltung mit Briand erörterte er das Projekt auch mit dem französischen Finanzminister Paul Reynaud, der „anerkannte", daß Deutschland nach langfristigen Krediten streben müsse, und sich überdies lebhaft für französische Anlagen in Deutschland erklärte[6].

Schon jetzt formierte sich in Deutschland freilich auch Opposition gegen das Vorhaben. Am 22. August 1930 fand im Finanzministerium eine Konferenz über die Reparationsfrage statt, in der vornehmlich Angehörige des Ministeriums selbst und des Reichswirtschaftsministeriums die Besorgnis äußerten, bei zu großer finanzieller und wirtschaftlicher Abhängigkeit von Frankreich könne ein Vorgehen gegen den Young-Plan unmöglich werden: „Wenn es gelingt, in Deutschland selbst eine wirtschaftliche Front zu schaffen, die bei einem Moratorium den Verlust großer französischer Aufträge

---

[2] Curtius und Bülow an Hoesch, 7. 8. 1930; PA, R 29512.
[3] Aufzeichnung Abt. Wirtschaft im AA, August 1930; PA, R 70502.
[4] Hoesch an AA, 11. 8. 1930; PA, R 28251 k.
[5] Hoesch an AA, 13. 8. 1930; PA, R 28251 k.
[6] Ebenda.

III. Versuche zur Rettung der deutsch-französischen Annäherung 83

oder die Zahlungseinstellung für bereits getätigte Lieferungen befürchten müßte, sei der Erklärung eines Moratoriums ein wirksamer Riegel vorgeschoben. Das würde also für uns bedeuten, daß wir uns heute, um der Industrie mehr Beschäftigung zu verschaffen, selbst den Weg einer künftigen Revision des Young-Plans verbauten."[7] Zwei Tage zuvor hatte sich Hans Schäffer, Staatssekretär im Reichsfinanzministerium, mit Richard v. Kühlmann, 1917/18 Staatssekretär im Auswärtigen Amt, jetzt Vorsitzender des Aufsichtsrats der Neunkircher Eisenwerke AG, und Hans v. Raumer, ehemals Reichsschatz- und Reichswirtschaftsminister, nun Geschäftsführendes Vorstandsmitglied der deutschen elektrotechnischen Industrie und Reichstagsabgeordneter der Deutschen Volkspartei, unterhalten und dabei ebenfalls den Schluß gezogen, die Franzosen wollten mit Geld und Aufträgen eine deutsche Wendung gegen den Young-Plan verhindern und „die deutsche Industrie an einer gewissen Dauer des gegenwärtigen Regimes interessieren". Dennoch äußerte Schäffer sozusagen amtlich: „... ich glaubte, wir sollten, im Hinblick auf die mangelhafte Beschäftigung der Industrie und die große Arbeitslosigkeit bei uns, auf die Gedanken der Franzosen eingehen."[8] Kühlmann und Raumer kamen zu der gleichen Ansicht und nützten in den folgenden Monaten ihre Kontakte in Paris, um dort für das Kreditprojekt zu werben.

In Frankreich wiederum tauchte jedoch schon früh der Gedanke auf, daß es nicht genüge, einfach auf die wohltätige Wirkung langfristiger Kredite an Deutschland zu vertrauen, daß vielmehr die Vergabe der Gelder an politische Bedingungen geknüpft werden müsse: Zumindest in zwei Fragen, deutsche Ostgrenze und Abrüstung, habe die Reichsregierung glaubhaft künftiges Wohlverhalten zu versprechen. Als Ministerpräsident Tardieu erstmals solche Überlegungen erwähnte, am 26. Oktober 1930 in einer Unterredung mit Hoesch, erwiderte der Botschafter sofort, derartige Bedingungen seien nicht diskutabel[9]. Trotzdem hat sich die französische Neigung, Deutschland mit der Gewährung von Krediten politische Konzessionen abzuhandeln, rasch verstärkt. Das war einerseits höchst unvernünftig, da die französische Haltung auf dem Irrglauben beruhte, man könne das erhoffte Ergebnis eines schwierigen Prozesses gleich an dessen Anfang einheimsen. Auf der anderen Seite war das französische Verlangen nur allzu verständlich. Es entsprang der Angst, und Angst ist zwar ein schlechter Ratgeber, aber in vielen Situationen nur natürlich. Als er sich einmal im Februar 1931 mit Hoesch unterhielt, brachte Berthelot die französischen Befürchtungen und Absichten auf den Punkt: Deutschland sei bald wieder ein blü-

---

[7] Aufzeichnung AA, 22. 8. 1930; PA, R 28251 k.
[8] Aufzeichnung Schäffer, 20. 8. 1930; PA, R 28251 k. – Auch Kühlmann konnte noch im August 1930 Erfolge seiner Bemühungen und große Bereitschaft Briands melden: Kühlmann an Bülow, 26. 8. 1930; PA, R 29456.
[9] Hoesch an AA, 26. 10. 1930; PA, R 27977.

hendes Land mit 80 Millionen Einwohnern neben einem dann schwächeren Frankreich mit 40 Millionen; England habe seine Machtstellung eingebüßt. „Die Folge werde sein", so gab Hoesch die Bemerkungen Berthelots wieder, „daß Deutschland alsdann Frankreich zerschmettern werde... Frankreich könne, solange es nicht die Gewißheit der Beseitigung der deutschen Gefahr und einer umfassenden Verständigung mit Deutschland habe, logischerweise nichts tun, um den deutschen Aufstieg zu fördern, da es damit seinen eigenen Ruin nur beschleunigen würde." Gelinge allerdings eine umfassende Verständigung, sei Frankreich zu jeder Hilfeleistung bereit[10].

Trotz der störenden Elemente setzte aber Hoesch die Verhandlungen unverdrossen fort, ja mit der Eskalation der deutsch-französischen Spannung nahm der Eifer eines Mannes seines Schlages noch zu. Und wann immer er im Herbst 1930 und in den Wintermonaten 1930/31 mit Briand oder mit Louis Germain-Martin und dessen Nachfolger als Finanzminister, Pierre Flandin, sprach, konnte er feststellen, daß auch diese französischen Politiker die Idee langfristiger Kredite um so sympathischer fanden, je lauter die Revisionsparolen in Deutschland skandiert wurden und je mehr Feindseligkeit daher in die deutsch-französischen Beziehungen kam[11]. Ministerpräsident Tardieu setzte sich ebenfalls mit Verve für französische Kredite an Deutschland und französische Aufträge an deutsche Firmen ein. Sein Mißtrauen in deutsche Politik war wieder gewachsen; einmal sagte er, der „Curtius von heute ist ein anderer als der, den ich im Haag kannte"[12]. Aber gerade deshalb leuchtete ihm der Gedanke ein, Deutschland wirtschaftlich und finanziell an Frankreich zu binden. Allerdings ließ ihn sein Mißtrauen besonders hartnäckig auf der sozusagen Suspendierung der territorialen Forderungen Deutschlands bestehen; daß zwischen Deutschland, Frankreich und Großbritannien ein Pakt abgeschlossen werden solle, fünf Jahre lang „keine kitzligen Fragen" zu erörtern, war offenbar, Ende November oder Anfang Dezember 1930, sein Einfall[13]. Tardieu, Briand und Berthelot hatten im Oktober auch eine französische Beteiligung an einem Überbrückungskredit für das Reich in die Wege geleitet, den das amerikanische Bankhaus Lee, Higginson organisierte. Daß die Beteiligung am Ende doch nicht zustande kam, weil Frankreich finanzpolitische Bedingungen stellen zu müssen glaubte, die in Berlin auf Ablehnung stießen[14], hat die Gespräche über langfristige französische Kredite bezeichnenderweise nicht unterbrochen. Die Motive der Beteiligten waren zu stark, als daß derart kleine Enttäuschungen ernst-

---

[10] Hoesch an AA, 23. 2. 1931; PA, R 28253 k.
[11] Hoesch an AA, 10. 11. 1930, 3. 1. 1931; PA, R 27977. – Hoesch an AA, 3. 2. 1931; PA, R 28253 k.
[12] Rieth an AA, 9. 10. 1930; PA, R 27977. Lersner an Curtius, 3. 12. 1930; PA, R 29465.
[13] Lersner an Curtius, 3. 12. 1930; PA, R 29465.
[14] Rieth an AA, 9. 10. 1930, Aufzeichnung Bülow, 10. 10. 1930, Hoesch an AA, 23. 10. 1923; PA, R 27977.

III. Versuche zur Rettung der deutsch-französischen Annäherung   85

lich gestört hätten. Außerdem erwachte allmählich erneut das Interesse französischer Finanziers an Investitionen in Deutschland.

Botschafter v. Hoesch glaubte, wie gesagt, im Sinne seiner Regierung zu handeln. Für Curtius und Bülow traf das auch zu. Beide waren französischem Geld nicht abgeneigt, sofern die politischen Bedingungen Frankreichs abgewehrt und die wichtigen Positionen deutscher Revisionspolitik unversehrt gehalten werden konnten. Anders lagen die Dinge beim Reichskanzler. Für Brüning mußte bereits die Gefährdung seiner Reparationspolitik, wie sie französische Kredite und eine Besserung der finanziellen und wirtschaftlichen Situation Deutschlands unweigerlich heraufbeschworen, schwerer wiegen als eben diese Besserung. Zwar befand er sich insofern in einer schwierigen Lage, als er die Kredit-Idee nicht einfach verwerfen durfte. Der Kreditbedarf des Reiches, der Länder und der Kommunen war zu offensichtlich und wurde zu oft in Konferenzen der Spitzenbehörden ausdrücklich bejaht[15]; auch war die desolate Auftragslage der Industrie nicht zu bagatellisieren. Aber Mangel an Enthusiasmus vermochte und brauchte der Kanzler doch nicht zu verbergen. Am 20. Februar 1931 gab Hoesch dem französischen Senator Honnovat, der Berlin besuchte, eine warme Empfehlung mit; auch andere rieten zu einer Frühstückseinladung beim Reichskanzler. Doch Brüning lehnte ab, obwohl oder weil der Senator nach Berlin gekommen war, um die Kreditgespräche zu fördern[16]. In Unterhaltungen mit Angehörigen der französischen Botschaft in Berlin blieb er „kühl, bewußt oberflächlich", wie Staatssekretär Pünder einmal beobachtete[17]. Und Anfang Oktober 1930 hat er sogar Richard v. Kühlmann er-

---

[15] Aufzeichnung Windel über Gespräch mit Geheimrat Norden vom Reichsfinanzministerium, Geheimrat Vocke und Reichsbankdirektor Fuchs, 13. 11. 1930; PA, R 70502: Alle bejahten den Kreditbedarf von Reich, Ländern und Kommunen, ebenso der Wirtschaft. Bereits im Juli hatte Reichsbankpräsident Luther nach Hoeschs Berichten über französische Kreditbereitschaft auf die Aufnahme „möglichst frühzeitiger" Besprechungen gedrängt, Aufzeichnung Bülow, 12. 7. 1930; PA, R 29465. Und im August hatte die Wirtschaftsabteilung im AA festgehalten: „Deutschland hat gerade angesichts seiner bekannten Kapitalarmut ein starkes Bedürfnis nach langfristiger Kreditgewährung, an der auch Frankreich bei seinem Überschuß an Kapital, das unbeschäftigt liegt, interessiert sein sollte." Aufzeichnung, August 1930; PA, R 70503. Dieses Urteil ist in den USA ebenso für zutreffend gehalten worden wie in Großbritannien und Frankreich oder von internationalen Expertengremien. Tatsächlich hätte allein schon der Ersatz für die nach dem 14. September 1930 abgezogenen kurzfristigen Kredite wie die Umwandlung der noch gegebenen kurzfristigen in langfristige Kredite eine enorme Erleichterung für die deutsche Wirtschaft bedeutet. Insofern ist der Zweifel, den Borchardt am wirtschaftlichen Nutzen französischer bzw. westlicher Kredite für Deutschland angemeldet und mit dem er die Diskussion um Brünings Finanz- und Wirtschaftspolitik wieder belebt hat, unverständlich. Seinem Urteil, Brüning habe die angebotenen französischen Gelder nicht angenommen und nicht annehmen können, weil sie an politische Bedingungen geknüpft gewesen seien, muß ebenfalls, wie zu zeigen sein wird, widersprochen werden. Borchardt, Zwangslagen und Handlungsspielräume; ders., Wirtschaftliche Ursachen; ders., Zur Frage der währungspolitischen Optionen. Kritisch dazu Holtfrerich, Alternativen; ders., Zur Debatte; Büttner, Politische Alternativen.
[16] Hoesch an AA, 20. 2. 1931; PA, R 28253 k.
[17] Aufzeichnung Pünder, 14. 11. 1930; PA, R 29465.

sucht, seine Bemühungen um französische Kredite „vorerst" einzustellen[18]. Wahrscheinlich hoffte Brüning darauf, daß die Franzosen irgendwann die Gewährung französischer Kredite offiziell von politischen Konzessionen Deutschlands abhängig machen würden – was ja in den bisherigen Vorbesprechungen noch gar nicht geschehen war –, und daß er dann für die Zurückweisung des französischen Angebots weithin auf national begründete Zustimmung rechnen dürfe. Ob Hoesch wahrgenommen hat, wie kalt sein Projekt von Brüning behandelt wurde, ist unklar. Vermutlich nicht. Sonst hätte er wohl kaum Mitte Dezember 1930 bei Bülow ein Treffen zwischen dem deutschen Reichskanzler und dem französischen Ministerpräsidenten angeregt, das, wie er sagte, die „finanzielle Interessierung" Frankreichs in Deutschland und Beschaffung von Arbeit für Deutschland zur Folge haben könne[19]. Der Vorschlag fand in Berlin keine Beachtung.

Hoeschs Idee dürfte auch das Ergebnis seiner zunehmenden Resignation gewesen sein. Es war nicht zu leugnen: Zwischen dem Sommer und den letzten Tagen des Jahres 1930 hatten die Verhandlungen, die er in Paris führte, zwar an Intensität gewonnen, aber trotz erkennbar gestiegenem französischen Interesse noch keine realen Fortschritte gebracht. Das Kredit-Projekt kam nicht recht vom Fleck, ja schien an der Unvereinbarkeit der deutschen und der französischen Bedürfnisse und Ziele scheitern zu müssen. Auch in den ersten Monaten des Jahres 1931 blieb sichtbare Bewegung aus. Hoesch gab keineswegs auf, doch wurde er sich mehr und mehr der Schwierigkeiten bewußt, die deutsch-französischer Annäherung überhaupt und damit eben auch in der Kreditfrage entgegenstanden. Selbst er begann daran zu zweifeln, daß die Schwierigkeiten überwindbar waren. Anfang März 1931 verfaßte er eine Aufzeichnung, in der eine recht melancholische Grundstimmung herrschte. „Jede deutsch-französische Aussprache zwischen verständigungsbereiten Persönlichkeiten", so schrieb er, „verläuft notgedrungen nach dem gleichen Schema. Zuerst bespricht man politische Fragen und kommt zu dem Ergebnis, daß sie unlösbar sind... Man wendet sich deshalb der Frage der wirtschaftlichen und finanziellen Zusammenarbeit zu... Der Gedanke des allgemeinen wirtschaftlichen Zusammenschlusses zwischen beiden Ländern erregt zunächst Begeisterung. Wird aber dann das Problem einer Zollunion praktisch zur Diskussion gestellt, so ergibt sich, daß deutscherseits Befürchtungen und Hemmnisse bezüglich der deutschen Landwirtschaft, französischerseits die gleichen Bedenken bezüglich der französischen Industrie bestehen. Zu irgendwelchen praktischen Ergebnissen führt eine solche Erörterung nicht... Wenn die Erörterung sich dann den finanziellen Fragen zuwendet, so besteht zunächst Einhelligkeit in der Überzeugung, daß alles dahin drängt, den französischen Kapitalien den Weg

---

[18] Aufzeichnung Eisenlohr, 3. 10. 1930; PA, R 27977.
[19] Hoesch an Bülow, 11. 12. 1930; PA, R 29512.

III. Versuche zur Rettung der deutsch-französischen Annäherung 87

zu langfristiger Anlage in Deutschland zu erschließen: Gold- und Geldüberfluß in Frankreich, niedriger Zinssatz daselbst, Gefahr der Geldinflation ... andererseits Geldnot in Deutschland, hohe Zinssätze, große Kapitalertragsmöglichkeiten, politisches Interesse. Es entsteht zunächst begeisterte Übereinstimmung, bis die Frage praktisch gestellt wird." Dann heiße es, die Franzosen, die an der Young-Anleihe viel verloren hätten und denen es an Vertrauen auf die Stabilität der innerdeutschen Verhältnisse fehle, würden deutsche Obligationen nicht zeichnen. „Auf die Frage, was denn geschehen müsse, um das französische Publikum zur langfristigen Investierung seines Geldbesitzes in Deutschland zu veranlassen, erfolgt ... die allerseits als richtig erkannte Antwort, es müsse erst ‚Vertrauen' geschaffen werden. Bei der Erörterung der Frage, wie man Vertrauen schaffen könne, stößt man bald auf die Antwort, Vertrauen erheische eine vorhergehende restlose politische Verständigung, worauf man wieder am Ausgangspunkt der Unterhaltung angekommen ist."[20]

Doch schon eine Woche später schien dieser Circulus vitiosus endlich durchbrochen, schien Hoesch seinen Anfall von Pessimismus überwinden und vergessen zu dürfen. Am 13. März erklärte Briand und am 14. März Berthelot dezidiert, daß auf französischer Seite die prinzipielle Entscheidung gefallen sei. Die Banque de France verfüge über einen Devisenbestand von 27 Milliarden, und davon könne und müsse in Deutschland angelegt werden. Freilich brauche Frankreich gewisse politische Garantien: Die deutsche Regierung müsse sich aggressiver Reden enthalten, auf kategorische Forderungen verzichten, gegenüber Frankreich ganz allgemein eine entgegenkommende Haltung an den Tag legen und Zahlungen nach dem Young-Plan aufrechterhalten. Finanzminister Flandin sei mit dem Angebot einverstanden. Hoesch erwiderte, die Aktion der französischen Regierung sei „zweifellos von großer Bedeutung". Zugleich machte er jedoch pflichtgemäß auf das offenbar nach wie vor im Weg stehende Hindernis der „politischen Garantien" aufmerksam.

Jetzt zeigten die Franzosen, wieviel ihnen an der Fortsetzung oder, besser gesagt, an der Wiederaufnahme der französisch-deutschen Annäherung gelegen war, zunächst also am Zustandekommen der Finanzoperation. Briand und Berthelot versicherten Hoesch, sie dächten keineswegs an „strikt formulierte Zusagen und Verpflichtungen, sondern mehr an eine losere allgemeine Vereinbarung im Sinne der Festlegung einer engeren deutsch-französischen Zusammenarbeit"[21]. Am 17. März wiederholte Berthelot, die französische Regierung verlange nicht, daß Deutschland offiziell und öffentlich der Revisionspolitik abschwöre[22]. Im Grunde gaben Briand und der Gene-

[20] Hoesch an AA, 6. 3. 1931; PA, R 70504.
[21] Hoesch an AA, 14. 3. 1931; PA, R 3069/70.
[22] Hoesch an AA, 17. 3. 1931; PA, R 3069/70.

ralsekretär des französischen Außenministeriums deutlich zu verstehen, daß die politische Formel, die den Beginn der französischen Finanzhilfe zu begleiten habe, einen Wortlaut bekommen müsse, der einerseits die öffentliche Meinung in Frankreich nicht ungebührlich reize, der aber andererseits vor allem die innenpolitische Lage der Reichsregierung berücksichtige.

So wie sich die Dinge entwickelt hatten, mußte das Kreditgeschäft – das hatten Briand und seine Freunde offensichtlich begriffen – beiden Nationen mit Vorsicht schmackhaft gemacht werden. Hoesch aber, der nach seiner letzten Unterredung mit Berthelot erneut konstatierte, Briand sei wirklich zum Handeln entschlossen[23], war der Meinung, daß das französische Angebot akzeptiert werden dürfe, wenn die Franzosen bei ihrem Versuch, Deutschland zur Politik Stresemanns zurückzulocken und für deren Ausbau zu gewinnen, mit solcher Behutsamkeit zu Werke gingen. Nicht ohne triumphierenden Unterton schrieb er nach Berlin: „Ich glaube mich in Übereinstimmung mit dem Auswärtigen Amt zu befinden, wenn ich die Tatsache, daß die französische Regierung nunmehr zur Bereitwilligkeit gebracht worden ist, eine umfassende finanzielle und wirtschaftliche Aktion mit Bezug auf Deutschland grundsätzlich ins Auge zu fassen, als ein an sich erfreuliches Ergebnis betrachte. Darauf waren ja während der letzten Monate alle meine, im Auftrag des Auswärtigen Amts unternommenen Bemühungen abgestellt." Zu den „politischen Zumutungen" bemerkte er – besänftigend und offensichtlich auf die Kunst der Diplomatie vertrauend –, Versuche, sie „jetzt zu ersticken, würde ich nicht für richtig halten, um so mehr nachdem wir unseren Standpunkt nochmals völlig klargelegt hatten"[24].

Ob Curtius und Bülow dieser Lockung gefolgt wären? Welches Manöver wäre Reichskanzler Brüning eingefallen, einen so gefährlichen französischen Anschlag auf seine Reparationspolitik abzuwehren? Die Antworten auf derartige Fragen müssen spekulativ bleiben. Nur vier Tage nach seiner optimistischen Lagebeurteilung, als der Botschafter wieder mit Berthelot sprach, durfte er sich anhören, wie der Franzose zornvoll klagte, Frankreich habe bei der deutsch-französischen Annäherung gewiß „zögernd und unentschlossen" operiert, aber gerade zuletzt sei doch eine Besserung erreicht worden, hätten Pläne zur Gewährung langfristiger französischer Kredite an Deutschland vor der Verwirklichung gestanden, und nun seien solche Pläne „praktisch undurchführbar geworden"[25]. Was war geschehen?

---

[23] Ebenda.
[24] Ebenda.
[25] Hoesch an AA, 21. 3. 1931; PA, R 30369 k.

Das Projekt einer deutsch-österreichischen Zollunion

Am 17. März hatte Europa durch Indiskretionen in der Wiener Presse erfahren, daß die deutsche und die österreichische Regierung im letzten Drittel des Monats ein bislang streng geheimes Projekt, nämlich den Abschluß einer Zollunion zwischen Deutschland und Österreich, bekanntzugeben beabsichtigten. Nach den Indiskretionen blieb den beiden Regierungen nichts anderes übrig, als zu bekennen, daß sie in der Tat eine Vereinbarung der genannten Art zu treffen gedachten; am 20. und 21. März wurde der Öffentlichkeit etwas vorzeitig der Text des bereits ausgehandelten Vorvertrags mitgeteilt[26], am 21. März notifizierte der deutsche Botschafter die französische, notifizierten die österreichischen Gesandten die britische und die italienische Regierung[27]. Die europäische Sensation war perfekt. Später setzte einer der an den deutsch-österreichischen Verhandlungen beteiligten Beamten des Auswärtigen Amts einem Angehörigen der britischen Botschaft in Berlin auseinander, daß man „unendliche Sorgfalt" darauf verwendet habe, die bestmögliche Form der Bekanntgabe zu finden; bei den letzten Besprechungen zwischen den Außenministern der beiden Staaten sei die Parole ausgegeben worden: „Was auch geschieht, die Sache darf nicht wie eine Bombe einschlagen."[28]

Genau das war jetzt passiert, und zwar nicht wegen der Indiskretionen. Wieso die Beteiligten glauben konnten, den Bomben-Effekt ausgerechnet durch strikte Geheimhaltung bis zur Verkündung der Union auszuschließen, ist rätselhaft. Tatsächlich handelte es sich um eine der am schlechtesten vorbereiteten und am wenigsten durchdachten politischen Aktionen jener Jahre. Indes stellte sich sofort heraus, daß der Mangel an diplomatischer – und damit übrigens auch innenpolitischer – Vorbereitung irrelevant war. Die Regierungen in Berlin und Wien hatten sich auf ein ohnehin aussichtsloses Unternehmen eingelassen. In allen Staaten Europas ist das deutsch-österreichische Vorhaben ohne weiteres als Vollzug des Anschlusses Österreichs an Deutschland verstanden worden oder doch, wie der italienische Außenminister sagte, als die entscheidende „Vorbereitungshandlung"[29]. Die Zollunion erschien mithin als der erste Akt territorialer deutscher Revisionspolitik und schmiedete naturgemäß alle am Status quo interessierten Länder zu einer unter französischer Führung stehenden Einheitsfront zusammen. Diese Front erfolgreich anzugreifen, fehlte dem Deutschland von 1931 denn doch noch die Kraft – von Österreich ganz zu schweigen.

Nun war schon in den Jahren zuvor immer wieder von einer Zollunion

---

[26] Schulthess', 1931, S. 280.
[27] Vgl. hierzu Steininger, „... Der Angelegenheit ein paneuropäisches Mäntelchen umhängen...".
[28] Rumbold an Henderson, 17. 4. 1931; DBFP, Second Series, Vol. II, Nr. 28.
[29] Aufzeichnung Curtius, 15. 5. 1931; PA, R 29506.

zwischen Deutschland und Österreich die Rede gewesen. Österreich hatte im Friedensvertrag von Saint Germain, am 10. September 1919, den Verzicht auf den Anschluß an Deutschland unterzeichnen müssen, und einige Jahre später, als eine Anleihe des Völkerbunds gebraucht wurde, um den finanziellen Zusammenbruch des Landes zu verhindern, hatte es sich im sogenannten Genfer Protokoll vom 4. Oktober 1922 sozusagen freiwillig zur Unabhängigkeit Österreichs bekannt und zur Wahrung der Unabhängigkeit verpflichtet. Da lag es nahe, das Verbot der staatsrechtlichen Vereinigung durch einen wirtschaftlichen Zusammenschluß zu unterlaufen. Im September 1927 hatte auch Stresemann zum österreichischen Bundeskanzler, damals Prälat Ignaz Seipel, bemerkt, er sei der Meinung, „daß eine enge wirtschaftliche Annäherung dem Anschluß vorherzugehen habe"[30]. Aber das waren Redereien und die Details einer etwaigen Zollunion stets vage geblieben, zumal es in Österreich starke Kräfte gab, die bei einer Umarmung des übermächtigen nördlichen Bruders Erstickungsgefahr befürchteten; in der Unterhaltung mit Stresemann faßte Seipel das in die höflichen Worte, Österreich könne auf eigenen Beinen stehen[31].

Nachdem Curtius dem verstorbenen Stresemann gefolgt war, nahmen jedoch auf deutscher Seite die Zollunions-Pläne festere Gestalt an, setzte zugleich deutscher Druck auf die Wiener Regierung ein. Am Anfang einer nun in der Tat auf zunächst wirtschaftliche Vereinigung gerichteten deutschen Österreichpolitik steht ohne Frage Julius Curtius. Im Februar 1930, noch amtierte das Kabinett der Großen Koalition unter Reichskanzler Hermann Müller, kam Bundeskanzler Johann Schober zu einem Besuch nach Berlin. Als Schober wie eh und je die Routine-Bemerkung machte, daß man bei der Erörterung der Handelsbeziehungen wohl auch die Frage der Zollunion streifen müsse, setzte sein Sektionschef Richard Schüller vorsichtshalber hinzu: „Nach unserer Auffassung ist eine Zollunion nicht durchführbar. Die Entente steht auf dem Standpunkt, daß sie genau so verboten ist wie der politische Anschluß." Dies sei bislang auch die Ansicht der deutschen Regierung gewesen[32]. Staatssekretär v. Schubert ergänzte das, indem er darauf hinwies, daß Österreich auch durch das Protokoll von 1922 gebunden sei[33].

Sein Chef hingegen sagte, ja, ja, die Entente werde zweifellos die Friedensverträge zu Ungunsten Deutschlands und Österreichs auslegen, aber man müsse „doch schon bald Vorberatungen über die Zollunion pflegen". Es sei notwendig, darauf gefaßt zu sein, „gemeinsam einen solchen Schritt zu tun. Ich sehe zwar gegenwärtig noch keine außenpolitische Konstellation, die ihn ermöglichen würde, aber wenn sich in der Zukunft eine solche ergibt, müssen wir schon gerüstet sein... Meine Auffassung geht dahin, daß,

---

[30] Aufzeichnung AA, 14. 11. 1927; PA, R 30358/59/60 k.
[31] Ebenda.
[32] Niederschrift über politische Besprechungen, 22. 2. 1930; PA, R 30368 k.
[33] Ebenda.

III. Versuche zur Rettung der deutsch-französischen Annäherung 91

so schwer auch die Erschütterungen hüben und drüben sein mögen, die Zollunion doch unser Ziel sein muß."[34] Und obwohl sich auch der Leiter der Wirtschaftsabteilung im Auswärtigen Amt, Ministerialdirektor Karl Ritter, gegen Vorberatungen „im jetzigen Zeitpunkt" erklärte[35], behauptete Curtius bereits zwei Tage später frohgemut, es gebe „gute Gründe für die Annahme, daß die Friedensverträge kein entscheidendes Hindernis sind"[36]. Ohne die „guten Gründe" zu nennen, leitete er daraus ab, daß die Vorberatungen und die Zollunion selbst einfach geboten seien. Die wohltätige wirtschaftliche Wirkung einer Union illustrierte er mit dem Satz, daß natürlich die „Vernichtung einzelner wirtschaftlicher Existenzen unvermeidlich" sei[37], wobei man in Berlin, wie sich noch zeigen sollte, selbstverständlich österreichische Existenzen im Auge hatte, und zwar keineswegs nur einzelne. Bundeskanzler Schober replizierte freilich, Deutschland und Österreich hätten Politik nicht allein „mit dem Herzen, sondern auch mit dem Verstand" zu machen[38], und einige Monate lang geschah gar nichts.

Doch wieder ist zu sehen, wie die Rheinlandräumung in Berlin wirkte. Kaum war die letzte französische Kompanie abgerückt, da schrieb Ministerialdirektor Ritter, am 3. Juli 1930, weisungsgemäß einen Brief an Schüller, in dem den Österreichern bedeutet wurde, es sei an der Zeit, „endlich zusammenzukommen"[39]. Auch die österreichischen Freunde des Zollunion-Gedankens glaubten nun, die Situation sei günstiger geworden. Im August 1930 meldete Hugo Graf Lerchenfeld, deutscher Gesandter in Wien, Dr. Otto Juch, der österreichische Finanzminister, habe ihm aufgetragen, „drängendes Anregen" in Berlin anzufordern[40]. Wenn Curtius allerdings später behauptete, im Sommer 1930 sei auch Schober mit Eifer für die sofortige Aufnahme deutsch-österreichischer Verhandlungen eingetreten, so hat ihn, obwohl es einen mit einiger Anstrengung entsprechend deutbaren Bericht des Grafen Lerchenfeld gibt[41], sein Gedächtnis getäuscht. Nachdem er Anfang September 1930 in Genf mit Schober über die künftige Gestaltung der wirtschaftlichen Beziehungen zwischen Deutschland und Österreich gesprochen hatte, mußte er selbst notieren, daß der Österreicher zwar für eine wirtschaftliche Annäherung der beiden Länder sei, aber „offenbar nur einige Handelsvergünstigungen" wolle; den Begriff Zollunion habe Schober gar nicht gebraucht[42]. Und als Schober Mitte Januar 1931 Curtius aufsuchte, abermals in Genf, war es der deutsche Außenminister, der in der Tat eine

---

[34] Ebenda.
[35] Ebenda.
[36] Niederschrift über politische Besprechungen, 24. 2. 1930; PA, R 30368 k.
[37] Ebenda.
[38] Ebenda.
[39] Ritter an Schüller, 3. 7. 1930; PA, R 30368 k.
[40] Graf Lerchenfeld an Bülow, 20. 8. 1930; PA, R 29513.
[41] Graf Lerchenfeld an Bülow, 29. 8. 1930; PA, R 29513.
[42] Aufzeichnung Curtius, 7. 9. 1930; PA, R 30368 k.

Beschleunigung der Prozedur „drängend anregte"[43]. Dabei setzte er Schober auseinander, daß Deutschland die anderen Mächte, etwa Frankreich, nicht vorher unterrichten dürfe, weil, so meinte er in dilettantisch wirkender Treuherzigkeit, „bei diesem Aufziehen der Aktion der Anschein der Aufwerfung der Anschlußfrage erweckt werden" könnte[44]. Auch habe die Initiative von Österreich auszugehen. Darauf ließ sich die Wiener Regierung freilich nicht ein. Immerhin kam eine Einladung des deutschen Außenministers zu einem Besuch in Wien zustande, der zunächst für Ende Februar vereinbart wurde[45]. Noch vor dem Genfer Gespräch, bereits am 22. September 1930, waren indes die beiden zuständigen Beamten, Ritter und Schüller, zusammengekommen und hatten die Grundlinien einer Vereinbarung festgelegt[46]. Ritter arbeitete dann den Entwurf einer Abmachung aus, den er am 2. Januar 1931 Schüller übermittelte, der sich am 5. Januar „im wesentlichen" einverstanden erklärte[47].

In einer Art Rechenschaftsbericht hat Curtius einige Zeit danach seine Politik zu verteidigen versucht und unter anderem geschrieben, er habe nun, aus Genf zurückgekehrt, letzte Vorbereitungen getroffen. So seien die deutschen Missionschefs in Paris, London, Rom und Prag nach Berlin gerufen worden, wo er „mit ihnen die allgemeine Lage und die Besonderheiten der deutsch-österreichischen Aktion eingehend besprochen" habe. „Auf keiner Seite habe ich trotz mancher Bedenken eine entschiedene Ablehnung erfahren, insbesondere hat Herr von Hoesch den Standpunkt vertreten, daß in der damaligen Stagnation der Beziehungen zwischen Deutschland und Frankreich die deutsch-österreichische Aktion wertvoll wäre."[48] Das kann – abgesehen davon, daß eine derartige Stellungnahme Hoeschs in den Akten nicht zu finden ist – unmöglich so gewesen sein. Zwar hat sich Hoesch tatsächlich vom 25. Februar bis zum 2. März in Berlin aufgehalten, aber im sofort entstandenen Resumee seiner Berliner Besprechungen, in dem er sich in der Tat resignativ über die Entwicklung des deutsch-französischen Verhältnisses äußerte, hielt er fest, daß er klar dargetan hatte, über den Anschluß könne nicht diskutiert werden[49]. Außerdem widerspricht der Erinnerung des Ministers die Berichterstattung des Botschafters nach dem 21. März, in der die französischen Reaktionen auf die Zollunion als selbstverständlich und zwangsläufig, mithin als vorhersehbar erscheinen. Auch das Verhalten, das die anderen genannten Missionschefs nach dem 20. März an den Tag leg-

---

[43] Aufzeichnung Curtius, 16. 1. 1931; PA, R 30368 k.
[44] Ebenda.
[45] Ebenda.
[46] Aufzeichnung Ritter, 22. 9. 1930; PA, R 30368 k.
[47] Aufzeichnung Ritter, 7. 1. 1931; PA, R 30368 k.
[48] Späterer Zusatz von Curtius zu seiner Aufzeichnung vom 16. 1. 1931; PA, R 30368 k.
[49] Hoesch an AA, 6. 3. 1931; PA, R 70504.

III. Versuche zur Rettung der deutsch-französischen Annäherung 93

ten, paßt nicht zu einer vorherigen Konsultation und nicht zu einer – wenngleich vielleicht nur halbherzigen – Billigung.

Nach seiner Rückkehr aus Genf scheint Curtius jedoch die Zustimmung des Reichskanzlers zu den mit Schober dort Mitte Januar getroffenen Absprachen und zu „meinen Plänen für den Abschluß in Wien" eingeholt zu haben. Am 2. März konnte jetzt Curtius tatsächlich nach Wien fahren, wo er und Schober, nach einem Kabinettswechsel nun Außenminister und Vizekanzler, den Vertrag prüften und am 5. März absegneten; Bundeskanzler Otto Ender und Bundespräsident Wilhelm Miklas wurden informiert und zur Genehmigung bewogen[50]. Danach durfte Curtius das Projekt am 16. März im Kabinett vorstellen. Die österreichische Regierung sei ja „erst sehr zögerlich" gewesen, jetzt aber „grundsätzlich und eifrig zustimmend geworden". Österreich, so fuhr er fort, habe sich von dem Gedanken einer wirtschaftlichen Donau-Konföderation abgewandt, und diese Situation müsse ausgenützt werden. Gewiß sei der Anschluß „politisch noch nicht reif", doch „wirtschaftlich könne er jetzt, unter vorsichtigster Berücksichtigung der außenpolitischen Schwierigkeiten bei einem solchen Vorgehen, entscheidend gefördert werden", auch wenn besonders die Tschechoslowakei und Frankreich dem österreichisch-deutschen Schritt „zunächst wahrscheinlich unfreundlich gegenüberstehen" würden[51]. Reichskanzler Brüning konstatierte, der Zeitpunkt sei nicht besonders glücklich, „hätte aber von Deutschland nicht anders gewählt werden können"[52].

Das Kabinett nahm das Projekt ohne grundsätzlichen Widerspruch hin, obwohl Curtius offensichtlich mit keiner Silbe erklärte, wie denn die „vorsichtigste Berücksichtigung der außenpolitischen Schwierigkeiten" in der Praxis aussah, und obwohl er nicht verriet, wie er zu der verblüffend optimistischen Einschätzung „zunächst wahrscheinlich unfreundlich gegenüberstehen" gekommen war; der Kanzler wiederum hat offenbar nicht begründet, warum das Deutsche Reich in einem „nicht besonders glücklichen" Zeitpunkt zum Handeln gezwungen sei. Die Bedenken einzelner Minister galten lediglich einigen für Deutschland möglicherweise ungünstigen Details, sie zeigten jedoch, daß Curtius, Schober und die bisher an den Verhandlungen beteiligten Beamten keineswegs gründlich genug über die finanziellen und wirtschaftlichen Konsequenzen der ausgehandelten Zollunion nachgedacht hatten. Daß sich sowohl der Landwirtschaftsminister wie der Finanzminister und der Arbeitsminister dezidiert gegen die Einschaltung des Ständigen Internationalen Gerichtshofs im Haag aussprachen[53], ließ außerdem erkennen, daß sie Unbehagen bei dem Gedanken empfanden, die Vereinbarkeit des Unternehmens mit den bestehenden in-

---

[50] AdRK, Die Kabinette Brüning, Bd. 2, Nr. 263.
[51] Ebenda.
[52] Ebenda.
[53] Ebenda.

ternationalen Verpflichtungen Österreichs werde rechtlich geprüft. Doch erlaubten die Kabinettsmitglieder dem Außenminister, der finanz- und wirtschaftspolitischen Kritik mit dem Hinweis auf die Tüchtigkeit und Durchsetzungsfähigkeit der deutschen Bürokratie und mit dem etwas flapsigen – überdies seiner Meinung gar nicht entsprechenden – Argument zu begegnen, die Braut Österreich bringe gewiß nur eine schwache Mitgift, doch könnten ja auch solche Ehen glücklich werden[54].

So nahmen die Dinge ihren Lauf. Nach einigem Hin und Her zwischen Berlin und Wien wurde der 23. März als Tag der Verkündung bestimmt. Curtius, der eigentlich gleichzeitige österreichisch-deutsche Demarchen gewünscht hatte, und zwar in Paris, London und Rom[55], mußte sich dem österreichischen Einwand beugen, daß damit zu gewaltig und zu bedeutungsvoll vorgegangen würde; in Rom sollte nun die österreichische Gesandtschaft, in Paris die deutsche Botschaft tätig werden, während London lediglich eine allgemein gehaltene Mitteilung zugedacht war. Andererseits kamen die Wiener mit dem – bezeichnenden – Verlangen nicht durch, die Zollunion als ein Angebot des Deutschen Reiches zu deklarieren; den fremden Mächten gegenüber müsse die Initiative gleichmäßig verteilt werden, sagten die Deutschen und blieben in diesem Punkt hart[56]. Am 18. März, als die Indiskretionen der Wiener Presse den geplanten zeitlichen Ablauf bereits unmöglich gemacht hatten, gingen die Erlasse des Auswärtigen Amts an die Botschaften in Paris, Rom und London, abschriftlich auch an die Missionen in Brüssel, Prag, Belgrad, Haag, Bern, Kopenhagen, Budapest und Kowno. Zugleich wurde für die rechtzeitige Unterrichtung der sowjetischen Freunde Sorge getragen[57]. Die Übersendung der Unterlagen an Hoesch begleitete Bülow mit einem verräterischen Kommentar: „Wir dürfen unter keinen Umständen", so sagte er, „bei Besprechung dieser Angelegenheit und während des zu erwartenden Pressesturms irgendeine Spur von schlechtem Gewissen zeigen." Einige Leute könnten „den Mut verlieren oder es könnte ihnen das Gewissen schlagen"[58].

So hatte der Reichsaußenminister auf dem Weg zu seinem Ziel das Zögern der Österreicher überwunden, sich die Zustimmung des Kanzlers gesichert, die Unterstützung Bülows, seines Staatssekretärs, gefunden und seine Kabinettskollegen mitgeschleppt. Im übrigen verwehrte ihm sein heimliches Vorgehen jede Mobilisierung öffentlicher Unterstützung in Deutschland wie in Österreich. Er vertraute einfach auf eine grundsätzliche Anschluß-Neigung in beiden Ländern. Warnungen hatte er allesamt in den Wind ge-

---

[54] Ebenda.
[55] Aufzeichnung Ritter, 10. 3. 1931; PA, R 30369/70 k.
[56] Aktenvermerk Ritter, 14. 3. 1931; PA, R 30369/70 k.
[57] Vermerk AA, 18. 3. 1931; PA, R 30369/70 k. – Bülow an Pünder, 17. 3. 1931; PA, R 29465. – Vermerk Bülow, 17. 3. 1931; PA, R 29450.
[58] Bülow an Hoesch, 17. 3. 1931; PA, R 29514.

III. Versuche zur Rettung der deutsch-französischen Annäherung 95

schlagen, die eindeutigste war aus dem eigenen Haus gekommen – auch wenn man den höchstwahrscheinlich erfolgten Einspruch Hoeschs ebenso außer acht läßt wie die frühen und inzwischen wohl längst vergessenen Bedenken Schuberts. Noch am 21. Februar, als die Besprechungen zwischen Berlin und Wien schon in ihr Endstadium eingetreten waren, hatte Ministerialdirektor Köpke, Leiter der Abteilung II des Auswärtigen Amts und Stellvertreter Bülows, eine Aufzeichnung zur Zollunion präsentiert, in der er dartat, wie groß die Gefahr sei, daß wirtschaftliche Maßnahmen „rein politisch gewertet werden", weshalb die „Möglichkeit erheblicher politischer Widerstände" bestehe. Frankreich würde der Schaffung eines einheitlichen Wirtschaftsgebiets Deutschland-Österreich eine „überragende politische Bedeutung" beimessen und darin „den entscheidenden Schritt zum politischen Anschluß sehen, einen Schritt, der in seinen Auswirkungen dem politischen Anschluß schon fast gleich käme". Der Tschechoslowakei nähme die österreichisch-deutsche Zollunion erst die wirtschaftliche und dann auch die politische Unabhängigkeit. „Daß Frankreich die Tschechoslowakei in einer so vitalen Frage im Stich lassen könnte, ist nicht gut vorstellbar."[59]

Welche Gründe wogen auf deutscher Seite schwerer als solche Einwände, die ja deutlich genug formuliert waren und im Grunde nur leicht vorhersehbare Reaktionen auf die Union beschworen? Seltsamerweise spielte das Bedürfnis einer in innenpolitischen Schwierigkeiten steckenden Regierung, sich durch einen außenpolitischen Erfolg Atemluft zu verschaffen, keine größere Rolle. Jede Regierung kann außenpolitische Erfolge brauchen, erst recht eine Regierung wie das Kabinett Brüning, das während einer wirtschaftlichen und innenpolitischen Krise sondersgleichen amtierte und überdies eine höchst unpopuläre und krisenverschärfende Finanz- und Wirtschaftspolitik verfolgte. Namentlich gegen die Zunahme einer rechtsradikalen Bewegung wie der NSDAP wären Triumphe auf internationalem Felde durchaus wirksame Mittel gewesen, weshalb denn auch phantasievolle und weiter blickende Politiker in den westeuropäischen Ländern, so in England Winston Churchill[60], dafür plädierten, dem Deutschland Brünings derartige Triumphe, zum Beispiel den Anschluß Österreichs, zu gewähren. Aber der auf deutscher Seite als Motor des Zollunion-Projekts wirkende Mann, Julius Curtius, hatte sich für die Union bereits engagiert, als er noch dem

---

[59] Aufzeichnung Köpke, 21. 2. 1931; PA, R 30368 k.
[60] Mitteilung Sir William Deakin, Warden des St. Anthony's College, Oxford, an Verf., 3. 5. 1962. Der Botschafter in Berlin, Sir Horace Rumbold, neigte offensichtlich ebenfalls zu dieser Auffassung: Rumbold an Henderson, 27. 3. 1931, Rumbold an Henderson, 30. 3. 1931; DBFP, Second Series, Vol. II, Nr. 17, 19. – Seine Sympathie für die Regierung Brüning hat Churchill damals auch in einer Unterhaltung mit dem Fürsten Otto von Bismarck, Gesandtschaftsrat an der deutschen Botschaft in London, bekundet; ADAP, Serie B, Bd. XVI, Nr. 16. Einige Zeit später hat er, im Unterhaus, sogar die friedliche Rückgabe des Korridors an Deutschland angeregt; ADAP, Serie B, Bd. XXI, Nr. 178.

Kabinett Müller angehörte und die NSDAP bloß Statist auf der politischen Bühne zu sein schien.

Noch weniger kommt als wichtigeres Motiv die vermeintliche oder reale Notwendigkeit in Betracht, Österreich von der Hinwendung zu einer Donau-Konföderation abzuhalten beziehungsweise, wie Curtius im Kabinett flunkerte, eine momentane Abwendung Österreichs von Neigungen dieser Art auszunützen. In einer Aufzeichnung, die wohl in der Wirtschaftsabteilung des Auswärtigen Amtes entstanden ist, hieß es sogar, daß Österreich sich in Zukunft „doch zu Sonderwegen entschließen könnte, wenn Deutschland die jetzt von Österreich klar ausgesprochene Einladung zu einer Zollunion zurückgewiesen hätte. Während Österreich bei einer Zollunion mit Deutschland ein Ausfalltor nach Südosten ist, würde es im anderen Falle eine Barriere nach dem Südosten sein. Diese Gefahr ist endgültig beseitigt, wenn die Zollunion jetzt durchgesetzt werden kann."[61] Abgesehen davon, daß die Behauptung, Österreich habe eine Einladung – noch dazu eine klare – ausgesprochen, die Deutschland nicht habe zurückweisen dürfen, die Dinge auf den Kopf stellte, handelte es sich hier um vorgeschobene Argumente. Gerade im Sommer und Herbst 1930, als Curtius und in seinem Auftrag Ritter das Zollunion-Projekt zu forcieren begannen, kam aus Wien nicht das leiseste Signal für österreichische Tendenzen, eine zollpolitische Verbindung mit Ungarn und anderen südosteuropäischen Staaten einzugehen; Köpke und sein Mitarbeiter Victor v. Heeren haben das in einer Notiz, die sie ein Jahr später, am 25. September 1931, verfaßten, ausdrücklich festgestellt[62].

Richtig ist hingegen, daß es wirtschaftliche Erwartungen gab. So hoffte die Wirtschaftsabteilung des Auswärtigen Amtes auf eine Ausweitung des deutschen Absatzes um vielleicht sogar eine Milliarde Reichsmark, was damals eine gewaltige Summe war. Nach Durchsetzung der Zollunion werde nämlich nicht nur die österreichische Einfuhr aus dem Ausland zurückgedrängt, sondern auch die österreichische Produktion selbst; das gelte namentlich für die Schwerindustrie, die Elektroindustrie, die Textilindustrie und die Maschinenindustrie. Zwar wolle man die österreichische Industrie „nicht vernichten", aber die reichsdeutsche Industrie sei nun einmal stärker und daher werde sich in Österreich ein beträchtlicher Reduzierungseffekt unweigerlich einstellen[63]. Wirtschaftlich gesehen, lief also die Zollunion in den Augen mancher reichsdeutscher Macher auf eine alles andere als freundliche Übernahme hinaus.

Indes waren die eigentlichen und die ausschlaggebenden Motive doch politischer Natur. Bei Julius Curtius ist als Beweggrund ein ganz simpler

---

[61] Aufzeichnung AA, 8. 3. 1931; PA, R 30368 k.
[62] Notiz Köpke/v. Heeren, 25. 9. 1931; PA, R 30368 k.
[63] Aufzeichnungen AA, 8. 3. 1931; PA, R 30368 k.

III. Versuche zur Rettung der deutsch-französischen Annäherung 97

großdeutscher Nationalismus erkennbar, für den der Anschluß Österreichs jenseits aller Macht- und Wirtschaftsfragen die Erfüllung eines Traums bedeutete. Daß der Traum 1918/19 nicht hatte verwirklicht werden können, war als schmerzhafte Enttäuschung erlebt worden. Seither brannte eine offene Wunde, deren baldige Heilung herbeigesehnt wurde. Schon zu Beginn des Jahres 1930 begierig darauf, die Zollunion vorzubereiten und mit ihr den ersten Schritt zum Anschluß zu tun, hat Curtius offensichtlich nach der Rheinlandräumung ein derartiges Gefühl der Befreiung empfunden, daß er jetzt die Stillung der Sehnsucht ernstlich für möglich hielt. Auch wäre es ihm sicher eine tiefe Freude gewesen, hätte er es fertiggebracht, eine historische Tat wie den Anschluß Österreichs mit seinem Namen zu verbinden, zumal es vorhersehbar war, daß die deutschen Anstrengungen auf internationalem Felde sich für einige Zeit auf die Reparationspolitik konzentrieren würden und dabei nicht der Außenminister und sein Amt, sondern der Kanzler und seine Mitarbeiter den Ton angeben und den Ruhm ernten dürften.

Brüning hingegen wahrte zum Projekt der Zollunion vom Anfang bis zum Ende eine so große Distanz, überließ die Sache so weitgehend dem Reichsaußenminister, daß drei Schlüsse gezogen werden dürfen: Erstens scheint Österreich trotz seiner katholischen Bevölkerung Brüning nicht sonderlich interessiert zu haben, da er, obwohl rheinischer Katholik, eben mehr preußisch als reichisch orientiert war. Zweitens: Brüning ist denn doch viel zu klug gewesen, als daß er die bei öffentlicher Bekanntgabe der Zollunion notwendigerweise eintretende Verschlechterung der deutsch-französischen Beziehungen und das endliche Scheitern des Projekts nicht vorhergesehen hätte. Da er nichts dagegen unternahm, muß ihm diese momentane Verschlechterung also durchaus zupaß gekommen sein; die französische Bereitschaft zur Gewährung von Krediten begann ja Formen anzunehmen, die eine Ablehnung zunehmend erschwerten und daher für seine Reparationspolitik gefährlich zu werden drohten. Drittens wollte er es jedoch offenbar vermeiden, als der für die Verschlechterung und ihre Ursache persönlich Verantwortliche zu erscheinen, da er für die Fortsetzung der Reparationspolitik – die er überdies, anders als die Zollunionspolitik, für vital hielt – natürlich auch in Paris nicht Persona ingrata werden durfte.

Daß neben Curtius sein Staatssekretär Bernhard v. Bülow wichtigster und aktivster Förderer des Zollunion-Projekts war, ist auf den ersten Blick überraschend, da von einem professionellen Diplomaten, der Erfahrung besaß und ansonsten nicht zu Unvorsichtigkeiten neigte, eigentlich ein nüchternes Urteil über die Chancen des Unternehmens zu erwarten gewesen wäre. Und Bülow zählte auch nicht, wie Ritter, der als Beamter Weisungen gehorchte und dabei sich selbst die Richtigkeit der empfangenen Instruktionen einredete, zu den bloßen Werkzeugen seines Ministers; er war, ob es um Konzeptionen oder um praktische Politik ging, mitbestimmend. Gerade

Bülow aber hielt sowohl vor wie einige Zeit nach der öffentlichen Vorstellung des Projekts die Zollunion für durchsetzbar. Ihn leitete freilich nicht, wie er dem britischen Botschafter mit einiger Wirkung weiszumachen suchte[64], der Gedanke, daß dem Kabinett Brüning um jeden Preis ein außenpolitischer Erfolg verschafft werden müsse, vielmehr handelte er im Banne einer revisionspolitischen Vision, in der die Zollunion und der Anschluß Österreichs keine Ziele eigenen Rechts darstellten, sondern nur taktische Züge, mit denen ein ganz anderes revisionspolitisches Objekt erreicht werden sollte. Für den preußischen Aristokraten und für den wilhelminisch geprägten Revisionisten war nicht die Vereinigung Österreichs mit dem Deutschen Reich Herzenssache, wenn auch sein Onkel einmal, als er noch der deutschen Botschaft in St. Petersburg angehörte, schriftlich – und zum Verdruß Bismarcks – darüber spekuliert hatte, welche Länder nach der wohl bald zu erwartenden Auflösung der Donaumonarchie dem Deutschen Reich angeschlossen werden müßten; es versteht sich, daß der spätere Reichkanzler das deutsche Österreich als ein besonders schönes Juwel in der anfallenden Erbmasse betrachtet hatte. Auch mit dem Verlust des mehr als Glacis gegen Frankreich geltenden Elsaß mochte sich Bülow vorübergehend abfinden. Aber nie verlor er die an Polen abgetretenen Territorien aus den Augen: Dort lagen – was auch bei ungarischen Magnaten im Falle Siebenbürgen eine nicht zu unterschätzende Rolle spielte – Güter von Standesgenossen und dort befand sich, wie er glaubte, der archimedische Punkt zur Aushebelung des Versailler Vertrags, also zur Rückgewinnung des deutschen Großmachtranges und der außenpolitischen Bewegungsfreiheit des Reiches. Die Zollunion schien den Weg dahin zu ebnen, und diese Aussicht blendete ihn so, daß er, ohne den naiven Optimismus des Außenministers ganz zu teilen, jedoch ebenfalls nicht unbeeinflußt von der nach der Rheinlandräumung herrschenden Stimmung, das Projekt als realisierbar ansah und es zu seinem eigenen machte.

Am 20. Januar 1931 beging Bülow insofern eine Indiskretion, als er seinen Kollegen Prittwitz, den Botschafter in Washington, über die von ihm selbst noch als „streng geheim" bezeichnete Zollunion informierte. Bei der Verwirklichung des Plans, so schrieb er, könnten sich durchaus „politische Konflikte ... ergeben, obwohl wir der Angelegenheit ein paneuropäisches Mäntelchen umhängen werden". Die Kenntnis dieser freimütigen Bemerkung über die Diskrepanz zwischen der Aufzäumung des Projekts für die europäische Öffentlichkeit und den wahren Absichten seiner Erfinder wäre den französischen Gegnern Briands gewiß hochwillkommen gewesen. Für die kurz- und mittelfristige Zielsetzung Bülows ist jedoch eine andere Stelle in dem Brief an Prittwitz interessanter und wichtiger. Die österreichisch-deutsche Zollunion werde, so meinte er, „wahrscheinlich sehr schnell zu ei-

---

[64] Rumbold an Henderson, 6. 5. 1931; DBFP, Second Series, Vol. II, Nr. 34.

III. Versuche zur Rettung der deutsch-französischen Annäherung 99

nem Anschluß der Tschechoslowakei und Ungarns führen"[65]. Warum er das für so bedeutungsvoll hielt, vertraute er etwas später, als die politische Schlacht um die Zollunion schon voll entbrannt war, Walter Koch an, der Deutschland in Prag vertrat: „Die Einbeziehung der Tschechoslowakei in unser Wirtschaftssystem läge ganz in der Richtung der Außenpolitik des Reichs auf weite Sicht, wie sie mir vorschwebt. Ist die deutsch-österreichische Zollunion einmal Tatsache geworden, so rechne ich damit, daß der Druck wirtschaftlicher Notwendigkeiten den Beitritt der Tschechoslowakei nach wenigen Jahren in der einen oder anderen Form erzwingen wird. Ich würde darin den Anfang einer Entwicklung sehen, die geeignet wäre, lebenswichtige Interessen des Reichs einer auf anderem Wege kaum möglich erscheinenden Lösung zuzuführen. Ich denke dabei an die deutsch-polnischen Grenzprobleme. Wenn es uns gelingt, die Tschechoslowakei unserem Wirtschaftsgebiet anzugliedern, und wenn wir inzwischen auch mit den Randstaaten nähere wirtschaftliche Beziehungen geschaffen haben werden, dann ist Polen in einer Zange, die es vielleicht doch über kurz oder lang reif machen kann, dem Gedanken des Austauschs politischer Konzessionen gegen handgreifliche wirtschaftliche Vorteile näherzutreten."[66]

Koch erwiderte sofort, die Tschechen würden gegen die Zollunion Widerstand bis zur „Selbstvernichtung" leisten; glaubten sie ihre Freiheit in Gefahr, seien sie „gegen wirtschaftliche Drangsal" unempfindlich, und die Vorstellung, daß es sich bei der Zollunion um die Vorstufe zum freiheitsbedrohenden Anschluß handle, sitze so fest, daß sie nicht bekämpft werden könne[67]. Aber zu diesem Zeitpunkt dürfte es Koch noch nicht gelungen sein, den Staatssekretär zu überzeugen. Vor dem Beginn und in der ersten Phase der Auseinandersetzung um die Zollunion erschien Bülow das Projekt zweifellos als reale Chance, eine revisionspolitische Schneise in das Dickicht des Status quo zu schlagen. Die revisionistischen Träume gaukelten Möglichkeiten vor, die in der Wirklichkeit noch gar nicht existierten, und schon der Anblick solcher Trugbilder – die sich außerdem zum ersten Mal seit Versailles zeigten – wirkte derart verführerisch, daß selbst ein so versierter Diplomat wie Bülow der Versuchung erlag.

Das österreichisch-deutsche Vorgehen provozierte, noch ehe sich politisch motivierte Reaktionen auf die Sache selbst zeigten und ganz unabhängig von solchen Reaktionen, harsche Kritik und tiefes Unbehagen. Da war einmal die Heimlichkeit. Als der deutsche Botschafter in London, Baron Neurath, dem Staatssekretär im Foreign Office, Sir Robert Vansittart, erzählte, das Projekt sei seit einem Jahr in der Mache gewesen, sagte Vansittart – in etwa Bülows britisches Pendant und damals noch sehr einflußreich –,

---

[65] Bülow an Prittwitz, 20. 1. 1931; PA, R 29514.
[66] Bülow an Koch, 15. 4. 1931; PA, R 29515.
[67] Koch an Bülow, 22. 4. 1931; PA, R 29515.

unter diesen Umständen sei er erst recht der Meinung, daß die interessierten Parteien hätten früher konsultiert werden müssen; so aber habe man die ganze Sache auf eine Weise gehandhabt, die nur geeignet sei, Mißtrauen und Widerstand zu wecken[68]. Zu spät sah Schober ein, daß das fehlgeleitete Bemühen, jeden Anstoß zu vermeiden, „genau das Gegenteil bewirkt hat"[69]. Die mit der Überraschung verbundene Verärgerung war um so größer, als etwa die britische und die italienische Regierung bewußt getäuscht worden waren. Als sich Sir Horace Rumbold bei Bülow nach den Resultaten des Besuchs erkundigte, den Curtius gerade Wien abgestattet hatte, setzte ihm der Staatssekretär unter anderem auseinander, „daß eine Zollunion im Vorkriegssinne heutzutage kaum praktisch gedacht werden könne, weder für zwei Länder noch für ganz Europa"; der Botschafter sei danach „nicht weiter beunruhigt" gewesen[70]. Das war vier Tage vor den Indiskretionen über die österreichisch-deutsche Vereinbarung. Nicht anders verhielt sich Schober, der nach der Abreise von Curtius die Frage des italienischen Vertreters in Wien, ob Zollunions-Pläne besprochen oder verabredet worden seien, mit einem glatten „Nein" beantwortete[71]. Die italienische Regierung wurde denn auch nicht vom deutschen Botschafter in Rom und nicht vom dortigen österreichischen Gesandten unterrichtet, sondern bereits am 18. März vom französischen Botschafter, was Mussolini und Grandi angesichts ihrer bislang stetig besser werdenden Beziehungen sowohl zu Österreich wie zu Deutschland und angesichts ihres Konflikts mit Frankreich außerordentlich krumm nahmen[72].

Jedenfalls bestand die Folge des österreichisch-deutschen Überrumpelungsversuchs darin, daß das „paneuropäische Mäntelchen", das laut Bülow dem Projekt umgehängt werden sollte, von keinem europäischen Politiker oder Journalisten auch nur eines Blickes gewürdigt wurde – und das war dann doch nicht ohne politische Relevanz. Ebenso negativ wirkte der Eindruck, die Regierung Brüning liefere mit der Zollunion ein weiteres Indiz dafür, daß sie dem Druck der radikalen Rechten mehr und mehr nachgebe. Erst am 14. Oktober 1930 hatte die NSDAP im Reichstag einen Antrag eingebracht, die Reichsregierung möge beauftragt werden, „sofort Verhandlungen mit der Österreichischen Regierung auf Herstellung einer Zoll- und Wirtschaftsunion mit dem Deutschen Reich einzuleiten".

Doch blieb es nicht bei Irritationen. Es ist nicht recht zu verstehen, warum Curtius und Bülow anfänglich nicht begriffen, daß die weitreichen-

---

[68] Henderson an Rumbold, 25. 3. 1931; DBFP, Second Series, Vol. II, Nr. 3.
[69] So Ritter in einem Gespräch mit dem Handelsberater der britischen Botschaft in Berlin, John W. F. Thelwall; DBFP, Second Series, Vol. II, Nr. 28.
[70] Aufzeichnung Bülow, 13. 3. 1931; PA, R 29450.
[71] So der italienische Botschafter in Berlin zu Bülow, Aufzeichnung Bülow, 28. 3. 1931; PA, R 29450.
[72] Aufzeichnung Bülow, 28. 3. 1931; PA, R 29450.

den politischen Erwartungen, die sie mit der deutsch-österreichischen Zollunion verbanden, auf der Gegenseite sogleich entsprechende Befürchtungen provozieren mußten, die dann wiederum entsprechend heftige Reaktionen auslösten. Die heftigste Erregung zeigte sich naturgemäß in Paris und Prag. Ohne Ausnahme empfanden die Franzosen das Projekt als einen „heimtückischen Anschlag" auf den Status quo. Die Regierung hielt dafür – und suchte das auch den in ihren Augen allzu gleichmütigen Briten einzuschärfen –, daß „das Motiv des Vorhabens politischer Natur ist, daß es den Deutschen eingefallen ist, daß es das Vorspiel zum Anschluß ist und daß es auf die Störung des europäischen Friedens berechnet ist"[73]. Ein Sicherheitsfieber befiel die französische Nation, das dem vom Sommer 1930 nicht nachstand. Aber während die Rechte dabei das befriedigende Gefühl haben durfte, den Charakter und die wahren politischen Absichten der Deutschen stets richtig eingeschätzt zu haben, und von solcher Bestätigung eine Stärkung ihrer innenpolitischen Position erhoffte, packte die Mitte und die Linke blankes Entsetzen: Sie hatten auf die deutsch-französische Annäherung gesetzt, standen nun als Düpierte da, sahen einer Minderung ihres Einflusses entgegen und kamen womöglich um eine Revision ihrer Politik nicht herum. Allenthalben erwachte ja die Kriegsfurcht zu neuem Leben, und wenn die letzte Panik von der Angst verursacht worden war, Deutschland oder Italien könnten einen Krieg vom Zaun brechen, so mehrten sich jetzt die Stimmen, die präventive Aktionen der französischen Armee verlangten[74]. Nicht daß solch wilde Emotionen schon die praktische Politik zu beeinflussen vermocht hätten, geschweige denn die Politik der Regierung. Als Ulrich v. Hassell, damals Gesandter in Belgrad, dem Auswärtigen Amt berichtete, sein mit ihm befreundeter englischer Kollege, Nevile Henderson, habe ihn vertraulich darüber informiert, daß in Paris ernstlich die Besetzung deutschen Gebiets erwogen worden sei, was nur ein britisches Veto verhindert habe[75], dementierte Hoesch mit Recht: Der Einmarsch französischer Truppen in deutsche Territorien sei lediglich von nicht ernst zu nehmenden Leuten gefordert worden; in der Kammer habe Briand die Okkupation von – zum Beispiel – Mainz als „unsinnig" abgelehnt und derartige Streiche als „schöne Friedensmethoden" ironisiert[76].

Aber Kriegsangst und Präventivkriegsforderung waren doch Symptome eines politischen Wetterumschlags, der sich in einem Maße auf die Stimmung auswirkte, daß es konkrete Konsequenzen gab. Zwei Folgen kam besondere Bedeutung zu, einer persönlichen und einer allgemeinen. Briand ließ der Reichsregierung bestellen, sie habe ihm einen schwereren Schlag

---

[73] So Aimé de Fleuriau, der französische Botschafter in London, zu Henderson, 4. 5. 1931; DBFP, Second Series, Vol. II, Nr. 31.
[74] Hoesch – rückblickend – an AA, 22. 1. 1932; PA, R 70508.
[75] Hassell an Bülow, 28. 4. 1931; PA, R 29515.
[76] Hoesch an AA, 6. 6. 1931; PA, R 70505.

versetzt als je seine bösesten Feinde[77]. In seinem Bericht über die Demarche, bei der er am 21. März den Text der österreichisch-deutschen Vereinbarung übergab, teilte Hoesch mit, Briand habe – von Berthelot sekundiert – gesagt, daß seine Stellung schwer erschüttert, ja gefährdet sei, und der Botschafter kommentierte, die Feststellung sei „mit vollem Recht" getroffen worden[78]. Hoesch hat das in den Wochen danach mehrmals wiederholt. Die Schwächung der Position Briands, an sich schon ein wichtiger Umstand in der französischen Politik und für die französisch-deutsche Annäherung, kam außerdem zu einem sehr ungelegenen Zeitpunkt. Die Wahl des Präsidenten der Republik stand bevor, und Briand hatte nicht nur seine Kandidatur angemeldet, sondern auch jede Chance, gewählt zu werden.

Das war jetzt anders geworden. Politiker der unterschiedlichsten Couleur prophezeiten nun ebenso seine Niederlage wie gut unterrichtete und nüchtern urteilende Beobachter der politischen Szene. Joseph Caillaux, der einst Ministerpräsident gewesen war, verglich die Verkündung der Zollunion mit dem „Panthersprung nach Agadir" während der zweiten Marokko-Krise; damals, 1911, hätten die Deutschen seine, Caillaux', politische Karriere zerstört und Poincaré ans Ruder gebracht, jetzt bestehe die Gefahr, daß Briand strauchele und auch seine Aussichten auf das Präsidentenamt verliere[79]. Marcus Wallenberg, ein angesehener, einflußreicher und Deutschland wohlgesinnter schwedischer Finanzmann, schrieb an Staatssekretär Schäffer, ein französischer Bankier, der – wie viele Franzosen in hervorragender Stellung – sehr für den Ausgleich mit Deutschland sei, habe geklagt, wie denn ein solcher Ausgleich erreicht werden solle, „wenn derjenige, der am meisten dafür gearbeitet hat, Briand, plötzlich den Boden unter seinen Füßen wakkeln sieht"; Briands Chancen für die Präsidentschaft seien „verpatzt", weil er die deutsche Politik falsch beurteilt habe[80]. Tatsächlich hatte sich Briand noch am 3. März in seiner Etatrede über aufgeregte „Anschluß-Propheten" lustig gemacht[81].

Es kam, wie es kommen mußte. Briand unterlag am 13. Mai Paul Doumer, dem Präsidenten des Senats, und reichte danach auch als Außenminister sein Rücktrittsgesuch ein – das er allerdings wieder zurücknahm. Hoesch und auch britische Minister ließen die Reichsregierung nicht im Zweifel darüber, daß Briands Niederlage auch das Werk Berlins war[82]. Daß Brüning und sein Kabinett über die Schlappe des französischen Außenministers traurig oder gar bestürzt gewesen wären, wird man freilich nicht annehmen dürfen. Ein

---

[77] Hoesch an Bülow, 24. 3. 1931; PA, R 28254 k.
[78] Hoesch an AA, 23. 3. 1931; PA, R 28253 k.
[79] Hoesch an Bülow, 10. 4. 1931; PA, R 28254 k.
[80] Marcus Wallenberg an Schäffer, 1. 5. 1931; PA, R 29468.
[81] Hoesch an AA, 23. 3. 1931; PA, R 28253 k.
[82] Hoesch an AA, 15. 5. 1931, 16. 5. 1931; PA, R 28254. – Aufzeichnung Curtius, 15. 5. 1931; PA, R 29506.

III. Versuche zur Rettung der deutsch-französischen Annäherung

Verständigungspolitiker wie Briand mochte in der Reparationsfrage konzessionsbereiter sein als Vertreter der französischen Rechten, aber gerade damit – und mit seinem Eifer in der Kreditangelegenheit – bedeutete er für die Gesamtlösung des Problems, wie sie Brüning ins Auge gefaßt hatte, eher ein Hindernis. Noch weniger konnte der Reichsregierung die zweite französische Reaktion auf die Zollunion mißfallen. Von allen Seiten bekam sie zu hören, daß sie die französische Abrüstungsbereitschaft schon fast zum Verschwinden gebracht und damit die Erfolgsaussichten der 1932 kommenden Abrüstungskonferenz erheblich geschmälert habe[83]. In den Ohren des Reichskanzlers und seiner Kabinettskollegen, die ja am Scheitern der Konferenz interessiert waren, klang das alles andere als unangenehm.

Jedoch reagierte Frankreich nicht nur mit einem Stimmungswechsel, sondern auch gegen die Zollunion selbst. Als Hoesch die bitteren Vorwürfe nach Berlin meldete, mit denen Briand und Berthelot die Übergabe der österreichisch-deutschen Abmachung quittiert hatten, fügte er aus eigenen Stücken an, daß Frankreich durch die Zollunion in eine „wahrhaft schwierige Lage" geraten sei: „Verbleibt es lediglich bei dem jetzt vorgesehenen Zustand, so ist das einheitliche deutsch-österreichische Wirtschaftsgebiet geschaffen und damit ein Auftakt zum Anschluß gegeben; kommt es zu weiteren Anschlüssen an das deutsch-österreichische System in Osteuropa, so entsteht das von Frankreich perhorreszierte deutsche Mitteleuropa... Frankreich steht also in der Tat vor schwierigen Entschlüssen, die zwangsläufig auf die Organisierung eines Widerstandes werden hinauslaufen müssen."[84] Am 24. März berichtete Hoesch, die Organisierung des Widerstands habe bereits begonnen[85], wozu er zwei Tage später bemerkte: „Die Entwicklung der Einstellung Frankreichs ist nicht etwa die Folge besonderer Böswilligkeit oder eines Dranges nach Demütigung Deutschlands. Sie erfolgt vielmehr zwangsläufig und konnte sich sowohl aus sachlichen wie aus innenpolitischen Gründen nicht anders gestalten."[86]

Schon am 18. März, als er die italienische Regierung über das deutschösterreichische Unternehmen informierte, schlug der französische Botschafter in Rom eine gemeinsame Demarche – in Wien und Berlin – der vier Mächte vor, die 1922 das Genfer Protokoll unterzeichnet hatten und für dessen Beachtung durch Österreich verantwortlich waren: Großbritannien, Frankreich, Italien und die Tschechoslowakei. Gleiche Schritte wurden anschließend in London und Prag unternommen[87]. Die Tschechoslowakei war naturgemäß zu jeder Gegenaktion bereit und begann ihrerseits in Belgrad

---

[83] Henderson an Rumbold, 1. 5. 1931; DBFP, Second Series, Vol. II, Nr. 29.
[84] Hoesch an AA, 23. 3. 1931; PA, R 28254 k.
[85] Hoesch an AA, 24. 3. 1931; PA, R 28254 k.
[86] Hoesch an AA, 26. 3. 1931; PA, R 28254 k.
[87] In der Zusammenstellung des AA zur Geschichte der Zollunion; PA, R 30369/70.

und Bukarest für eine Zollunion der Kleinen Entente zu werben[88]; schließlich bedrohte die deutsch-österreichische Verbindung – durch den nach ihrem Entstehen gegebenen Beitrittsdruck auf die Tschechoslowakei und dann bald auch auf Jugoslawien[89] – jene für die drei Staaten und für Frankreich so wichtige Allianz in ihrer Existenz. Doch fand die französische Regierung auch in Rom offene Ohren. Die deutschen Protagonisten der Zollunion hatten bei deren gedanklicher Vorbereitung überhaupt nicht in Rechnung gestellt, daß Italien ein vitales Interesse an einem unabhängigen Österreich besaß. Zwar wollte Mussolini zusammen mit Deutschland revisionistische und imperialistische Politik machen, aber noch war dem Duce bewußt, daß es für die Eigenständigkeit Italiens und italienischer Politik gefährlich sein mußte, wenn der potentiell bereits jetzt, in Zukunft auch real weitaus stärkere Partner seinen Machtbereich bis zum Brenner ausdehnte. Außerdem gefährdete es die italienische Neigung, sich auf dem Balkan festzusetzen, sollte Deutschland sich in Südosteuropa zur wirtschaftlichen Vormacht aufwerfen und damit dort auch eine hegemoniale politische Rolle übernehmen. So klang die Frage, mit der Curtius im Mai den italienischen Außenminister überraschte, nämlich „welche Interessen Italiens eigentlich bei einem Anschluß bedroht würden", für Grandi zweifellos recht naiv, zumal Curtius die Erklärung des Italieners offensichtlich ohne Verständnis aufnahm, ein Anschluß Österreichs verletze die „Lebensinteressen" Italiens, weshalb Rom „ihn nicht zulassen könne, vielmehr darauf bestehen müsse, daß Österreich ‚als Pufferstaat zur Erhaltung des Gleichgewichts' erhalten bleiben müsse"[90]. Wieder und wieder setzten die italienischen Politiker und Diplomaten den Deutschen auseinander, daß die Verkündung der deutsch-österreichischen Zollunion für Italien ein „fürchterlicher Choc" gewesen sei und eine ernste „Störung der eben erst angebahnten deutsch-italienischen Zusammenarbeit" darstelle[91]. Wenn Curtius daraufhin versicherte oder versichern ließ, daß die Zollunion keineswegs die Vorstufe zum Anschluß sei und Deutschland keineswegs imperialistische Ambitionen auf dem Balkan habe, so nahmen die Italiener solche Versicherungen mit Befriedigung und „Dankbarkeit" zur Kenntnis, jedoch ohne sie zu glauben und ohne die italienische Ablehnung der Zollunion zu modifizieren[92].

In London fand die Zollunion ebenfalls keine Gnade. Allerdings nicht wegen der Sache selbst. Regierung wie Öffentlichkeit war es im Grunde gleichgültig, ob sich Österreich wirtschaftlich oder sogar politisch an

---

[88] Lersner an Bülow über Gespräch mit dem tschechoslowakischen Außenminister Benesch, 2. 11. 1931; PA, R 29469.
[89] Aufzeichnung Köpke über Gespräch mit dem jugoslawischen Gesandten in Berlin, 9. 4. 1931; PA, R 29450.
[90] Aufzeichnung Curtius, 23. 5. 1931; PA, R 30371/2 k.
[91] Schubert an AA, 24. 6. 1931; PA, R 28254 k.
[92] Aufzeichnung Curtius, 8. 5. 1931; PA, R 29506.

III. Versuche zur Rettung der deutsch-französischen Annäherung

Deutschland anschloß. Daher gab es ja auch einzelne britische Politiker, die, wie Winston Churchill, dem deutsch-österreichischen Vorhaben Erfolg wünschten, weil ihnen der innenpolitische Prestigegewinn des Kabinetts Brüning wichtig genug erschien. Aber die Regierung und der größte Teil der öffentlichen Meinung stellten sich trotzdem gegen das Projekt, weil es den Prozeß der deutsch-französischen Annäherung unterbrechen mußte; das warf die für Großbritannien so wichtige politische und wirtschaftliche Stabilisierung des Kontinents zurück, möglicherweise um Jahre, und verringerte überdies, wie die Briten den Deutschen mit einiger Schärfe vorhielten, die Aussichten der bevorstehenden Abrüstungskonferenz erheblich[93]. Allerdings war die britische Regierung nicht gewillt, den angerichteten Schaden einfach hinzunehmen oder gar noch mehr Schaden entstehen zu lassen. Das Projekt hatte gewiß wieder zu verschwinden, weil Frankreich anders nicht beruhigt werden konnte. Auf der anderen Seite durfte die Regierung Brüning nicht allzuviel Gesicht verlieren. Eine ultimative Forderung an Berlin und Wien, die Zollunion aufzugeben, schied mithin aus. So ließen die Briten ihre französischen Freunde ins Leere laufen, als diese eine gemeinsame Pression Frankreichs, Großbritanniens, Italiens und der Tschechoslowakei vorschlugen. Mit dem Ziel der Entschärfung nahmen Henderson und das Foreign Office die taktische Behandlung der Krise den Franzosen aus der Hand.

Zunächst ließ sich der britische Außenminister von Georg Franckenstein, dem österreichischen Gesandten in London, und von Baron Neurath – der sich entgegen dem Wunsche Bülows bei der Übergabe der deutsch-österreichischen Vereinbarung nicht weniger verlegen zeigte als sein österreichischer Kollege – bestätigen, daß Österreich und Deutschland die europäischen Staaten nicht mit einem Fait accompli konfrontiert hatten, daß die deutsch-österreichische Vereinbarung nur eine Art Vorvertrag, ja eigentlich bloß eine Absichtserklärung sei, die noch der technischen Ausgestaltung bedürfe[94]. Darauf gestützt, konnte Henderson der französischen Regierung klarmachen, daß der von ihr beabsichtigte Schritt der vier Mächte in Berlin und Wien überflüssig sei, daß es vielmehr ausreiche, den Fall im Mai auf der 63. Sitzung des Völkerbundsrats zu erörtern, und zwar mit dem Ziel der Weiterleitung an den Internationalen Gerichtshof im Haag[95]. Die britische Regierung gewann auch Mussolini für diesen Kurs, der sich danach darin gefiel, Italien als die Macht zu präsentieren, die zusammen mit Großbritan-

---

[93] Henderson an Rumbold, 16. 4. 1931; DBFP, Second Series, Vol. II, Nr. 27. Bülow an Pünder, 30. 4. 1931; PA, 29468. Aufzeichnung Bülow, 6. 5. 1931; PA, R 29450.
[94] Aufzeichnung Vansittart, 21. 3. 1931, Henderson an Rumbold, 25. 3. 1931; DBFP, Second Series, Vol. II, Nr. 2, 3.
[95] Hendersons Vorschlag geht aus seinen Telegrammen an Lord Tyrrell, den britischen Botschafter in Paris, vom 25.3. und 26. 3. 1931 hervor, der beide Telegramme Sir Horace Rumbold in Berlin übermittelte; DBFP, Second Series, Vol. II, Nr. 5, 11.

nien das europäische Gleichgewicht nicht allein gegen das französische Hegemoniestreben, sondern auch gegen deutsche Verletzungen schützen müsse[96].

Paris blieb nichts anderes übrig, als sich den britischen Wünschen zu fügen, obwohl Briand und die Rechtsberater des französischen Außenministeriums durchaus Zweifel hatten, ob die These von der Unvereinbarkeit der Zollunion mit Österreichs Verpflichtung zur Wahrung seiner Unabhängigkeit rechtlich haltbar sei, ob also die Entscheidung des Haager Gerichts im Sinne Frankreichs ausfallen werde[97]. Sie mußten jedoch Hendersons Sicht der Dinge akzeptieren, dem es nicht um Rechtsfragen ging, sondern darum, mit der gewählten Methode die ganze Angelegenheit auf die lange Bank zu schieben, die deutsch-österreichischen Verhandlungen zu unterbrechen und Zeit für politische Einwirkung auf Berlin und Wien zu gewinnen. Daß Hendersons Taktik die erhofften Resultate tatsächlich zeitigte, lag freilich nicht zuletzt daran, daß die österreichische Regierung, ohnehin nur halbherzig bei der Sache und sofort auf den Protest der einheimischen Industrie gestoßen[98], ohne Zögern dem von London vorgeschlagenen Weg über den Völkerbundsrat zustimmte und auch die Verhandlungen mit Deutschland praktisch einstellte[99]. Die Reichsregierung erklärte zwar einige Tage lang, daß sie die Notwendigkeit, im Völkerbundsrat über die Zollunion zu sprechen und deren Zulässigkeit rechtlich zu prüfen, keineswegs einsehe[100], da sie aber ohne den österreichischen Partner nicht handlungsfähig war, konnte sie nicht umhin, dem Wiener Beispiel zu folgen. Am 10. April richtete die britische Regierung den formellen Antrag an den Generalsekretär des Völkerbunds, die Zollunion auf die Tagesordnung der nächsten Ratssitzung zu setzen, die auf die Tage vom 18. bis 23. Mai anberaumt war.

Im Grunde war der Fall damit bereits entschieden, da jetzt eine genügend lange Frist für Pressionen in Berlin und vor allem in Wien zur Verfügung stand. In Berlin ist das allerdings nicht gleich bemerkt worden. Da als Feinde der Zollunion eigentlich nur Frankreich und die Tschechoslowakei einkalkuliert worden waren, sind die Gegenzüge Großbritanniens und Italiens zunächst nicht in ihrer wahren Bedeutung erkannt worden, hielten sich noch monatelang Illusionen. Im April konstatierte Curtius gelassen, daß die „Gegenwirkung – ausgenommen Frankreich und Tschechoslowakei – im allgemeinen weniger stark ist, als hier angenommen wurde"[101], und

---

[96] Henderson an Sir R. Graham, britischer Botschafter in Rom, 4. 5. 1931; DBFP, Second Series, Vol. II, Nr. 32.
[97] Lord Tyrrell an Henderson, 27. 3. 1931; DBFP, Second Series, Vol. II, Nr. 16.
[98] Vertrauliche – ungezeichnete – Aufzeichnung AA über Gespräch mit dem Generaldirektor der Zentraleuropäischen Länderbank, 24. 4. 1931; PA, R 29468.
[99] Sir Eric Phipps, britischer Gesandter in Wien, an Henderson, 31. 3. 1931, 8. 4. 1931; DBFP, Second Series, Vol. II, Nr. 23/24, 25.
[100] Rumbold an Henderson, 27. 3. 1931; DBFP, Second Series, Vol. II, Nr. 17.
[101] Aufzeichnung Curtius/Köpke, 8. 4. 1931; PA, R 30369/70 k.

III. Versuche zur Rettung der deutsch-französischen Annäherung

Bülow glaubte sogar erwarten zu dürfen, daß der tschechoslowakische Außenminister Benesch demnächst zurücktreten werde, weil er sich als Gegner der Zollunion allzuweit exponiert habe[102]. So begann das Auswärtige Amt jetzt – jetzt erst – mit der Zusammenstellung von Argumenten und Material, mit denen die Zulässigkeit der Zollunion dargetan werden sollte[103]. Auch wurde die Kritik, die Vertreter von Land- und Forstwirtschaft – namentlich in Süddeutschland[104] – an dem Unternehmen übten, beiseite geschoben. Bis in den Sommer regierte Zuversicht. Am längsten hielt sich der Optimismus bei Curtius. Noch Anfang Juli, als Brüning und selbst Bülow von dem Projekt allmählich abrückten, wies er einen Appell Hendersons, die Zollunion um der Beruhigung Frankreichs willen doch fallenzulassen, mit der Bemerkung, das „komme nicht in Frage", glatt zurück, wobei er sich im Gespräch mit dem britischen Geschäftsträger bemerkenswerterweise darauf berief, die innenpolitische Lage habe sich so zugespitzt, daß die Reichswehr nicht erschüttert werden dürfe; sie müsse zuverlässig gehalten werden[105].

Daß sich die Täuschung über die Erfolgsaussichten des Zollunion-Projekts so zäh behauptete, hing auch damit zusammen, daß man in Berlin die Haltung Österreichs geraume Zeit verkannte. Curtius wähnte, den eigenen Enthusiasmus auf die Österreicher übertragen zu haben, und so sah er noch nach Monaten eine deutsch-österreichische Einheitsfront, die in Wirklichkeit von Anfang an nicht existiert hatte. Die Eilfertigkeit, mit der sich die Wiener Regierung dem britischen Verlangen gefügt hatte, das Projekt vor den Völkerbundsrat zu bringen, und die Beflissenheit, mit der Schober die Verhandlungen mit Berlin abgebrochen hatte, wären Gründe genug gewesen, stutzig zu werden. Jedoch notierte Ritter noch Mitte April, und zwar nach einem Besuch in Wien, der keine Verhandlungen, sondern nur „Gespräche" gebracht hatte, die Wiener Herren seien „völlig fest in der Weiterverfolgung des deutsch-österreichischen Plans", auch Schüller sei „jetzt mit Leib und Seele dabei"[106]. Daher wandte sich Curtius nun an Luther mit der

---

[102] Bülow an Koch, 15. 4. 1931; PA, R 29515.
[103] Mit Datum vom 4. 5. 1931 in der Zusammenstellung des AA zur Geschichte der Zollunion; PA, R 30368 k. – Am 19. 5. 1931 legte Prof. Dr. Erich Kaufmann 161 Seiten juristische Überlegungen zur Zollunion vor; PA, R 30368 k. – Am 16. 4. 1931 räumte Ministerialdirektor Karl Ritter, Leiter der Wirtschaftsabteilung im AA, in einer Unterhaltung mit dem Handelsberater der britischen Botschaft ein, daß man erst jetzt der großen Probleme gewahr werde, die eine Zollunion in Deutschland und Österreich schaffen werde; Rumbold an Henderson, 17. 4. 1931; DBFP, Second Series, Vol. II, Nr. 28.
[104] Zum Beispiel protestierte der Chef der bayerischen Forstverwaltung im Interesse der bayerischen Forstwirtschaft gegen die Zollunion, wie Forstrat Escherich am 10. 5. 1931 Bülow mitteilte; PA, R 29468.
[105] Aufzeichnung Curtius, 1. 7. 1931; PA, R 28229. Brüning hat sich allerdings in einem Gespräch mit dem amerikanischen Botschafter Frederic M. Sackett im gleichen Sinne geäußert: Aufzeichnung Bülow, 2. 7. 1931; PA, R 29449.
[106] Aktenvermerk Ritter, 15. 4. 1931; PA, R 30371/2 k.

Anregung, die Reichsbank und andere deutsche Großbanken könnten doch – um den Gedanken der Zollunion in Österreich zu stabilisieren – größere Summen bei Wiener Banken deponieren, sollten dabei aber, weil das mutmaßlich alarmierend wirken würde, keine eigenen Filialen einrichten[107]. Am 5. Juni erschien der österreichische Gesandte in Berlin, Felix Frank, bei Bülow und teilte ihm mit, die französische Regierung habe in Wien erklären lassen, daß doch schon vor der Entscheidung des Haager Gerichtshofs eine französisch-österreichische Verständigung in der Zollunionsfrage erreicht werden sollte, und dafür Repräsentanten Österreichs zu Verhandlungen nach Paris eingeladen; Österreich könne eine solche Einladung nicht ablehnen, werde aber an der Zollunion festhalten und höchstens über ihren Einbau in ein größeres Projekt sprechen[108]. Deutlicher konnte die bevorstehende Desertion aus dem Projekt nicht signalisiert werden.

Indes blieben auch derartige Winke in Berlin unbeachtet. Die Reichsregierung fühlte sich im Mai und Juni – eben auch in der zuversichtlichen Annahme österreichischer Treue – nach wie vor stark genug, gleiche französische Vorschläge an die deutsche Adresse nicht anzunehmen beziehungsweise nach einer von Curtius ausgegebenen Parole zu behandeln: Es sei wohl „unklug, darauf überhaupt nicht zu reagieren", doch dürfe nicht der Eindruck entstehen, daß das Projekt aufgegeben werde[109]. Im Mai gerieten der österreichische Staat und die führende Wiener Bank, die Österreichische Kredit-Anstalt, in eine finanzielle Krise, die bei der Bank ein katastrophales Ausmaß bekam. Curtius bot Schober deutsche Hilfe an, aber sofort stellte sich heraus, daß Deutschland zu einer zulänglichen Stützungsaktion gar nicht in der Lage und die Offerte des Reichsaußenministers eine leere Geste gewesen war[110]. Österreich mußte finanzielle Hilfe in Frankreich und England suchen; letzteres sprang denn auch mit einem Überbrückungskredit ein.

Gleichwohl herrschte in Berlin, jedenfalls im Auswärtigen Amt, die Vorstellung, daß Österreich trotz einer solchen Erfahrung bei der Stange bleibe. So wurden alle Appelle, auf die Zollunion zu verzichten, ob sie von der französischen oder von der britischen Regierung kamen, trutzig zurückgewiesen, obschon – und in manchen Fällen eben weil – Paris mit dem Versprechen umfassender französischer Finanz- und Wirtschaftshilfe lockte; den ganzen Mai hindurch besagten die offiziellen wie die inoffiziellen Angebote an Berlin, daß Deutschland französisches Geld und die deutsche Industrie französische Aufträge allein schon für den Verzicht auf die Zollunion –

---

[107] Curtius an Luther, 16. 4. 1931; PA, R 29468.
[108] Aufzeichnung Bülow, 5. 6. 1930; PA, R 29450.
[109] Curtius an Hoesch, 30. 4. 1931; PA, R 29506.
[110] Aufzeichnung Curtius, 20. 5. 1931; PA, R 30371/2 k. – AdRK, Die Kabinette Brüning, Bd. 2, Nr. 305.

III. Versuche zur Rettung der deutsch-französischen Annäherung

also ohne totales revisionspolitisches Moratorium – bekommen könnte[111]. Nach einigen Wochen wurde von Paris zusätzlich – und als eine für die Abrüstungskonferenz nützliche Geste dann vor allem auch von der britischen Regierung – der Verzicht auf den Bau eines geplanten zweiten Panzerkreuzers, des Panzerkreuzers B, verlangt[112]. Der laufenden – inzwischen galoppierenden – Finanz- und Wirtschaftskrise in Deutschland ungeachtet, lehnte die Reichsregierung jedes Geschäft dieser Art strikt ab. Hoesch meinte dazu, politische Bedingungen, wie sie Frankreich und England derzeit stellten, seien in der Politik „zu selbstverständlich, als daß man sich darüber moralisch entrüsten könnte", und die Zurückstellung des Panzerkreuzers B sei „keine übermäßige Konzession, wenn es sich um die Rettung Deutschlands" handele. Auch hinsichtlich der Zollunion könne er sich „eine Erklärung vorstellen, in der unter Hinweis auf die gegenwärtige Notlage der beiden Kontrahentenstaaten die Zusicherung gegeben wird, daß fürs erste und bis zur Herstellung eines gewissen Ruhezustands von einer Änderung des gegenwärtigen wirtschaftlichen Status der beiden Länder im Interesse der Allgemeinheit und im Interesse der beiden Länder selbst Abstand genommen werde"[113].

Wie bereits angedeutet, wurde dabei, was die Zollunion angeht, ein ohnehin schon gestorbenes Projekt verteidigt, weil Österreich, allerdings ohne das den deutschen Freunden unzweideutig zu sagen, schon längst vor dem französisch-britischen Einspruch zurückgewichen war – und das nicht ungern. Die österreichische Regierung hatte in London und Paris von Anfang an – weit über das Eingehen auf die britischen Wünsche hinaus – keinen Zweifel daran gelassen, daß sie in das Abenteuer der Zollunion von Deutschland gezerrt worden war[114]. Sie zeigte ihren Mangel an Enthusiasmus, ja an Interesse, so deutlich und betonte den deutschen Druck, dem sie nicht habe widerstehen können, so offen und auffallend, daß die Folgerung unabweisbar war: Österreich stellte in der deutsch-österreichischen Kombination nicht nur den schwächeren, sondern einen offensichtlich unwilligen Partner dar, der nach britisch-französischem Gegendruck verlangte. Und so wurde der Hebel denn auch in Wien angesetzt. Daß sich die finanzielle Lage Österreichs und der führenden österreichischen Bank ausgerechnet zu diesem Zeitpunkt dramatisch verschlechterte, was an dem Zusammenwirken der Weltwirtschaftskrise und spezieller Schwächen der österreichischen Wirtschaft lag, hat den beiden Westmächten gute Handhaben geboten, Wien

---

[111] Aufzeichnung Bülow, 20. 5. 1931; PA, R 29506. – Felix v. Eckhart, Chefredakteur des „Hamburger Fremdenblattes", nach einem Gespräch mit Briand an Bülow, 13. 5. 1931; PA, R 29468.
[112] Aufzeichnung Bülow, 16. 7. 1931; PA, R 28229.
[113] Hoesch an AA, 11. 7. 1931; PA, R 70505.
[114] Phipps an Henderson, 25. 3. 1931, 31. 3. 1931, 8. 4. 1931; DBFP, Second Series, Vol. II, Nr. 6, 24/25, 26.

unter Druck zu setzen, und der österreichischen Regierung sowohl innenpolitisch wie gegenüber Berlin verwendbare Gründe geliefert, dem Druck nachzugeben. Wenn Frankreich gelegentlich der Versuchung erlag, sich von der behutsamen britischen Taktik zu lösen und die Verbindung von Wirtschaftshilfe und politischer Pression zu schierer Erpressung zu steigern, griff London ein und ersparte Österreich eine sichtbare Kapitulation, das heißt eine allzu bittere Demütigung[115].

Im Juli aber mußte Berlin zur Kenntnis nehmen, daß Österreich die Waffen gestreckt hatte. Für Curtius war das selbst jetzt noch eine Überraschung. Als ihm der österreichische Gesandte am 28. Juli eröffnete, daß Österreichs Finanznöte keineswegs überwunden seien und die Wiener Regierung demnächst den Völkerbund um eine langfristige Anleihe bitten werde, erklärte der Minister, daß ihn „diese Mitteilung einigermaßen erschrecke"[116]. Immerhin begriff er, was ihm die Österreicher damit sagen wollten, doch redete Frank diesmal Klartext und fügte die Bemerkung hinzu, daß Österreich und Deutschland auch bei einem günstigen Urteil des Haager Gerichtshofs auf das bisher praktizierte isolierte Vorgehen verzichten und den Zollunion-Gedanken in einem größeren Rahmen besprechen müßten. Reichskanzler Brüning hatte freilich, was wohl Bülow wußte, Curtius jedoch offensichtlich unbekannt geblieben war, bereits zwei Wochen zuvor den britischen Botschafter und damit die britische Regierung in aller Form darüber unterrichtet, daß zwar über den Bau des Panzerkreuzers B nicht diskutiert werden könne, hingegen eine „zeitliche Lösung" der Zollunion, das heiße eine Vertagung, möglich sei[117]. Berlin hatte keine andere Wahl mehr, als sich mit Wien über ein gemeinsames Zurückziehen des Projekts zu verständigen.

Inzwischen hatte sich auch der Völkerbundsrat mit der Zollunion beschäftigt und am 19. Mai erwartungsgemäß beschlossen, die Sache dem Internationalen Gerichtshof vorzulegen. Das Gericht prüfte vom 20. Juli bis zum 6. August und entschied am 5. September, mit acht gegen sieben Stimmen, die Zollunion sei mit der vertraglichen Verpflichtung Österreichs, seine Unabhängigkeit zu bewahren, nicht vereinbar. Zwei Tage zuvor, am 3. September 1931, hatten Deutschland und Österreich den freiwilligen Verzicht auf das Projekt ausgesprochen. Wie zu erwarten, erhob sich in der Presse der deutschen Rechten ein Sturm der Entrüstung, und Bülow mußte in einen schon sehr sauren Apfel beißen: Die Erregung in der deutschen Presse sei, so schrieb er an Dirk Forster, den Geschäftsträger in Paris, „ungeheuer" und der Bestand der Reichsregierung gefährdet. Forster solle im französischen Außenministerium darum bitten, daß die Pariser Regierung

---

[115] Aufzeichnung Curtius, 10. 6. 1931; PA, R 30371/2 k.
[116] Aufzeichnung Curtius, 28. 7. 1931; PA, R 29506.
[117] Rumbold an Vansittart, 16. 7. 1931; DBFP, Second Series, Vol. II, Nr. 210. Der Ausdruck „zeitliche Lösung" in Aufzeichnung Bülow, 16. 7. 1931; PA, R 29450.

III. Versuche zur Rettung der deutsch-französischen Annäherung   111

ihrerseits in geeigneter Weise zur Beruhigung beitrage[118]; tatsächlich hat Pierre Laval ohne weiteres eine entsprechende Einwirkung auf die französische Presse zugesagt und auch in die Wege geleitet[119]. Curtius hingegen warnte den österreichischen Bundeskanzler am 19. September „mit großem Ernst" vor einer österreichisch-ungarischen „Zusammenschweißung" oder einer Donaukonföderation[120]. Am 3. Oktober trat der Außenminister, der in der Tat die politische Verantwortung für das aussichtslose Unternehmen trug, zurück.

---

[118] Bülow an Forster, 4. 9. 1931; PA, R 70505.
[119] Forster an Bülow, 4. 9. 1931; PA, R 70505.
[120] Aufzeichnung Curtius, 16. 9. 1931; PA, R 28000.

IV. Britisch-deutsche Allianz gegen den Young-Plan

Beifall hatte die deutsch-österreichische Aktion nur dort gefunden, wo stärkstes Interesse an der Fortdauer der Spaltung Europas in Verteidiger und Gegner des Status quo bestand, konkret also und vor allem Interesse an der Kontinuität des deutsch-französischen Gegensatzes. In einem gewissen Sinne war das in Warschau der Fall. Zwar wurde der polnische Gesandte in Berlin, Alfred Wysocki, im Auswärtigen Amt vorstellig, um darzutun, welch große Erregung die Verkündung der Zollunion auch in Polen hervorgerufen habe; in dem Vorhaben erkenne man Deutschlands Streben nach der Hegemonie im Südosten Europas[1]. Dennoch urteilte Adolf v. Moltke, der Rauscher in Warschau gefolgt war, wohl richtig: Im Grunde seien die Polen nicht unglücklich, wenn die Stoßrichtung des Deutschen Reiches nach Südosten abgelenkt werde, in erster Linie begrüßten sie jedoch das von dem Unternehmen voraussichtlich bewirkte Ansteigen der deutsch-französischen Spannung[2]; dies war ja sehr geeignet, etwaige Pariser Neigungen, auf Kosten Polens mit Deutschland politische Geschäfte zu machen – solche Sorgen plagen seit eh und je die Außenpolitiker aller Regierungen –, in Schach und die französische Schutzfunktion für Polen intakt zu halten.

Aus Moskau wiederum meldete Herbert v. Dirksen, die sowjetischen Führer hätten das Projekt mit leicht verständlicher Sympathie aufgenommen: „... leicht verständlich, weil die Unterhöhlung der Briand'schen Konzeption von Paneuropa und eine Verschärfung der deutsch-französischen Beziehungen zwei schwere Sorgen der Sowjetregierung mindert und die Hoffnung auf eine Spaltung der Kleinen Entente ihr zusagt."[3] In Warschau wie in Moskau dominierte jedenfalls die Annahme, Deutschland habe den so unwillkommenen Prozeß der deutsch-französischen Annäherung grundsätzlich gefährdet und zumindest vorübergehend gestoppt. In der Tat hätte die Zollunion, nach dem revisionistischen Getrommel, das ihr vorhergegangen war, eigentlich die fast totale außenpolitische Isolierung Deutschlands – von revisionistischen Staaten wie der Sowjetunion abgesehen – bringen müssen. Gerade das trat indes nicht ein.

Rettung brachten mehrere Faktoren und Umstände. An erster Stelle stand die kontinuierliche und weltweite Verschlechterung der Wirtschaftslage. An

---

[1] Aufzeichnung Köpke, 9. 4. 1931; PA, R 28322 k.
[2] Moltke an AA, 26. 3. 1931; PA, R 28322 k.
[3] Dirksen an AA, 13. 4. 1931; PA, R 70025.

zweiter Stelle wirkte die britische Entschlossenheit, gegenüber Deutschland um nahezu jeden Preis Appeasement-Politik zu verfolgen. An dritter Stelle ist die Unmöglichkeit einer Rückkehr Frankreichs zu harten deutschlandpolitischen Konzeptionen und Methoden zu sehen. Viertens blieb der faschistische Imperialismus Italiens und mit ihm die italienisch-französische Gegnerschaft weiterhin im Spiel. Und schließlich war da die Furcht vor einer Ablösung der Regierung Brüning durch Deutschnationale und Nationalsozialisten.

Die Weltwirtschaftskrise kam Deutschland – so mißverständlich das auch klingen mag – auf mehrfache Weise zugute. Sie erfaßte allmählich alle Industrie- und Agrarstaaten – zunächst noch am wenigsten Frankreich –, und so nahm in den Nationen und Ländern das Verständnis zu, wenn andere Nationen und Länder über ihre wirtschaftliche Lage klagten. Damit wuchs automatisch auch die Einsicht, daß gehandelt und geholfen werden müsse. Nun war nicht zu übersehen, daß in Europa Deutschland und die mitteleuropäischen Staaten am übelsten dran waren und daß deren Notlage auch außerhalb der Region allenthalben krisenverschärfend wirkte. Das lenkte die Aufmerksamkeit auf das Reich und legte es nahe, die allgemeine Wende durch eine Kräftigung Deutschlands einzuleiten. Außerdem: Als Ursachen des Niedergangs wurden gewiß auch der Preisverfall bei Agrarprodukten und Rohstoffen und die ebenso kurzsichtige – weil den Welthandel lähmende – wie egoistische Hochzollpolitik praktisch aller souveräner Staaten und Staatenblöcke diagnostiziert, doch galt die Krise je länger je mehr vor allem auch als globale Kreditkrise, die ihre Wurzeln in den vom Krieg hinterlassenen Schulden habe, das heißt in einer riesigen Bewegung von Geld, die lediglich politisch und nicht wirtschaftlich begründet, daher wirtschaftlich schädlich sei. In diesem Zusammenhang setzten sich namentlich in Großbritannien zwei Thesen durch[4]: daß, erstens, die wirtschaftlich unsinnigsten und folglich schädlichsten Geldbewegungen die deutschen Reparationszahlungen seien und daß zweitens eine vernünftige Behandlung – also die Liquidierung – des anderen großen Komplexes, nämlich der Verzinsung und Amortisation der den Alliierten von den USA während des Krieges gewährten Kredite, ohnehin nur erreichbar sei, wenn zuvor das Reparationsproblem aus der Welt geschafft werde; die europäischen Schuldner der USA konnten Leistungen erst dann verweigern, wenn sie sich auf das Ausbleiben deutscher Gelder und auch moralisch auf die gegenüber Deutschland geübte Großmut zu berufen vermochten.

In den Vereinigten Staaten, wo öffentlich jedermann streng darauf hielt,

---

[4] Hierzu Büsch/Witt (Hrsg.), Internationale Zusammenhänge. Die britischen Auffassungen finden sich recht genau in dem am 19. 8. 1931 veröffentlichten Bericht des von der Londoner Konferenz (20.–23. 7. 1931) bestellten Sachverständigen-Ausschusses, Schulthess', 1931, S. 509 ff.; der englische Text, in London am 22. 8. 1931 veröffentlicht; DBFP, Second Series, Vol. II, Appendix II.

daß man mit so etwas Schmutzigem wie Reparationen absolut nichts zu tun habe und daß nicht der kleinste Zusammenhang zwischen den deutschen Verpflichtungen und der Rückzahlung des England, Frankreich und sonstigen europäischen Staaten geliehenen Geldes bestehe, fanden sich in den Medien noch kaum Stimmen, die empfohlen hätten, die Kriegskredite abzuschreiben. Aber viele Bankiers und viele Angehörige der politischen Elite näherten sich den britischen Ansichten. So entstand eine Stimmung, die deutschem Aufbegehren gegen die Reparationslast günstig war, ja mittlerweile solches Aufbegehren im allgemeinen Interesse forderte und förderte[5]. Angesichts der unabweisbaren Notwendigkeit, die finanzielle und wirtschaftliche Krise der Welt zu überwinden, hatten politische Fehler Berlins ignoriert oder doch verziehen zu werden, wirkten andererseits die Versuche Frankreichs, Deutschland nicht zuletzt finanziell in Versailler Banden zu halten, zunehmend irritierend und hatten die dabei drohenden oder gemachten Pariser Fehler verhindert oder doch minimiert zu werden.

Daß Deutschland die britische Appeasement-Politik, die sich hier entwickelte, nutzen konnte, lag allerdings auch daran, daß Berlin für deutschbritische und dann für eine Frankreich gemeinsam abgerungene deutschfranzösische Kooperation eine unverzichtbare Voraussetzung lieferte. In Deutschland verschlimmerte sich die finanzielle und wirtschaftliche Situation – beschleunigt durch die Spar- und Deflationspolitik der Regierung Brüning – derart, daß der Reichskanzler endlich die Chance erhielt und zugleich unter den Zwang geriet, sich auf das von ihm für zentral gehaltene Reparationsproblem zu konzentrieren, im Grunde deutsche Außenpolitik auf Reparationspolitik zu reduzieren. Vom Anspruch auf militärische Gleichberechtigung abgesehen, traten andere revisionistische Forderungen vorübergehend in den Hintergrund. Der Verzicht auf die Zollunion wirkte, so spät er ausgesprochen wurde, doch noch rechtzeitig als eine Deklaration des Deutschen Reiches, territoriale Fragen derzeit nicht in Angriff nehmen zu können und nicht in Angriff nehmen zu wollen. Noch während Berliner Minister und Staatssekretäre indigniert erklärten, sich keinesfalls zu dem von Frankreich verlangten politischen Moratorium verstehen zu wollen, kam ein solcher Burgfrieden, was die Regierung anging, temporär und in einem begrenzten Sinne de facto doch zustande.

Diese Atempause hat Frankreich eine bittere Erkenntnis wenigstens etwas versüßt. Kaum war die „Bombe" Zollunion explodiert, mußten Politiker und Öffentlichkeit nämlich einsehen, daß nicht einmal ein solcher Streich deutscher Revisionspolitik mit der Rückkehr zu der bis 1924 praktizierten Politik der Repressalien und der Okkupationen beantwortet zu werden ver-

---

[5] Zur amerikanischen Haltung in der Reparationsfrage z.B. Außenminister Stimson am 28. 12. 1931; DBFP, Second Series, Vol. III, Nr. 2. Ferner Simon an Rumbold, 6. 1. 1932, Simon an Lindsay, 16. 1. 1932, Lindsay an Simon, 25. 4. 1932; DBFP, Second Series, Vol. III, Nr. 7, 28, 105.

mochte. Für eine derartige Rückkehr, so wünschenswert oder sogar notwendig sie manchen Franzosen scheinen mochte, gab es, wie Briand in der Kammer konstatierte, weder eine Möglichkeit noch eine Rechtfertigung. Damals hatte Frankreich mit der Ruhrbesetzung einen gehörigen Beitrag zum wirtschaftlichen und politischen Chaos in Europa geleistet, sich Kritik und Konter der britischen Freunde eingehandelt, das besondere Verhältnis zu Großbritannien beinahe zerstört. Ein zweites Mal durfte man sich ein derartiges Abenteuer nicht leisten, zumal inzwischen mit Dawes-Plan und mit Young-Plan, mit Deutschlands Eintritt in den Völkerbund und mit dem Kellogg-Pakt ein Schutz der deutschen Grenzen geschaffen worden war, den nur kriegerische Handlungen des Reiches aufheben konnten.

Außerdem: Sollte Deutschland etwa in die Arme Italiens getrieben werden? Im Grunde gab es zur Annäherung an den östlichen Nachbarn keine Alternative mehr. Eben deshalb hatte ja die französische Regierung einerseits Deutschland die Zollunion sozusagen abzukaufen versucht und andererseits den wirtschaftlichen wie den politischen Druck in der Angelegenheit – ganz unabhängig von der österreichischen Haltung – auf Wien konzentrieren müssen. Dies alles bedeutete keineswegs, daß es einer französischen Regierung hätte einfallen können, sich offen zu den Kernpunkten der britischen Appeasement-Politik zu bekennen und mit gleicher Gelassenheit die Preisgabe des Reparationsanspruchs an Deutschland ins Auge zu fassen. Doch abgesehen davon, daß Frankreich inzwischen aus wirtschaftlichen Gründen bereit war, über die Höhe deutscher Zahlungen mit sich reden zu lassen, trat doch schon während der Auseinandersetzung um die Zollunion immer deutlicher hervor, daß die französische Regierung, gleich wie sie aussah, keine andere Wahl hatte, als dem britischen Kurs zu folgen – in einigem Abstand und recht zögerlich, da sich naturgemäß viele dagegen sträubten, die Einschränkung der Handlungsfreiheit Frankreichs zuzugeben. Ein Franzose, der zugleich ein guter Kenner Deutschlands war, schrieb 1931: „Seit einem Jahr befindet sich Frankreich Deutschland gegenüber in steter Beunruhigung. Eine Reihe von Kundgebungen hat selbst die Vertrauensvollsten alarmiert und für die Mehrzahl der Franzosen die deutsche Frage noch einmal aufgerollt: die Frage nämlich, ob der Friede mit Deutschland durch Verständigung erlangt werden kann, oder ob er nur durch unsere Macht gesichert ist. Das Mischungsverhältnis, in dem unsere auswärtige Politik seit sieben Jahren gleichzeitig von Rüstung und Versöhnung Gebrauch macht, ihr Wunsch, schrittweise von den alten Sicherungsverfahren zu den neuen der Abkommen und der Annäherung an Deutschland überzugehen, steht wieder einmal zur Diskussion. ‚Sind wir zu weit gegangen?' fragen die meisten sich. ‚Sollte man nicht noch weiter gehen?' wagen vereinzelte Stimmen sich zu erheben."[6]

---

[6] Viénot, Ungewisses Deutschland, S. 84.

IV. Britisch-deutsche Allianz gegen den Young-Plan 117

In diesem Stadium der Ungewißheit und der Unsicherheit ging eine gewisse Beruhigung davon aus, daß sich das politische Gespräch zwischen Deutschland und den Westmächten für eine Weile vor allem um die Reparationen drehte und wenigstens die Mitglieder des Berliner Kabinetts nicht mehr so dräuend von Grenzproblemen redeten. Nicht daß die französische Regierung deshalb darauf verzichtet hätte, weiterhin das Versprechen eines zumindest befristeten Berliner Schweigens in Fragen territorrialer Revisionspolitik zu verlangen. Aber das momentane faktische Moratorium trug doch dazu bei, daß zuerst die Unmöglichkeit eines Bruchs mit Deutschland hingenommen wurde und man sich dann nolens volens mit der Möglichkeit eines Einschwenkens auf die britische Linie vertrauter machte. Daß Laval, seit 27. Januar 1931 Ministerpräsident, der Regierung Brüning im September so bereitwillig gegen die deutsche Rechtspresse beistand, war dafür symptomatisch.

Für Italien lagen die Dinge einfacher. Zwar machten Mussolini und Grandi kein Hehl daraus, daß sie die deutsche und vor allem die österreichische Geheimniskrämerei auch persönlich verstimmt hatte[7], aber ihr Hauptziel bestand in der Verhinderung der Zollunion, und als sie den Eindruck gewannen, daß dieses Ziel erreicht sei oder bald erreicht werde, sahen sie keinen Grund, die vom italienisch-französischen Gegensatz diktierte Annäherung an Deutschland nicht fortzusetzen, zumal die große Abrüstungskonferenz vor der Tür stand, auf der in ihren Augen die Kooperation mit Deutschland unverzichtbar war. Ohne im Konflikt um die Zollunion das Zusammenwirken mit Großbritannien aufzugeben, kehrten sie daher zu der bis zum 18. März verfolgten Politik zurück. Bereits am 8. Mai erging sich der italienische Botschafter in Berlin, Luca Orsini, in den gewohnten „Beschwerden über französische Hegemonialpläne", wie Curtius danach notierte, und er behauptete, Frankreich wolle die deutsch-italienische Zusammenarbeit vereiteln[8]. Und zwei Wochen später, als sie einander bei der 63. Tagung des Völkerbundsrats in Genf trafen, konferierten Grandi und Schober schon über eine „Kombination", die „es Italien möglich mache, sich Deutschland und Österreich wieder zu nähern". Schober stimmte zu und meinte, es sei „auch das Bestreben Österreichs, etwas zu finden, das eine Erweiterung des deutsch-österreichischen Planes mit sich bringe und Italien befriedige"[9]. Der Reichsaußenminister, den sein österreichischer Kollege über das Gespräch unterrichtete, scheint Schobers Hinweis auf die Flucht Österreichs aus der Zollunion sogleich verdrängt zu haben, jedoch registrierte er mit Recht, daß die italienische Annäherungsbereitschaft, auf die er und Brüning generell zur Förderung deutscher Revisionspolitik und

---

[7] Aufzeichnung Curtius, 8. 5. 1931; PA, R 29506.
[8] Ebenda.
[9] Aufzeichnung Curtius, 22. 5. 1931; PA, R 30371/2 k.

ebenfalls im Hinblick auf die Abrüstungskonferenz großen Wert legten, durch die Zollunion nicht ernstlich gemindert worden war. Noch im Juni ließ Curtius in Rom anfragen, ob der Reichskanzler und er selbst Mussolini willkommen seien. Die Antwort kam umgehend und war positiv[10]. Am 7./8. August fand der Besuch tatsächlich statt und verlief für beide Seiten sehr zufriedenstellend.

Mussolini sah sicherlich keinen Grund, die Regierung Brüning und das – wie man sagen könnte – System Brüning als Bollwerk gegen die radikale deutsche Rechte zu stützen. Auf der anderen Seite ist es doch recht zweifelhaft, ob er damals Hitler und die NS-Bewegung als deutsche Partner vorgezogen hätte. Zwar nahm er es mit Wohlwollen auf, wenn Nationalsozialisten, aus Überzeugung oder als Schmeichelei, gelegentlich kundtaten, er und der italienische Faschismus seien ihre Vorbilder. Auch hatte er zu etlichen NSDAP-Größen persönliche Beziehungen, und mit Giuseppe Renzetti verfügte er über einen Vertrauensmann in der NS-Führung, der ihn nicht nur auf dem laufenden hielt, sondern darüber hinaus einen nicht geringen Einfluß auf Spitzenfunktionäre der NSDAP ausübte[11]. Aber der italienische Faschismus mit seinem Imperialismus war strikt nationalegoistisch orientiert. Bei der Suche nach Verbündeten in anderen Ländern achteten Mussolini und seine Trabanten weniger auf ideologische Verwandtschaft als auf Identität oder doch Parallelität der Interessen[12]. So waren sie zur Zusammenarbeit mit jeder politischen Kraft in Deutschland und mit jeder deutschen Regierung bereit, die den frankreichfreundlichen Kurs, wie ihn Stresemann gesteuert hatte, verließ, den Status quo anzugreifen versprach und damit dem italienischen Imperialismus nützlich sein konnte. Nach anfänglicher Skepsis[13] hat Mussolini die Regierung Brüning durchaus als schlechten Erben Stresemanns und mithin als brauchbaren Partner betrachtet, dem Italien das Abenteuer mit der Zollunion – sofern diese fiel – schon deshalb verzeihen mußte, weil er nicht wieder auf Stresemannsche Bahnen zurückgeschoben werden durfte. Jedenfalls war ein gutes und den italienischen Zielen dienliches Verhältnis zur Regierung Brüning möglich. Dieses Verhältnis galt es zu pflegen, und solange es gepflegt werden konnte, bestand kein Anlaß, sich die Nationalsozialisten als Herren in Berlin zu wünschen, die im übrigen weder ihre antichristlichen und antikirchlichen Kampagnen noch ihr radikaler Anti-

---

[10] Aufzeichnung Curtius, 26. 6. 1931; ADAP, Serie B, Bd. XVII, Nr. 208. Aufzeichnung Curtius, 9. 7. 1931; PA, R 29506.
[11] Hierzu Woller, Machtpolitisches Kalkül.
[12] Ebenda.
[13] Aufzeichnung Curtius, Ende November 1931, über ein Gespräch mit dem sowjetischen Außenkommissar Litwinow, der ihn über eine Bemerkung des italienischen Außenministers Dino Grandi – gemacht bei dem Zusammentreffen der beiden Außenminister am 24. 11. 1930 in Mailand – informierte, daß eine weitere italienisch-deutsche Annäherung nicht denkbar sei, „solange in Deutschland der Stresemann-Kurs weiter verfolgt und eine Annäherung an Frankreich betrieben werde"; PA, R 29449.

IV. Britisch-deutsche Allianz gegen den Young-Plan

semitismus für eine Allianz empfahlen; schließlich hatte Mussolini im Februar 1929 mit den sogenannten Lateranverträgen seinen Frieden mit dem Vatikan und den Katholiken Italiens gemacht.

In London hingegen hielten viele Politiker die Regierung Brüning nicht nur für kooperationsfähig, sondern für sympathisch und für erhaltenswert. Das lag zwar auch an der guten Wirkung, die der Reichskanzler und Kabinettsmitglieder wie Curtius persönlich auf angelsächsische Gesprächspartner ausübten. Die größere Rolle spielte aber, daß die NS-Bewegung bei britischen Beobachtern tiefstes Unbehagen hervorrief, ein Unbehagen, das seinen Ursprung nicht zuletzt in totalem Unverständnis hatte. Ratlos und äußerst beunruhigt wurden gerade die blinde Begeisterung der Nationalsozialisten, ihre hemmungslose Emotionalität und ihr hoher Erregungsgrad wahrgenommen. Im Mai 1931 schrieb Sir Horace Rumbold: „Ein Angehöriger meines Stabes, der kürzlich eine Großkundgebung in Berlin besuchte, auf der Hitler sprach, berichtet, daß grenzenloser Enthusiasmus gezeigt wurde. Hitler hat dabei nicht mit einem Wort über Politik gesprochen. Er sprach von Selbstdisziplin, Selbstbeherrschung, Opferbereitschaft und donnerte gegen Materialismus, lockere Sitten und laxe Moral. Wie ein amerikanischer Erweckungsprediger riß er 10000 junge Leute zu unbeschreiblichen Ekstasen der Erregung hin."[14] Zu welchen Abenteuern konnten diese jungen Leute nicht verführt werden? Hier wogte eine irrational nationalistische Flutwelle heran, gegen die Deiche gebraucht wurden. Und die Regierung Brüning war in britischen Augen ein solcher Deich.

Anfang März 1931 kam das britische Kabinett überein, Brüning und Curtius nach London einzuladen[15]. Ramsay MacDonald und Henderson hatten keine Verhandlungen im Sinn, nicht einmal – auch wenn es natürlich einen Meinungsaustausch über politische Themen geben mußte – Unterredungen zur Vorklärung konkreter Probleme. Sie wollten lediglich eine Geste machen, die den Deutschen demonstrieren sollte, welches Ansehen Brüning und sein Kabinett außerhalb Deutschlands genossen; so hofften sie, die innenpolitische Stellung der Regierung wenigstens etwas zu stärken[16]. Umgekehrt lehnte es das britische Kabinett ab, dem Reichskanzler Schwierigkeiten zu machen, die es als überflüssig ansah. Anfang Juni sprach der polnische Botschafter in London, Skirmunt, bei Sir Robert Vansittart im Foreign Office vor, um sich über eine eben in Breslau stattgefundene Massenkundgebung des „Stahlhelm" zu beklagen, auf der – unter Anwesenheit einiger Prominenz, so des Kronprinzen Wilhelm, des Generalobersten Hans v. Seeckt und des Generalobersten Wilhelm Heye, der bis vor kurzem noch als Chef der Heeresleitung amtiert hatte – wilde antipolnische Reden gehalten

---

[14] DBFP, Second Series, Vol. II, Nr. 45.
[15] Henderson an Rumbold, 2. 4. 1931; DFBP, Second Series, Vol. II, Nr. 40.
[16] Henderson an Rumbold, 21. 4. 1931; DBFP, Second Series, Vol. II, Nr. 42.

worden waren. Bundesführer Franz Seldte hatte nach einer flammenden Ansprache ausgerufen: „Kameraden, dort ist der deutsche Osten. Dort liegt Deutschlands Zukunft, Deutschlands Schicksal."[17] Skirmunt verband seine Klage mit der Bitte an die britische Regierung, Brüning und Curtius bei ihrem Englandbesuch auf derartige Demonstrationen anzusprechen. Sir Robert suchte dem polnischen Botschafter klarzumachen, daß es – abgesehen von der mangelnden Fähigkeit des Kabinetts Brüning, Aktivitäten des „Stahlhelm" zu unterbinden – nicht tunlich sei, diese deutsche Regierung zu sehr unter Druck zu setzen, weil man dadurch leicht zu ihrem Sturz beitrage, und diese deutsche Regierung sei doch die beste, die man haben könne: Ihr Sturz wäre ein viel größeres Unheil als die Treffen des „Stahlhelm"; „die Alternative sehe so aus, daß sie mich und, wie ich glaubte, jedermann sonst mit wahrem Schrecken erfülle"[18].

So hat denn die britische Regierung offensichtlich nicht eine Sekunde lang daran gedacht, die Zollunion anders als eine Torheit zu behandeln und ihretwegen etwa den Besuch der beiden deutschen Politiker abzusagen. Die Einladung blieb bestehen und wurde von Berlin auch unverzüglich angenommen. Die französische Regierung verhielt sich ebenso. Am 11. März von Henderson über die vorgesehene britische Offerte an Brüning informiert, hatte Briand ohne Zögern zugestimmt[19], und auch nach dem Platzen der Bombe „Zollunion" gab es keine Pariser Vorstellungen in London, die Deutschen wieder auszuladen. Im Gegenteil. Die französische Regierung fühlte bei der deutschen vor, ob denn auch eine Einladung nach Paris willkommen sei[20]. Allerdings setzten Laval und Briand darauf, daß es ihnen in Paris möglich sein werde, die deutschen Besucher zum Verzicht auf die Zollunion und vielleicht auch noch zu weiteren Konzessionen zu bewegen. Die Briten wollten jedoch ihre Einladung in erster Linie als von Brüning innenpolitisch verwertbares Zeichen der Freundschaft und der deutschen „Gleichberechtigung" verstanden wissen, wie Henderson in Berlin bestellen ließ[21].

Im Frühjahr 1931 erkannte die Reichsregierung jedoch noch nicht, welch günstige Elemente ins Spiel gekommen waren. Das lag nicht an intellektueller Schwäche. Es lag auch nicht an dem Eindruck, den Frankreichs harter und am Ende erfolgreicher – und von Großbritannien immerhin gestützter – Widerstand gegen die deutsch-österreichische Zollunion machen mußte; im März, April und Mai glaubte man in Berlin noch, das Projekt durchsetzen zu können, niemand hatte schon bemerkt, daß sich, Rußland, Ungarn

---

[17] Dazu der genaue und ziemlich entmutigte Bericht Rumbolds an Henderson, 3. 6. 1931; DBFP, Second Series, Vol. II, Nr. 46.
[18] Aufzeichnung Vansittart 3. 6. 1931; DBFP, Second Series, Vol. II, Nr. 48.
[19] Henderson an Rumbold, 2. 4. 1931; DBFP, Second Series, Vol. II, Nr. 40.
[20] So Brüning am 7. 6. 1931 in Chequers; DBFP, Second Series, Vol. II, Nr. 51.
[21] Henderson an Rumbold, 21. 4. 1931; DBFP, Second Series, Vol. II, Nr. 42.

IV. Britisch-deutsche Allianz gegen den Young-Plan

und die Türkei ausgenommen, eine europäische Einheitsfront gegen die Union zu bilden begann. Der Grund war vielmehr mentale Befangenheit. Brüning und Pünder, Curtius und Bülow hatten alle ihre politische Vorstellungswelt in den Jahren vor dem großen Krieg entwickelt, in denen die aristokratischen und die akademisch gebildeten bürgerlichen Führungsgruppen des wilhelminischen Deutschland, zu denen sie gehörten, zunehmend zu der Überzeugung gelangt waren, französischer Revanchismus, britischer Handelsneid und der panslawistische Imperialismus des zaristischen Rußland hätten sich zusammengetan, um das aufstrebende und mit Recht seinen „Platz an der Sonne" fordernde Deutsche Reich wieder niederzuwerfen und für immer am Boden zu halten. Die bewegenden Tage des August 1914, die etwa dem Leutnant der Reserve Hermann Pünder das „Wissen" einpflanzten, in einen Verteidigungskrieg gegen eine Welt von Feinden zu ziehen[22], danach das Erlebnis des Krieges, an dem sie dann sämtlich teilnahmen, und die politischen Erfahrungen in den Nachkriegsjahren, die von der ständigen Reibung am Versailler Vertrag bestimmt waren – all dies hat die alte „Einkreisungs"-Psychose am Leben erhalten und bei dem einen oder andern sogar noch verstärkt. Staaten wie Frankreich oder Belgien, bis zu einem gewissen Grade und mit wachsenden Zweifeln auch Großbritannien, galten nach wie vor als gegnerisch. Die Vereinigten Staaten von Amerika waren im Grunde, obwohl Dawes- und Young-Plan die Bekanntschaft mit etlichen hervorragenden Angehörigen ihrer wirtschaftlichen und politischen Eliten vermittelt hatten, noch immer eine unbekannte Größe; beim Blick auf diese unbekannte Größe stellte sich oft der von Präsident Woodrow Wilsons angeblicher Schwäche und Naivität auf der Pariser Friedenskonferenz erstmals geweckte Verdacht ein, die USA seien eine von den Londoner und Pariser Politikern leicht zu manipulierende Macht.

Daß unter den gegebenen Umständen Großbritannien und die Vereinigten Staaten – zu gewissen Konditionen auch Frankreich – jetzt im wohlverstandenen eigenen Interesse bereit, ja entschlossen waren, Deutschland zumindest aus seiner wirtschaftlichen Misere zu retten, war ein Faktum, das in der Einkreisungsmentalität verharrende Politiker noch nicht so recht zu erkennen vermochten. Mithin fiel es ebenso schwer, den Willen der Westmächte zur Unterstützung speziell der Regierung Brüning zu bemerken, obwohl der Kanzler und seine Kabinettskollegen den Unterschied zwischen ihren gemäßigten politischen Positionen und dem Radikalismus der Deutschnationalen Hugenbergs wie erst recht der Nationalsozialisten Hitlers allmählich öfter als Argument benutzten, wenn sie sich gegen westliche Kritik an ihrer Politik zu verteidigen suchten und dabei um Sympathie warben. Als Henderson, nachdem die britische Einladung an Brüning und seinen Außenminister ergangen, aber noch kein gleichartiger französischer

---

[22] Pünder, Von Preußen nach Europa, S. 26f.

Fühler ausgestreckt worden war, den Deutschen vorschlug, doch auch Paris zu besuchen, quittierte Curtius die Idee in einer Besprechung mit der kurzen Feststellung, dies „beabsichtige er unter allen Umständen abzulehnen". Er setzte – offensichtlich brummig und mißtrauisch – hinzu: „Dagegen werde man die Einladung MacDonalds an den Reichskanzler und den Außenminister, im Frühjahr nach London zu kommen, nicht negativ beantworten können ..., wobei immer noch zu erwägen sein werde, ob auch der Reichskanzler an der Reise teilnehmen müsse."[23] Letzteres ist von Brüning natürlich ignoriert worden, ansonsten fand Curtius jedoch keinen Widerspruch.

Da also die Deutschland geltenden Absichten der Westmächte nicht rational analysiert, sondern nur spekulativ gedeutet werden konnten – von diesem Urteil sind die exzellenten Diplomaten des Deutschen Reiches auszunehmen, die aber auf die Meinungen und Entscheidungen in Berlin nur geringen Einfluß hatten –, fand sich die als Kabinett der Revisionspolitik angetretene Regierung Brüning im Frühjahr 1931 in einer Art revisionspolitischer Krise. Zwar standen die Ziele unverrückbar fest: Realisierung der territorialen Ansprüche an Polen, quantitative und qualitative Verbesserung des militärischen Instruments, der Reichswehr, ein Ende der Reparationszahlungen und mit all dem die Rückkehr zur Großmachtstellung der Vorkriegszeit. Doch die Wege zu den Zielen lagen nach wie vor im Dunkeln.

Um einige Beispiele für diese Unsicherheit zu nennen: Gegen Ende März hatte Graf Richard Coudenhove-Kalergi, Präsident der Paneuropa-Union, in Paris eine Unterredung mit dem polnischen Außenminister August Zaleski. In dem Bericht über das Treffen, den er Reichskanzler Brüning zukommen ließ, teilte der Graf mit, er habe die Gelegenheit benutzt, Zaleski in der für den europäischen Frieden lebenswichtigen Frage der deutsch-polnischen Beziehungen einen Kompromiß vorzuschlagen: „1. Rückgabe des gesamten Danziger Gebiets an Deutschland. Polen bekommt einen Freihafen in Danzig, wie die Tschechoslowakei in Hamburg. 2. Deutschland erhält eine direkte territoriale Verbindung mit Danzig und Ostpreußen in Gestalt einer Eisenbahnlinie. An der Stelle, an der dieser ‚Korridor im Korridor' die Eisenbahn Warschau – Gdingen schneidet, wird eine der Linien untertunnelt, um keine der beiden Verbindungen zu stören oder zu unterbrechen. 3. Grenzkorrekturen an der gesamten Grenze zur Liquidierung schikanöser Grenzziehungen. Alle polnischen Abtretungen werden an anderen Stellen der Grenze kompensiert, etwa oberschlesische Grenzkorrekturen in Ostpreußen. 4. Entente zwischen Deutschland und Polen mit Einschluß Frankreichs." Er, Coudenhove-Kalergi, habe den bestimmten Eindruck gewonnen, daß dieser „Ausweg" Zaleski „gangbar erschien". Bülow kommentierte aufgebracht, solche „außenpolitischen Unterhaltungen des Grafen

[23] AdRK, Die Kabinette Brüning, Bd. 2, Nr. 265.

Coudenhove-Kalergi" seien „für die deutsche Politik durchaus unerwünscht", da den deutschen Ansprüchen mit der Anwendung von „Palliativ-Mittelchen zur Behebung gewisser besonders auffälliger Mißstände an der Ostgrenze nicht gedient" sei. Freilich gebe „das Auswärtige Amt sich keinerlei Täuschung über die ungeheuren Schwierigkeiten hin ..., die sich einer etwaigen Lösung der Grenzfrage im deutschen Sinne entgegenstellen"[24]. Bülow gab den offenbar von Brüning und dessen Umgebung befolgten Rat, dem Präsidenten der Paneuropa-Union künftig die kalte Schulter zu zeigen, jedoch lief sein Kommentar auf das Eingeständnis hinaus, daß die deutschen Forderungen an Polen zwar einen „unversehrlichen Anspruch" darstellten, wie er sich ein anderes Mal ausdrückte, daß aber für den offensichtlich noch lange währenden Augenblick unklar sei, was zur Verwirklichung getan werden könne. Selbst bei der propagandistischen Verfechtung des Anspruchs hielt Bülow daher noch eine gewisse Zurückhaltung für geboten. Als der polnische Gesandte in Berlin einmal dagegen protestierte, daß das antipolnische Propagandastück „Es brennt an der Grenze" nicht nur in der Reichshauptstadt, sondern mittlerweile auch in der Provinz aufgeführt werde, notierte Bülow: „In der Tat scheint es mir höchst unerwünscht, daß mit dem Stück ... in unseren Ostprovinzen Propaganda getrieben wird." Und er verlangte nach Mitteln, solch verfrüht aufreizenden Aktivitäten entgegenzuwirken[25]. Auch in dieser Hinsicht hatte sich seit seiner Kritik an der Rede von Minister Treviranus nichts geändert.

Noch weniger klar erschien die Lage in der Abrüstungsfrage. Wohl hielt man es für eine ausgemachte Sache, in absehbarer Zeit irgendwie das Prinzip der militärischen Gleichberechtigung Deutschlands durchsetzen und danach sowohl eine begrenzte Heeresvermehrung – durch Einführung eines die Berufsarmee ergänzenden Milizsystems – wie vor allem eine waffentechnische Modernisierung der Reichswehr vornehmen zu können; kabinettsintern ist schon darüber gesprochen worden, wieviel mehr Geld demnächst für die Anfänge des Ausbaus der Streitkräfte zu einer beweglichen Stoßarmee aufgewandt werden müsse[26]. Doch hieß das Schlüsselwort nach wie vor „irgendwie". Sollten auf der großen Abrüstungskonferenz, für deren Beginn ja schon der 2. Februar 1932 vorgesehen war, bei der Anmeldung des deutschen Anspruchs auf Gleichberechtigung sofort die deutschen Absichten und Wünsche in ihrer Gesamtheit aufgedeckt und offensiv vertreten werden? Oder sollte Deutschland den Anspruch auf Gleichberechtigung möglichst lange mit dem Verlangen nach der Abrüstung der anderen Staaten verbinden? Wie war zu vermeiden, daß die Abrüstungskonferenz scheiterte, bevor man etwas für die eigenen Ziele erreicht und ehe das an sich er-

---

[24] AdRK, Die Kabinette Brüning, Bd. 2, Nr. 265 mit Anm. 2.
[25] Aufzeichnung Bülow, 7. 12. 1931, PA, 4 29451.
[26] AdRK, Die Kabinette Brüning, Bd. 2, Nr. 265.

wünschte Scheitern die eigene rüstungspolitische Handlungsfreiheit eingebracht hatte? Welches Rezept gab es für das taktische Hauptproblem, das darin bestand, Deutschland den Vorwurf zu ersparen, am Scheitern der Konferenz schuld oder mitschuldig zu sein?

Hoesch trat dafür ein, „daß Deutschland bis zum letzten Augenblick von seinen Wünschen nichts erkennen lasse, damit es durch unablässige Betonung unserer Abrüstungsforderungen seinen moralischen Standpunkt bis zuletzt intakt halte"[27]. Hinter dieser Empfehlung ist unschwer die Hoffnung des Pariser Botschafters zu erkennen, die von ihm vorgeschlagene Taktik werde die deutsche Regierung so lange auf dem eingeschlagenen Weg festhalten, daß sie am Ende nicht mehr umkehren könne und so in der Tat zur allgemeinen Abrüstung beitrage. Bülow hingegen war der Meinung, „man werde schon vor der Konferenz in äußerst vorsichtiger Form ins Gespräch kommen müssen"[28]; die Reichswehrführung schloß sich dem an[29], während Brüning hier eine mittlere Position einnahm[30]. Daneben stellte sich neuerdings immer wieder die Frage nach den richtigen Bundesgenossen. War es wirklich angezeigt, sich auf der Konferenz mit den übrigen Revisionisten zu verbünden, von der Sowjetunion über die Türkei und Ungarn bis Italien? Durften sie als stark genug, als zuverlässig genug gelten? Wie war mit Großbritannien und den USA umzugehen? Durfte auf ihre Hilfe gerechnet werden? Mußte Frankreich tatsächlich nur als Gegner behandelt werden? Es war ausgerechnet der anfänglich in frankreichfeindlichen Kategorien gefangene Bülow, der, von Monat zu Monat vorsichtiger werdend und von Monat zu Monat näher an den Kurs wie an die operativen Konzeptionen des früher von ihm herzlich gehaßten Stresemann heranrückend, zu der Ansicht gelangte, daß die militärische Gleichberechtigung des Deutschen Reiches niemals gegen, sondern allein durch eine zumindest partielle Verständigung mit Frankreich erreicht werden könne[31]. Doch blieben alle in solchen Zusammenhängen erörterten Punkte im Frühjahr 1931 noch offen, ohne Entscheidung.

Die schlimmste Verwirrung herrschte jedoch gerade in den Debatten über das zentrale Problem: die Reparationspolitik. Fast jedermann im Deutschen Reich war überzeugt davon, daß Deutschland ein moralisches Recht darauf habe, von der Last der Reparationen endlich befreit zu werden. Die Überzeugung gründete sich auf zwei Annahmen: daß Deutschland, erstens, am Weltkrieg entweder überhaupt nicht schuld oder doch nicht schuldiger gewesen sei als die gegnerischen Staaten, mithin die Rechtfertigung der Reparationen mit der deutschen Verantwortung für den Krieg, wie sie die Pariser

---

[27] Ebenda. Auch Hoesch an Bülow, 16. 1. 1931, 31. 1. 1931; PA, R 29514.
[28] AdRK, Die Kabinette Brüning, Bd. 2, Nr. 265.
[29] Ebenda.
[30] Ebenda.
[31] Aufzeichnung Bülow, 12. 7. 1932; PA, R. 29507.

Friedenskonferenz ausgesprochen hatte, als teils böswillige, teils irrige Siegerwillkür zu gelten habe, jedenfalls als haltlos; das sei von der historischen Forschung – also von der staatlich geförderten und von ihren Editoren und Autoren, auch aus der deutschen Historikerzunft, als nationale Pflichtaufgabe angesehenen und de facto durchweg wissenschaftsfernen Entlastungsliteratur – mittlerweile schlüssig bewiesen worden. Außerdem stehe es, zweitens, fest, daß Deutschland in den Jahren seit Kriegsende eine ungeheure Reparationsleistung bereits erbracht habe, womit es nun genug sein müsse; kaum jemand wollte bemerken, daß die gerade von amtlichen Stellen der Öffentlichkeit präsentierten Berechnungen weite Distanz zu den Realitäten hielten, folglich ihren politisch-argumentativen Zweck allein in Deutschland erfüllen konnten, in Paris und London hingegen nur verärgerten oder amüsierten Spott ernteten[32]. Daneben glaubte, von den Wirtschafts- und Finanzexperten abgesehen, nahezu jedermann im Deutschen Reich felsenfest daran, daß mit dem Ende der Reparationszahlungen sofort die Gesundung aller öffentlichen Haushalte und die Erholung der Wirtschaft einsetzen werde. Von Brünings Zielen ganz unabhängig, begann sich die Reparationsfrage vom zentralen auch zum dringlichsten revisionspolitischen Problem zu entwickeln.

Indes gab es Fragen über Fragen. Wann konnten die Gläubiger mit einem deutschen Angriff auf die Reparationen, also mit einem Angriff auf den immerhin freiwillig unterschriebenen Young-Plan, konfrontiert werden? Mit Aussicht auf Erfolg konfrontiert werden? Noch 1931 oder erst 1932, vor oder nach der Abrüstungskonferenz? Wie war der Angriff zu führen? Konnte die Schlacht mit den Waffen eröffnet werden, die der Young-Plan bot, also mit der Erklärung eines zweijährigen Transfermoratoriums für einen – den sogenannten geschützten – Teil der Annuität? Oder mußte der Young-Plan direkt attackiert, das hieß ganz simpel – wie immer verbrämt – die absolute Zahlungsunfähigkeit des Deutschen Reiches behauptet werden? Wie sahen die finanziellen und wirtschaftlichen Folgen aus, wenn die Reichsregierung die Schutzbestimmungen des Young-Plans in Anspruch nahm oder den Plan, weil undurchführbar geworden, einseitig aufkündigte? War nicht in beiden Fällen mit einer Schädigung des deutschen Kredits zu rechnen, die Deutschlands ohnehin krisengeschüttelten Wirtschaft den Zusammenbruch bescherte? Noch in der ersten Hälfte des Mai neigte Brüning zu der Auffassung, daß in der Reparationsfrage „eine materielle Änderung" aufgeschoben werden müsse bis nach der Neuwahl des Präsidenten in den USA (November 1932), den Parlamentswahlen in Frankreich (Mai 1932) und der Abrüstungskonferenz (Ende noch unbekannt)[33].

---

[32] Zum Reparationsproblem Helbich, Die Reparationen. Ferner Kent, The Spoils of War, und die gründliche Untersuchung von Glashagen, Reparationspolitik.
[33] AdRK, Die Kabinette Brüning, Bd. 2, Nr. 291.

Zur gleichen Zeit waren Kabinettsmitglieder wie Reichsfinanzminister Hermann Dietrich noch keineswegs der Ansicht, daß die Reparationslast sozusagen mit einem Ruck abgeworfen werden könne; er dachte vielmehr an einen Zahlungsaufschub, der durch Ausschöpfung der Möglichkeiten des Young-Plans herauszuschlagen sei[34]. Curtius konstatierte, seine Besprechungen über das Reparationsproblem, die er mit den Botschaftern von Gläubigerländern schon gehabt habe, hätten „nichts Günstiges" ergeben; nicht zuletzt seien die USA noch nicht in der Lage, sich an Verhandlungen über das Problem der Reparationen und interalliierten Schulden zu beteiligen. In aller Welt rechne man noch mit einer gewissen Dauer des Young-Plans, weshalb reparationspolitische Schritte „einer psychologischen und politischen Vorbereitung im Ausland, insbesondere in den beteiligten Hauptgläubigerländern und den Vereinigten Staaten von Amerika", bedürften[35]. Finanzminister Dietrich glaubte, daß bei der Verkündung eines Zahlungsaufschubs – die er allerdings erst 1932 für richtig hielt – "die Gefahr des Abziehens kurzfristiger Schulden" nicht hoch zu veranschlagen sei[36]. Reichsbankpräsident Hans Luther war in dieser Hinsicht ganz anderer Meinung und wandte sich generell gegen reparationspolitische Aktivitäten, die nur zur Verschlimmerung der Krise beitragen müßten: „Vielleicht würden wir dann eines Tages nicht mehr in der Lage sein, die erforderlichen Devisen zu beschaffen."[37] Reichskanzler Brüning hat in der ersten Hälfte des Mai 1931 noch keine klare Entscheidung zwischen den diversen Standpunkten getroffen. Er griff aber den Gedanken seines Außenministers auf, im Ausland Vorbereitungsarbeit zu leisten, und verfügte eine „Erhöhung des Geheimfonds des Auswärtigen Amts ... zum Zwecke einer vermehrten Propaganda"[38].

Wenn der Kanzler gleichwohl noch im weiteren Verlauf des Mai den Entschluß faßte, die Wirkung der Propaganda nicht abzuwarten und ehebaldigst einen reparationspolitischen Schritt zu tun, der über rhetorische Kritik am Young-Plan hinausging, auch über mehr oder weniger geschickte Erkundigungen bei den Gläubigerstaaten, wie sie denn auf eine deutsche Rebellion gegen den Plan reagieren würden, so lag das keineswegs daran, daß ihm plötzlich ein taktisches Konzept eingefallen wäre oder er die Zeit für reif gehalten hätte. Vielmehr wähnte er sich aus innenpolitischen Gründen in einer Zwangslage. Im Zuge der Deflationspolitik, die er grundsätzlich für richtig und geboten hielt, glaubte er sich genötigt, zur Sicherung eines ausgeglichenen Haushalts schon in nächster Zukunft per Notverordnung neue Gehaltskürzungen und Steuererhöhungen vorzunehmen. Eine solche Maß-

---

[34] Ebenda.
[35] Ebenda.
[36] Ebenda.
[37] Ebenda.
[38] Ebenda.

IV. Britisch-deutsche Allianz gegen den Young-Plan

nahme zu treffen, ohne der Nation ein Äquivalent zu bieten, indem er die Reparationen angriff, schien ihm aber unmöglich, zumal er ja, wie bisher auch, für die Nöte des Reiches und aller Deutschen die Reparationszahlungen als zumindest partiell verantwortlich hinzustellen gedachte. Vor allem war – so Brünings Meinung – ohne eine gleichzeitige Wendung gegen die Reparationen dem Druck der Rechten, der Deutschnationalen und Nationalsozialisten, nicht länger standzuhalten. Die Sicherung der Regierung Brüning und des Systems Brüning verlangte nach einer flankierenden reparationspolitischen Begleitung der kommenden Notverordnung[39]. In dieser Phase erzwang also nicht die Reparationspolitik einen deflationspolitischen, sondern umgekehrt die Deflationspolitik einen reparationspolitischen Akt.

Indes vermochte Brüning immer noch keine Möglichkeit zu entdecken, die Reparationen im Rahmen des Young-Plans oder durch Kündigung des Plans anzugehen. Frankreich und die französischen Trabanten wie Belgien und die Tschechoslowakei würden sich widersetzen und dabei vermutlich die Unterstützung Großbritanniens und der USA finden. Aus Rom waren zwar gelegentlich süß klingende Worte zu vernehmen. Wie würde aber Mussolini reagieren, wenn tatsächlich Millionen nicht in die italienischen Kassen fließen sollten, die im Etat fest eingeplant waren? Im übrigen nützte das Wohlwollen bloß des schwachen Italien ohnehin wenig. Erst bei der Suche nach einem Ausweg aus diesem Dilemma bildete der Kanzler jene reparationspolitische Taktik aus, an der er dann bis zum Ende seiner Amtszeit zäh festhielt. Inzwischen war der Beginn des Besuchs von Brüning und Curtius in England, der ursprünglich für Anfang Mai vorgesehen gewesen war, auf den 5. Juni festgelegt worden. Brüning beschloß nun – mit Zustimmung seines Kabinetts –, die bis dahin fertige und von Reichspräsident v. Hindenburg unterzeichnete Notverordnung parallel zum Eintreffen in England zu veröffentlichen, zugleich einen Aufruf der Reichsregierung an die Deutschen zu erlassen, in dem zu konstatieren sei, daß Deutschland die Last der Reparationen nicht länger zu tragen vermöge[40]. In der Tat lauteten die reparationspolitischen Kernsätze des von Reichsfinanzminister Dietrich nach Brünings Instruktionen formulierten Aufrufs: „Wir haben alles angespannt, um unseren Verpflichtungen aus dem verlorenen Kriege nachzukommen. Auch ausländische Hilfe haben wir hierfür in weitem Maße in Anspruch genommen. Das ist nicht mehr möglich. Die Einsetzung der letzten Kräfte und Reserven aller Bevölkerungskreise gibt der deutschen Regierung das Recht und macht es ihr dem eigenen Volke gegenüber zur Pflicht, vor der Welt auszusprechen: Die Grenze dessen, was wir unserem Volke an Entbehrungen aufzuerlegen vermögen, ist erreicht! Die Voraussetzungen, unter denen der neue Plan [Young-Plan] zustande gekommen ist, haben sich

---

[39] AdRK, Die Kabinette Brüning, Bd. 2, Nr. 316.
[40] AdRK, Die Kabinette Brüning, Bd. 2, Nr. 324, 326, 327.

durch die Entwicklung, die die Welt genommen hat, als irrig erwiesen. Die Erleichterung, die der neue Plan nach der Absicht aller Beteiligten dem deutschen Volke bringen sollte und fürs erste auch zu bringen versprach, hat er nicht gebracht. Die Regierung ist sich bewußt, daß die aufs äußerste bedrohte wirtschaftliche und finanzielle Lage des Reiches gebieterisch zur Entlastung Deutschlands von untragbaren Reparationsverpflichtungen zwingt. Auch die wirtschaftliche Gesundung der Welt ist hierdurch mitbedingt."[41]

Eine wahrhaft ingeniöse Erklärung. Der deutschen Bevölkerung verhieß der Aufruf scheinbar unzweideutig die Eröffnung des Feldzugs gegen die Reparationen. Auf der anderen Seite vermied er mit Bedacht die Ankündigung des Transferaufschubs und erst recht die Aufkündigung des Young-Plans. Paris, London und Washington wurde lediglich eine Bestandsaufnahme der finanziellen und wirtschaftlichen Lage des Reiches präsentiert; daraus die richtigen Schlüsse zu ziehen und das Erforderliche zu veranlassen, sollte den dort amtierenden Regierungen überlassen bleiben, ja nun als deren Pflicht erscheinen. Mit einem Streich – und ohne Deutschland formal dem Vorwurf der Vertragsverletzung auszusetzen – gedachte Brüning die Verantwortung für die deutsche Wirtschaft und die internationale wirtschaftliche Situation den Gläubigerstaaten zuzuschieben. Mit anderen Worten: Hatte der Kanzler die deutsche und die globale Wirtschaftskrise bislang ganz simpel als notwendige Voraussetzung erfolgreicher deutscher Reparationspolitik angesehen, so begann er die Krise jetzt zu instrumentalisieren, und zwar auf eine Weise, mit der er Deutschland das irritierende Drängen auf Rettungsmaßnahmen ersparen, dem Schuldner vielmehr die Rolle eines gleichsam aufgedrängte Hilfe Annehmenden sichern wollte. Brünings Erinnerungen sind für die Rekonstruktion faktischer Abläufe nur von geringem Wert, doch gibt er in ihnen die Grundtendenzen seiner Politik und die in bestimmten Phasen gewählte taktische Marschroute durchaus zuverlässig wieder. Wenn er schrieb: „Aus der Krankheit konnten wir unsere Waffe machen!", so charakterisierte er treffend sein Konzept im Frühsommer 1931[42]. Dabei wußte der gewiegte Finanzexperte – im Gegensatz zu seinem Finanzminister – sehr genau, daß der von Dietrich offenbar recht leichtherzig formulierte Aufruf außerhalb Deutschlands als Bankrotterklärung des Deutschen Reiches aufgefaßt werden und mindestens eine neue Welle von Abzügen kurzfristiger Kredite anstoßen mußte[43]. Daß dies die – ihm sehr wohl

---

[41] Schulthess', 1931, S. 120f.
[42] Brüning, Memoiren, S. 309.
[43] An Warnungen hatte es nicht gefehlt, so vom Generalkonsul in New York Otto Kiep bereits am 11. 9. 1930 (PA, R 80147), und am 13. 4. 1931 hatte Botschafter v. Prittwitz die Auffassung von Roland W. Boyden, einem Berater der amerikanischen Regierung in europäischen Angelegenheiten, mitgeteilt, Deutschland müsse alles vermeiden, was seinen politischen und wirtschaftlichen Kredit „aufs ernsteste" gefährden würde, etwa eine „unverhoffte Moratoriumserklärung"; PA, R 80147.

IV. Britisch-deutsche Allianz gegen den Young-Plan

bewußte – wirtschaftsschädliche Wirkung der neuen Notverordnung nur potenzieren konnte, stand ihm gewiß ebenfalls vor Augen. Aber wenn der Kranke noch um einiges kränker wurde, so paßte das exakt zu der nun verfolgten Taktik.

Der Erfolg übertraf die kühnsten Erwartungen. Den ersten hohen Punktgewinn heimsten Brüning und Curtius bereits bei ihrem Besuch in England ein. Brüning fürchtete noch bei Antritt der Reise, daß die Briten vor allem über die Abrüstung reden wollten und er womöglich vor der unangenehmen Alternative stehen werde, entweder den militärischen Interessen des Reiches widersprechende Festlegungen – im Blick auf die kommende Abrüstungskonferenz – einzugehen oder seine Gastgeber zu verärgern[44]. Die Absichten, von denen die britische Einladung bestimmt worden war, gröblich verkennend, hegte wiederum der Reichsaußenminister die verwegene Hoffnung, das gesamte revisionistische Programm Deutschlands, einschließlich der Forderung nach Rückgabe der Kolonien, darlegen und für die deutschen Ansprüche britisches Verständnis wecken zu können[45]. Indes war der Kanzler zugleich entschlossen, das Treffen für eine gründliche Erörterung des Reparationsproblems zu nutzen, und zum nicht geringen Erstaunen der beiden deutschen Gäste war eine solche Debatte genau das, worauf sich die vom Berliner Botschafter Großbritanniens gut vorbereiteten englischen Gesprächspartner eingestellt hatten, ja was diese – die ihrem ursprünglichen Einladungsmotiv also inzwischen ein zweites hinzugefügt hatten – in der Tat selbst wollten[46].

So konnten Brüning und Curtius in den Tagen vom 5. bis zum 9. Juni, erst in London, dann in Chequers, dem Landsitz des britischen Premierministers, die gerade erlassene Notverordnung erläutern und damit den rücksichtslosen Sparwillen der Reichsregierung – wie ihre Treue zum Young-Plan – beweisen, anschließend die deutschen Schwierigkeiten mit den Reparationen dartun, und das ganz im Geiste des die Notverordnung begleitenden Aufrufs. Premierminister McDonald, Außenminister Henderson, Sir Robert Vansittart, der Staatssekretär im Foreign Office, Sir Frederick Leith-Ross, der wirtschaftliche Chefberater der britischen Regierung, und Montagu Norman, Leiter der Bank von England, waren tief beeindruckt, zumal Brüning, wie stets im Verkehr mit Repräsentanten anderer Staaten, wohl mit großem Ernst, jedoch zurückhaltend und ruhig sprach, dem Anschein nach einfach Fakten ausbreitend. Es entstand eine Atmosphäre, die einer guten Aufnahme deutscher Argumente sehr förderlich war.

Zwar zeigte sich Henderson noch recht kritisch, als Brüning immerhin erklärte, daß Deutschland vielleicht im November des Jahres die Schutz-

---

[44] AdRK, Die Kabinette Brüning, Bd. 2, Nr. 324.
[45] Aufzeichnung Curtius, 10. 6. 1931; PA, R 28299.
[46] Rumbold an Henderson, 1. 5. 1931; DBFP, Second Series, Vol. II, Nr. 43.

klauseln des Young-Plans in Anspruch nehmen müsse[47], und Sir Frederick Leith-Ross meinte im Laufe der Unterhaltungen einmal, ein direkter Versuch zur Revision des Young-Plans sei derzeit äußerst schwierig und gefährlich[48]. Sir Robert Vansittart wies darauf hin, daß mit den Vereinigten Staaten bestimmt erst nach den Präsidentschaftswahlen vom November 1932 über die Reparationen geredet werden könne; Sir Robert merkte außerdem vorwurfsvoll an, manche Aktionen der deutschen Regierung seien nicht geeignet, ausländische Investoren zu langfristigen Anleihen zu ermutigen[49]. Auch kam es zu einer kleinen Krise der Gespräche, als am 6. Juni Sir Ronald Lindsay aus Washington telegrafisch mitteilte, welch verheerenden Eindruck der Aufruf der Reichsregierung in den USA gemacht und dort dem Kredit Deutschlands ernstlich geschadet habe[50]. Sir Robert Vansittart wurde gebeten, die Telegramme wörtlich vorzulesen, und da die anwesenden Briten den Text des Aufrufs offenbar erst jetzt richtig zur Kenntnis nahmen und anscheinend einen Moment lang glaubten, schon die Kündigung des Young-Plans zu hören, kühlte die Stimmung vorübergehend ab, hatte doch Henderson zu Beginn betont, die Reparationsfrage könne, so groß die Schwierigkeiten Deutschlands seien, nicht durch einseitiges deutsches Handeln, sondern nur durch internationale Anstrengungen gelöst werden. Selbst der ansonsten mit seinen deutschen Kollegen ausgezeichnet zusammenarbeitende Montagu Norman, der den Wortlaut des Aufrufs bis dahin noch nicht gekannt hatte, äußerte sich entsetzt, brachte sein Verständnis für die amerikanischen Reaktionen zum Ausdruck, konstatierte eine völlige Veränderung der Situation und sagte, er hoffe sehr, daß die deutsche Regierung nicht noch mehr derartige Überraschungen auf Lager habe; Curtius erwiderte – trocken oder naiv? –, „derzeit seien keine weiteren Manifeste in Vorbereitung"[51].

Aber der Sturm ging schnell vorbei, und zwar vor allem deshalb, weil die britischen Politiker, also MacDonald und Henderson, die Nachrichten aus Washington bezeichnenderweise recht gleichmütig aufnahmen und in der Diskussion mit den deutschen Gästen nicht weiter darauf zurückkamen. Offensichtlich war ihnen nicht entgangen, daß der amerikanische Außenminister Henry L. Stimson, obwohl ihm der Aufruf der Reichsregierung tatsächlich wie eine deutsche Moratoriums-Erklärung klang und er einen Abzug kurzfristig in Deutschland angelegter Gelder prophezeite, der den Vorgängen im Herbst des Vorjahres nicht nachstehen werde, in der Sache

---

[47] Summary of the Discussion with the German Ministers at Chequers on Sunday, June 7, 1931; DBFP, Second Series, Vol. II, Nr. 51.
[48] Ebenda.
[49] Ebenda.
[50] Lindsay an Henderson, 6. 6. 1931; DBFP, Second Series, Vol. II, Nr. 49, 50.
[51] Summary of the Discussion with the German Ministers, June 7; DBFP, Second Series, Vol. II, Nr. 51.

IV. Britisch-deutsche Allianz gegen den Young-Plan 131

selbst auffallend milde blieb. „Der Ernst der deutschen Situation", so sagte er laut Lindsay, „war auch ohne eine derart unselige Kundmachung evident genug, um die Notwendigkeit sorgfältiger Prüfung deutlich zu machen."[52] Und zum Moratorium bemerkte er lediglich, wenn schon ein solches erklärt werde, dann sollte es auf eine Art und Weise geschehen, die ganz klar besage, daß es allein um die Reparationen gehe, nicht hingegen um kommerzielle Schulden[53]. Die britischen Gastgeber nahmen Stimsons Äußerungen um so befriedigter zur Kenntnis, als ihre wahre Meinung ja nicht in den kritischen Sätzen an die Adresse Brünings und seines Außenministers zum Ausdruck kam; damit wollte man im Grunde die Deutschen nur zu einem vorsichtigen und mit den an die USA verschuldeten europäischen Gläubigerstaaten abgestimmten Vorgehen anhalten.

Was die Briten wirklich im Auge hatten, durften Brüning und Curtius anderen Bemerkungen entnehmen. So war es gerade Henderson, der Vansittarts Behauptung widersprach, die Vereinigten Staaten seien für Verhandlungen über die Reparationen noch nicht reif: Die Ansichten in den USA veränderten sich, sagte der britische Außenminister und zitierte eine Rede des Senators William E. Borah, in der dieser die Streichung von Regierungsschulden vorgeschlagen habe; Henderon setzte hinzu, die Lage in Europa sei ernst und man müsse ihr begegnen[54]. Andeutungsweise lag damit das britische Programm auf dem Tisch: zunächst eine für die Schuldner größtmögliche Erleichterung bringende und andererseits für die Gläubiger – vornehmlich Frankreich – akzeptable Lösung des Reparationsproblems in Europa, danach Liquidierung der alliierten Schulden an die USA. Der Gouverneur der Bank von England, Montagu Norman, der zu den Gesprächen erst später hinzukam, eröffnete seine Diskussionsbeiträge mit der frohgemuten – jedenfalls nicht den geringsten Schrecken verratenden – Frage, er nehme an, die Deutschen seien gekommen, um zu erklären, daß sie nicht länger Reparationen zahlen könnten[55]. Brüning und Curtius bestritten das: Selbstverständlich werde Deutschland den Young-Plan erfüllen, solange das möglich sei; es gehe ihnen einfach darum, die Schwierigkeiten darzulegen und aus Loyalität zu ihren britischen Kollegen darauf aufmerksam zu machen, daß die Zeit komme, wo sie bei den Sicherungen des Plans Zuflucht suchen müßten[56]. Daß Montagu Norman dies mit den Worten quittierte, Brüning und Curtius hätten fraglos den Weg in die Zukunft vorzubereiten, konnte auf die Deutschen nicht entmutigend wirken, wenngleich Norman im weiteren keinen Zweifel daran ließ, daß er die Finanzkrise in Österreich und

---

[52] Lindsay an Henderson, 6. 6. 1931; DBFP, Second Series, Vol. II, Nr. 49.
[53] Lindsay an Henderson, 6. 6. 1931; DBFP, Second Series, Vol. II, Nr. 50.
[54] Summary of the Discussion with the German Ministers, June 7; DBFP, Second Series, Vol. II, Nr. 51.
[55] Ebenda.
[56] Ebenda.

Ungarn für vordringlich halte und den Deutschen empfehle, ihren Problemen noch eine Weile mit eigenen Mitteln zu Leibe zu rücken[57]. Auch das zum Abschluß des Treffens veröffentlichte Kommuniqué, verfaßt von Curtius und Botschafter v. Neurath zusammen mit Sir Robert Vansittart und Sir Frederick Leith-Ross, enthielt nicht einen Satz, der als Mahnung an die Reichsregierung zu deuten gewesen wäre, den Young-Plan nicht anzutasten.

Obwohl sie noch immer nicht richtig erkannten, wie weit die Briten bereits zu gehen bereit waren, sagten sich Brüning und Curtius mit Recht, daß sie einen großen Erfolg verzeichnen durften. Mit verständlicher Zufriedenheit notierte der Reichsaußenminister am Tag der Rückkehr aus England, am 10. Juni, Brüning und er hätten in Chequers die finanzielle Lage Deutschlands dargelegt, also einen Gläubigerstaat unterrichtet: „Wenn wir in der Folge zu autonomen Maßnahmen schreiten, so wird uns kein Vorwurf gemacht werden können."[58] Drei Tage später schrieb er noch deutlicher und freudiger an Neurath: In Chequers sei „wiederholt klar ausgesprochen [worden], daß die deutsche Regierung die Erklärung eines Aufschubs nach dem Youngplan für allernächste Zeit in Aussicht nehmen müsse". Die englischen Minister hätten das zur Kenntnis genommen, zwar ohne zuzustimmen, aber auch ohne zu protestieren. Die Reparationsfrage sei mithin „in der politischen Weltöffentlichkeit zur erneuten Diskussion gestellt ..., ohne daß es dabei zu politischen Komplikationen gekommen wäre. Damit ist ein psychologisch kritischer Punkt ohne politischen Rückschlag überwunden worden."[59] Brüning war im übrigen nicht zuletzt deshalb erleichtert, weil Curtius einen Versuch Vansittarts, den Gedanken einer langfristigen Anleihe wieder ins Spiel zu bringen, mit der kurzen Bemerkung abgeblockt hatte, das sei eine abgetane Sache; Deutschland habe weder den Wunsch noch die Fähigkeit, seine Probleme auf solche Art zu lösen[60].

Ein Haken war freilich bei all dem. Mit der Warnung, Deutschland werde demnächst den vom Young-Plan vorgesehenen Transferaufschub beantragen müssen, hatten sich Brüning und Curtius praktisch darauf festgelegt, daß die Reichsregierung nur im Rahmen des Young-Plans und nicht direkt gegen den Plan handeln werde. Das war in doppelter Hinsicht unangenehm. Erstens herrschte in dieser Frage noch keineswegs Einigkeit im Kabinett und unter den sonst mit dem Reparationsproblem befaßten deutschen Fachleuten. Zweitens – und vor allem – waren die Schutzmechanismen des Plans nicht nur zum Schutz des Schuldnerstaates konstruiert worden, sondern zugleich zum Schutz des Plans. Der Transferaufschub war eben bloß ein Aufschub. Nach Ablauf der Frist mußten die Zahlungen wieder aufgenommen

---

[57] Ebenda.
[58] Aufzeichnung Curtius, 10. 6. 1931; PA, R 28229.
[59] Curtius an Neurath, 13. 6. 1931; PA, R 28229.
[60] Summary of the Discussion with the German Ministers, June 7; DBFP, Second Series, Vol. II, Nr. 51.

und die gestundeten Gelder – verzinst – nachgezahlt werden. Auch durfte der Aufschub höchstens zwei Jahre dauern. Nach relativ kurzer Zeit war also nicht allein wieder die gewohnte, sondern eine vermehrte Last zu schultern. Im übrigen lief ja während der Zeit, da die Bestimmungen des Plans in Anspruch genommen wurden, die Zahlung der ungeschützten Annuität weiter.

Wie angesichts dieser Rechtslage die Mechanismen des Young-Plans zu Waffen gegen den Plan umgeschmiedet werden sollten, war nicht recht zu sehen. Nun stand der Regierung Brüning jedoch vor Augen, eine Abmachung über „eine Atempause von etwa drei Jahren" zu erreichen, wie sich Staatssekretär v. Bülow in den Tagen von Chequers ausdrückte, „ein längeres Feierjahr für alle internationalen Zahlungen, die auf Grund der Kriegsliquidation erfolgen"[61]; danach sollte das Reparationskapitel natürlich endgültig abgeschlossen werden. Konnte das mit dem „Druckmittel Young-Moratorium" England abgehandelt und Frankreich abgetrotzt werden? Außerdem verstand Bülow – nicht anders als Brüning – die Reparationen mit Recht nur als ein Teilproblem aller internationalen Zahlungen, die auf den Weltkrieg zurückgingen. Wenn die USA weiterhin auf der Eintreibung der alliierten Kriegsschulden bestanden, würden Frankreich und auch Großbritannien auf deutsche Reparationen gar nicht verzichten können. Und hatten nicht Montagu Norman und Sir Robert Vansittart die amerikanische Verhandlungsbereitschaft für 1931 und 1932 – das heißt auch für den November 1931, den Brüning als letztmöglichen Termin eines deutschen Antrags auf Transferaufschub bezeichnet hatte – sehr skeptisch beurteilt? Chequers war ein Erfolg, aber es hingen so dichte Nebelschwaden über der politischen Landschaft, daß man den weiteren Weg noch immer nicht so recht zu erkennen vermochte.

Den nächsten Fortschritt brachte denn auch nicht eine Aktion der Reichsregierung, sondern ausgerechnet ein Schritt der für handlungsunfähig gehaltenen amerikanischen Regierung, der freilich unmittelbar auf eine von der Reichsregierung geschaffene Situation zurückging. Die Kritiker innerhalb und außerhalb Deutschlands, die als Folge des von Finanzminister Dietrich verfaßten Aufrufs vom 5. Juni – nicht als Folge der Notverordnung vom gleichen Tage – eine neue Welle der Abzüge kurzfristiger Kredite erwarteten, sahen sich in einem Maße bestätigt, das wohl die Befürchtungen der meisten noch übertraf. Die Kündigungswelle, die von der Bankrotterklärung der Reichsregierung ausgelöst wurde, kostete die deutsche Wirtschaft im Laufe weniger Wochen rund 3 Milliarden Reichsmark und ließ den Devisen- und Goldbestand der Reichsbank auf einen beängstigenden Tiefstand sinken[62]. Der Schlag traf die deutschen Finanzen und die deutsche

---

[61] Bülow an Hoesch, 8. 6. 1931; PA, R 29506.
[62] Keese, Die volkswirtschaftlichen Gesamtgrößen, S. 69ff.

Wirtschaft um so wuchtiger, als die nach den Septemberwahlen von 1930 erlittenen Verluste inzwischen durch neu hereinströmende oder zurückfließende Gelder wohl zum Teil ausgeglichen worden waren, aber eben nur zum Teil; die neuerliche Katastrophe also erschütterte einen Organismus, dessen Konstitution weit schwächer war als im Herbst 1930. Der wirtschaftliche Kollaps Deutschlands begann sich abzuzeichnen, und es lag auf der Hand, daß, sollte es tatsächlich zu diesem Kollaps kommen, der deutsche Zusammenbruch die Finanzkrise in Österreich und mittlerweile auch in Ungarn unheilbar machen, damit einen über den ganzen Kontinent hinwegrasenden Flächenbrand entfachen mußte. Wie sehr das die tiefe Krise verschlimmern würde, in der die Weltwirtschaft ohnehin steckte, war gar nicht auszudenken.

Eine innerdeutsche – für die Außenwelt allerdings ebenfalls gefährliche – Konsequenz stellte sich ohnehin ein. Die Ende Juni 1931 einsetzende und den ganzen Juli während deutsche Bankenkrise, die etliche deutsche Großbanken, so die Dresdner, in derartige Abgründe der Illiquidität stieß, daß sie nur durch eine fast schon auf Verstaatlichung hinauslaufende Intervention des Reiches gerettet werden konnten, hing zwar nicht unmittelbar mit der Kündigungswelle zusammen, die dem Aufruf vom 5. Juni zu danken war. Vielmehr ist der Grund der Bankenkrise darin zu suchen, daß bedeutende deutsche Unternehmen in immer größere Absatzschwierigkeiten gerieten, zahlungsunfähig wurden und dann die Banken, von denen sie über jedes wirtschaftlich vertretbare Maß hinaus mit Krediten gestützt worden waren, in die Strudel der eigenen Pleite zogen; so verlor die Darmstädter und Nationalbank (Danat) beim Bankrott der Norddeutschen Wollkämmerei und Kammgarnspinnerei (Nordwolle) mehr als ihr Eigenkapital[63]. Doch wäre es der Reichsregierung, der Reichsbank und dem ganzen deutschen Bankensystem ohne den zuvor erlittenen Aderlaß vielleicht möglich gewesen, mit der Julikrise aus eigener Kraft fertig zu werden. Wie die Dinge lagen, konnte das nicht gelingen. Hätten die Zentralbanken der „Gegnerstaaten", wie sich Mitglieder des Kabinetts gerne ausdrückten, nicht hilfreich eingegriffen, wäre die Regierung Brüning wahrscheinlich schon im Sommer 1931 untergegangen – nicht ohne eigenes Zutun.

In jenen Staaten, in denen wirtschaftliche Gesichtspunkte besonderes Gewicht besaßen, also namentlich in Großbritannien und den USA, ist die Entwicklung in Deutschland mit wachsender Sorge beobachtet worden. Daß die schwächer und schwächer pulsierende eigene Wirtschaft unter der deutschen Krise zu leiden haben werde, konnte niemand mehr übersehen. Außerdem hatten britische und amerikanische Investoren viel Geld in Deutschland angelegt, das als äußerst gefährdet erscheinen mußte. Beides verlangte nun nach schützender Aktivität der Regierungen. Eine Woche

---

[63] James, The German Slump, S. 283 ff.

nach Brünings und Curtius' Abreise aus England schrieb der britische Botschafter in Paris, Lord William Tyrrell, an Außenminister Henderson, die französische Regierung habe „etwas beunruhigende Nachrichten" über die finanzielle Situation in Deutschland; Lord Tyrrell fügte die Überlegung hinzu, daß, falls die Abzüge von der Reichsbank in großem Maßstab anhalten sollten, eine Zahlungsunterbrechung notwendig werden könnte[64]. Henderson antwortete umgehend, die Lage in Deutschland sei in der Tat außerordentlich kritisch, kritischer als irgendwann in den vergangenen sechs Jahren. Falls sich deutsches Kapital der Abzugsbewegung ausländischer Kredite anschließe, drohe der Zusammenbruch der Mark. Er sprach unumwunden aus, daß man vor einer Einstellung der Reparationszahlungen stehen könne, darüber hinaus aber vor „einem finanziellen Kollaps in Deutschland und Österreich, der das ernste Risiko politischer und sozialer Unruhen in diesen Ländern heraufbeschwört, mit Rückwirkungen auf das übrige Europa"[65]. Den Schlüssel zur Lage hielten die Vereinigten Staaten und Frankreich in Händen. Henderson schloß: „Wir hoffen, daß die französische Regierung die Situation vollständig erfaßt."

Lord Tyrrell gab die Mahnung an die Pariser Regierung weiter, doch war es für Appelle an die französische Vernunft noch um einge Wochen zu früh, zumal Frankreich auf Grund seiner Wirtschaftsstruktur noch viel weniger als mittlerweile alle anderen Staaten unter der Krise zu leiden hatte und sich eines ständigen Zustroms von Gold erfreute; britische Politiker und Finanziers charakterisierten letzteres verärgert als mißbräuchliche Ausnutzung der wirtschaftlichen Position Frankreichs, doch änderte das nichts daran, daß die Pariser Regierung im Moment noch – im trügerischen Gefühl eigener Sicherheit – dazu neigte, die Verschärfung der Krise in Deutschland und deren Auswirkung auf Großbritannien und die Vereinigten Staaten mit dort erst recht ungnädig aufgenommener Gelassenheit zu betrachten. Die französischen Politiker verstanden die finanziellen und wirtschaftlichen Nöte Österreichs und auch Ungarns sehr viel besser, weil bei der Gewährung der von Wien und Budapest erbetenen Finanzhilfe sogleich politische Forderungen durchgesetzt werden konnten. War es im Falle Österreichs der Verzicht auf die Zollunion mit Deutschland, so wurde der ungarischen Regierung ein längerer Wunschzettel präsentiert: 1. Schaffung einer freundschaftlichen Atmosphäre zu Frankreich und den Staaten der Kleinen Entente, damit verbunden Einschränkung der revisionistischen Propaganda, 2. Abschluß eines Handelsvertrags mit der Tschechoslowakei, 3. Sanierung des Haushalts, insbesondere durch Reduzierung der militärischen Ausgaben, 4. Aufhebung der paramilitärischen Verbände. Insgesamt lief das auf Aus-

---

[64] Henderson an Lord Tyrrell, 15. 6. 1931; DBFP, Second Series, Vol. II, Nr. 55; das Telegramm Lord Tyrrells vom 13. 6. 1931 in Anm. 1 zum Schreiben Hendersons.
[65] Ebenda.

söhnung Ungarns mit dem Status quo hinaus. An den Rand eines Berichts, in dem die Budapester Gesandtschaft des Reiches mitteilte, Frankreich stelle solche Ansprüche an Ungarn, schrieb Ministerialdirektor Köpke: „Simile für Deutschland"![66]

Da Ungarn bei der Suche nach Unterstützung vergeblich in London und Rom anklopfte, wandte es sich schließlich notgedrungen an Paris. Tatsächlich kam im Sommer 1931 eine französisch-ungarische Verständigung zustande, die, obwohl beide Seiten beteuerten, politische Bedingungen für die Pariser Finanzhilfe seien weder genannt noch akzeptiert worden, auf eine partielle Annahme der französischen Forderungen hinauslief. Nachdem Ministerpräsident Graf Stefan Bethlen am 19. August zurückgetreten und von einem Kabinett unter Graf Julius Karolyi abgelöst worden war, wurden im Etat in der Tat Berichtigungen zu Lasten der Armee vorgenommen[67]. Und nicht nur das. War in den öffentlichen Bekundungen der Regierung Bethlen Ungarns flammender Protest gegen die von den Pariser Friedensmachern erzwungenen Gebietsverluste schon förmlich ritualisiert gewesen, ebenso die Betonung der Notwendigkeit enger Beziehungen zu Deutschland und Italien, so sprach Graf Karolyi in seiner Antrittsrede zwar durchaus noch davon, daß das Freundschaftsverhältnis zu Italien ausgebaut und die guten Beziehungen zu Deutschland wie bislang gepflegt werden müßten, doch betonte er dann seine Freude darüber, daß „unsere Beziehungen zu Frankreich sich andauernd verbessern und uns von französischer Seite herzliches Verständnis und Freundschaft bezeigt wird". Die „Revision der Trianongrenzen" blieb unerwähnt[68].

Ungarn schien auf dem Weg zur Anerkennung des Status quo immerhin den ersten Schritt getan zu haben. Jedoch sollten in späteren Jahren gerade die Ungarn zum klassischen Beispiel dafür werden, daß einer Nation eine außenpolitische Programmatik, die Gemüter und Sinne bewegt, nicht abgekauft werden kann. Bereits im Sommer 1931 lieferte Ungarn Belege dafür, daß die freundlichen Worte an die Adresse Frankreichs lediglich als Ergebnis einer momentanen Zwangslage gedeutet werden durften. Abgesehen davon, daß Graf Karolyis nach wie vor einflußreicher Vorgänger Graf Bethlen wie stets die Wendung „Errichtung des alten Großungarn" gebrauchte, und zwar mit Sehnsucht in der Stimme[69], gehörte dem neuen Kabinett als Wehrminister – und in dieser Eigenschaft keine schwache Figur – Julius Gömbös an, ein in der Wolle gefärbter ungarischer Nationalist und Revisionist, der seit den frühen zwanziger Jahren engste Verbindung zu den Führern rechtsextremistischer Organisationen in Deutschland hielt, einschließlich der NSDAP; zwölf Jahre vor Mussolini, nämlich 1924, prägte Gömbös den Be-

---

[66] Schlimpert an AA, 26. 8. 1931; PA, R 74142.
[67] Ebenda.
[68] Schlimpert an AA, 25. 8. 1931; PA, R 74142.
[69] Ebenda.

IV. Britisch-deutsche Allianz gegen den Young-Plan

griff „Achse Berlin – Rom", die dereinst das Schicksal Europas – natürlich mit Profit für Ungarn – entscheiden werde[70]. Die deutsche Gesandtschaft kommentierte denn auch, Gömbös dürfe als sichere Stütze des bisherigen Kurses gelten: „Seine Verehrung für den Faschismus und sein Streben, mit der deutschen Wehrmacht in enger Fühlung zu stehen, sind eingeweihten Kreisen ebenso bekannt, wie seine ausgesprochene Abneigung gegen Frankreich und besonders die Kleine Entente. Mit seinem Bleiben werden alle Gerüchte einer bedingungslosen französischen Orientierung dementiert."[71] Die Wirksamkeit des von Frankreich praktizierten Einsatzes wirtschaftlicher Macht zur Erzwingung politischen Wohlverhaltens war also selbst mitten in der Krise höchst zweifelhaft.

Aber wenn es für einen Appell an französische Ratio noch zu früh war, so nicht für die Mobilisierung der amerikanischen Regierung. Jene amerikanischen Politiker, von Präsident Herbert Hoover bis zu einflußreichen Senatoren und Kongreßabgeordneten, die sich, zusammen mit amerikanischen Finanziers und Geschäftsleuten, der britischen Auffassung angeschlossen hatten, der seltsame Kreislauf der zur Liquidierung des Weltkriegs als Regierungsschulden gezahlten Gelder – deutsche Reparationen an die ehemaligen Alliierten und deren Leistungen an ihren Gläubiger USA – sei nicht nur wirtschaftlich sinnlos, sondern wirtschaftlich außerordentlich schädlich, jene Amerikaner also fanden sich im Frühjahr 1931 zu einer allmählich fester werdenden Front zusammen. Dem stand freilich entgegen, daß eine eindeutige Mehrheit der Durchschnittsamerikaner – und mit ihr eine eindeutige Mehrheit der in den Medien laut werdenden öffentlichen Meinung – die Regierungsschulden nicht anders als private Schulden betrachtete und nach wie vor nicht den geringsten Grund sah, warum Briten und Franzosen die ihnen während des Krieges gewährten Kredite nicht zurückzahlen sollten; daß die Zahlungsfähigkeit der früheren Alliierten etwas mit den von Deutschland an diese zu zahlenden Reparationen zu tun hatte, war eine Einsicht, die der Majorität ebenfalls noch völlig fern lag[72].

Die jähe und auch für die amerikanische Wirtschaft höchst bedenkliche Verschlimmerung der Krise in Deutschland, die nach dem 5. Juni eintrat, schuf nun jedoch eine Situation, die offensichtlich nach raschem Handeln verlangte. Und die Amerikaner, die in Deutschland investiert hatten, versäumten nicht, die Regierung an ihre Schutzpflicht zu erinnern. Wie sollte aber die Freiheit zum Handeln gewonnen werden? Daß die Vereinigten Staaten den ersten Schritt zu machen hatten, da niemand von Großbritannien und Frankreich ernstlich verlangen konnte, auf Reparationen zu ver-

---

[70] Mackensen an AA, 19. 6. 1934; PA, R 74142.
[71] Schlimpert an AA, 26. 8. 1931; PA, R 74142.
[72] Noch im Frühjahr 1932 hatte sich daran nichts geändert, wie Sir Ronald Lindsay am 25. und 27. April aus Washington berichtete; DFBP, Second Series, Vol. III, Nr. 105, 107.

zichten, wenn sie danach immer noch ihre Schulden an die USA verzinsen und amortisieren mußten, war ebenso klar wie die Schwierigkeit, die dem entgegenstand.

In dieser Zwickmühle – um so unangenehmer empfunden, als in der galoppierenden Krise jeder Tag kostbar schien – kam Präsident Hoover und seinen Mitarbeitern eine Idee, die einem taktischen Geniestreich gleichkam. Wie wäre es, so fragten sie sich, wenn der Präsident der Vereinigten Staaten allen beteiligten, betroffenen und interessierten Staaten den Vorschlag machte, Reparationen und alliierte Schulden für ein Jahr einfach auszusetzen? Der Einfall bestach durch drei Vorzüge, sämtlich geeignet, den Ausbruch aus einem ausweglos scheinenden Dilemma zu ermöglichen oder doch vorzubereiten. Zunächst einmal brachte er, sollte er verwirklicht werden, einen Aufschub der Zahlungen und damit eine Atempause, die angesichts der allgemeinen Finanzschwäche dringend gebraucht wurde. Außerdem: Ob nach Ablauf der Frist irgendwelche Zahlungen wieder aufgenommen werden konnten, war erfreulich zweifelhaft; jedenfalls ermöglichte das Feierjahr die Suche nach vernünftigen, praktikablen und dauerhaften Lösungen der bedrängenden Probleme. Zweitens stellte Hoovers Einfall, nach den nicht leicht zu interpretierenden und überdies auch widersprüchlichen Winken der vergangenen Monate, endlich ein deutlicheres Signal dar, daß die amerikanische Regierung den Zusammenhang zwischen Reparationen und alliierten Kriegsschulden nun sehe, verstehe und bei ihrer Europapolitik künftig berücksichtigen werde. Dies war ein formal noch unverbindliches, doch in Wahrheit kaum mehr rücknehmbares Versprechen an die Reparationsgläubiger, sie bei einer den internationalen Geldverkehr entlastenden Regelung der Reparationsfrage nicht auf ihren Schulden an die Vereinigten Staaten sitzenzulassen. Der dritte Vorzug bestand darin, daß Präsident Hoover seinen Vorschlag der eigenen Nation als einen Akt typisch amerikanischer Großmut präsentieren durfte, ohne jedoch den amerikanischen Steuerzahlern, wie es aussah, zuzumuten, den verdächtigen und listenreichen Europäern auch nur einen Dime zu schenken; nicht zum letzten Mal mußte eine amerikanische Regierung der Notwendigkeit genügen, einen richtigen oder für richtig gehaltenen Schritt auf internationalem Felde mit einem möglichst dramatischen Appell an jene eigentümliche Verbindung von generöser Hilfsbereitschaft und robustem Geschäftssinn zu fundieren, die während und nach der Abwendung von isolationistischer Selbstgenügsamkeit das außenpolitische Handeln einer Gesellschaft wie der amerikanischen prägte. Hoover versicherte sich der Rückendeckung durch wichtige Meinungsführer in Senat und Repräsentantenhaus, und Außenminister Stimson machte Mitte Juni den Versuch, sich mit dem britischen Premierminister telefonisch abzustimmen; das ist zwar aus technischen Gründen nicht ganz gelungen, doch der in London weilende Finanzminister Andrew W. Mellon, die Londoner Botschaft der USA und das Foreign Office

IV. Britisch-deutsche Allianz gegen den Young-Plan 139

besserten die Panne sofort aus[73]. Um den Weckruf an die Großherzigkeit der Amerikaner noch zu verstärken, erbat sich Hoover ein Telegramm des deutschen Reichspräsidenten, das einen Notschrei des deutschen Volkes an das amerikanische enthalten sollte, welchem Ersuchen Hindenburg prompt nachkam[74]; der greise Feldmarschall genoß in den Vereinigten Staaten großes Ansehen. Dann, am 20. Juni 1931, legte der Präsident seinen Vorschlag auf den Tisch der internationalen Staatengesellschaft.

Im Geschäft der Politik äußern sich die Akteure selten eindeutig, und so kommen alle Teilnehmer am Spiel auch nur selten zu einer sicheren Einschätzung der Motive und Ziele von Kontrahenten und Partnern; selbst bei dem Anschein nach eindeutigen Äußerungen wird fast immer, geradezu zwanghaft, die Frage gestellt, was denn wohl tatsächlich gemeint sei, was dahinterstecke. Auch Präsident Hoovers einfache und klare Anregung stieß auf das gewohnheitsmäßige Mißtrauen der europäischen Kabinette. Obwohl der Gedanke eines Feierjahres in der Luft gelegen hatte und – von amerikanischen Signalen angeregt – in den europäischen Hauptstädten, auch in Paris, seit Wochen gelegentlich erörtert worden war, wirkte Hoovers Aktion, als sie endlich kam, überraschend, ja sensationell, und alle Welt begann sogleich zu rätseln, welche Absichten die Amerikaner wirklich verfolgten und wie gefährlich die zu vermutenden Absichten für die eigenen Interessen sein könnten. Am wenigsten traf das auf die britische Regierung zu, die von Washington klare Vorwarnungen – wenn auch sehr kurzfristig – erhalten hatte und am Ende beim Ausbau der Hooverschen Idee zu einem formellen Vorschlag zu Rate gezogen worden war. Auch deckte sich der amerikanische Gedankengang so weitgehend mit den britischen Wünschen und Vorstellungen, daß er in London am raschesten und am besten verstanden wurde. Die hier beginnende und schnell intensivierte britisch-amerikanische Kooperation bei der politischen Behandlung der Reparations- und Schuldenfrage war eine der ersten Stationen in der Entwicklung eines „besonderen Verhältnisses" zwischen Großbritannien und den Vereinigten Staaten; mit Ausnahme einer kurzen Phase in der zweiten Hälfte der dreißiger Jahre, als Premierminister Neville Chamberlain sein Appeasement Hitlers ohne amerikanische Ein- und Widerrede betreiben wollte, sollte es für die Auseinandersetzung der westlichen Welt erst mit der nationalsozialistischen und dann mit der sowjetischen Gefahr größte Bedeutung erlangen.

Mehr aus Mangel an Interesse als auf Grund verständnisvoller und zutreffender Interpretation reagierte auch Italien gelassen; schließlich war Italiens Anteil an den Reparationen so bescheiden, daß ihr temporärer oder endgültiger, partieller oder vollständiger Wegfall keine stärkeren Gemütsbewegungen in Rom auslöste. Mussolini machte lediglich den Versuch, dem amerika-

---
[73] Lindsay an Henderson, 20. 6. 1931; DBFP, Second Series, Vol. II, Nr. 62, 63, 64, 65.
[74] AdRK, Die Kabinette Brüning, Bd. 2, Nr. 241.

nischen Angebot eine Bedingung anzuhängen: Deutschland müsse, um in den Genuß des Feierjahres zu kommen, erst der deutsch-österreichischen Zollunion abschwören. Als das ruchbar – wenn auch noch nicht offiziell verlangt – wurde, erhielt aber der Duce aus Washington eine sehr streng gehaltene Mahnung, die hochherzige amerikanische Aktion dürfe keineswegs mit irgendwelchen europäischen Querelen vermengt werden[75]. Er zog sofort zurück und folgte wieder, wie ja in der Auseinandersetzung um die Zollunion bislang schon, dem Vorbild der britischen Regierung, die den Vorschlag Hoovers ungesäumt und ohne jeden Vorbehalt annahm, wie Sir Ronald Lindsay, der britische Botschafter in Washington, am 22. Juni dem Weißen Haus und dem State Department übermittelte[76].

In Berlin hingegen herrschte Unsicherheit. War Erleichterung und Freude oder im Grunde sogar eine gewisse Enttäuschung angebracht? An sich durfte der Vorschlag des amerikanischen Präsidenten als ein weiterer – und unerwartet rascher – Erfolg der „Hier lieg ich mit einer ansteckenden Krankheit auf dem Schmerzenslager, nun kuriert mich mal!"-Taktik gewertet werden. Auch mußten die 1,6 Milliarden Reichsmark, die ein Feierjahr in der Kasse des Reiches belassen würde, als ein unverhofftes Geschenk zur Linderung der Nöte des Augenblicks eigentlich mit Dankbarkeit aufgenommen werden. Aber das war der Standpunkt des Finanzministers und des Präsidenten der Reichsbank, die im übrigen in jenen Sommermonaten durch die Bankenkrise in Schwierigkeiten gerieten, zu deren Überwindung auch das Präsent Herbert Hoovers nicht annähernd ausreichte. Die Leiter der Außenpolitik, Brüning und noch Curtius, glaubten in anderen Kategorien denken zu müssen. Beide waren, obwohl die Botschaft in Washington Indizien gemeldet hatte[77], von der Initiative Präsident Hoovers völlig überrascht worden. Noch einen Tag vor dem 20. Juni hatte Außenminister Curtius in einer Chefbesprechung gesagt, „von den Amerikanern könne man ja zur Zeit gar nichts erwarten"[78]. Als nun das Angebot des Präsidenten vor ihnen lag – an dem Reichskanzler und Reichspräsident als nicht ganz freiwillige Bittsteller sogar noch hatten mitwirken müssen –, war wohl an Ablehnung nicht zu denken; im Gespräch mit dem amerikanischen Botschafter Frederic M. Sackett und durch die bereitwillige deutsche Beteiligung brachte Brüning die Zustimmung des Reiches ohne Zögern zum Ausdruck[79].

Andererseits tauchten aber doch Fragen auf. Kam das Moratorium nicht zu früh und war seine Laufzeit nicht zu kurz? Zu früh, weil das Elend

---

[75] Aufzeichnung Bülow nach Gespräch mit dem italienischen Botschafter in Berlin, 25. 6. 1931; PA, R 29450.
[76] Henderson an Lindsay, 22. 6. 1931; DBFP, Second Series, Vol. II, Nr. 69.
[77] AdRK, Die Kabinette Brüning, Bd. 2, Nr. 341, Anm. 1.
[78] AdRK, Die Kabinette Brüning, Bd. 2, Nr. 337.
[79] AdRK, Die Kabinette Brüning, Bd. 2, Nr. 350.

IV. Britisch-deutsche Allianz gegen den Young-Plan 141

Deutschlands noch nicht groß genug schien, um einen Generalangriff auf den Young-Plan zu begründen, zu eng begrenzt, weil nach nur einem Feierjahr die Forderung nach Wiederaufnahme der Zahlungen noch natürlich erscheinen und schwer abzuweisen sein mochte. Eben deshalb hatte die deutsche Reparationspolitik ja auf ein Moratorium von mindestens drei Jahren gezielt. Jedenfalls stand offenbar fest, daß Hoovers Schritt die Ankündigung eines Transferaufschubs fürs erste unmöglich machte. Wie sollte es weitergehen? Der Reichskanzler hatte dem amerikanischen Botschafter zwar gesagt, die Annahme des Vorschlags Hoovers bedeute nicht, daß Deutschland auf seine im Young-Plan verankerten Rechte verzichte[80]. Aber was besagte das jetzt? Wann und wie konnten die Mechanismen des Young-Plans gegen den Plan gewendet werden, solange Deutschland gar nicht zu zahlen brauchte oder nachdem es ein Jahr lang nicht gezahlt hatte? Angesichts der reparationspolitischen Grundtendenz Brünings war es in der Tat ungewiß, ob die amerikanische Aktion Deutschlands Reparationspolitik voran- oder durcheinanderbrachte.

In Frankreich schwankten Regierung und Öffentlichkeit zwischen Entsetzen und Empörung. Dabei ging es den Franzosen keineswegs mehr um Geld. Am 19. Juni hatte Botschafter v. Hoesch in Berlin dem Kanzler und einigen Kabinettsmitgliedern dargelegt, daß die französische Regierung inzwischen genaue Kenntnis davon habe, wie schlimm die Dinge in Deutschland stünden, und daß daher ihr Verständnis für etwaige deutsche Wünsche nach Entlastung groß sei; man rechne in Paris allgemein mit der Inanspruchnahme des nach dem Young-Plan zulässigen Transferaufschubs[81]. Jedoch, so fügte der Botschafter hinzu, könne er sich nicht vorstellen, daß „der Gedanke einer Revision des Young-Plans ernstlich Erfolg haben" werde[82]. Genau hier lag der Hase im Pfeffer. Nicht weniger klar als ihre britischen Kollegen erkannten die Franzosen, daß Hoovers Vorschlag eine Wende der amerikanischen Haltung in der Frage der alliierten Kriegsschulden ankündigte oder bereits den ersten Schritt dazu darstellte. Nun hatten aber die Zahlungen an die USA stets eine Begründung des französischen Reparationsanspruchs an Deutschland geliefert, keine moralische und keine juristische, jedoch eine finanziell einleuchtende, und mit der wachsenden Entfernung vom Kriege wurde die finanziell einleuchtende Begründung allmählich wichtiger als die moralische. Das hätte für normale Zeiten gegolten und galt naturgemäß erst recht in einer Periode globaler wirtschaftlicher Katastrophen. Wenn sich also abzeichnete, daß die USA bei einem vollständigen oder doch nahezu vollständigen Verzicht der Europäer auf deutsche Reparationen mit dem Verzicht auf die Eintreibung alliierter Kriegsschul-

---

[80] AdRK, Die Kabinette Brüning, Bd. 2, Nr. 350, 351, 356.
[81] AdRK, Die Kabinette Brüning, Bd. 2, Nr. 337.
[82] Ebenda.

den nachziehen würden, drohte, im Jahr 1931 und in der Wirtschaftskrise des Jahres 1931, die 1929/30 vereinbarte Reparationsregelung vollends unvertretbar zu werden. Fiel aber der Young-Plan, so öffnete sich die Flanke für den deutschen Sturm auf die übrigen Bollwerke des Versailler Vertrags; die Anzeichen waren ja in der Tat zahlreich und deutlich genug, daß das Deutsche Reich dann ungesäumt das Problem der militärischen Gleichberechtigung aufgreifen und die Umzeichnung der europäischen Landkarte versuchen werde. In Paris erschien mithin der Vorschlag des amerikanischen Präsidenten als eine tödliche Gefahr nicht nur für den Young-Plan, sondern für die Nachkriegsordnung Europas insgesamt. Das Entsetzen, das sich bei diesen Ausblicken einstellte, war deshalb von flammender Empörung begleitet, weil den Amerikanern unterstellt wurde, solchen Schaden aus reiner Selbstsucht anrichten zu wollen: Präsident Hoover, so hieß es schlichtweg, sei allein von der Absicht geleitet, den amerikanischen Investoren in Deutschland ihr Geld zu retten[83].

So nahm die französische Regierung das Angebot des amerikanischen Präsidenten zwar grundsätzlich an, verband die Annahme aber mit derart einschneidenden Bedingungen, daß praktisch Ablehnung daraus wurde – falls die französischen Wünsche unberücksichtigt bleiben sollten. Damit erzwang Paris eine Verhandlungsschlacht, die bis zum 6. Juli währte und wenn schon nicht die reale – finanzielle –, so doch die für die Weltwirtschaft nicht weniger wichtige psychologische Wirkung der Aktion Washingtons fast völlig ruinierte. Es ging um die Abwehr der dem Young-Plan drohenden Gefahr. Als Gegenmanöver hatte sich die französische Regierung ausgedacht, Großbritannien und den USA Regelungen für das Feierjahr abzuringen und Deutschland zu oktroyieren, die politisch unmißverständlich besagten und rechtlich ebenso klar kodifizierten, daß der Young-Plan im Prinzip in Kraft bleibe und nach Ablauf des Jahres auch wieder angewendet werde. Zunächst stellte die französische Regierung ein Maximalprogramm auf, das, von unbedeutenden finanzpolitischen Details abgesehen, als Kernstück drei Forderungen enthielt: Erstens solle Deutschland die sogenannten ungeschützten Annuitäten auch während des Feierjahres zahlen müssen; zweitens sei ein irgendwie beschaffenes Aufsichtsorgan einzusetzen, das zu kontrollieren habe, daß Deutschland die im Feierjahr eingesparte geschützte Annuität nur für wirtschaftliche – und nicht etwa für militärische – Zwecke ausgab; drittens gelte es Deutschland die Verpflichtung aufzuerlegen, die jetzt aufgeschobenen Zahlungen ab einem noch zu bestimmenden Zeitpunkt und innerhalb einer noch festzusetzenden Frist – zusätzlich zu den dann wieder normal laufenden Annuitäten – zu verzinsen und zu amortisie-

---

[83] Hoesch an AA, 24. 6. 1931; ADAP, Serie B, Bd. XVII, Nr. 202.

ren⁸⁴. Konnte das durchgesetzt werden, war die Opferung der Sicherheit Frankreichs, zu der die dreist-egoistische Idee des amerikanischen Präsidenten unweigerlich führen mußte, noch einmal abgewendet.

Aber Frankreich focht bereits auf verlorenem Posten. Da war die inzwischen alle gekannten Dimensionen sprengende Krise der Weltwirtschaft und insbesondere der Wirtschaft Deutschlands; da war die britische Entschlossenheit, die eigene Politik an den Notwendigkeiten der Krisenbekämpfung und folglich am Appeasement des Deutschen Reiches zu orientieren; und da waren die Vereinigten Staaten, die sich bei ihrer seit 1919 ersten offiziellen politischen Intervention in europäischen Angelegenheiten – einer der bedeutungsvollsten Aspekte des Hoover-Moratoriums – mit Vorsicht, jedoch zielbewußt parallel zum britischen Kurs bewegten. Mit einer solchen Konstellation konfrontiert, konnten die französischen Politiker, die in Paris zwei Wochen lang mit dem amerikanischen Finanzminister Mellon verhandelten, zwar noch hinhaltenden, aber nicht mehr erfolgreichen Widerstand leisten. Am Ende eines quälenden Feilschens, das der französischen Regierung mehrmals geharnischte Proteste der britischen Kollegen einbrachte⁸⁵ und von den Amerikanern als Bestätigung ihres Vorurteils über die Unvernunft und kriminelle Kleinlichkeit kontinentaleuropäischer Politik aufgenommen wurde, stand nicht etwa, wie manche Franzosen meinten, ein halbwegs zufriedenstellender Kompromiß, sondern ein für die französischen Absichten nicht nur bedeutungsloser, sondern sogar überaus bedenklicher Scheinsieg. Wohl erreichten es die französischen Unterhändler, daß Deutschland angehalten wurde, die ungeschützte Annuität auch während des Feierjahres zu zahlen, jedoch ging das Geld nicht an Reparationsgläubiger, vielmehr an die Bank für Internationalen Zahlungsausgleich (BIZ), die dann Garantiebonds in entsprechender Höhe der Reichsbahn zur Verfügung stellte; das Deutsche Reich zahlte also de facto nichts mehr. Wenn sich Ministerpräsident Laval und seine Mitarbeiter schmeichelten, damit wenigstens die prinzipielle Weitergeltung des Young-Plans gerettet zu haben, so übersahen sie, daß sie dies mit der Anerkennung der These erkauft hatten, Deutschland könne in der Tat keine Reparationen zahlen, und daß sich angesichts der nun ganz deutlich gewordenen anglo-amerikanischen Auffassungen das Wörtchen „keine" höchstwahrscheinlich alsbald in „nicht länger" verwandeln werde. Kam es dazu, so wurde auch die gleichfalls durchgesetzte Verzinsung und Amortisation der aufgeschobenen Zahlungen hinfällig. Was schließlich die Kontrolle der deutschen Finanzen anging, so hatten Großbritannien und die USA die französische Regierung auf die einseitige und bedeutungslose Erklärung zurückgedrängt, sie behalte sich

---

⁸⁴ Lord Tyrrell an Henderson, 24. 6. 1931, 2. 7. 1931, 3. 7. 1931; DBFP, Second Series, Vol. II, Nr. 81, 114, 121. – Schulthess', 1931, S. 496 ff.
⁸⁵ Henderson an Lord Tyrrell, 23. 6. 1931, 3. 7. 1931, 5. 7. 1931; DBFP, Second Series, Vol. II, Nr. 76, 123, 135.

vor, von der Reichsregierung die erforderlichen Versicherungen zu erlangen[86].

Die Pariser Verhandlungen zwischen der französischen Regierung und Finanzminister Mellon fanden bezeichnenderweise ohne deutsche Beteiligung statt; Botschafter v. Hoesch war zwar in den Gang der Dinge eingeweiht, spielte aber lediglich die Rolle eines – Berlin freilich laufend informierenden – Beobachters, der den Verhandlungspartnern ab und an die Meinung der Reichsregierung zu einzelnen Streitpunkten übermittelte. Das entsprach eigentlich genau der Brüningschen Passivitäts-Taktik. Gleichwohl hatten Brüning und seine Minister keine Klarheit über das Ausmaß des deutschen Erfolgs oder, besser gesagt, der französischen Niederlage, wobei sie allerdings nicht wissen konnten, daß die britische Regierung selbst die Verpflichtung Deutschlands zu einer fiktiven Zahlung im Grunde als Verstoß wider den Geist des Hoover-Moratoriums mißbilligte[87], und damit bereits auch als Erschwerung der schon erwogenen, wenn auch noch nicht ausgesprochenen Absicht betrachtete, während des Feierjahres zu einer auf Liquidierung hinauslaufenden endgültigen Regelung der Reparationsfrage zu gelangen; solche Kenntnis wäre gewiß tröstlich gewesen. So aber überschätzte man in Berlin die Resultate des zähen französischen Verhandelns, und in einer Hinsicht glaubte man sogar Grund zur Unzufriedenheit zu haben. Anders als vor dem 20. Juni sah sich die Reichsregierung nämlich unvermutet anglo-amerikanischem Druck ausgesetzt, den Franzosen politisch entgegenzukommen. Plötzlich wurden nicht nur der britische Außenminister und die Berliner Vertreter des Foreign Office, sondern im Namen Präsident Hoovers auch Botschafter Sackett bei Brüning, Curtius und Bülow mit der Aufforderung vorstellig, die hochherzige Handlung der Vereinigten Staaten vor allem mit zwei deutschen Konzessionen zu honorieren: mit dem Verzicht, worauf namentlich die Briten Wert legten, auf die deutsch-österreichische Zollunion und mit dem Verzicht auf den Bau des Panzerkreuzers B, was insbesondere die Amerikaner haben wollten[88]. Solange die Pariser Verhandlungen zwischen Schatzsekretär Mellon und der französischen Regierung im Gange waren, ließen London und Washington jedoch wissen, daß keine demütigende öffentliche Erklärung erwartet werde, vielmehr eine interne Zusicherung der Reichsregierung genüge[89].

Die Leiter der britischen und der amerikanischen Außenpolitik verfolgten dabei drei Zwecke. Erstens hofften sie mit solchen – als Mittel zur par-

---

[86] Lord Tyrrell an Henderson, 7. 7. 1931; DBFP, Second Series, Vol. II, Nr. 148.
[87] Simon an Tyrrell, 18. 1. 1932; DBFP, Second Series, Vol. III, Nr. 37.
[88] Aufzeichnungen Bülow über Unterredungen Brüning – Sackett, 30. 6. 1931, 1. 7. 1931; AdRK, Die Kabinette Brüning, Bd. 2, Nr. 350, 351. – Henderson an Newton, 29. 6. 1931, Henderson an Lindsay, 29. 6. 1931, Lindsay an Henderson, 1. 7. 1931, Henderson an Newton, 2. 7. 1931; DBFP, Second Series, Vol. II, Nr. 93, 94, 109, 113.
[89] Aufzeichnung Bülow über Unterredung Brüning – Sackett, 2. 7. 1931; AdRK, Die Kabinette Brüning, Bd. 2, Nr. 356.

IV. Britisch-deutsche Allianz gegen den Young-Plan 145

tiellen Befriedigung des Sicherheitsbedürfnisses Frankreichs geeigneten – deutschen Gesten die Bockbeinigkeit der französischen Unterhändler überwinden und die Pariser Regierung zu einer Politik der wirtschaftlichen Vernunft bewegen zu können. Diese Absicht führte sie alsbald dazu, von Berlin auch noch – was jedenfalls die Haltung der Regierung angehe – eine mehrjährige Suspendierung der territorialen Ansprüche Deutschlands an Polen zu verlangen. Zweitens dachte man in London und Washington mehr und mehr schon an die kommende Abrüstungskonferenz. Um deren Start ein günstiges Klima zu verschaffen und wiederum um Frankreich zu beeindrucken, dessen Abrüstungsbereitschaft offensichtlich dringend der Stimulierung bedurfte, hielten Engländer und Amerikaner, die der Konferenz Erfolg wünschten und an den Erfolg auch noch glaubten, deutsche Zugeständnisse für unumgänglich. Drittens mußten die Regierungen in London und Washington eine Mehrheit in den eigenen Ländern davon überzeugen, daß das finanzielle Appeasement Deutschlands gerechtfertigt, richtig und notwendig sei. Eine derartige Überzeugungsarbeit fiel schwerer, wenn die in Großbritannien und erst recht in den USA vorhandene Opposition mit dem Finger darauf deuten konnte, daß das angeblich in verzweifelter finanzieller Lage befindliche und daher mit großen finanziellen Opfern der Westmächte zu rettende Deutsche Reich doch genügend Geld habe, um Großkampfschiffe zu bauen; und der Panzerkreuzer B wie der geplante Panzerkreuzer C waren in der Tat keine kleinen Minenräumboote und keine Zerstörer, sondern – trotz der gemäß den Versailler Bestimmungen relativ bescheidenen Tonnage – sowohl für den Kaperkrieg wie für die Teilnahme an Seegefechten ingeniös konstruierte Großkampfschiffe. Letzterer Gesichtspunkt ist der Reichsregierung vor allem vor Augen gehalten worden[90], aber auch die beiden anderen Zwecke, die hinter dem anglo-amerikanischen Appell an die deutsche Konzessionsbereitschaft standen, sind Brüning und dem Auswärtigen Amt wieder und wieder erläutert worden: erst in einem Ton, dessen ruhige Höflichkeit der Erwartung selbstverständlicher Folgsamkeit entsprang, und dann in Tönen wachsender Erregung, Gereiztheit und schließlich ungläubiger Verärgerung[91].

Die Reichsregierung gab sich nämlich mißverstanden, zu Unrecht beargwöhnt, grundlos belästigt und zeigte sich in der Sache gänzlich unzugänglich. Dabei erboste die britischen und amerikanischen Politiker und Diplomaten vor allem die Klage ihrer deutschen Kollegen, daß immer nur von

---

[90] So Henderson zu Neurath, 30. 6. 1931; DBFP, Second Series, Vol. II, Nr. 105. Zur Erhöhung der Forderungen Bülow an Missionen in Washington, Paris, London, Rom, 11. 7. 1931; PA, R 28229.
[91] Der britische Geschäftsträger in Berlin, Basil Newton, betonte am 3. 7. 1931 in einem Gespräch mit Außenminister Curtius, „welch beklagenswerter Eindruck entstehen müsse, wenn Deutschland, während andere Länder jeden Nerv anspannten, um zu helfen, sich einfach zurücklehne und jeden eigenen Beitrag verweigere"; DBFP, Second Series, Vol. II, Nr. 120.

Deutschland politische Konzessionen verlangt würden und daß solch ungerechte Einseitigkeit nicht länger hingenommen werden könne: als sei der, wie es im Augenblick aussah, mindestens einjährige Verzicht der ehemaligen Kriegsgegner auf deutsche Reparationen weder eine Konzession noch überhaupt erwähnenswert. Am 1. Juli sagte Botschafter Sackett in einem Gespräch mit Brüning unumwunden, wie Bülow notierte, in Washington sei „der Eindruck entstanden ..., daß wir untätig dabei säßen, während die übrige Welt ungeheure Anstrengungen mache, um uns zu Hilfe zu kommen"[92]. Als die amerikanisch-französischen Verhandlungen in Paris – kurz vor ihrem erfolgreichen Abschluß – in eine tiefe Krise zu geraten schienen, verstärkten London und Washington den Druck auf Berlin und forderten jetzt auch, zur kräftigeren Beeinflussung der Pariser Atmosphäre, eine öffentliche Bekundung des deutschen – politischen – guten Willens. Am 2. Juli suchte Sackett den Reichskanzler erneut auf und legte ihm dringend nahe, wenigstens eine Erklärung abzugeben, daß während des Hoover-Jahres das Heeresbudget jedenfalls nicht erhöht werde. Es sei „die Sorge der Amerikaner und auch weiter anderer Kreise ..., daß Deutschland die Gelder, die unter großen Opfern ihm durch den Schuldennachlaß zur Verfügung gestellt würden, für Rüstungszwecke verwende". Daher der Wunsch nach einer entsprechenden Verlautbarung der Reichsregierung, in der außerdem festgehalten werden sollte, daß der Panzerkreuzer B während des Hoover-Feierjahres nicht gebaut werde[93].

Der Weltöffentlichkeit und damit der deutschen Öffentlichkeit mitzuteilen, daß der Panzerkreuzer B 1931/32 nicht gebaut werde, lehnte Brüning jedoch rundweg ab. Dabei kam es ihm weniger darauf an, die deutsche Öffentlichkeit nicht gegen sich aufzubringen, vielmehr nahm er Rücksicht auf die Gefühle und Ziele der Stützen seiner Macht: Reichspräsident und Reichswehr. Zwar deckten sich seine eigenen Empfindungen und Absichten durchaus mit denen seiner Auftraggeber, doch durfte er sich als Mandatar mittlerweile nicht einmal mehr taktisch bedingte Abweichungen gestatten. Strikte Rücksichtnahme war zu schierer Notwendigkeit geworden, und hier ist ein Lebensgesetz der Regierung und des Systems Brüning zu erkennen: Je mehr sich der internationale Spielraum Deutschlands erweiterte, desto enger wurde die außenpolitische Handlungsfreiheit des Kabinetts durch die innenpolitische Konstellation eingeschnürt. Brüning verstand sich lediglich zu einer nicht-öffentlichen Versicherung, „daß im nächsten Jahr nicht, wie beabsichtigt, der Panzerkreuzer C auf Kiel gelegt bzw. Gelder für den Bau dieses Schiffes in den Etat eingestellt würden", und zu einer zusätzlichen Erklärung, daß die finanziellen Erleichterungen, die das Hoover-Moratorium bringe, nicht zu einer Erhöhung der militärischen Ausgaben des Rei-

---

[92] AdRK, Die Kabinette Brüning, Bd. 2, Nr. 351.
[93] AdRK, Die Kabinette Brüning, Bd. 2, Nr. 356.

IV. Britisch-deutsche Allianz gegen den Young-Plan

ches genutzt würden. Auch letztere Äußerung wollte der Kanzler nur intern abgeben[94]. Als aber Sackett noch einmal erschien, am 5. Juli, und Brüning auseinandersetzte, daß Präsident Hoover die drei Tage zuvor erbetene – und im Auswärtigen Amt auch formulierte – Erklärung veröffentlicht brauche, um die Pariser Verhandlungen vor dem Scheitern zu retten, willigte der Reichskanzler in die Publizierung durch die amerikanische Regierung ein, freilich ohne, obwohl das von Sackett abermals verlangt worden war, ein einziges Wort über die Schiffsbauten zu dulden, und nicht ohne unwilliges, ja vorwurfsvolles Gebrumm: Präsident Hoover übernehme eine „schwere Verantwortung", sagte Brüning, da die Veröffentlichung der deutschen Erklärung nur französischen Appetit auf weitere politische Konzessionen Deutschlands wecken werde[95].

Auch was die Zollunion anging, wiesen der Kanzler, der Außenminister und Staatssekretär v. Bülow jede angelsächsische Mahnung, die Sache im Interesse der Beschwichtigung Frankreichs doch endlich fallenzulassen, zu diesem Zeitpunkt noch schroff zurück[96]; allerdings war in Berlin noch unbekannt, daß die Österreicher ihre Desertion aus dem Projekt der britischen Regierung bereits am 17. Juni angekündigt hatten[97]. Erst am 16. Juli, nachdem die österreichische Desertion auch in Berlin zur Kenntnis genommen worden war und die Preisgabe der ohnehin obsoleten Zollunion jeglichen Konzessionscharakter verloren hatte, versprach Brüning dem britischen Botschafter in Berlin, eine Lösung des Problems zu finden, die sowohl die Regierung Seiner Majestät wie die französische Regierung zufriedenstellen werde[98].

Die Dickfelligkeit, mit der das Kabinett Brüning alle in Deutschland als Ansinnen charakterisierten Aufforderungen ignorierte oder unwillig ablehnte, ein Geschenk von 1,6 Milliarden Reichsmark mit ein paar freundlichen politischen Gesten zu quittieren, zeigte sich besonders aufreizend am 13. Juli. Kaum war am 6. Juli die amerikanisch-französische Einigung erreicht und anschließend das Hoover-Moratorium offiziell in Kraft gesetzt worden, überreichte der Botschafter in London, Baron Neurath, ein Memorandum, in dem die Reichsregierung auf den erfreulichen Gang der Dinge, der nicht zuletzt beharrlicher angelsächsischer Einwirkung auf Paris zu danken war, nur mit Klagen, der schroffen Demonstration politischer Intransigenz und der erneuten Anmeldung des ohne ausländische Hilfe sozusagen stündlich zu erwartenden Zusammenbruchs der deutschen Wirtschaft antwortete. An die Klage, die französischer Unvernunft zu dankende lange Verhandlungsrunde in Paris habe die Wirkung des Hoover-Moratoriums

---

[94] Ebenda.
[95] AdRK, Die Kabinette Brüning, Bd. 2, Nr. 362.
[96] Z. B. Aufzeichnung Curtius über Unterredung mit Newton, 3. 7. 1931; PA, R 28000.
[97] Phipps an Henderson, 17. 6. 1931; DBFP, Second Series, Vol. II, Nr. 59.
[98] Rumbold an Vansittart, 16. 7. 1931; DBFP, Second Series, Vol. II, Nr. 210.

fast vernichtet, schloß sich der Vorwurf, Frankreich nutze die deutschen Nöte, um politische Konzessionen Deutschlands zu erpressen (zum Beispiel Panzerkreuzer B und Zollunion), und obwohl die deutsche Regierung solche Konzessionen aus innenpolitischen Gründen doch nicht machen könne, finde Frankreich bei seinen Erpressungsversuchen sogar die Unterstützung Großbritanniens. Der Hinweis, die Erörterung politischer Forderungen sei in ruhigerer Atmosphäre und in größerem Rahmen durchaus möglich, vermochte die Verweigerung deutscher Konzessionen nicht abzumildern, da sofort der Zusatz folgte, auch dann müßten die Westmächte aufhören, von Deutschland einseitige Zugeständnisse zu verlangen. Danach kam die Mitteilung, falls nicht sofort Hilfe geleistet werde, und zwar durch die Gewährung von Krediten, seien in Deutschland Zusammenbrüche unvermeidlich, die wiederum katastrophale Resultate für ganz Mitteleuropa haben würden[99].

In jeder deutschen Klage und in jedem deutschen Vorwurf steckte ein Kern Wahrheit. Es war nicht zu bestreiten, daß Frankreichs hartnäckige Verteidigung des Young-Plans die psychologische Wirkung der amerikanischen Aktion erheblich reduziert hatte. Es war ebenfalls nicht zu leugnen, daß Großbritannien und partiell auch die Vereinigten Staaten sich Mühe gegeben hatten, Deutschland zu politischen Konzessionen anzuhalten. Und die wirtschaftliche Lage hatte sich durch die Bankenkrise tatsächlich erneut dramatisch verschlechtert. Aber ein klares Wort aus Berlin, die Reichsregierung denke nicht daran, auf die Liquidierung des Young-Plans hinzuarbeiten, hätte die französisch-amerikanischen Debatten sofort beendet, und die anglo-amerikanischen Wünsche waren in der gegebenen Situation keineswegs unbillig. Davon abgesehen, mußte es als ein Zeichen schnöden Undanks erscheinen, daß es die Reichsregierung für richtig hielt, die in der Reparationsfrage unbestreitbare amerikanisch-britische Bundesgenossenschaft gegen Frankreich mit Stillschweigen zu übergehen und überdies an jene Stelle, an die einige angemessene Worte der Anerkennung gehört hätten, etliche bittere Vorwürfe zu setzen. Vor allem eines aber weckte in London Empörung: Die Reichsregierung ließ in ihrem Schreiben jedes Gefühl dafür vermissen, daß die Krise, die es zu bekämpfen galt, gesamteuropäische, ja weltweite Dimensionen angenommen hatte. Nach dem politischen Fauxpas, den sie sich leistete, brachte sie zwar die Rede auf Schwierigkeiten außerhalb Deutschlands, jedoch nur zur Unterstreichung der eigenen Hilfsbedürftigkeit, als Glied einer fast schon erpresserischen Argumentation: Helft uns, sonst geht es euch schlecht! Niemand in London oder Washington nahm es Brüning und seinen Kollegen übel, daß sie ihre Politik an deutschen Interessen orientierten und diese Interessen auch zäh verfochten. Das taten selbstverständlich alle und nicht selten auch mit jenem „Heiligen Egois-

---

[99] Henderson an Rumbold, 13. 7. 1931; DBFP, Second Series, Vol. II, Nr. 185.

IV. Britisch-deutsche Allianz gegen den Young-Plan

mus", den die Staatsräson für erlaubt erklärte oder doch als unvermeidlich rechtfertigte. Aber nur noch die eigenen Interessen zu sehen und jegliche Mitverantwortung für das Geschick anderer und für die Gesamtheit der internationalen Staatengesellschaft abzulehnen, jedenfalls dem Anschein nach, bescherte der Reichsregierung den nämlichen herben Tadel, den mit ihrem vergleichbaren Verhalten die französische Regierung auf sich zog. Daß das Kabinett Brüning eine erneute Bekräftigung politischer Intransigenz unmittelbar und ungeniert mit erneutem Flehen um Finanzhilfe verband, machte aus seinem Aide mémoire vom 13. Juli 1931 in der Tat eine wahrhaft bemerkenswerte Manifestation nationaler Egozentrik und ihrer Umsetzung in naiv-dreiste politische Taktik. Noch bemerkenswerter war indes, daß die Reichsregierung, wenn sie dermaßen die Wohlfahrt Europas und der Welt den Zielen deutscher Revisionspolitik unterordnete, völlig unbestraft blieb.

Das lag in erster Linie an der Haltung Großbritanniens. Wohl hatte gerade Außenminister Henderson von der deutschen Regierung verlangt, die ihr zuteil werdende Finanzhilfe mit politischen Gesten zu honorieren, welche sowohl in der Reparations- und Schuldenfrage wie im Hinblick auf die anstehende Abrüstungskonferenz zur Beruhigung Frankreichs und damit zur Pazifizierung des europäischen Kontinents beitragen konnten; auch die Briten gingen dabei von der Vorstellung aus, Europas wirtschaftliche Erholung setze eine Besserung des politischen Klimas voraus. So hatte er die Erklärung, die der Reichsregierung von Präsident Hoover abgehandelt worden war, als „gänzlich unangemessen" hart gegeißelt: Daß Deutschland während des Feierjahres seine Militärausgaben nicht erhöhe, sei ja wohl so selbstverständlich, daß dies keiner besonderen Erklärung bedürfe. Was man von der deutschen Regierung mit Fug und Recht erwarten und fordern dürfe, sei das öffentliche Versprechen, im Feierjahr das Militärbudget zu reduzieren und namentlich kein zweites „Taschenschlachtschiff" – so wurden die Panzerkreuzer A, B und C genannt – zu bauen; auch gehöre es sich, daß Berlin den Westmächten zusage – ohne einen öffentlichen Verzicht auszusprechen –, die geplante deutsch-österreichische Zollunion nicht weiter verfolgen zu wollen[100].

Nicht nur die deutsche Regierung bekam Hendersons Grimm zu spüren, sondern auch die amerikanische[101], die ja nach einigem Hin und Her die deutsche Erklärung als ausreichend akzeptiert hatte. Er suchte Washington wieder auf seinen härteren Kurs zu ziehen, was naturgemäß nicht mehr gelingen konnte, doch machte er auch ohne amerikanische Schützenhilfe Ber-

---

[100] Henderson an Lindsay, 7. 7. 1931; DBFP, Second Series, Vol. II, Nr. 153.
[101] Ebenda. Am 4. 7. 1931 wies Henderson seinen Botschafter in Washington erneut an, die amerikanische Regierung zur Unterstützung der britischen Forderungen an Berlin aufzufordern: „Die jetzt gegebene Möglichkeit, die deutsche Regierung im Interesse der Wiederherstellung von Vertrauen zu dieser Geste zu bewegen, könnte nicht wiederkehren." DBFP, Second Serie, Vol. II, Nr. 131.

lin mehrmals klar, wobei er auf jede diplomatische Verbrämung verzichtete, daß Deutschlands Nachbarn und alle von der derzeitigen Krise betroffenen Staaten – zumal jene, die dem Reich finanziell zur Seite stünden – ein Recht auf eine deutsche Geste hätten, „die Europa von der Ernsthaftigkeit des Wunsches Deutschlands überzeugen würde, seinen Beitrag zum allgemeinen Befriedungswerk zu leisten"[102]. Wenn er in solchem Sinne mit Baron Neurath sprach, durfte er sogar den Eindruck gewinnen, daß der Botschafter im Grunde seine Meinung teilte[103]. Die Reichsregierung hingegen, dieser Schluß mußte gezogen werden, war zu keinem Entgegenkommen zu bewegen. Das verstärkte Hendersons Verstimmung. Nachdem ihm Neurath das Aide mémoire der Reichsregierung vom 13. Juli präsentiert hatte, noch am selben Tag, bemerkte er überaus kühl, er nehme die Ansichten der deutschen Regierung zur Kenntnis, wolle aber dem Botschafter nicht verhehlen, wie sehr er es bedaure, daß die Deutsche Regierung keine Möglichkeit gesehen habe, einige der von ihm schon vor mehreren Wochen angeregten Gesten zu machen, die bei der Schaffung einer besseren Atmosphäre in ganz Europa hilfreich sein würden[104]. Für einen britischen Minister war das in jener Zeit eine scharfe Sprache.

Aber welchen Schluß zog die Regierung Seiner Majestät aus alledem? Sie kam zu dem Ergebnis, daß es angebracht und sogar unvermeidlich sei, das Appeasement Deutschlands ohne Beachtung der deutschen Sünden fortzusetzen. Praktisch hieß das, jetzt, nach dem Beginn des Hooverschen Feierjahres, auf der Realisierung einer Absicht zu bestehen, die London noch während der Pariser Verhandlungen zwischen den USA und Frankreich gehegt und auch bereits geäußert hatte, nämlich der Absicht, ehebaldigst, wenn irgend möglich noch im Juli, eine Konferenz der am Reparationsproblem interessierten Staaten anzuberaumen, auf der beraten und beschlossen werden müsse, was denn nach Ablauf des Hoover-Moratoriums geschehen solle. Der Konferenzvorschlag alleine signalisierte schon deutlich genug, daß die britische Regierung keineswegs vorhatte, im Juli 1932 einfach zum Young-Plan zurückzukehren. Für eine solche Rückkehr hätte es keiner neuen Beschlüsse bedurft. Daß die britische Regierung als Konferenzort nicht Paris, sondern London wünschte, deutete in die gleiche Richtung[105]. Obwohl die parlamentarische Basis des Labour-Kabinetts MacDonald in jenen Wochen immer brüchiger wurde, was denn auch im August 1931 zum Sturz des Kabinetts und zur Bildung der aus abgespaltenen Labour-Politikern, Liberalen und Konservativen zusammengesetzten ersten „Nationalen

---

[102] Henderson an Newton, 9. 7. 1931; DBFP, Second Series, Vol. II, Nr. 171.
[103] Ebenda.
[104] Henderson an Newton, 13. 7. 1931; DBFP, Second Series, Vol. II, Nr. 185.
[105] Memorandum Henderson on Discussions in Paris, July 15 – July 19, for Meeting of a Conference in London to consider German Financial Situation, 1931; DBFP, Second Series, Vol. II, Nr. 193.

IV. Britisch-deutsche Allianz gegen den Young-Plan

Regierung" unter MacDonald führte, handelten der Premier und Außenminister Henderson energisch, ja sogar hemdsärmelig. Henderson hielt sich vom 15. bis zum 19. Juli in Paris auf, wo er – angespornt auch durch Washington – die französische Regierung erstens von der Notwendigkeit einer sofortigen Konferenz über die finanzielle Lage Deutschlands zu überzeugen suchte und zweitens dafür gewinnen wollte, die Konferenz in Londoner Atmosphäre zu veranstalten. Als er im ersten Punkt mehr scheinbare denn reale und im zweiten Punkt nicht einmal scheinbare Fortschritte machte, faßten Premier MacDonald und sein Kabinett kurzerhand den Entschluß, die interessierten Mächte eben ohne französische Zustimmung nach London einzuladen[106].

Die Einladung erging am 16. Juli, lautete auf den 20. Juli und richtete sich an die USA, Frankreich, Belgien, Italien, Japan und natürlich Deutschland. Ein zuvor geplanter Besuch MacDonalds und Hendersons in Berlin wurde zugunsten der Konferenz zurückgestellt. Angesichts einer solchen Demonstration britischer Entschlossenheit, hinter der, wie sie wußten, auch die Vereinigten Staaten standen, wichen die Franzosen zurück. Sie akzeptierten die britische Grundthese, daß Deutschland unbedingt geholfen werden müsse, und erklärten sich bereit, am 20. Juli nach London zu gehen[107]. Allerdings machten sie ihre Teilnahme an der Londoner Konferenz von zwei Bedingungen abhängig: Reichskanzler Brüning und Außenminister Curtius müßten bei ihrer Reise nach Großbritannien einen Umweg über Paris und die in Paris zu führenden französisch-deutschen Gespräche müßten einen günstigen Verlauf nehmen. Briten und Amerikaner ließen sich diesen Versuch, den Anschein einer Pariser Deutschland-Konferenz zu retten, gefallen und bewogen auch die Reichsregierung dazu, London über Paris anzusteuern[108].

Am 18. Juli trafen Brüning und Curtius in der französischen Hauptstadt ein, und damit begann dort der erste Akt eines der seltsamsten diplomatischen Schauspiele jener an solchen Stücken wahrlich nicht armen Jahre. Die französische Regierung trat plötzlich als aufrichtiger und zu großzügigster Hilfe bereiter Schutzengel Deutschlands auf. Nicht allein Außenminister Briand, der unentwegte Freund der deutsch-französischen Verständigung, agierte in dieser Rolle, sondern ebenso Ministerpräsident Laval und Finanzminister Flandin[109]; die Vertreter des rechten Flügels, so Kriegsminister André Maginot, zeigten freilich, daß sie mit den deutschen Politikern nicht zu-

---

[106] Ebenda.
[107] Ebenda.
[108] Ebenda.
[109] Notes of Conversation held at the Ministry for the Interior, Place Beauvau, Paris, on July 19, 1931, at 10 a.m.; DBFP, Second Series, Vol. II, Nr. 219. – Aufzeichnung Ministerialdirektor Lutz Graf Schwerin v. Krosigk über die Besprechung des Reichskanzlers mit der französischen Regierung in Paris, 18. Juli 1931, Bericht Brünings und Curtius' über die Verhandlungen in Paris und London, 25. 7. 1931; AdRK, Die Kabinette Brüning, Bd. 2, Nr. 398, 408.

sammentreffen wollten, indem sie demonstrativ Paris verließen[110]. Briand spielte seinen Part mit Herz, und auch Laval war nicht ohne Überzeugung bei der Sache; der Regierungschef begann angesichts der allenthalben ausgebrochenen wirtschaftlichen und politischen Krisen unter der Furcht vor der Sowjetisierung Europas zu leiden; als Bollwerk gegen diese Gefahr hielt er – eine Vorstellung, die ihn nie mehr verlassen und über seine dominierende Mitwirkung in den Regierungen Vichy-Frankreichs am 16. Oktober 1945 vor ein französisches Erschießungspeloton führen sollte – ein gesundes und starkes Deutschland für notwendig[111]. Von derartigen individuellen Motiven abgesehen, wählte das französische Kabinett seinen Kurs aus drei Gründen: Erstens brach sich die Einsicht Bahn, daß gegenüber der britischen und amerikanischen Entschlossenheit reine Negation nicht aufrechtzuerhalten war. Zweitens hatte doch auch die Erkenntnis immer mehr Anhänger gewonnen, daß sich Paris um Europas und damit schließlich auch Frankreichs willen an der Sanierung Deutschlands beteiligen müsse. Drittens bemächtigte sich der Regierung die Vision, daß man aus der Not eine Tugend machen und Deutschlands jetzt noch gestiegene Hilfsbedürftigkeit ausnutzen könne, um das Reich doch noch am drohenden Ausbruch aus den Versailler Abhängigkeiten zu hindern und sogar fester denn je an den Status quo zu binden[112].

So waren es die Franzosen, die, den im Frühjahr in der Empörung über das Zollunionsprojekt abgerissenen Faden wieder aufnehmend, bei Henderson und bei dem in Paris – wie dann in London – anwesenden amerikanischen Außenminister Stimson noch vor Erscheinen der Deutschen darauf drängten, Deutschland einen langfristigen Kredit in Höhe von etlichen Milliarden Reichsmark zu gewähren, allerdings gegen einige Bedingungen: Ein so hoher Kredit, sagten Laval und Flandin, erfordere eine gewisse internationale Kontrolle seiner Verwendung, namentlich sei dafür zu sorgen, daß Deutschland das Geld nicht für militärische Zwecke ausgebe oder an ost- und südosteuropäische Länder weiter verleihe und damit zur Stärkung seiner politischen Position auf dem europäischen Kontinent nutze; Gestalt und Zusammensetzung des Aufsichtsorgans blieben offen. Auch habe Deutschland Verzinsung und Amortisation der Anleihe zu garantieren; wiederum blieb offen, wie Sicherheiten aussehen konnten. Vor allem aber sei vom Deutschen Reich ein „politisches Moratorium" zuzugestehen, was heiße, daß sich die Reichsregierung verpflichten müsse, für eine noch festzulegende Periode – fünf, acht, zehn Jahre – auf den Bau militärischer Lu-

---

[110] Botschaft Paris an AA, 24. 7. 1931; PA, R 70505.
[111] Aufzeichnung Curtius über Unterredung mit Laval am 26. 7. 1931, 27. 7. 1931; AdRK, Kabinette Brüning, Bd. 2, Nr. 490. Curtius hat Lavals Äußerungen freilich nicht ganz ernst genommen.
[112] Notes on Conversation between the Marquess of Reading and MM. Laval, Briand and Flandin, Paris, 7. 10. 1931; DBFP, Second Series, Vol. II, Nr. 266, 267.

IV. Britisch-deutsche Allianz gegen den Young-Plan

xusartikel wie die Panzerkreuzer B und C ebenso zu verzichten wie auf die propagandistische und praktische Verfechtung territorialer Revisionsansprüche; außerdem erwarte Frankreich von der deutschen Regierung die Zusage, während der Laufzeit der Anleihe energischer als bisher gegen chauvinistische Demonstrationen der radikalen Rechten in Deutschland – zum Beispiel gegen Stahlhelmkundgebungen – Front zu machen, zumindest in Form deutlicher Distanzierung. Schließlich sei auch Klarheit darüber zu schaffen, daß Deutschland nach der Wiedererlangung seiner finanziellen Stabilität zu den Reparationszahlungen des Young-Plans zurückzukehren habe; die Anleihe und ihre erhoffte positive Wirkung dürften nicht auf eine Preisgabe des Plans hinauslaufen[113].

Vom letzten Punkt abgesehen, klangen die von Laval und Flandin genannten Bedingungen für Henderson und Stimson so vertraut wie vernünftig. Daher kamen die Vertreter Frankreichs mit denen Großbritanniens und der USA fast mühelos zu einer Verständigung. Zwar wurden viele Einzelheiten, darunter wichtige, weder besprochen noch gar geklärt; das wäre ja auch dem Sinne dieses offiziell nicht als Konferenz geltenden Treffens zuwidergelaufen. Außerdem tauchten gelegentlich Streitpunkte auf, die man unerledigt ließ. So verlangten die Franzosen, daß der Kredit, der auf den Kapitalmärkten zu mobilisieren sei, von den Regierungen garantiert werden müsse, womit die Briten keineswegs einverstanden waren[114]. Stimson wiederum stipulierte, daß der Bedienung der Anleihe durch Deutschland Priorität vor künftigen deutschen Reparationszahlungen einzuräumen sei, was Laval kategorisch verneinte[115]. Aber die Frage, ob Deutschland einen langfristigen Kredit brauche und erhalten solle, wurde nach einigen Gesprächsrunden so behandelt, als sei sie grundsätzlich bejahend entschieden. Der deutsche Kreditbedarf wurde auf rund 500 Millionen Dollar geschätzt, und die Gesprächspartner betrachteten es offensichtlich als vereinbart, daß ein beträchtlicher Teil dieser Summe von Frankreich aufzubringen sei, der verbleibende Teil von Großbritannien und den Vereinigten Staaten[116].

Diesen Stand der Dinge fanden Brüning und seine Delegation vor, als sie am 18. Juli nach Paris kamen. Daß es die Franzosen fertiggebracht hatten, einen der wichtigsten Punkte der Londoner Tagesordnung doch bereits auf den Pariser Tisch zu legen und von einem französisch-britisch-amerikanischen Kreis auch erörtern, ja, wie es aussah, schon entscheiden zu lassen, paßte eigentlich gar nicht in Brünings Konzept. Der Reichskanzler war mit

---

[113] Memorandum Henderson on Discussions in Paris, Lord Tyrrell an Vansittart, 15. 7. 1931, Lord Tyrrell an Vansittart, 16. 7. 1931, Notes of a Conversation held at the Ministry for the Interior; DBFP, Second Series, Vol. II, Nr. 193, 194, 199, 219. – Aufzeichnung Curtius über Besprechung mit französischen Ministern, 18. 7. 1931; Bülow an Hoesch, 18. 7. 1931; PA, R 28255 k.
[114] Vansittart an Lord Tyrrell, 16. 7. 1931; DBFP, Second Series, Vol. II, Nr. 208.
[115] Lord Tyrrell an Vansittart, 16. 7. 1931; DBFP, Second Series, Vol. II, Nr. 199.
[116] Memorandum Henderson on Discussions in Paris; DBFP, Second Series, Vol. II, Nr. 193.

der Absicht in die französische Hauptstadt gekommen, sich hier ebenso zu verhalten wie bei seinem Besuch in Chequers[117], das heißt, er wollte weiter nichts, als die deutschen Zustände in den düstersten Farben malen und damit – wenn er denn um die Reise nach Paris schon nicht herumkam – für künftige reparationspolitische Schritte der Reichsregierung vielleicht auch den harten französischen Boden etwas auflockern. Auf ernsthaftere Verhandlungen gedachte er sich wenn überhaupt so erst in London einzulassen; dort mußte die Atmosphäre günstiger sein als in Paris, wo außerdem bilateralen deutsch-französischen Unterhaltungen – also Unterhaltungen ohne Anlehnung an die wohlwollenden Anglo-Amerikaner – nicht auszuweichen war. Aber angesichts der demonstrativen französischen Hilfsbereitschaft, angesichts einer offenbar erzielten französisch-britisch-amerikanischen Vorverständigung in der Frage einer langfristigen Anleihe für Deutschland und angesichts der Tatsache, daß, anders als bisher, eine französische Regierung erstmals politische Bedingungen offiziell als Bedingungen Frankreichs für eine solche Anleihe genannt hatte, sah sich der Kanzler genötigt, noch in Paris aus der Reserve herauszutreten.

Jedoch retournierte Brüning den von Laval geschlagenen Ball so deftig, daß der Aufschläger das Nachsehen hatte. Seit Monaten fürchteten Brüning und seine engsten Mitarbeiter, daß die Reparationsgläubiger und die USA Deutschland eine hohe langfristige Anleihe zu annehmbaren Bedingungen offerieren könnten. Es war das schon im Herbst 1930 erkannte Problem: Wurden die deutschen Finanzen saniert oder doch stabilisiert und trat danach eine Erholung der deutschen Wirtschaft ein, bestand die Gefahr, daß an die Abschüttelung der Reparationslast erst in grauer Zukunft zu denken war. Jetzt lag das von Großbritannien und den Vereinigten Staaten offenbar bereits abgesegnete Angebot Frankreichs vor, und das war Brüning um so unangenehmer, als ihm angesichts der Lage in Deutschland, wie sie durch die Welle der Abzüge kurzfristiger Kredite nach dem 6. Juni und neuerdings durch die Bankenkrise entstanden war, gar keine Wahl blieb: Er hatte, ganz anders als in Chequers, vor seine Gesprächspartner in London und nun gleich in Paris mit der Bitte zu treten, Deutschland eben jenen langfristigen Kredit zu gewähren, den er selbst nach wie vor überhaupt nicht haben wollte, und überdies mit der weiteren Bitte, die jüngsten Verluste an kurzfristigen Krediten zu ersetzen. Werde die Bitte nicht erfüllt, versicherten der Kanzler und Curtius, sei der finanzielle und wirtschaftliche Zusammenbruch des Deutschen Reiches nicht mehr aufzuhalten[118].

---

[117] AdRK, Die Kabinette Brüning, Bd. 2, Nr. 392.
[118] Notes of a Conversation held at the Ministry of the Interior, 20. 7. 1931, Memorandum Henderson on Discussions in Paris; DBFP, Second Series, Vol. II, Nr. 219, 193. Aufzeichnung Curtius, 18. 7. 1931; PA, R 28255 k. Brünings Behauptung im Kabinett, er habe in Paris keine Anleihe erbeten, diente offensichtlich taktischen Zwecken; AdRK, Die Kabinette Brüning, Bd. 2, Nr. 408.

IV. Britisch-deutsche Allianz gegen den Young-Plan 155

Solch dramatische Ankündigung geschah auch im Auftrag des Kabinetts, das unter dem starken Druck der Länder und Kommunen stand, die zum zweiten Mal vom Abzug kurzfristiger Kredite hart getroffen worden waren und finanziell nur noch dahinsiechten. Der Kreditbedarf war evident. Alle Sachverständigen stimmten darin überein, daß die deutsche Wirtschaft allein schon dadurch gekräftigt werden könnte, wenn mit hereinströmenden Geldern ein großer Teil der noch nicht abgezogenen, jedoch stets gefährdeten kurzfristigen Kredite in langfristige Anlagen umgewandelt würde[119]. Da ferner der andere Teil des auch von Brüning auf 500 Millionen Dollar – also 2 Milliarden Reichsmark – bezifferten Kredits nicht zum Stopfen irgendwelcher Löcher im Reichshaushalt hätte verwendet werden dürfen – ebenfalls eine Bedingung der potentiellen Geldgeber –, sondern über die Reichsbank direkt an Unternehmen fließen sollte, die unter Kapitalmangel litten, wäre eine belebende Wirkung auf die Wirtschaft gewiß nicht ausgeblieben, trotz der geringen Kraft des Binnenmarkts und trotz der großen Schwierigkeiten auf den gleichfalls schwachen internationalen Märkten. Innenpolitisch hätte das ausgereicht, um den linken wie den rechten Radikalismus ein gutes Stück zurückzustutzen; einen Beleg liefert der Blick voraus ins Jahr 1933, als es Hitler und der NS-Bewegung gelang, ihre Herrschaft bis zur Jahreswende 1933/34 nicht zuletzt durch die bloße Vorspiegelung einer energischen Kampagne gegen die Arbeitslosigkeit zu festigen.

Brüning war also in Paris starken inneren wie äußeren Pressionen ausgesetzt. Doch zeigte er sich dem Druck gewachsen. Allerdings lag das zu einem guten Teil daran, daß es einem Kanzler, der weniger vom Reichstag als von Reichspräsident und Reichswehr abhing, nicht so schwer fiel wie es einem mit parlamentarischen Majoritäten regierenden Kanzler gefallen wäre, dem französischen Manöver erfolgreich zu begegnen. Hätte etwa ein Kanzler der Weimarer Koalition amtiert, wäre Lavals und Flandins Glaube nicht ganz ohne Grundlage gewesen, endlich habe Frankreich die Möglichkeit, Deutschland ein politisches Moratorium abzuzwingen, weil doch die Reichsregierung in Anbetracht der deutschen Nöte nicht umhin können werde, wirtschaftlicher Vernunft Vorrang vor revisionspolitischen Träumen zu geben[120]. Einem Kanzler mit Brünings Machtbasis konnten die Franzosen jedoch im Augenblick keinen größeren Gefallen tun, als die Anleihe-Offerte mit politischen Bedingungen zu verbinden. Sie spielten ihm damit jenes nationale Argument zu, auf das er seit Herbst 1930, als die Idee französischer Finanz- und Wirtschaftshilfe erstmals in offiziellen diplomatischen Gesprächen erörtert worden war, gewartet hatte.

---

[119] So auch in dem Bericht des dann von der Londoner Konferenz bestellten Sachverständigenausschusses, Schulthess', 1931, S. 509 ff.
[120] Sehr klar ausgesprochen in einer Unterredung zwischen Lord Reading, Laval, Briand und Flandin, am 7. 10. 1931 in Paris; DBFP, Second Series, Vol. II, Nr. 266.

Brüning hat in jenen Monaten des öfteren, ob in Verhandlungen mit französischen, britischen und amerikanischen Politikern, ob intern, mit großem Ernst und gelegentlich – sogar in Kabinettssitzungen – nicht ohne Pathos erklärt[121], er werde niemals wirtschaftliche Vorteile mit der Unterschrift unter nationalpolitisch schändliche und schädliche Dokumente – wie etwa einem von Frankreich diktierten politischen Moratorium – erkaufen. Das entsprach sicherlich seiner politischen Grundüberzeugung und der Auffassung der ihn stützenden Gruppierung. Im Moment aber ging es ihm um die Abwehr der Anleihe, und in der diplomatisch-taktischen Situation, die das französische Angebot geschaffen hatte, diente ihm die Beschwörung unverzichtbarer nationaler Interessen und der nationalen Ehre lediglich dazu, ein Geschenk mit Anstand abzulehnen, das ihm angesichts des Ziels seiner Reparationspolitik als Danaergeschenk erscheinen mußte. Hätte die französische Regierung die Kredit-Offerte nicht an ein politisches Moratorium geknüpft, wäre Brüning zweifellos in eine schwierige Lage geraten. Eine ähnlich passende Begründung der Ablehnung des von ihm selbst mit so eindringlicher Rhetorik geforderten Kredits hätte sich nicht leicht finden lassen. Aber zweifellos wäre sie gesucht und am Ende auch entdeckt worden.

Schon einige Wochen vor den Treffen in Paris und London hatte der in der Reparations- und Kreditfrage mittlerweile ganz für den Kurs des Kanzlers gewonnene Staatssekretär v. Bülow an Botschafter v. Hoesch geschrieben, es habe den Anschein, daß „die Gegenseite" Deutschland auf den Weg neuer Anleihen „abdrängen" wolle, doch werde man solche Anleihen ablehnen, „selbst wenn sie nicht mit politischen Bedingungen verbunden sind"[122]. Und wenige Tage nach den Juli-Besprechungen, als Premier MacDonald und Henderson zu einem auch ansonsten nicht unwichtigen Besuch nach Berlin gekommen waren und Brüning der britischen Unterstützung seiner reparationspolitischen Absichten sicher zu sein glaubte, ließ der Kanzler die Berufung auf den politischen Erpressungsversuch Frankreichs denn auch wieder fallen. Die Reichsregierung, so sagte er seinen britischen Gästen, habe den Vorschlag einer langfristigen Anleihe erwogen, nähme sie jedoch den Kredit-Plan, wie ihn die Franzosen vorschlügen, an, bestünde der Effekt nur darin, daß die Reparationsfrage definitiv gegen Deutschland geregelt würde. Vom politischen Moratorium war weiter keine Rede. Was die deutsche Regierung wirklich wolle, erklärte Brüning, sei Hilfe, um über das laufende Jahr wegzukommen[123].

Genau diese Hilfe bekam die Reichsregierung. Parallel zu den auf Regierungsebene geführten Gesprächen in Paris und London kam es eine Etage

---

[121] In dem Bericht über die Pariser und Londoner Besprechungen, den er dem Kabinett am 25.7.1931 erstattete; AdRK, Die Kabinette Brüning, Bd. 2, Nr. 408.
[122] Bülow an Hoesch, 8.6.1931; PA, R 29506.
[123] Record of a Meeting between Mr. MacDonald, Mr. A. Henderson, Dr. Brüning and Dr. Curtius at the Reichskanzlei, Berlin, on July 28, 1931; DBFP, Second Serie, Vol. II, Nr. 228.

IV. Britisch-deutsche Allianz gegen den Young-Plan

tiefer zu Verhandlungen, in denen unter Mitwirkung von britischen, französischen und amerikanischen Finanziers und Finanzexperten erreicht wurde, der Reichsbank einen stattlichen – und dann mehrmals prolongierten – Stützungskredit zu gewähren, an dem nicht nur die Zentralbanken Großbritanniens und der USA beteiligt waren, sondern auch die Bank von Frankreich[124]. Zugleich brachten es die britische und die amerikanische Regierung fertig, daß jene Investoren aus ihren Ländern, die noch – und zwar immer noch beträchtliche – kurzfristige Kredite in Deutschland stehen hatten, sich ausdrücklich dazu verpflichteten, diese Kredite für eine nicht präzis vereinbarte Frist, doch jedenfalls fürs erste nicht abzuziehen[125]; einer der erhofften Effekte einer langfristigen Anleihe, die Umwandlung kurzfristiger in längerfristige Anlagen und damit ein erheblicher Gewinn an finanzieller Stabilität, hatte also auf solche Weise wenigstens partiell und immerhin, wie angenommen werden durfte, für die schlimmste Krisenperiode doch gesichert werden können. Brünings Spekulation darauf, daß die Ärzte während ihres Konsiliums den Patienten schon nicht einfach sterben lassen würden, erwies sich als richtig.

Um so leichter fiel es dem Kanzler und Außenminister Curtius, dem Anleihe-Projekt noch in Paris mit dem nationalen Argument den Garaus zu machen. Das Argument eignete sich, um Laval und Flandin zu verstehen zu geben, ihr Bestehen auf einem politischen Moratorium mache weitere Gespräche über einen langfristigen Kredit sinnlos[126]; es genügte, um Henderson in längerer, gewundener und – in Anbetracht der beklagten und in der Tat beklagenswerten wirtschaftlichen Lage Deutschlands – von Verlegenheit nicht freier Rede darzulegen, daß Frankreichs Entschlossenheit zur politischen Erpressung das Anleihe-Projekt leider scheitern lasse[127]; und es taugte vortrefflich dazu, die Ablehnung des französischen Angebots gegen einheimische Kritik, wie sie etwa bei den für Finanz- und Wirtschaftsfragen zuständigen Ministern und ihren Sachverständigen mehr oder weniger laut grummelte[128], zu verteidigen, ja sie sogar als Abwehr eines von der französischen Regierung – die ja mit dem Moratorium selbst noch die Revisionsklausel der Völkerbundssatzung gänzlich unbrauchbar machen wolle – versuchten Ausbaus von Versailles zu rechtfertigen[129].

---

[124] James, The German Slump, S. 318f.
[125] Ebenda.
[126] Aufzeichnung Schwerin-Krosigk, 18.7.1931; AdRK, Die Kabinette Brüning, Bd. 2, Nr. 398.
[127] Notes of Conversation Henderson – Curtius, 21.7.1931; DBFP, Second Series, Vol. II, Nr. 221.
[128] Noch am 30.5.1931 empfahl Reichsbankpräsident Luther in einer Ministerbesprechung, „sich bei gegebener Gelegenheit auf Anleihepläne einzulassen"; AdRK, Die Kabinette Brüning, Bd. 2, Nr. 316.
[129] So Bülow dezidiert in einer Aufzeichnung vom 25.9.1931: „Es wird französischerseits regelmäßig unterstellt und von einem großen Teil unserer Öffentlichkeit angenommen, der deutsch-französische Gegensatz bestehe darin, daß Frankreich den Status quo, insbeson-

Nach solcher Ergebnislosigkeit des Pariser Treffens durfte auch von der sofort anschließenden Londoner Konferenz nichts Positives oder überhaupt irgendwie Entscheidendes erwartet werden. Dem Anschein nach brachten denn auch die Londoner Gespräche in ihrem ersten Stadium nichts anderes als die sozusagen offizielle Wiederholung des inoffiziellen Resultats von Paris. Laval und Flandin präsentierten ihr Anleihe-Projekt, da aber hierüber Deutsche und Franzosen bereits in Paris negativ entschieden hatten, geschah schon die Präsentation recht lustlos[130], und danach ließen die Vertreter Großbritanniens und der sechs eingeladenen Staaten die Idee sanft entschlafen. Das wäre sicherlich nicht möglich gewesen, hätten die Briten auf einer ernsthaften Behandlung bestanden. MacDonald, Henderson und Schatzkanzler Philip Snowden taten das indes nicht, teils weil es ihnen angesichts der deutschen Haltung als zwecklos erschien, in erster Linie jedoch weil sie mittlerweile selbst zu Gegnern des Projekts geworden waren. Zwar gaben sie sich wie seit Wochen so auch jetzt in London große Mühe, die deutschen Gäste zu irgendeiner Versicherung politischen Wohlverhaltens zu bewegen. In einer Unterredung mit Curtius und Bülow, die im Foreign Office stattfand und in der Curtius sagte, ohne neue Kredite werde Deutschland zusammenbrechen, schlug Henderson eine internationale Deklaration vor, die Staatengesellschaft werde fünf Jahre lang heikle politische Fragen ruhen lassen; eine solche Deklaration könne die Reichsregierung doch unterschreiben, zumal sie ständig behaupte, Probleme wie den „Polnischen Korridor" noch gar nicht aufrollen zu wollen. Curtius erwiderte, Deutschland könne nicht auch noch auf die Rechte verzichten, die Artikel 19 der Völkerbundsatzung biete. Henderson stellte klar, daß er nicht einen Verzicht verlange, sondern lediglich ein befristetes Ruhenlassen. Obwohl ein derartiges Moratorium, wie inzwischen einige britische und französische Politiker und Diplomaten zu ihrem Schrecken bemerkt hatten, Deutschland im Grunde geradezu das Recht zugestand, nach Ablauf der vereinbarten Pause den aktiven Kampf um seine revisionspolitischen Forderungen aufzunehmen, blieben Curtius und Bülow unzugänglich. Der britische Außenminister geriet dadurch so in Zorn, daß er ausrief, das deutsche Verhalten laufe darauf hinaus, triviale Melodien zu fiedeln, während Rom brenne[131]. Aber an einer politischen Erklärung der Reichsregierung, die Europa und insbesondere Frankreich beruhigen sollte, lag den Briten, wie sich

---

dere den Versailler Vertrag, unverändert aufrecht erhalten, Deutschland dagegen diesen revidieren wolle. In Wirklichkeit ist Frankreich bestrebt, den Versailler Vertrag auszubauen"; PA, R 29517.

[130] The London Conference, 1931, Stenographic Notes; DBFP, Second Series, Vol. II, Appendix I.

[131] Notes of a Conversation between Mr. A. Henderson and Dr. Curtius on July 21, 1931; DBFP, Second Series, Vol. II, Nr. 221.

bald noch deutlicher zeigte, nicht mehr im Zusammenhang mit dem Anleihe-Projekt.

Nach dem Versanden des Kredit-Themas konzentrierten sich die in London konferierenden Politiker auf die beiden anderen für Deutschland wichtigen Probleme: auf die Stützung der Reichsbank und auf die Sicherung der noch in Deutschland angelegten kurzfristigen Auslandskredite. Das geschah aus schierer konferenzpolitischer Verlegenheit. Nachdem die französische und die deutsche Regierung die Erörterung des zentralen Punkts der Tagesordnung in gemeinsamer Anstrengung unmöglich gemacht hatten, gab es eigentlich keinen sachlichen Grund mehr, die Konferenz fortzusetzen. Mit einem Abbruch hätten jedoch die Teilnehmer, inmitten der schwersten internationalen Krise von Wirtschaft und kapitalistischem System, auf blamabelste Weise ihre Unfähigkeit eingestanden, die Überwindung der Krise auch nur in Angriff zu nehmen, und so stürzten sie sich voll Eifer auf zwei Fragen, die wohl überaus dringlich waren, aber nicht in der Zuständigkeit der Regierungen lagen, sondern anderswo, nämlich in der Bankwelt, konkret diskutiert, entscheidungsreif gemacht und entschieden wurden. Die Regierungen hatten ja, jedenfalls formal, nicht die Befugnis, den zuständigen Zentralbanken oder gar den involvierten Privatbanken einfach Weisungen zu erteilen.

Gewiß hatte es Gewicht, wenn die Londoner Konferenz Probleme, die evidentermaßen von eminenter wirtschaftlicher und politischer Bedeutung waren, debattierte und am Ende zu diesen Problemen Empfehlungen an die Banken formulierte: 1. Der 100-Millionen-Dollar-Kredit der Notenbanken, der vor kurzem unter der Führung der Bank für Internationalen Zahlungsausgleich der Reichsbank zur Verfügung gestellt wurde, solle am Fälligkeitstag um drei Monate verlängert werden! 2. Kurzfristige Kredite sollten vorerst aus Deutschland nicht abgezogen werden! Aber es handelte sich eben doch nur um Empfehlungen, und wenn auch den Empfehlungen gemäß verfahren wurde, so war das neben dem Einfluß der Regierungen fast noch mehr der in der Banken- und Geschäftswelt wieder – im Vergleich zu den Vorjahren – stärker gewordenen wirtschaftlichen Rationalität zu danken. Die dritte Empfehlung der Konferenz ging dahin, unter den Auspizien der Bank für Internationalen Zahlungsausgleich ein Komitee von Experten einzusetzen, dessen Mitglieder – benannt von den Leitern der interessierten Notenbanken – den unmittelbaren Bedarf Deutschlands an neuen Krediten und die Möglichkeit der Umwandlung kurzfristiger in langfristige Kredite prüfen sollten[132].

Dem Anschein nach war also das Ergebnis der Londoner Besprechungen wenig eindrucksvoll, und viele Teilnehmer der Konferenz hatten selbst ein

---

[132] The London Conference, 1931, Stenographic Notes; DBFP, Second Series, Vol. II, Appendix I.

recht ungutes Gefühl. So sagte Emil Francqui, Direktor der Société Géneral de Belgique und einer der drei belgischen Delegierten, während der Debatten einmal sarkastisch, vierzehn Tage zuvor hätten in Basel Vertreter der Zentralbanken getagt und seien zu dem Schluß gekommen, sie selbst könnten gar nichts tun und müßten die Probleme wieder den Regierungen anheimstellen, jetzt in London würden die Probleme nach stundenlangen Diskussionen an die Notenbanken zurückverwiesen: „Der Ball scheint hin und her geworfen zu werden, und das kann noch lange so weitergehen."[133]

Tatsächlich aber markierte die Londoner Konferenz einen entscheidenden Wendepunkt. Wichtigstes – wenn auch öffentlich noch nicht sichtbares – Resultat war die definitive Trennung sowohl britischer wie amerikanischer Intentionen von französischer Deutschlandpolitik im allgemeinen und französischer Reparationspolitik im besonderen. Nach wie vor glaubte die Pariser Regierung, am Young-Plan festhalten und für ihre Zustimmung zu Lockerung und Milderung des Plans politische Konzessionen Deutschlands bekommen zu können. Wenn Laval in den Pariser Gesprächen und während der Londoner Debatten hartnäckig darauf bestand, Voraussetzung der Überwindung der europäischen Wirtschaftsnöte sei die Rückgewinnung von Vertrauen und Sicherheit[134], so meinte er damit die Festigung des Vertrauens in die Sicherheit der Grenzen in Europa, und zwar durch den erkennbaren Beginn der deutschen Aussöhnung mit dem Status quo. Und er glaubte ferner, für den Pariser Kurs noch immer die Billigung und Rückendeckung zumindest Großbritanniens zu haben. In London vollendete sich jedoch jene Wandlung der britischen Politik, die sich schon seit einigen Monaten vorbereitet hatte. Wenn MacDonald oder Henderson in den Diskussionen und Unterredungen davon sprachen, daß Europa – wie die Welt – Vertrauen und Sicherheit brauche, so redeten sie nicht vom territorialen Status quo auf dem europäischen Kontinent, vielmehr meinten sie damit, Europa und die Welt müßten darauf bauen können, daß die Finanzen, die Wirtschaft und der Kredit Deutschlands nach Ablauf des Hoover-Moratoriums nicht durch die simple Wiederaufnahme des Young-Plans erneut belastet und dadurch abermals ruiniert würden. Und die britische Auffassung war mittlerweile sachlich richtig geworden. Auch wenn die Reparationen anfänglich und im Grunde mit der deutschen und der globalen Wirtschaftskrise gar nichts zu tun gehabt hatten, ob man die Ursachen oder die laufende Verschärfung in den Blick nimmt, so hatte die inzwischen entstandene Überzeugung, daß ein Zusammenhang bestehe, diesen Zusammenhang tatsächlich geschaffen. Wie Sir Robert Vansittart während der Pariser Unterhaltungen an Lord Tyrrell und Henderson schrieb: „Nach Ansicht aller un-

---

[133] Ebenda.
[134] So sagte er am 19. 7. 1931 zu seinen britischen und deutschen Kollegen: „Was not tut, ist das Versprechen [*der deutschen Regierung*], daß Europa von nun an in Frieden arbeiten kann." DBFP, Second Series, Vol. II, Nr. 219.

IV. Britisch-deutsche Allianz gegen den Young-Plan

serer Finanz-Autoritäten ist die derzeitige Krise in Deutschland auf Mangel an Vertrauen zurückzuführen, sowohl im Ausland wie im Inland, und zwar im Hinblick auf die Frage, ob es Deutschland möglich sein wird, seine wirtschaftliche und finanzielle Stabilität zu bewahren, solange auf seinen Reparationsverpflichtungen bestanden wird." Ohne Wegfall der Reparationen werde es keine Anleihen geben[135].

An solchem Verständnis der Situation war dann auch der Vorschlag des amerikanischen Außenministers Stimson orientiert, den Kreditbedarf Deutschlands durch eine unabhängige Expertenkommission prüfen zu lassen. Das klang zwar eher nach Hilflosigkeit, klang nach dem von Francqui mit Spott bedachten Hin und Her zwischen Politik und Wirtschaft. Tatsächlich war es nichts dergleichen. Daß die Londoner Konferenz den Vorschlag annahm und die BIZ wie die Zentralbanken entsprechend instruierte – das immerhin lag in der Macht der Regierungen –, bedeutete in Wahrheit den Anfang vom Ende des Young-Plans, der Reparationen überhaupt. Unbemerkt von Franzosen und Deutschen verschob die Beauftragung einer Expertenkommission, wie von Stimson und den mit ihm verbündeten Briten beabsichtigt, die Frage der Zahlungen des Deutschen Reiches an ausländische Regierungen vom Felde der Politik auf das Feld der Wirtschaft. Wohl hatte auch der Übergang vom Dawes-Plan zum Young-Plan auf den Beratungen eines Sachverständigen-Gremiums beruht. Aber die Experten von 1928/29 hatten noch in einer Periode relativer wirtschaftlicher Normalität deliberieren können und daher die politische Seite des Reparationsproblems berücksichtigen müssen. Konkret hieß das: Daß Deutschland Reparationen zu zahlen habe, hatte damals gar nicht zur Debatte gestanden; der Young-Ausschuß hatte lediglich zu prüfen, wieviel das Reich zahlen könne. Jetzt, im Sommer 1931, standen die Dinge ganz anders. Die von den Leitern der Zentralbanken nominierte und nach ihrem britischen Mitglied Sir Walter T. Layton, dem Herausgeber des „Economist", genannte Kommission nahm ihre Tätigkeit in einem Augenblick auf, da eine globale Wirtschaftskrise ihren vorläufigen Tiefpunkt erreicht hatte, und mußte also ihre Arbeit, dies schien die Lage gebieterisch zu fordern, unter die Alleinherrschaft wirtschaftlicher Vernunft stellen. Mit der Formulierung des Auftrags hatten das die in London tagenden Regierungen – ohne daß, wie gesagt, Franzosen und Deutsche dessen so recht gewahr geworden wären – mehr als anerkannt, nämlich zur Leitlinie erhoben: Die Kommission sollte ja nicht die Zahlungsfähigkeit, sondern die Kreditbedürftigkeit des Deutschen Reiches untersuchen. Und wenn die Kommission, was nach menschlicher Voraussicht erwartet werden mußte, deutsche Kreditbedürftigkeit feststellte, war das der Todesstoß für den Young-Plan. Angesichts des gewandelten Bewußtseins schlossen nunmehr Anleihen an Deutschland deutsche Reparations-

---

[135] Vansittart an Lord Tyrrell, 17. 7. 1931; DBFP, Second Series, Vol. II, Nr. 216.

zahlungen aus – und umgekehrt. An eine Wiederholung des wirtschaftlich so sinnlosen Geldkreislaufs, der die Jahre 1925 bis 1930 charakterisiert hatte, konnte und wollte niemand mehr denken. Daraus ergab sich, noch effektiver als in manchen Momenten bisher schon, eine verdeckte Allianz zwischen Anglo-Amerikanern und Deutschen; sie bestimmte die Behandlung des Reparationsproblems in den folgenden Monaten.

Auch Reichskanzler Brüning begriff die Treffen in Paris und London als ersten Abschnitt eines neuen Kapitels der Reparationspolitik. Zwar verstand er zunächst nicht, welche Bedeutung der Einsetzung des Layton-Ausschusses tatsächlich zukam. Vielmehr sah er hier eine Gefahr. Als Grund wirkte, wie so oft bei ihm, die Furcht, daß Deutschland eine Anleihe angeboten werden könnte, die nur noch um den Preis schwersten außenpolitischen Schadens abzulehnen sei[136]. Als in London zunächst vorgeschlagen wurde, die Mitglieder der Kommission zur Prüfung der deutschen Kreditbedürftigkeit von der Bank für Internationalen Zahlungsausgleich nominieren zu lassen, schlug Brüning – praktisch sein einziger aktiver Beitrag zur Konferenz – eine heroische Abwehrschlacht, da er die BIZ unter französischem Einfluß wähnte – was nur einen geringen Wahrheitskern hatte – und mithin eine französischen Wünschen gefügige Kommission befürchten zu müssen glaubte; ein solches Gremium, so meinte er, werde unweigerlich bestrebt sein, Deutschland eine langfristige Anleihe aufzudrängen[137]. Mit britischer Unterstützung erreichte er dann jedoch die Nominierung durch die Leiter der Notenbanken, und es war für die britische Grundhaltung bezeichnend, daß das Argument des Kanzlers, die BIZ habe in Deutschland einen schlechten Ruf, weil sie als „Rudiment der Reparationskonferenz" gelte, bei den britischen Konferenzteilnehmern, namentlich bei Schatzkanzler Snowden, volles Verständnis fand[138]. Freilich gefiel Brüning die Kommission auch in ihrer endgültigen Zusammensetzung nicht so recht, obwohl diese ja auf ihn selbst zurückging; nach wie vor witterte er eine allzu große Hinneigung zu französischen Interessen. Da dem Layton-Ausschuß eine derartige Hinneigung – jedenfalls zu den französischen Anleiheprojekten – kraft seiner Zweckbestimmung sozusagen eingeboren schien, müssen die Ängste des Kanzlers, angesichts seiner reparationspolitischen Zielsetzung, als nicht ganz unberechtigt gelten.

In einer anderen Hinsicht aber gewann Brüning aus den Pariser und Londoner Gesprächen einen klaren und zutreffenden Eindruck: Zwischen Anglo-Amerikanern – vor allem Briten – und Franzosen sei, so diagnostizierte er mit Recht, in der grundsätzlichen Einstellung zum Reparationsproblem und zu den damit zusammenhängenden Fragen offenbar ein schroffer und

---

136 Köpke an Hoesch, 28. 7. 1931; PA, R 70505.
137 Ebenda.
138 The London Conference, 1931, Stenographic Notes; DBFP, Second Series, Vol. II, Appendix I.

IV. Britisch-deutsche Allianz gegen den Young-Plan   163

überdies anscheinend unheilbarer Gegensatz entstanden. Während Frankreich eine möglichst einschränkende Auslegung des Hoover-Moratoriums durchsetzen und die Weitergeltung des Young-Plans sichern wolle, halte die britische Regierung jede Einschränkung der amerikanischen Idee für falsch; vor allem aber habe niemand in London die Absicht, Deutschland wieder auf den Young-Plan zu verpflichten[139]. Letztere Meinung war mehr als Interpretation britischen Verhaltens. In einem Brief an Botschafter v. Hoesch schrieb Ministerialdirektor Köpke, Sir Walter Layton, der britische Vorsitzende des nun gebildeten Ausschusses, habe „in einem vertraulichen Privatgespräch dem deutschen Delegationsführer offen erklärt, daß er eine Wiederaufnahme der Young-Zahlungen nach dem Feierjahr für ausgeschlossen halte". Die endgültige Regelung der Reparationsfrage sei seiner Meinung nach nur in der Form denkbar, daß Deutschland noch kleinere Beträge an Frankreich und Belgien zahle: „Alles andere müsse fortfallen."[140] Daß Sir Walter hier nicht nur seine eigene Ansicht äußerte, durfte getrost unterstellt werden.

Reichskanzler Brüning zog selbstverständlich den Schluß, daß der britisch-französische Gegensatz – den er in einer Ministerbesprechung merkwürdigerweise als „erschreckend tief" bezeichnete[141] – künftig als sicherer Faktor einkalkuliert und in der Tat zur Erzwingung des Endes der Reparationen ausgenützt werden könne. Die Hauptarbeit gedachte er dabei, wie ohne klareres Verständnis der Londoner Politik bisher schon, den Briten zu überlassen. Als sich Premierminister MacDonald und Außenminister Henderson – den deutschen Besuch in Chequers erwidernd – am 27. und 28. Juli in Berlin aufhielten, trat die neue Qualität im deutsch-britischen Verhältnis bereits deutlich hervor. In einer Unterhaltung, die im Garten der Reichskanzlei stattfand, schlug MacDonald seinen Gastgebern Brüning und Curtius vor, bei der – als selbstverständlich angenommenen – Fortsetzung der deutsch-französischen Gespräche über wirtschaftliche und reparationspolitische Fragen möglichst bald auch Großbritannien wieder einzuschalten. Er begründete das mit dem britischen Interesse an jenen Fragen; die Regierung Seiner Majestät dürfe auch nicht noch einmal, wie bei den amerikanisch-französischen Verhandlungen über das Hoover-Moratorium, mit einer als Fait accompli einfach hinzunehmenden Vereinbarung konfrontiert werden. Doch ging der Premier über diese Binsenwahrheit einen langen Schritt hinaus und bot den beiden Deutschen in kaum noch verhüllenden Wendungen an, französische Engstirnigkeit und Engherzigkeit – welche Worte er natür-

---

[139] Köpke an Hoesch, 28. 7. 1931; PA, R 70505.
[140] Ebenda.
[141] AdRK, Die Kabinette Brüning, Bd. 2, Nr. 408.

lich nicht benutzte – durch britisch-deutsches Zusammenwirken zu überwinden[142].

Nicht anders Henderson. Curtius bewies einmal mehr seinen Mangel an politisch-diplomatischem Verständnis, indem er mit der Behauptung reagierte, zunächst solle Deutschland mit Frankreich allein konversieren, nicht um bald ein brauchbares Ergebnis zu erzielen, sondern um den guten Willen der Deutschen darzutun; daß der Kanzler und er selbst zuletzt Bereitschaft zu direktem Verkehr mit der französischen Regierung gezeigt hätten, sei doch schon – so setzte er in charakteristischer Fehleinschätzung der Grundelemente der gegebenen Situation und in ebenso charakteristischer Überschätzung des Effekts seines persönlichen Auftritts in Paris hinzu – von günstigem Einfluß auf die politische Atmosphäre gewesen. Brüning hingegen, der bereits von der Londoner Konferenz ein richtigeres Urteil über die britischen Absichten mitgebracht und in den wenigen Tagen seither mehrere Bestätigungen dieses Urteils erfahren hatte, verstand sofort, was ihm MacDonald und Henderson sagen wollten. Er nahm den zugespielten Ball auf und betonte, wenn die in der Tat weiterhin zu führenden bilateralen Gespräche zwischen Deutschland und Frankreich einen bestimmten Punkt erreicht hätten, sei die britische Intervention „essentiell"[143].

Eine produktive Fortsetzung der deutsch-französischen Gespräche ließ in der Tat, wie MacDonalds Offerte ja unterstellte, auf sich warten; der Morast gegensätzlicher Positionen lähmte jede Bewegung. Die französische Regierung fand nicht – dabei der Zustimmung einer Mehrheit der Bevölkerung sicher – das Herz, sich auf den baldigen Abschied von Young-Plan und Reparationen einzurichten. Auf der anderen Seite weigerte sich die deutsche Regierung – auch sie im Sinne einer Majorität handelnd – nach wie vor, sich auf ein irgendwie geartetes politisches Moratorium einzulassen. Daß dies die Briten immer noch dringend wünschten – nicht mehr um Paris eine Anleihe an Deutschland schmackhaft zu machen, sondern um Frankreichs Einstellung zum Young-Plan aufzulockern –, blieb ohne Echo in Berlin. Daß die deutsch-österreichische Zollunion allmählich preisgegeben wurde, konnte in Paris und auch in London nicht als deutsche Konzession registriert werden, war doch der eigentliche Grund der Preisgabe ganz simpel die Tatsache, daß die Reichsregierung den österreichischen Partner verloren hatte.

In allen übrigen revisionspolitischen Fragen zeigten sich Brüning, Curtius und Bülow so hart wie eh und je. Tatsächlich glaubten sie sogar, vom Blick auf die britisch-französischen Differenzen sichtlich munterer gestimmt, sich mittlerweile einiges herausnehmen zu dürfen. Obwohl sie bei ihrer Repara-

---

[142] Gespräch zwischen MacDonald, Henderson, Brüning und Curtius in Berlin, 28. 7. 1931; DBFP, Second Series, Vol. II, Nr. 228.
[143] Ebenda.

IV. Britisch-deutsche Allianz gegen den Young-Plan 165

tionspolitik auf britisches und amerikanisches Wohlwollen angewiesen waren und sehr gut wußten, welch großen Wert sowohl London wie Washington auf Erfolge der bevorstehenden Abrüstungskonferenz legten, scheuten sie nicht davor zurück, in Unterredungen mit Briten und Amerikanern zu erklären, falls London und Washington in den Abrüstungsproblemen nicht zu einer Deutschland befriedigenden Vorverständigung bereit seien, könne es sehr leicht sein, daß das Reich an der Konferenz gar nicht teilnehmen werde[144]. Obschon die französische Regierung häufig genug – und eben auch im Sommer 1931 – bekräftigte, Frankreich denke gar nicht daran, ohne zusätzliche und zuverlässige Sicherheitsgarantien abzurüsten, und obschon Kriegsminister Maginot gerade 1931 den beschleunigten Ausbau eines – dann nach ihm benannten – modernen Festungsgürtels an der französischen Ostgrenze durchsetzte, der zwar als defensiv, aber doch nicht als Abrüstungsmaßnahme eingestuft werden konnte, obschon also auch Frankreich die Anglo-Amerikaner in der Abrüstungsfrage laufend verstimmte, war die Berliner Drohung doch recht kühn. Wie sehr in Berlin das Selbstbewußtsein gestiegen war, verriet Brüning auch dadurch, daß er am 28. Juli, selbst noch auf dem Rückzug aus dem Zollunion-Abenteuer, MacDonald und Henderson in der Reichskanzlei klipp und klar sagte, die während des Pariser Treffens lancierte französische Idee einer Donaukonföderation, von Österreich bis Bulgarien, sei für Deutschland völlig unannehmbar[145]. All das war, da deutsch-britische Interna naturgemäß auch in Paris bekannt wurden, dem deutsch-französischen Dialog nicht förderlich.

Am 29. Juli berichtete Hoesch über ein Gespräch mit Berthelot, dem Generalsekretär des französischen Außenministers. Berthelot habe konstatiert, die Treffen von Paris und London hätten zwar keine konkreten Ergebnisse, aber doch „einen stimmungsgemäßen Erfolg" gebracht. Ferner habe der Generalsekretär schmeichelhafte Worte über seine erfreulichen Unterhaltungen mit Staatssekretär v. Bülow gefunden, der „sowohl den Eindruck eines guten Deutschen wie auch eines intelligenten Politikers" mache. Im übrigen sei von Berthelot die Hoffnung geäußert worden, daß eine weitere Konferenz im Herbst bessere Ergebnisse zeitigen werde. Resigniert empfahl Hoesch „kleine Schritte der Verständigung"[146]. Bülow reagierte postwendend positiv, mußte jedoch warnend einschränken: „Was wir brauchen, ist deutsch-französische Zusammenarbeit oder Plan einer solchen auf einem Gebiet, das öffentliches Interesse fesselt, ohne notwendig von wirtschaftlicher oder politischer Bedeutung zu sein. Wir suchen bereits angestrengt nach einer solchen Lösung (die schwer zu finden ist)." Im Amt wäre man

---

[144] Notes of Conversation Henderson – Curtius, 21. 7. 1931; DBFP, Second Series, Vol. II, Nr. 221.
[145] Gespräch zwischen MacDonald, Henderson, Brüning und Curtius in Berlin, 28. 7. 1931; DBFP, Second Series, Vol. II, Nr. 228.
[146] Hoesch an Bülow, 28. 7. 1931; PA, R 70505.

Hoesch, so schloß Bülow, „für Einfälle dankbar"[147]. Doch da war guter Rat teuer. Ende September kamen, wie in Paris und London vereinbart, Laval und Außenminister Briand nach Berlin. Briand besuchte, sichtlich bewegt, das Grab Stresemanns. Alles in allem nahm der Aufenthalt der französischen Gäste einen angenehmen Verlauf. Das lag aber in erster Linie daran, daß weder Laval und Briand noch ihre deutschen Gastgeber ein ernsthaftes Wort über Politik verloren. Der Beschluß, eine deutsch-französische Wirtschaftskommission ins Leben zu rufen, war nur zur Verschönerung des Abschlußkommuniqués bestimmt[148].

Unmittelbar vor MacDonald und Henderson war auch der amerikanische Außenminister Stimson nach Berlin gekommen. Sein Besuch brachte ebenfalls keinen greifbaren politischen Erfolg. Eine Audienz bei Reichspräsident v. Hindenburg war vorgesehen, und Staatssekretär v. Bülow reagierte entsetzt, als er hörte, der Feldmarschall wolle die Gelegenheit benutzen, dem Repräsentanten der Vereinigten Staaten die deutsche Mißachtung der belgischen Neutralität im August 1914 als unabweisbare Aushilfe in einer unerwartet eingetretenen Notlage des Deutschen Reiches zu erklären; mit solchen Märchen könne kein Eindruck gemacht werden, schrieb Bülow, schließlich sei es kein Geheimnis mehr, daß die Adjutanten der zum Einfall in Belgien bestimmten Regimenter die entsprechenden Befehle schon seit Jahren in der Schublade hatten[149]. Die Intervention blieb nicht ganz ohne Wirkung, aber ein Privatissimum über die Friedfertigkeit, die den preußischen Generalstab wie stets so auch im Sommer 1914 beseelt habe, mußte sich Stimson schon anhören. Der Amerikaner zog sich mit Anstand aus der Affäre, indem er versicherte, er sei überzeugt davon, „daß der Herr Reichspräsident kein Freund des Krieges gewesen sei, sondern friedliebend; er wisse sehr wohl, daß der Herr Reichspräsident im Ruhestand gelebt habe und erst auf den Ruf des Vaterlandes zu den Waffen geeilt sei". Im übrigen hegten weder er noch die Mehrheit des amerikanischen Volkes feindliche Gefühle oder Bitterkeit, die auf den Krieg zurückgingen. Das zeige sich am besten daran, wie gut das amerikanische Volk die Hoover-Botschaft aufgenommen habe und wie groß auch jetzt noch die Bereitschaft Amerikas sei, „Deutschland in dieser schweren Zeit weiterzuhelfen"[150]. Immerhin konnte derart freundlichen Worten entnommen werden, daß der spätestens in Lon-

---

[147] Bülow an Hoesch, 30. 7. 1931; PA, R 70505.
[148] Aufzeichnung Pünder über Besprechung des Reichskanzlers mit dem französischen Ministerpräsidenten, 27. 9. 1931, Aufzeichnung Curtius über Besprechung mit den Mitgliedern der französischen Regierungsdelegation, 27. 9. 1931; AdRK, Die Kabinette Brüning, Bd. 2, Nr. 489, 490. Dazu auch Rumbold an Lord Reading, 29. 9. 1931; DBFP, Second Series, Vol. II, Nr. 255.
[149] Bülow an Meissner, 25. 7. 1931; PA, R 29468.
[150] Aufzeichnung Meissner über den Empfang des amerikanischen Außenministers Stimson bei Reichspräsident v. Hindenburg, 27. 7. 1931; AdRK, Die Kabinette Brüning, Bd. 2, Nr. 410.

don gewonnene Eindruck nicht falsch sei, in der Reparationsfrage stünden die USA an der Seite Großbritanniens und nicht hinter Frankreich.

So sahen Brüning und die Reichsregierung, wenn sie ihre britischen und amerikanischen Erfahrungen prüften, auch keinen Anlaß, das französische Beharren auf politischen Konzessionen des Reiches sonderlich ernst zu nehmen, obwohl ihnen – wie auf der anderen Seite den französischen Politikern – von allen Seiten, nur nicht von der Sowjetunion und Italien, eindringlich gepredigt wurde, die gedeihliche Entwicklung des europäischen Kontinents hänge von der deutsch-französischen Verständigung ab. Die These war gewiß grundsätzlich richtig, als Leitprinzip praktischer Politik taugte sie jedoch, nach schlimmen Erlebnissen beider Länder, erst zwanzig Jahre später. Im Augenblick war sie unanwendbar, da die potentiellen Partner auf unvereinbaren Positionen standen und diese Positionen nicht verlassen zu dürfen – und nicht verlassen zu müssen – meinten. Die Bewegung, die gebraucht wurde, um irgendwelche Lösungen wenigstens für die akuten wirtschaftlichen und politischen Probleme zu finden, mußte anders erzeugt werden.

V. Auf dem Weg zur Konferenz von Lausanne

Seit dem 8. August berieten in Basel jene Sachverständigen, die inzwischen, wie von der Londoner Konferenz empfohlen, die Leiter der Notenbanken Großbritanniens, Frankreichs, der USA, Deutschlands, Italiens, Belgiens, der Schweiz, Schwedens, der Niederlande und Japans nominiert hatten. Die Experten, die unter dem Vorsitz des Amerikaners Albert H. Wiggin tagten, während Dr. Karl Blessing, damals ein deutscher Direktor der BIZ, als Generalsekretär fungierte, konnten ihren Bericht bereits am 18. August abliefern. Naturgemäß hatten die Leiter der Zentralbanken, als sie die Mitglieder der Kommission auswählten, die Vorstellung ihrer jeweiligen Regierung erkundet, und die Regierung hatte dann auch danach Verbindung zum Nominierten ihres Landes gehalten. Eine leichte politische Färbung des Gutachtens – und das hieß unter den gegebenen Umständen eine gewisse Konzession an die französische Sicht der Dinge – war mithin unvermeidlich. So hatte der deutsche Delegierte, Dr. Karl Melchior, Mitinhaber der Warburg-Bank in Hamburg, nicht verhindern können, daß die Kommission als „erste und grundlegende Voraussetzung für die Kreditwürdigkeit" Deutschlands die Schaffung freundschaftlicher und vertrauensvoller politischer Beziehungen zwischen dem Deutschen Reich und den anderen europäischen Mächten nannte; das klang nach politischem Moratorium, wie es von Frankreich gefordert wurde[1].

Alles in allem aber folgten die Mitglieder der Kommission den Geboten wirtschaftlicher Rationalität. Sie konstatierten nicht nur die Bedürftigkeit Deutschlands an einer langfristigen Anleihe, sondern fügten auch Sätze ein, die nur als Kritik daran zu deuten waren, daß die kriegsbedingten Regierungsschulden noch immer die einzelnen Nationalwirtschaften und den internationalen Geld- und Warenverkehr belasteten; unter solcher Kritik stand auch die Unterschrift des französischen Kommissionsmitglieds. Und wenngleich die Experten aus Rücksicht auf Frankreich beziehungsweise die USA nicht die Kraft aufbrachten, die Regierungen mit einem klaren Appell zur Liquidierung von Reparationen und alliierten Schulden aufzufordern, so sagten sie doch unzweideutig, daß die katastrophale Lage Deutschlands, Europas und der Welt schnellstes Handeln der Staaten verlange. In Verbindung mit der Feststellung der deutschen Kreditbedürftigkeit war damit zu-

---

[1] Schulthess', 1931, S. 509 ff., hier S. 512 f.

mindest in der Reparationsfrage – und wiederum vom französischen Delegierten sekundiert – die baldige Aufgabe oder doch grundlegende Revision des Young-Plans angemahnt. Wie sollte denn ein Deutschland, das ohne umfängliche finanzielle Hilfe des Auslands offenbar nicht zu retten war, im Sommer 1932 wieder Reparationszahlungen leisten[2]?

Die Mahnung fand allerdings zunächst wenig Beachtung. Bedenkt man die dramatische Entwicklung bis zur Vorlage des Layton-Gutachtens und die dramatisch formulierten Erkenntnisse der Experten, so nimmt das auf den ersten Blick wunder. Tatsächlich war aber nach den besprechungsreichen und intensiven Tagen des Juli eine kleine Atempause fast unvermeidlich. Doch gab es noch andere und wesentlich wichtigere Gründe. In Großbritannien fiel, von der schweren wirtschaftlichen Erschütterung des Landes verursacht, in den Sommer und Herbst eine ernste Regierungs- und Parlamentskrise, die sich in manchen Momenten sogar zu einer Krise des parlamentarischen Systems zu verschärfen schien[3]. Die Ende August von MacDonald gebildete erste „Nationale Regierung", der als Außenminister Rufus Daniel Isaacs Marquess of Reading angehörte, brachte noch keine Stabilisierung und scheiterte nach wenigen Monaten. Erst die zweite „Nationale Regierung", die am 9. November mühsam zustande kam, wieder mit MacDonald als Premier, aber mit noch mehr Liberalen und Konservativen bestückt als die Vorgängerin, vermochte Ruhe zu schaffen und dem politischen System auch leichte oder nur scheinbare Gefährdungen fernzuhalten. Wie in der ersten, so übernahm auch in der zweiten „Nationalen Regierung" ein Liberaler das Foreign Office. Aber während die Amtszeit Lord Readings, eines Juristen, der von 1921 bis 1926 als Vizekönig von Indien eine der glänzendsten Stellungen des Empire und des entstehenden Commonwealth innegehabt hatte, für seine eigene Profilierung als Außenpolitiker wie für eine spürbare Inspirierung des Ministeriums zu kurz gewesen war, verhielt sich das bei seinem Nachfolger Sir John Simon anders. An ungewöhnlich erfolgreiche Jahre als Anwalt hatte Simon eine nicht minder glanzvolle politische Karriere schließen können. Schon zuvor Mitglied mehrerer Regierungen, konnte er nun bis 1935 das Foreign Office leiten und starken Einfluß auf die britische Außenpolitik gewinnen, nicht zuletzt darauf gestützt, daß er in die Rolle einer führenden Figur des englischen Liberalismus hineingewachsen war. Prinzipienfest – als 1916 gegen seine Überzeugung die allgemeine Wehrpflicht eingeführt wurde, trat er als In-

---

[2] Ebenda, S. 514.
[3] Dazu Taylor, English History, S. 291 ff., 321, 326. Nach einer Diskussion, die Ende November 1930 auf Cliveden, dem Sitz der Familie Astor, stattfand und an der etliche Politiker mit großer Zukunft teilnahmen, z. B. Duff Cooper und Harold Macmillan, notierte Harold Nicolson als Fazit: „Daß wir im Begriff sind, in die schlimmste Krise unserer Geschichte zu geraten. Und daß wir, wenn der wirtschaftlichen Lage nicht mit undemokratischen Methoden begegnet werden kann, d. h. unabhängig von Wählerstimmen, zusammenbrechen werden." Nicolson, Diaries and Letters, S. 61.

nenminister zurück –, erwies er sich in wechselnden politischen Situationen
– er sollte später in den Kabinetten Baldwin und Chamberlain das Innenressort und das Finanzministerium leiten – als beständiger Anhänger einer
Deutschland auch durch konkrete Konzessionen gerecht werdenden Politik. In der wirtschaftlichen Lage des zweiten Halbjahres 1931 gab es dazu –
anders als etliche Jahre später – Grund genug, und Sir John Simon trug dem
bald nach seiner Ernennung bereitwillig Rechnung.

Daß aber auch die beiden Regierungen, die vom Layton-Gutachten unmittelbar und stärker als die britische betroffen waren, monatelang keinen
Finger rührten, hing nicht mit innenpolitischen Störungen zusammen, die
ähnlich lähmend wie in London gewirkt hätten. Brüning in Berlin nahm die
Stellungnahme der Fachleute mit sehr gemischten Gefühlen auf. Zwar
konnte ihn die Diagnose, zu der Wiggin und Layton gekommen waren,
durchaus befriedigen, lief sie doch auf die Feststellung der Zahlungsunfähigkeit Deutschlands und sogar auf die Andeutung der grundsätzlichen
Schädlichkeit von Reparationen hinaus. Andererseits schlugen die Experten
mit ihrer unzweideutigen Anleihe-Empfehlung eine Therapie vor, die dem
Reichskanzler aufs äußerste mißfiel. Ließ er sich auf solche Gedanken ein,
half er womöglich bei der Entstehung einer Situation, in der die Annahme
einer langfristigen Anleihe nicht länger zu vermeiden war und dann die Kritik an den Reparationen wieder verstummte. Die Gefahren der Therapie
hielt er für groß genug, um bei dem Kurs zu bleiben, den er bereits am
4. August öffentlich markiert hatte, als er in einer Rundfunkansprache erklärte, eine große ausländische Anleihe für Deutschland liege für absehbare
Zeit nicht im Bereich praktischer Politik[4]. Er ignorierte die Vorschläge des
Layton-Ausschusses und baute auf die weitere Verschlechterung der wirtschaftlichen Lage, nach der die Diagnose der Fachleute erst recht zutreffen
mußte und mithin vielleicht ohne Anleihe-Debatten für einen direkten Angriff auf die Reparationen zu nutzen war.

Die französische Regierung schätzte die wirtschaftliche Entwicklung
nicht anders ein als die deutsche, zog daraus aber einen genau entgegengesetzten Schluß. In ihren Augen stellte die Anleihe-Empfehlung der Layton-Kommission eine Waffe dar, die erst dann wirksam verwendet werden
konnte, wenn man wartete, bis es den Deutschen noch etwas schlechter
ging. Weigerten sie sich im Moment noch, in die Anleihe-Falle zu gehen, das
heißt Geld im Tausch gegen ein politisches Moratorium zu nehmen, so
mußte doch der Augenblick kommen, da der Widerstand erlahmte.
„Deutschland", sagte Ministerpräsident Laval noch am 7. Oktober zu Lord
Reading, „muß wie andere Länder auch Tatsachen akzeptieren, wenn es sich
aus seiner derzeitigen Notlage befreien will. Er glaube, daß Deutschland,
wenn es sich einen materiellen Vorteil sichern kann, ein Moratorium anneh-

---

[4] Schulthess', 1931, S. 170.

men wird." Deutschland könne sich schließlich nicht „gegen den Rest der Welt" stellen. Außenminister Briand ergänzte bei dieser Gelegenheit, „daß alles glatt vonstatten gehen werde, wenn Frankreich, die Vereinigten Staaten und Großbritannien gemeinschaftlich handelten"[5]. Noch immer wiegte sich also die französische Regierung in der Hoffnung, daß in der Reparationspolitik wie auch bei der strikten Opposition gegen sonstige revisionistische Ansprüche des Deutschen Reiches selbst dann eine gewisse Übereinstimmung mit Briten und Amerikanern bewahrt werden könne, wenn nicht umgehend nach dem Layton-Gutachten vorgegangen, sondern erst die Sturmreife der Bastion Deutschland abgewartet werde. Die Hoffnung trog, wie sich bald zeigte, hat jedoch einige Monate lang die Haltung Frankreichs maßgeblich beeinflußt[6].

Unter diesen Firnis aus Optimismus schob sich freilich schon ein zweites Motiv. Auch in Paris fand die Diagnose der deutschen Krankheit, wie sie Sir Walter Layton und seine Kollegen gestellt hatten, selbstverständlich größte Aufmerksamkeit, und danach konnten auch französische Politiker nicht daran zweifeln, daß Frankreich und die übrigen Gläubigerstaaten auf lange Zeit nicht mit Reparationszahlungen aus Deutschland rechnen durften. Daraus ergab sich die unangenehme, jedoch unabweisbare nächste Folgerung, nämlich daß die deutsche Zahlungsunfähigkeit nicht nur den Schuldner Deutschland, sondern womöglich auch Gläubiger wie Großbritannien, in der Reparationsfrage ohnehin kein ganz sicherer Kantonist, auf den Gedanken bringen mochte, einen nur mehr fiktiven Anspruch auch formell fallenzulassen, das heißt den Young-Plan zu liquidieren und das Deutsche Reich aus der Reparationsbindung zu entlassen. Ob dann Frankreich kräftig genug war, schwankende Alliierte bei der Stange zu halten und wenigstens die grundsätzliche Reparationsverpflichtung Deutschlands, wie sie jetzt noch existierte, zu verteidigen, stand keineswegs fest. Jedenfalls war eine solche Entwicklung nicht länger auszuschließen. Gewann aber das Deutsche Reich seine finanzielle Bewegungsfreiheit zurück, so mußte der Verlust an Sicherheit, den Frankreich dadurch erlitt, irgendwie wettgemacht werden. Im Rückblick ist es nicht ohne kuriosen Zug, daß zu einer Zeit, da etwa der italienische Außenminister Grandi und sein Duce Mussolini von der Furcht beherrscht waren, Frankreich werde mit „Gold und Tanks" seine Hegemonie in Europa etablieren[7], bereits ein erst drohender Wind der Ver-

---

[5] Note of Conversation between the Marquess of Reading and MM. Laval, Briand and Flandin in Paris, 7. 10. 1931; DBFP, Second Series, Vol. II, Nr. 266, 267.

[6] Zur damaligen französischen Politik Heyde, Frankreich; umfassender ders., Ende der Reparationen.

[7] So Grandi in einer Unterhaltung mit Curtius am 22. 7. 1931 in der deutschen Botschaft in Rom, Aufzeichnung Curtius; PA, R 28230 k. Mussolini wiederum warnte Curtius vor den finsteren Plänen des französischen Generalstabs und vor dem wahren Herrn Frankreichs, dem General Maxime Weygand, Aufzeichnung Curtius, 9. 8. 1931; PA, R 28255 k. Einige Monate zuvor hatte der Duce dem deutschen Botschafter in Rom erklärt, Frankreich wolle

änderung in Paris die Anfangssymptome eines erneuten Anfalls von Sicherheitsfieber hervorrief.

Bei der Suche nach einem Ersatz für den eventuell aufzugebenden Zugriff auf die deutschen Finanzen erinnerten sich Laval und seine politischen Freunde an jenes Sicherheitsprojekt, das 1919/20 gescheitert war. Damals hatte ja Präsident Wilson Frankreich eine amerikanische Beistandsgarantie für den Fall eines erneuten deutschen Angriffs versprochen, sofern sich die französische Regierung mit der Wiedergewinnung von Elsaß-Lothringen begnüge, statt, wie von vielen Militärs und Politikern verlangt, auf der Rheingrenze zu bestehen. Dieses Versprechen war aber, zusammen mit der ursprünglich beabsichtigten Beteiligung der USA am Völkerbund, auf unüberwindlichen Widerstand in einem isolationistischen und mehrheitlich Wilson feindlich gesinnten Kongreß gestoßen. Konnte etwas Ähnliches nicht jetzt erreicht werden? Jetzt, da Kellogg-Pakt und vor allem Präsident Hoovers Feierjahr anzeigten, daß die Vereinigten Staaten auch politisch wieder stärker an Europa interessiert waren, stärker jedenfalls als unmittelbar nach dem Ende des Weltkriegs?

So begann Laval, seit das Layton-Gutachten auf dem Tisch lag, sich den USA zu nähern, um einen sicherheitspolitischen Unterschlupf vorzubereiten, sollten sich die Dinge in den Reparationsproblemen gegen Frankreich kehren. Dabei mußte den Amerikanern außerdem schonend klargemacht werden, daß eine solche Eventualität naturgemäß auch die französischen Zahlungen an die Vereinigten Staaten in Frage stellte. Derart heikle Bemühungen – in deren Verlauf Paris einen etwa notwendigen Rückzug in der Reparationsfrage selbstverständlich als schwersten Herzens der internationalen Wohlfahrt gebrachtes und daher Belohnung verdienendes französisches Opfer auszugeben gedachte – brauchten Zeit, und auch deshalb hatte es die französische Regierung mit konkreten Reaktionen auf den Bericht der Sachverständigen nicht eilig.

Für Ende Oktober wurde ein Besuch Lavals in Washington vereinbart, und der Ministerpräsident hatte vor, bei dieser Gelegenheit die USA für das französische Maximalprogramm zu gewinnen: Konzessionen Frankreichs hinsichtlich deutscher Barzahlungen, sofern an der Reparationsverpflichtung Deutschlands grundsätzlich festgehalten werde und sich die amerikanische Regierung zu entsprechenden Nachlässen bei den französischen Schulden verstehe; Konzessionen Frankreichs hinsichtlich der Reduzierung seiner Streitkräfte, sofern die amerikanische Regierung bereit sei, bei einem – deutschen – Angriff auf Frankreich zumindest wirtschaftliche Hilfe zu garantieren und schon jetzt beim Druck auf Berlin zur Erzwingung eines politischen Moratoriums mitzuwirken. Ließen sich die Vereinigten Staaten

eine Hegemonie über Europa „nach napoleonischem Muster", Schubert an Bülow und Brüning, 15. 4. 1931; PA, R 29515.

auf die Pariser Vorstellungen ein, dann würden sofort – mit welcher Aussicht Laval abermals auch den britischen Außenminister auf seine Seite zu ziehen suchte – französische Kredite nach Mitteleuropa zu fließen beginnen, während in der gegebenen Situation keine fünf Sous zu mobilisieren seien[8]. Wenige Tage vor seiner Abreise nach Washington gab Laval in einem Gespräch mit Lord Tyrrell, dem britischen Botschafter in Paris, zu, daß Dinge wie Reparationen, ausgenommen die ungeschützte Annuität unter dem Young-Plan, der Vergangenheit angehörten, nur noch nützlich als Waffen in Verhandlungen. Andererseits betonte er, daß die USA einen Beitrag zur Sicherheit Frankreichs zu leisten hätten: Eine die amerikanische Politik für den Fall einer Aggression bindende Ergänzung zum Kellogg-Pakt und eine klar ausgesprochene Zusage, Kriegsmaterial zu liefern. Mit anderen Worten: Laval werde sich in Washington, so faßte Lord Tyrrell die Worte des französischen Regierungschefs zusammen, darum bemühen, daß „uns Amerika nicht nur erlaubt, ‚Haltet den Dieb' zu rufen, sondern uns auch instand setzt, den Dieb zu fangen"[9].

In der Tat markierte Lavals Besuch in Washington eine wichtige Station auf dem Wege der Reparationspolitik, allerdings in einem ganz anderen Sinne, als der französische Ministerpräsident erwartet hatte. Wohl selten hat eine diplomatische Mission eine derart böse Überraschung erlebt. Zwar konnte Laval, nachdem er am 22. Oktober in den USA eingetroffen war, eine ihn sehr befriedigende Bereitschaft der Amerikaner feststellen, die den europäischen Staaten gewährten Kriegskredite ganz oder doch zum größten Teil als erledigt zu betrachten[10]. Jedoch mußte er zur Kenntnis nehmen, daß nach offensichtlich nicht mehr beeinflußbarer amerikanischer Meinung auch eine Wiederaufnahme der deutschen Reparationszahlungen nach Ablauf des Hoover-Feierjahres, „nicht in Frage komme und Deutschland geholfen werden müsse"[11]. Laval blieb nichts übrig, wollte er die positive Haltung der Amerikaner in der Schuldenfrage nicht gefährden, als sich damit einverstanden zu erklären. Danach kam ein Punkt, an dem sich die französische Wiedergabe eines Gesprächsergebnisses von der amerikanischen erheblich unterschied. Präsident Hoover hatte Laval auseinandergesetzt, daß deutsche Zahlungsunfähigkeit, statt sie nach Jahren zu befristen, für die Dauer der weltweiten Depression anzunehmen sei; der französische Regierungschef stimmte dem nolens volens zu. Hoover glaubte aber auch, sich mit Laval darüber verständigt zu haben, daß die Formel „für die Dauer der

---

[8] Note of Conversation between the Marquess of Reading and MM. Laval, Briand and Flandin in Paris, 7. 10. 1931; DBFP, Second Series, Vol. II, Nr. 266, 267.
[9] Lord Tyrrell an Lindsay, 21. 10. 1931; DBFP, Vol. II, Nr. 276. Auch in dieser Unterhaltung nannte Laval als Basis seiner Deutschlandpolitik seine Furcht vor der Bolschewisierung Europas.
[10] Lord Tyrrell über Gespräch mit Laval an Lord Reading, 5. 11. 1931; DBFP, Second Series, Vol. II, Nr. 288.
[11] Ebenda.

V. Auf dem Weg zur Konferenz von Lausanne

weltweiten Depression" natürlich nur eine Formel sei, nämlich eine Formel, mit der bereits die Absicht ausgedrückt werde, von zeitweiliger Zahlungsunfähigkeit zu definitiver Zahlungseinstellung überzuleiten[12]. Ein so weitgehendes Einvernehmen mit dem Präsidenten, das ja schon einem Abschied von den Reparationen gleichgekommen wäre, wollte Laval indes, ein tatsächliches oder gespieltes Mißverständnis geltend machend, später nicht zugeben. Doch half das wenig. Wie zuvor bei den Pariser und Londoner Besprechungen war ein französischer Regierungschef nun auch in Washington genötigt gewesen, Frankreich offiziell auf eine Politik der Konzessionen an Deutschland zu verpflichten, die zumindest mit einem mehrjährigen Verzicht auf faktische deutsche Zahlungen identisch war.

Ein solches Resultat schmeckte bitter genug, doch erntete Laval einen noch größeren Mißerfolg in der Sicherheitsfrage. Wohl stimmten Präsident Hoover und Außenminister Stimson bereitwillig zu, wenn der französische Ministerpräsident die Friedensliebe der französischen Bevölkerung beschwor und andererseits die kriegerischen Neigungen deutscher Nationalsozialisten und italienischer Faschisten geißelte. Doch lehnten es die Amerikaner rundweg ab, eine Erklärung abzugeben, mit der sich die Vereinigten Staaten zu irgendeiner Form der Intervention verpflichtet hätten, sollte sich in Europa ein Aggressor in militärische Abenteuer stürzen. Damit nicht genug. Statt Hoover und Stimson für die Idee eines Deutschland zu oktroyierenden politischen Moratoriums zu erwärmen, wie er das erhofft hatte, sah sich Laval ganz im Gegenteil von den beiden Amerikanern unversehens bedrängt, „etwas hinsichtlich der Grenzen in Mitteleuropa zu tun": Keine ernstzunehmende Gruppe von Deutschen stelle die Westgrenze Deutschlands in Frage, keine finde sich mit der Ostgrenze ab. Letztere sei unvertretbar. So unmißverständlich äußerten sich Hoover und Stimson, daß Laval in das Duett der zwei Versailles-Kritiker einstimmen zu müssen meinte und den Polnischen Korridor tatsächlich eine „Monstrosität" nannte; mit eben dieser Charakterisierung hatte er Stimson bereits im Juli seine persönliche Bereitschaft zu vernünftigem Urteil demonstrieren wollen[13]. Im Hinblick auf die bisherige französische Bündnispolitik und im Hinblick auf die existierende Bündnisverpflichtung Frankreichs war er mit seiner Bemerkung freilich auf ungemütliches Terrain geraten; Deutsche wären, hätten sie von Lavals rhetorischer Bestätigung ihres revisionistischen Anspruchs erfahren, sicherlich zu freudigstem Jubel hingerissen worden, auch wenn sie ähnliches bislang schon von manchen Franzosen ohne Amt gehört hatten[14], während

---

[12] Lindsay an Simon, 18. 11. 1931; DBFP, Second Series, Vol. II, Nr. 298.
[13] Lindsay an Lord Reading, 26. 10. 1931; DBFP, Second Series, Nr. 280.
[14] So sagte Paul Painlevé, ehemaliger Ministerpräsident (ab 9. 6. 1932 wieder Kabinettsmitglied), am 31. 7. 1931 zu Albert Freiherrn Dufour v. Feronce, dem deutschen Untergeneralsekretär des Völkerbunds, er wisse zwar nicht, wie das Problem des Korridors im deutschen Sinne gelöst werden könne, daß dieses Gefahrenmoment „aber beseitigt werden müsse, das

Polen von Entsetzen gepackt worden wären. So hängte denn der Ministerpräsident eilends die wenig überzeugende – und dem französischen Drängen auf ein politisches Moratorium glatt widersprechende – Behauptung an, er habe ja in den vergangenen Monaten Erkundigungen in Warschau eingezogen, sei aber leider von der polnischen Regierung beschieden worden, daß sie eher Krieg führen werde, als freiwillig irgendwelchen Modifikationen der Grenzen Polens zuzustimmen. Die Amerikaner wiederum zogen sich, nachdem sie ihren Standpunkt in der Sache klargemacht hatten, wieder zurück, und zum Abschluß des Laval-Besuchs gab das Weiße Haus am 26. Oktober folgende Mitteilung heraus: „Pressemeldungen, nach denen der Präsident eine Revision des Polnischen Korridors vorgeschlagen hätte, entbehren jeder Grundlage. Der Präsident hat keinerlei Vorschläge dieser Art gemacht."[15]

Nach Hause zurückgekehrt, schickte sich Laval sofort an, aus dem Scherbenhaufen, der vor ihm lag, ein paar brauchbare Stücke herauszuklauben und wenn möglich zu einem neuen, wenn auch bescheideneren Gefäß zusammenzusetzen. Daß ihn seine Erfahrung in den USA zu einem solchen Versuch anspornte und er damit gegen seine Absicht dazu beitragen sollte, die Dinge im deutschen Sinne weiterzuschieben, machte aus seinen Gesprächen in Washington – zumal er mit seinem Verhalten auch die Amerikaner zu rascherem Vorgehen anstachelte – zwar keinen Wendepunkt – Wendepunkte waren nicht mehr notwendig –, aber doch eine Relaisstation der Entwicklung. Die erste Überlegung des französischen Regierungschefs galt der anscheinend nicht mehr aufzuhaltenden Wandlung der amerikanischen Haltung in der Schuldenfrage. Zum britischen Botschafter in Paris äußerte sich Laval sogar enthusiastisch über die erstmals offiziell gezeigte Bereitschaft der USA, an der Rettung Europas durch die vollständige oder partielle Opferung der amerikanischen Kriegskredite mitzuwirken. Offenkundig glaubte er, diese Bereitschaft, die den wohl unvermeidlichen Verzicht auf einen Teil der deutschen Reparationen immerhin weniger schrecklich erscheinen ließ, müsse schleunigst ausgenützt werden, da die Stimmung in den Vereinigten Staaten ja auch wieder umschlagen könne. Die zweite Überlegung Lavals richtete sich aber darauf, die Bewegung, die nicht zu verhindern war, im Rahmen der Mechanismen des Young-Plans und damit wenigstens den grundsätzlichen oder doch einen theoretischen Anspruch auf Reparationen am Leben zu halten[16]. Wieder in Paris, zitierte er daher Anfang November Herrn v. Hoesch zu sich und eröffnete ihm, daß die französische Regierung, sollte das deutsche Kabinett jetzt den nach dem Young-Plan erlaubten Antrag auf Einsetzung einer Experten-Kommission zur Prü-

---

erkennten alle vernünftigen Menschen in Frankreich an". Dufour-Feronce an Kamphoevener, 31. 7. 1931; PA, R 70506.
[15] Schulthess', 1931, S. 452.
[16] Lord Tyrrell an Lord Reading, 5. 11. 1931; DBFP, Second Series, Vol. II, Nr. 288.

fung der deutschen Zahlungsfähigkeit stellen, diesen Antrag billigen und auf sofortigen Beginn der Beratungen der Sachverständigen dringen werde; es dürfe keine Zeit mehr verloren werden[17]. Ebenso mahnte er die Briten – allerdings erst nach Bildung der zweiten „Nationalen Regierung" – zur Eile, denen er zugleich einschärfte, daß die Untersuchung der finanziellen Situation Deutschlands, dessen Kollaps unter allen Umständen verhindert werden müsse, strikt im Bette des Young-Plans zu bleiben habe[18].

Der Hauptbetroffene, Deutschland, reagierte jedoch, wie gewohnt, zögerlich und ängstlich. Als Botschafter v. Hoesch am Abend des 3. November mit Laval, Briand und Flandin konferierte, lehnte er es im Namen der Reichsregierung ab, der französischen beziehungsweise amerikanisch-französischen Anregung zu folgen und bei der BIZ die Einberufung des im Young-Plan vorgesehenen Beratenden Sonderausschusses zu beantragen, und zwar mit der formal korrekten und an sich auch politisch richtigen Begründung, nach dem Wortlaut der betreffenden Artikel des Plans seien die Kompetenzen des Ausschusses nicht weit genug, um der gegebenen Situation Deutschlands gerecht werden zu können[19]. Mit dem gleichen Argument hatte Staatssekretär v. Bülow schon am 31. Oktober Sir Horace Rumbold mitgeteilt, der Sonderausschuß sei ein untaugliches Gremium; er dürfe sich ja nicht einmal mit den ungeschützten Annuitäten beschäftigen[20]. Einen Tag zuvor hatte Botschafter Sackett bei Brüning vorgesprochen und den Reichskanzler über die amerikanisch-französische Absicht unterrichtet, die Reparationsfrage aufzurollen[21]; danach wußte man in Berlin, daß man es nicht nur mit französischem, sondern auch mit amerikanischem Druck zu tun hatte. Gleichwohl war der Kanzler dem Drängen Sacketts ausgewichen. Am 29. Oktober hatte er zwar, in einer Chefbesprechung, den „Endkampf" um die Reparationen nahen sehen, doch düster hinzugefügt, daß man dabei „mit schweren politischen Bedingungen der anderen Seite" zu rechnen habe[22]. Sein Pessimismus, der seine Zurückhaltung veranlaßte, war insofern verständlich, als er den Inhalt der Gespräche Hoover – Laval nicht kannte beziehungsweise auf die Interpretation des vieldeutigen offiziellen Kommuniqués zum Abschluß dieser Gespräche angewiesen war. Hätte er gewußt, daß das State Department die britische Regierung in jenen Tagen informierte, die Auffassung Präsident Hoovers gehe dahin, daß die Mechanismen des Young-Plans benutzt werden sollten, um die Dinge in Bewegung zu bringen, dann jedoch als nicht mehr zulänglich aufgegeben werden müßten, hätte er ferner gewußt, daß Hoover seine Auffassung als festes Ergebnis sei-

---

17 Ebenda.
18 Simon an Vansittart, 17. 11. 1931; DBFP, Second Series, Vol. II, Nr. 293.
19 Hoesch an AA, 3. 11. 1931; ADAP, Serie B, Bd. XIX, Nr. 33.
20 Bülow an Rumbold, 31. 10. 1931; DBFP, Second Series, Vol. II, Nr. 286.
21 AdRK, Die Kabinette Brüning, Bd. 3, Nr. 530.
22 Tagebuch Schäffer, IfZ, ED 93, Bd. 14, Bl. 961.

ner Unterredungen mit Laval betrachtete[23], und hätte er schließlich gewußt, daß das State Department mit seiner Information nicht den geringsten Widerspruch in London fand, wäre er zweifellos zuversichtlicher und zupackender gewesen. So aber zauderte er.

Einige Tage lang war Brüning offensichtlich gewillt, bei seiner bisherigen Taktik zu bleiben, der Kombination aus Klagegesängen und politischer Passivität. Am 30. Oktober eröffnete er dem britischen Botschafter ohne weitere Verbrämung, daß Deutschland auf Jahre hinaus nicht einen Pfennig Reparationen mehr zahlen könne. Sir Horace Rumbolds Frage, ob das auch für die ungeschützten Annuitäten gelte, beantwortete der Kanzler mit einem klaren „Ja"[24]. Als ihn jedoch am 4. November der französische Botschafter aufsuchte – seit 22. September André François-Poncet, ein kluger und geistvoller Politiker-Diplomat mit reicher Erfahrung in wirtschafts- und finanzpolitischen Angelegenheiten – und die Forderung vortrug, am Anfang einer deutsch-französischen Verständigung über die politischen Schulden müsse natürlich eine Erklärung stehen, daß Deutschland den Young-Plan an sich anerkenne und zu dem Plan zurückkehren werde, wies ihn der Kanzler brüsk ab: Die deutsche Regierung habe den Young-Plan nicht aufgekündigt und daher weder Veranlassung noch Verpflichtung, sich erneut zu dem Plan zu bekennen[25]. Und in all den Unterredungen mit Rumbold, Sackett und François-Poncet betonte Brüning die Vordringlichkeit von Verhandlungen über die Zukunft der Stillhalte-Abkommen für die kurzfristigen – also überwiegend privaten – Kredite. Staatssekretär Schäffer vom Reichsfinanzministerium kommentierte das mit der Bemerkung: „Er wünscht offenbar, alle verpfändbaren Reichseinkünfte so stark vorzubelasten für die kurzfristigen Kredite, daß für die Reparationen nichts mehr übrig bleibt... Ich fürchte, daß diese Sache, so aufgezogen, etwas plump und absichtlich wirken wird."[26]

Ob nun plump und absichtlich oder nicht – es wurde rasch klar, daß die Taktik ohnehin nicht länger durchzuhalten war, jedenfalls nicht in der bisherigen Strenge. Zunächst schon deshalb, weil der innere Druck auf die Reichsregierung zunahm, und zwar auf eine Regierung, die innenpolitischen Pressionen weniger gewachsen war als bislang. Auch in Berlin hatte ja, vom 7. bis zum 9. Oktober, eine Umbildung des Kabinetts stattgefunden, aber während der gleiche Vorgang in London, der einige Wochen später kam, zu einer Verbreiterung der Regierungsbasis und zu einer Stabilisierung des Kabinetts führte, konnte das neue deutsche Kabinett, in dem Brüning wieder als Kanzler amtierte und außerdem das Außenministerium übernahm, in der Bevölkerung, in den gemäßigten Parteien und in den wirt-

---

[23] Lindsay an Simon, 18. 11. 1931; DBFP, Second Series, Vol. II, Nr. 298.
[24] Rumbold an Lord Reading, 30. 10. 1931; DBFP, Second Series, Vol. II, Nr. 284.
[25] AdRK, Die Kabinette Brüning, Bd. 3, Nr. 540.
[26] Tagebuch Schäffer, IfZ, ED 93, Bd. 14, Bl. 961.

schaftlichen Eliten nicht mehr auf die gleiche Unterstützung zählen wie das erste Kabinett Brüning. Die Abhängigkeit von Reichspräsident und Reichswehr war noch größer geworden, und die ausländischen Diplomaten in Berlin waren mit Recht der Meinung, daß die Einengung der Machtgrundlagen eine Einengung der Handlungsfreiheit und eine Schwächung des Kanzlers bedeute[27]. Bereits als designierter Chef der umzubildenden Regierung hatte Brüning dem Reichspräsidenten die dritte große Notverordnung „zur Sicherung von Wirtschaft und Finanzen und zur Bekämpfung politischer Ausschreitungen" vorgelegt, die Feldmarschall v. Hindenburg am 6. Oktober unterzeichnete, und er plante, alsbald eine weitere folgen zu lassen: „Vierte Verordnung zur Sicherung von Wirtschaft und Finanzen und zum Schutze des inneren Friedens" vom 8. Dezember. Beide Notverordnungen brachten wiederum schwere Belastungen und schmerzhafte Einschränkungen für die überwältigende Mehrheit der Bevölkerung, injizierten dem Wirtschaftsorganismus eine zusätzliche Dosis lähmenden Gifts. Der den Deutschen als Ausgleich für alle Härten zu bietende Krieg gegen Young-Plan und Reparationen war schon Anfang Juni inoffiziell erklärt worden. Jetzt aber hatte der Feldzug tatsächlich zu beginnen, wie immer die Aussichten sein mochten.

Die Kampagne erschien um so dringlicher, als die Feinde der Regierung Brüning auf der radikalen Linken wie vor allem auf der radikalen Rechten sozusagen von Tag zu Tag stärker wurden. Letztere traten auch immer selbstbewußter auf und näherten sich – man hörte gewissermaßen den Gleichschritt der marschierenden Scharen – den Toren der Macht. Am 10. Oktober wurden die Führer der NSDAP, Adolf Hitler und Hermann Göring, von Hindenburg empfangen, der sich eine Stunde lang ihre Darlegung der Ziele der NS-Bewegung anhörte[28], und einen Tag danach veranstaltete die „Nationale Opposition" gegen die Weimarer Republik in Bad Harzburg eine gewaltige Demonstration[29]. Der Reichspräsident war von Hitler nicht sonderlich beeindruckt, und die sogenannte „Harzburger Front", die aus den Nationalsozialisten, den Deutschnationalen, dem „Stahlhelm", dem Reichslandbund, den „Alldeutschen", Abgeordneten der Deutschen Volkspartei und der Wirtschaftspartei wie auch schon einigen Repräsentanten der rheinisch-westfälischen Industrie bestand, war gewiß brüchig. Dennoch mußte hier nicht nur ein alarmierender Stärkezuwachs verzeichnet werden, sondern vor allem eine zunehmende Bereitschaft von zur Machtbasis der Regierung gerechneten konservativen Gruppen, die radikalen Nationalisten ernst zu nehmen und ihre Verwendbarkeit zu prüfen. Daß dies zu einer tödlichen Gefahr werden konnte, für Brünings Kanzler-

---

[27] Rumbold an Lord Reading, 10. 10. 1931; DBFP, Second Series, Vol. II, Nr. 272.
[28] Hierzu Martin Broszat, Die Machtergreifung. Der Aufstieg der NSDAP und die Zerstörung der Weimarer Republik, München 1984, S. 135.
[29] Ebenda.

schaft, für seine Politik und für sein System eines sozusagen parlamentsfeindlichen Konstitutionalismus – wenn man sich einer solch paradoxen Charakterisierung bedienen darf –, lag auf der Hand. Und welch großen Wert der Kanzler noch immer auf eine gewisse Tolerierung durch die demokratischen Kräfte, gerade auch der Linken, legte, bewies er eben, als er bei der Kabinettsneubildung Hindenburgs Wunsch, Baron Neurath zum Außenminister zu machen, nicht erfüllte, weil er fürchtete, die Ernennung des bekannt deutschnationalen Neurath würde ihn Sympathien bei der SPD kosten[30].

Wie sehr sich das Kraftgefühl der Rechtsradikalen entwickelt hatte und wie weit ihre politischen Erwartungen bereits reichten, ließ sich auch daran ablesen, daß ihre Führer danach drängten, sich international vorzustellen. Joseph Goebbels, damals Gauleiter der NSDAP in Berlin und bereits Reichspropagandaleiter der Partei, suchte Verbindungen zur ungarischen Regierung anzuknüpfen[31]. Hermann Göring präsentierte sich Angehörigen der britischen Botschaft schon in der Rolle des germanischen Deichgrafen gegen die Flut des Bolschewismus und Sowjetismus, wobei die britischen Diplomaten aus dem stundenlangen Wortschwall des ehemaligen Jagdfliegers – im Weltkrieg mit dem Pour le mérite ausgezeichnet und letzter Kommandeur des Jagdgeschwaders „Richthofen" – freilich die Erkenntnis gewannen, daß Hauptmann Göring zwar die in der Sowjetunion gelehrte Ideologie herzlich verabscheute, das dort errichtete politische System aber bewunderte und vorbildlich fand[32]. In britischen Augen war das alles andere als eine Empfehlung, und als – ebenfalls im November – die sogenannten „Boxheimer Dokumente" bekannt wurden, die, verfaßt von dem nationalsozialistischen Juristen und Rechtsberater der hessischen Gauleitung Werner Best, eine eindrucksvolle Aufzählung der nach einer nationalsozialistischen Machtübernahme geplanten Gewaltmaßnahmen boten, stand für die britischen Beobachter erst recht fest, daß von der NS-Bewegung eine äußerst gefährliche revolutionäre Umgestaltung Deutschlands zu befürchten war[33].

Görings Werben wirkte mithin nur abschreckend, und die britische Hochschätzung der Regierung Brüning erreichte im Herbst 1931 einen Grad, daß beinahe von einer Bindung Londons an den Kanzler und sein Kabinett gesprochen werden kann. Symptomatisch dafür war das Verhalten des Foreign Office, als Ende November der britische Botschafter in Rom, Sir Ronald Graham, berichtete, Hitler werde demnächst in die italienische

---

[30] Rumbold an Lord Reading, 7. 10. 1931; DBFP, Second Series, Vol. II, Nr. 263.
[31] Aufzeichnungen Bülow über Gespräche mit dem ungarischen Gesandten, 8.12. und 15. 12. 1931; PA, R 29451.
[32] Notes of a Conversation between Embassy people/Correspondents and Captain Goering, 24. 11. 1931; DBFP, Second Series, Vol. II, Nr. 302.
[33] Newton an Simon, 27. 11. 1931; DBFP, Second Series, Vol. II, Nr. 303.

V. Auf dem Weg zur Konferenz von Lausanne 181

Hauptstadt kommen, um mit dem Duce zusammenzutreffen, und Prinz Philipp von Hessen, Schwiegersohn des italienischen Königs, einer der Organisatoren des Besuchs und als Besitzer einer römischen Villa Gastgeber Hitlers, habe ihn, Graham, gefragt, ob er nicht bei einem intimen Dinner den „Führer" der NSDAP kennenlernen wolle, der übrigens auch die Absicht habe, nach London zu fahren. Seine Antwort habe gelautet, dem Privatmann Hitler stehe London selbstverständlich offen, doch werde er nicht mit britischen Ministern und Staatsmännern sprechen können. Die Regierung Seiner Majestät unterhalte exzellente Beziehungen zum Kabinett Brüning und werde sicherlich nichts tun, was den Reichskanzler schwächen oder in Verlegenheit setzen müsse. Sir Ronald fügte hinzu, sein Berliner Kollege Rumbold, der sich zur Zeit in Rom aufhalte, stimme ihm zu und habe ihm auch von privaten Kontakten mit Hitler abgeraten[34]. Postwendend erging vom Foreign Office das strikte Verbot, mit dem „Führer" zusammenzutreffen[35]. Allerdings kam eine italienische Reise Hitlers damals doch nicht zustande. Mussolini lud ihn wieder aus, weil, wie er zu Sir Ronald Graham bemerkte, „die europäische Situation auch ohne zusätzliche Komplikationen schwierig genug" sei[36].

Die Reichsregierung, die über die Beziehungen zwischen Nationalsozialisten und Reichspräsident beziehungsweise Reichswehr, DNVP, „Stahlhelm" und Wirtschaft ebenso unzulänglich unterrichtet war wie über die internationalen Aktivitäten der NSDAP, spürte gleichwohl die Gefahr von rechts sehr deutlich. Auf der anderen Seite war sie unter dem Druck der – in reparationspolitischen Zusammenhängen – seltsamen amerikanisch-französischen Verständigung geraten, die wohl nur flüchtig sein mochte, im Augenblick aber nicht ignoriert werden konnte. Offensichtlich mußte gehandelt und der „Sprung ins Dunkle", als den Brüning und Bülow die Anrufung des Beratenden Sonderausschusses empfanden[37], endlich gewagt werden. Am 10. November teilte Bülow in einer Ministerbesprechung mit, daß die Einberufung des Ausschusses bei der BIZ beantragt werden solle, das Kabinett billigte den Schritt, und am 19. November wurde der fertige Antrag übermittelt[38]. Die passende Begleitmusik kam aus Hessen, wo die am 15. November über die Bühne gehende Landtagswahl der KPD und der NSDAP gewaltige Gewinne bescherte, hingegen Parteien wie SPD, DVP und DNVP bittere Verluste einbrachte; selbst das Zentrum ließ Federn. Daß die Wahlschwäche der Deutschen Volkspartei und der Deutschnationalen weiterhin zunahm, und zwar rapide, lag klar zutage, und dieser Befund war, das durfte angenommen werden, für die nationalistischen und hochkonser-

---

[34] Graham an Simon, 30. 11. 1931; DBFP, Second Series, Vol. II, Nr. 304.
[35] Ebenda, Anm. 1.
[36] Graham an Simon, 4. 12. 1931; DBFP, Second Series, Vol. II, Nr. 305.
[37] AdRK, Die Kabinette Brüning, Bd. 3, Nr. 350.
[38] AdRK, Die Kabinette Brüning, Bd. 3, Nr. 548, 562.

vativen Kreise in Präsidialamt, Reichswehr, Bürokratie, Großlandwirtschaft und Schwerindustrie ein ausreichender Anlaß, eine nationalistische Massenbewegung wie die NSDAP wieder ein Stückchen interessanter zu finden.

Der Ausschuß, den die BIZ nach Eingang des deutschen Antrags bildete und dessen Abschlußbericht als Grundlage einer möglichst bald folgenden Regierungskonferenz dienen sollte, hatte fast – wenn auch nicht ganz, wie Brüning wünschte – die gleiche Zusammensetzung wie die nach der Londoner Juli-Konferenz eingesetzte Expertenkommission. Deutsches Mitglied war abermals Dr. Carl Melchior, dem der Kanzler vor der Abreise nach Basel, wo der Ausschuß am 7. Dezember in der BIZ seine Arbeit aufnahm, einschärfte, die Baseler Beratungen müßten zu einem Bericht führen, aus dem „sich möglichst fundiert die Unterlagen für die Schlußfolgerung" zu ergeben hätten, „daß die Verhältnisse in Deutschland eine Reparationszahlung für eine weite Zukunft dauernd unmöglich erscheinen lassen". Freilich werde man dabei auf den Widerstand der Franzosen stoßen. In den schriftlichen „Richtlinien", die der Kanzler Melchior zukommen ließ – und die „selbstverständlich" nicht als „Instruktion" anzusehen seien, da „Sie" ja „als unabhängiger Sachverständiger zu fungieren haben" -, hieß es: „Als von uns gewünschtes Ergebnis der bevorstehenden Sachverständigen- und Regierungskonferenzen sehe ich eine endgültige Regelung an, die Deutschland auch für die Zukunft von Reparationsleistungen freistellt. Nur wenn solche Schlußfolgerungen sich als erreichbar erweisen, wäre darauf zu drängen, daß der Beratende Sonderausschuß sie ausspricht. Die Feststellungen auf tatsächlichen Gebieten werden sowohl den Einfluß der Reparationen auf die gesamte Weltkrise wie auch ihren Einfluß auf die deutsche Wirtschaftslage erkennen lassen müssen. Dabei wird dem Ziel einer uns günstigen Endlösung am besten entsprochen, wenn in Erscheinung tritt, daß eine Erholung der Weltwirtschaft von dieser Krise nur dann möglich ist, wenn sie sich durch künftige Reparationsleistungen nicht weiter bedrückt fühlt." In diesem Sinne sei der Layton-Bericht vom Sommer auszubauen. Hingegen müsse vermieden werden, daß der Bericht „Feststellungen" über „deutsche Verschwendung oder eine sonstige Schuld der deutschen öffentlichen Gewalten an dem gegenwärtigen Zustand der deutschen Wirtschaft" enthalte[39]. Wiederum legte also der Kanzler die bei ihm vor internationalen Besprechungen schon gewohnte Mischung von zielstrebigem Ehrgeiz und großer Unsicherheit an den Tag.

Die Befürchtungen Brünings waren ja auch keineswegs grundlos. Hatten die Experten nicht die geringsten Schwierigkeiten, sich bei der Sammlung, Ordnung und Interpretation der wirtschaftlichen Fakten zu einigen, so brach bei den Debatten über die Einschätzung der Reparationen und über die für ihre künftige Behandlung zu gebenden Empfehlungen in der Tat ein

---

[39] AdRK, Die Kabinette Brüning, Bd. 3, Nr. 584.

offenbar unlösbarer französisch-deutscher Konflikt aus. Der britische Vertreter, Sir Walter Layton, hatte in einem Berichtsentwurf ohne Umschweife gesagt, eine Wiederherstellung des Vertrauens in die Kreditwürdigkeit Deutschlands und die Regenerationsfähigkeit der internationalen Finanzen sei nicht möglich, „wenn nur für bestimmte Zeit, zum Beispiel 1–2 Jahre, keine Zahlungen geleistet zu werden brauchten. Das Vertrauen kann nur hergestellt werden, wenn eine endgültige Lösung zustande kommt"; und bei einer endgültigen Lösung könnten lediglich Abschlußzahlungen ins Auge gefaßt werden, die gemessen an früheren Verträgen sehr klein wären[40]. So präzise wollte sich der französische Sachverständige, Professor Charles Rist, nicht gegen die Reparationen äußern, vielmehr an Deutschlands grundsätzlicher Verpflichtung zur Zahlung wenigstens der ungeschützten Annuitäten festhalten, außerdem fixiert sehen, daß es bei Besserung der Wirtschaftslage auch wieder reale Zahlungen geben müsse. Hingegen beharrte Dr. Melchior, seinen „Richtlinien" entsprechend, darauf, daß Deutschland keine Zusagen für künftige Zahlungen geben könne.

Am 19. Dezember waren die Fronten so verhärtet, daß Brüning einen Ausschuß-Bericht ohne deutsche und ohne französische Unterschrift erwog; dann werde die Welt, so meinte er, der französischen Unvernunft endlich gewahr werden[41]. Staatssekretär Schäffer kommentierte diese nicht sehr glückliche und auch gar nicht praktikable Idee mit den Sätzen: „Was will eigentlich der Kanzler? Er spielt ein hohes Spiel. Glaubt er wirklich, bei der Konferenz stark genug zu sein, um eine völlige Aufhebung der Reparationen durchzusetzen? Oder hat er innenpolitische Beweggründe? Will er auf der Konferenz eine Situation herbeiführen, die ein deutsches ‚Nein' zeitigt, und will er dann auf der Grundlage dieses ‚Nein' eine ‚Regierung der nationalen Einigung' bilden, in die entweder alles von Hitler bis Breitscheid hineingeht, oder zum mindesten eingeladen werden soll, um dann entweder dadurch, daß die Sozialisten nicht hereingehen, Hitler in eine bürgerliche Regierung zu zwingen, oder, wenn Hitler nicht hineingeht, ihn vor der Bevölkerung zu kompromittieren? Rein aus reparationspolitischen Erwägungen heraus ist es nicht zu erklären, daß der Kanzler das ganze Volk darauf einstellt, daß die Reparationen nicht mehr bestehen. Das entspricht weder dem politischen Kräfteverhältnis noch der Auffassung in den Gläubigerländern."[42] Mit solchem Urteil mißdeutete Schäffer allerdings sowohl die innenpolitische Motivation Brünings wie erst recht die in der Reparationsfrage entstandene internationale Konstellation, die Deutschland tatsächlich größte Chancen bot, und den trüben Augenblicken des 19. Dezember zum

---

[40] AdRK, Die Kabinette Brüning, Bd. 3, Nr. 611, Anm. 1.
[41] AdRK, Die Kabinette Brüning, Bd. 3, Nr. 611.
[42] Tagebuch Schäffer, IfZ, ED 93, Bd. 16, Bl. 1202.

Trotz spielte gerade der Baseler Ausschuß der Reichsregierung eine entscheidende Trumpfkarte zu.

Zwar wurde die Krise der Konferenz nur durch einen Kompromiß überwunden, der auf den ersten Blick nicht allein beschämend wirkte, sondern vor allem den politischen Nutzen der Beratungen zu zerstören und das Problem einfach wieder – nach der von Francqui entdeckten Regel – an die Politiker zurückzureichen schien. Die Sachverständigen kamen nämlich überein, einen schlichten Tatsachen-Bericht abzuliefern und auf klar formulierte Empfehlungen an die Regierungen zu verzichten. Brüning hat diese von Sir Walter Layton vorgeschlagene Lösung sofort begrüßt und Melchior ermächtigt, Sir Walter nachdrücklich zu unterstützen[43]. Mit Recht! Tatsächlich wirkte schon die Schilderung des Zustands der deutschen Finanzen und der deutschen Wirtschaft – der Bericht wurde am 23. Dezember vorgelegt – so wuchtig, daß die Forderung nach weiteren Reparationen Deutschlands, ob gegenwärtig oder zukünftig, allenfalls noch in Paris einen Hauch von Plausibilität haben konnte. Außerdem enthielt die Beschreibung der Realitäten noch einige spezielle Feststellungen, die – noch dazu mit der Beglaubigung durch die Unterschrift von Professor Rist – für Berlin besondere Bedeutung hatten. Erstens erklärte der Ausschuß, daß die Situation in Deutschland und einigen anderen mittel- und osteuropäischen Ländern am schlimmsten sei und daß diese Krise erheblich zur schlechten Verfassung der Weltwirtschaft beitrage. Zweitens deuteten die Sachverständigen an, daß die Reparationen die üble Lage Deutschlands mit zu verantworten hätten. Drittens bescheinigte der Ausschuß der Reichsregierung, daß sie die Steuern nicht weiter erhöhen könne und daß ihre „zur Verteidigung und Aufrechterhaltung der Währung und des Haushalts getroffenen Maßnahmen den entschlossenen Willen ... zu erkennen geben, der Lage gerecht zu werden"[44]. Mit anderen Worten: Die Hilfe hatte von außen zu kommen. So zahlte sich also nun die Brüningsche Spar- und Deflationspolitik – katastrophal für die Wirtschaft des eigenen Landes und eine wesentliche Ursache der politischen Radikalisierung auf der Linken wie auf der Rechten – im Hinblick auf das reparationspolitische Ziel tatsächlich aus.

Die politisch nützlichsten Sätze der Expertise lauteten denn auch: „Der Ausschuß glaubt ..., daß er seine Aufgabe nicht voll erfüllt und das in ihn gesetzte Vertrauen nicht gerechtfertigt hätte, wenn er nicht die Aufmerksamkeit der Regierungen auf die beispiellose Schwere der Krise lenkte, deren Ausmaß unzweifelhaft die ‚verhältnismäßig kurze Depression' übersteigt, welche der Youngplan ins Auge faßt und für die er die ‚Schutzmaßnahmen' vorsieht. Der Youngplan mit seiner steigenden Annuitätenreihe ging von einer ständigen Ausdehnung des Welthandels aus, nicht nur dem

---

[43] AdRK, Die Kabinette Brüning, Bd. 3, Nr. 611.
[44] Text in Schulthess', 1931, S. 518 ff.

Volumen, sondern dem Wert nach, innerhalb deren die von Deutschland zu zahlenden Annuitäten ein Faktor von abnehmender Bedeutung werden würden. Tatsächlich ist das Gegenteil eingetreten. Seit dem Inkrafttreten des Youngplans ist nicht nur der Welthandel dem Volumen nach zusammengeschrumpft, sondern das während der letzten zwei Jahre eingetretene ganz außerordentliche Fallen der Goldpreise hat die tatsächlichen Lasten nicht nur der deutschen Annuitäten, sondern aller in Gold festgesetzten Zahlungen stark erhöht. Unter diesen Umständen erheischt das deutsche Problem, das in weitem Maße die Ursache für die steigende finanzielle Lähmung der Welt ist, ein gemeinsames Handeln, das nur von den Regierungen ausgehen kann." Dem folgte zum Schluß noch die Mahnung: „Die Aufrechterhaltung der Stabilität der deutschen Währung, wie die jeder anderen Schuldnernation, kann in größte Gefahr gebracht werden, wenn das Vertrauen der Kapitalgeber verloren geht."[45] Damit hatten die Experten dem Young-Plan das Todesurteil ausgefertigt, und es war nun an den Regierungen, das Urteil zu vollstrecken und für eine gefällige Beerdigung zu sorgen.

So unvermeidlich diese Prozedur geworden war, so zähflüssig erwies sie sich in der politischen Realität. Die Amerikaner, die doch erheblichen Anteil daran gehabt hatten, daß der Baseler Ausschuß ins Leben gerufen wurde, verfielen nach dessen Spruch plötzlich erneut in ein sphinxhaftes Gebaren. Die deutlichste Botschaft, die Europa und dort vor allem die Briten erreichte, hieß jetzt: Handelt so, als ob es die Vereinigten Staaten nicht gäbe[46]. Das klang gewiß vage ermunternd, verhinderte aber nicht die Wiederkehr des Verdachts, namentlich in Paris, daß die USA vielleicht doch bis zur Präsidentschaftswahl im Herbst 1932 handlungsunfähig seien. In Deutschland fand der Bericht des Ausschusses eine zwiespältige Aufnahme. Staatssekretär Schäffer etwa klagte nach der Lektüre, die politischen Implikationen übersehend: „Im ganzen bin ich nicht glücklich über die Art, wie die Sache gelaufen ist… Der Zusammenhang Reparationen und Weltwirtschaftskrise, Reparationen und deutsche Sonderlage ist nicht annähernd so klar herausgestellt wie im Wiggin-Bericht [gemeint vermutlich die Äußerung des Gremiums, das die Stillhalte-Verhandlungen über die kurzfristigen Kredite führte]." Fänden die Franzosen in den Tatsachenfeststellungen der Sachverständigen genügend Material für Vorwürfe an Deutschland, so fehle es der deutschen Seite für die bevorstehende Regierungskonferenz durchaus „an den notwendigen Einhakpunkten"[47].

Dagegen konstatierte Brüning, der doch mehr taktischen Instinkt besaß, mit Fug und Recht: „Es sei zwar nicht das Äußerste erreicht worden, was angestrebt worden sei, das Ergebnis könne aber immerhin einigermaßen be-

---
[45] Schulthess', 1931, S. 529.
[46] So der amerikanische Geschäftsträger in London zu Sir John Simon; Simon an Lindsay, 16. 1. 1932; DBFP, Second Series, Vol. III, Nr. 28.
[47] Tagebuch Schäffer, IfZ, ED 93, Bd. 16, Bl. 1226.

friedigen."⁴⁸ Danach kehrte der Kanzler, der durch sein mehrfaches Einwirken auf Dr. Melchior die Baseler Beratungen so kräftig zu beeinflussen versucht hatte, umgehend zu dem Rezept zurück, im Verkehr mit den Vertretern der Gläubigerstaaten und der USA düstere Klagen mit politischer Inaktivität zu verbinden: Er und Bülow prophezeiten bei jeder Gelegenheit den baldigen deutschen Kollaps, stellten die Fähigkeit Deutschlands zur Wiederaufnahme von Reparationen entschieden in Abrede und versicherten im selben Atemzuge, daß die Reichsregierung keineswegs vorhabe, den Young-Plan „zu zerreißen"⁴⁹. Das Rezept hatte sich ja bisher bewährt und war in der Tat, wie sich zeigen sollte, auch in der Situation, die sich durch das Baseler Gutachten ergeben hatte, die richtige Taktik. Jedoch ging von Berlin vorerst kein Impuls aus, der den Gang der Dinge beschleunigt hätte.

Daß Brünings Verhalten gleichwohl seiner Sache diente, lag wie schon mehrmals zuvor an der britischen Haltung. Die Regierung Seiner Majestät nämlich, die ihre eigene Einschätzung der Gründe der Krise durch den Baseler Bericht sehr wohl bestätigt sah, war fester entschlossen denn je, mit den Reparationen ein Ende zu machen. So entschied sie sich denn dafür, die aus Washington und New York dringenden Laute tatsächlich als Ermutigung zu verstehen, und schickte sich an, die Konklusionen des Experten-Votums so schnell zu verwirklichen, wie es sich politisch nur immer durchsetzen ließ. Gerade das mögliche Tempo aber stand unter einem dicken Fragezeichen, da die französische Regierung offensichtlich gewillt war, den britischen Absichten harten Widerstand entgegenzusetzen. Ministerpräsident Laval und sein Finanzminister Flandin wären sicherlich, wie auch viele andere französische Politiker und Diplomaten, zu mehr Realismus bereit gewesen; etliche ihrer Bemerkungen bewiesen das ebenso wie ihr evidentermaßen von schlechtem Gewissen verursachtes taktisches Gezappel⁵⁰. Doch die politischen Kräfte, auf die sie sich in Bevölkerung und Kammer stützten, waren noch nicht darauf vorbereitet, daß Frankreich von den Reparationen Abschied zu nehmen hatte, und so zogen Laval und Flandin in ein Abwehrgefecht gegen die britischen Anschläge, das sie selbst für wenig aussichtsreich hielten und dennoch möglichst lange hinzuziehen gedachten.

Angesichts dieser Konstellation entwickelte sich die vorletzte Phase der Auseinandersetzung um die Reparationen notwendigerweise zu einem na-

---

⁴⁸ AdRK, Die Kabinette Brüning, Bd. 3, Nr. 614.
⁴⁹ Noch am 20. 1. 1932 versicherte Bülow dem britischen Botschafter in Berlin, „die deutsche Regierung habe nicht die Absicht, den Young-Plan zu zerreißen"; Rumbold an Simon, 20. 1. 1932; DBFP, Second Series, Vol. III, Nr. 44. An eben diesem Tage sagte der Staatssekretär in einer Besprechung mit Brüning, Curtius, Graf Schwerin-Krosigk und Reichsbankpräsident Luther, „daß Deutschland nie vom Young-Plan loskommen werde, wenn es die gegenwärtige Situation nicht dazu ausnutze, eine Unterbrechung des Young-Plans zu erreichen"; AdRK, Die Kabinette Brüning, Bd. 3, Nr. 637.
⁵⁰ Dazu die Unterredung des britischen Botschafters in Paris mit Flandin und Laval am 15. 1. 1932; DBFP, Second Series, Vol. III, Nr. 27.

V. Auf dem Weg zur Konferenz von Lausanne

hezu rein britisch-französischen Konflikt – mit nur sporadischen und nicht sonderlich bedeutungsvollen Einmischungen Berlins und Washingtons. Ob die britische Regierung anfänglich eine derart hartnäckige französische Abwehr erwartet hatte, ist zweifelhaft. Als Sir John Simon, eben Außenminister geworden, am 17. November Laval kennenlernte und dabei dem französischen Regierungschef begreiflich zu machen suchte, es sei von „absolut vitaler Bedeutung, daß die an Deutschland zu stellenden Forderungen nicht allzu schwer drücken", entdeckte er in seinem Gesprächspartner „einen Mann von direktem und solidem Geist, mit dem es möglich war, einen Gegenstand zusammenhängend auf eine Weise zu erörtern, die ein Engländer versteht"[51]. (Jahre später nahm ein Offizier der deutschen Besatzungstruppen an Laval, nunmehr Repräsentant Vichy-Frankreichs, eine „finstere Geschäftigkeit" wahr; doch fügte Ernst Jünger – verabscheuend und verstehend – hinzu: „Die Macht wirkt auf manche Charaktere wie der Genuß von Salzwasser auf hoher See."[52])

Indes gewannen die Briten sehr rasch Klarheit. Am 16. Dezember, also noch vor der Fertigstellung des Baseler Berichts, übergab Sir John Simon dem französischen Botschafter in London, Aimé Joseph de Fleuriau, ein Memorandum, in dem die britische Haltung in der Reparationsfrage präzise dargelegt war. Der französische Diplomat sagte, als er das Memorandum in Empfang nahm, er nehme an, daß die britische Regierung auf eine endgültige Erledigung des Reparationsproblems dränge. „Leider ist das", so Herr de Fleuriau ganz spontan, „unerreichbar." Auch wenn er selbst vielleicht der Ansicht sei, daß das Kapitel der Reparationen geschlossen werden sollte, so dominiere in der öffentlichen Meinung Frankreichs doch eine andere Auffassung, und die Regierung müsse, wie immer einzelne Minister privat darüber denken mögen, diese Tatsache respektieren[53]. Ganz ähnlich äußerte sich drei Tage danach Finanzminister Flandin in einer Unterredung mit Sir Frederick Leith-Ross[54].

In eben dieser Unterredung skizzierte Flandin auch, wie sich die französische Regierung eine für sie akzeptable Regelung der Reparationsfrage vorstellte. Sollte erkennbar werden, so sagte er, daß Deutschland bei Ablauf des Hoover-Feierjahres immer noch zahlungsunfähig sei, könne man sich ja auf den Transferaufschub verständigen, den der Young-Plan für zwei Jahre erlaube. Sollte jedoch die allgemeine und speziell die deutsche Depression auch dann noch nicht abgeklungen sein, könne ein erneuter Aufschub von zwei Jahren vereinbart werden; selbst ein dritter Aufschub sei durchaus denkbar. Die absurde Idee einer jetzt zu beschließenden oder doch erklär-

---

[51] Simon an Vansittart, 17. 11. 1931; DBFP, Second Series, Vol. II, Nr. 293.
[52] E. Jünger – C. Schmitt. Briefe, S. 127 f.
[53] Simon an Lord Tyrrell, 16. 12. 1931; DBFP, Second Series, Vol. II, Nr. 315.
[54] Note of Conversation, 19. 12. 1931, between Sir F. Leith-Ross and M. Flandin; DBFP, Second Series, Vol. II, Nr. 319.

termaßen ins Auge zu fassenden Moratoriums-Serie, eine gänzlich untaugliche Methode, die prinzipielle Weitergeltung des Young-Plans zu sichern, fand bei Sir Frederick keine gute Aufnahme, und in Berlin erntete sie ein wohlverdientes verneinendes Kopfschütteln; die britische Regierung gab sich nicht weiter damit ab.

In London hatte man sich andere Vorschläge ausgedacht. Nachdem die Sachverständigen ihren Bericht vorgelegt hatten und die zu dessen Erörterung vorgesehene Regierungskonferenz auf Ende Januar 1932 anberaumt worden war, regte Sir John Simon – zunächst in Paris und Rom – einen Beschluß der Gläubigerstaaten an, alle Zahlungen, die ab 1. Juli 1932 fällig würden, bis zum 30. Juni 1933 auszusetzen, und zwar ohne den im Sommer 1931 zwischen den USA und Frankreich ausgeheckten Mechanismus, der Deutschland zur fiktiven Zahlung der ungeschützten Annuitäten und damit zur grundsätzlichen Anerkennung des Young-Plans nötigte. Zugleich sollten die Gläubigerstaaten ihre Absicht erklären, möglichst bald, etwa im Juli, eine Konferenz zu veranstalten, auf der dann eine definitive Lösung des Reparationsproblems ausgehandelt werden müsse. Drittens dürfe das anvisierte bedingungslose Moratorium nicht von einem zuvor ausgesprochenen Verzicht der USA auf die Eintreibung der Kriegsschulden abhängig gemacht werden. Simon suchte die französische Regierung mit dem Argument zu locken, daß ein solcher Beschluß zwei große Vorteile habe: Er sei ohne Zustimmung Deutschlands, mithin ohne vermutlich zeitraubende Verhandlungen, möglich, und er erspare es Frankreich, sich offiziell auf die Preisgabe des Young-Plans festzulegen[55].

Daß Sir John Simon gehofft hat, Laval und Flandin überzeugen zu können, ist nicht anzunehmen. Tatsächlich handelte es sich lediglich um eine diplomatische Plänkelei, mit der London die Verschiebung der für Ende Januar geplanten Regierungskonferenz – als Ort war Lausanne gewählt worden – einleiten wollte. Für eine derartige Konferenz war es offensichtlich noch zu früh. Die britische Regierung war selbst gewillt, die Liquidierung der Reparationen herbeizuführen. Indem sie der deutschen Regierung jetzt, am 6. Januar, klipp und klar und offiziell mitteilte, die Liquidierung sei die einzig richtige Lösung der Reparationsfrage und allein geeignet, den Nöten Europas abzuhelfen[56], ermunterte sie aber auch Berlin, das Ende der Reparationen zu fordern, und nach einer langen Unterredung Sir Horace Rumbolds mit Brüning und Neurath, zu der es zwei Tage später kam, wußte man in London, daß der Kanzler genau dies vorhatte[57]. Als Brüning seine Absicht sogleich auch öffentlich kundtat, in einem Interview des Wolffschen

---

[55] Tyrrell an Simon über Unterredung mit Flandin, 15. 1. 1932; DBFP, Second Series, Vol. III, Nr. 7.
[56] Simon an Rumbold über eine Unterredung mit Neurath, 6. 1. 1932; DBFP, Second Series, Vol. III, Nr. 7.
[57] Rumbold an Simon, 8. 1. 1932; DBFP, Second Series, Vol. III, Nr. 10.

Telegraphen-Büro (WTB), reagierte Premierminister MacDonald, ebenfalls öffentlich, mit dem vielsagenden Satz, das sei ja zu erwarten gewesen und die interessierten Regierungen realisierten gewiß, daß die europäische Erholung und Befriedung von der Anerkennung der harten Tatsachen abhänge[58].

Angesichts der noch völlig unerschütterten amtlichen Linie des französischen Kabinetts konnte also eine zu frühe Konferenz nur eine bittere Konfrontation bringen, die zu einem Fehlschlag führen mußte. Im Interesse des künftigen britisch-französischen Verhältnisses erschien es außerdem als höchst unwillkommen, daß sich Frankreich einer britisch-deutschen Einheitsfront gegenübersah, zu der auch noch Italien stoßen würde, da Mussolini bereits zugesagt hatte, dem britischen Kurs folgen zu wollen[59]. Es war also Zeit notwendig, um weiter auf die französische Regierung einzuwirken. Auch ist in London der Gedanke sicherlich nicht als abwegig empfunden worden, den Brüning im Gespräch mit dem britischen Botschafter äußerte, als er sich mit einer Vertagung der Konferenz bis Juni einverstanden erklärte, der Gedanke nämlich, daß sich die wirtschaftliche Lage bis zum Sommer noch verschlechtern werde, was Frankreich zur Räson bringen müsse[60]. Dazu kam die allgemeine Erwartung, daß die Mai-Wahlen in Frankreich einen Linksruck und damit eine in der Reparationsfrage konzessionsbereitere Regierung bescheren würden. Tatsächlich gelang es den Briten, ihre französischen Freunde, die selbst vor einem Desaster in Lausanne zurückschreckten, für eine Verschiebung der Konferenz zu gewinnen, wobei es nicht ausgeschlossen ist, daß Laval und Flandin nichts dagegen hatten, die am Ende doch nicht zu vermeidende reparationspolitische Kapitulation einer Linksregierung unter Edouard Herriot zu überlassen.

Aber gerade wenn sie daran dachten, den sauren Apfel, in den gebissen werden mußte, für andere aufzusparen, waren Laval und Flandin genötigt, einige Wochen lang noch heftig zu fechten. Dazu zwang sie allerdings auch die Stimmung im Lande. Brünings Interview vom 9. Januar hatte in der Bevölkerung, in der Presse und im Parlament Frankreichs Stürme der Entrüstung ausgelöst. Unvermutet mit Deutschlands offener Rebellion gegen einen als überaus wichtig geltenden Part des Versailler Vertrags konfrontiert, antworteten die Franzosen mit einer emotionalen Rebellion gegen die doch unabweisbare Realität. Selbst ansonsten vernünftige Leute ließen sich, wie Hoesch aus Paris berichtete, zum dritten Mal seit dem Amtsantritt der Regierung Brüning dazu hinreißen, von Krieg zu reden, also nach Lage der Dinge von einem französischen Präventivkrieg oder, genauer gesagt, von einer Strafexpedition zur Erzwingung deutscher Vertragstreue[61]. Als Brüning

---

[58] Erklärung der britischen Regierung, 9. 1. 1932; DBFP, Second Series, Vol. III, Nr. 11.
[59] Simon an Rumbold, 19. 1. 1932; DBFP, Second Series, Vol. III, Nr. 39.
[60] Rumbold an Simon, 8. 1. 1932, 27. 1. 1932; DBFP, Second Series, Vol. III, Nr. 10, 67.
[61] Hoesch an AA, 22. 1. 1932, Forster an AA, 23. 1. 1932, Hoesch an AA, 29. 1. 1932; PA, R 70508.

am 8. Februar auf der am 2. in Genf eröffneten Abrüstungskonferenz mit Sir John Simon sprach, erwähnte er denn auch die bedenkliche Aufwallung in Frankreich; er behauptete sogar, beunruhigende Informationen über die geheime Einberufung französischer Reservisten zu Tank-Regimentern und über Pariser Pläne für den Einmarsch ins Rheinland zu haben. Simon behandelte solche Sorgen des Kanzlers mit dem gebührenden Mangel an Respekt[62], doch traf es ohne Frage zu, daß eine französische Regierung, die in dieser Atmosphäre Konzessionen an Deutschland gemacht hätte, „in Stücke gerissen" worden wäre, wie Ministerpräsident Laval sagte[63].

So ließ die Pariser Regierung wohl Flandins Idee einer Serie von Moratorien lautlos fallen, wenn auch Laval einmal einen halbherzigen Wiederbelebungsversuch unternahm, machte sich dafür aber mit großem Eifer daran, den Briten eine Vereinbarung einzureden, die das Ergebnis der nun auf Juni verschobenen Reparationskonferenz präjudizieren sollte, und zwar im Sinne einer schlichten Verlängerung des Hoover-Moratoriums um ein Jahr – mitsamt der fiktiven deutschen Zahlung an die BIZ. Sollten die Deutschen darauf nicht eingehen, drohte Flandin, so könne ja die Bank von Frankreich ihren Beitrag zum Überbrückungskredit an die Reichsbank wieder zurückziehen[64].

MacDonald und Simon erklärten den französischen Kollegen wieder und wieder, daß dies an sich falsch, ja unsinnig sei und im Juni eine endgültige Regelung des Reparationsproblems gefunden werden müsse; fürs erste genüge eine einfache Verlautbarung der Gläubigerstaaten, auf die geschützten wie die ungeschützten Annuitäten des Young-Plans zu verzichten, womit für den Augenblick Gespräche mit Berlin vermieden wären[65]. Die Hintergedanken beider Partner waren unschwer zu erkennen: Wollten die Franzosen den Young-Plan formal in Kraft halten, trachteten die Briten danach, die Pariser Regierung durch den temporären Verzicht auf den Weg zur Preisgabe des Plans zu ziehen. Indes qualifizierte Laval seinen Moratoriumsvorschlag noch, indem er behauptete, die französische Regierung stehe unverrückbar auf dem Standpunkt, selbst einem Moratorium, das den Wünschen Frankreichs entspreche, natürlich nur dann zustimmen zu können, wenn sichergestellt sei, daß Frankreich während der Laufzeit des Moratoriums kein Geld an die USA zu zahlen habe[66]. Aber obwohl es sich hier um eine reale und auch verständliche Furcht der Pariser Regierung handelte, traf sie

---

[62] Note by Sir John Simon of a Conversation with Dr. Brüning, Genf, 8. 2. 1936; DBFP, Second Series, Vol. III, Nr. 78. Dazu auch Vermerk Vogel über Besprechung Brüning mit Mitgliedern des Reparationsausschusses der Reichsregierung am 10. 2. 1932; AdRK, Die Kabinette Brüning, Bd. 3, Nr. 668.
[63] Lord Tyrrell an Simon, 20. 1. 1932; DBFP, Second Series, Vol III, Nr. 46.
[64] Lord Tyrrell an Simon, 10. 1. 1932; DBFP, Second Series, Vol. III, Nr. 13.
[65] Lord Tyrrell an Simon, 12. 1. 1932; Simon an Tyrrell, 18. 1. 1932, DBFP, Second Series, Vol. III, Nr. 27, 32.
[66] Lord Tyrrell an Simon, 15. 1. 1932; DBFP, Second Series, Vol. III, Nr. 27.

V. Auf dem Weg zur Konferenz von Lausanne

gerade damit bei den Briten auf taube Ohren. MacDonald und Simon waren – wohl mit Recht – der Meinung, daß die europäischen Staaten die USA in der Reparationsfrage vor vollendete Tatsachen stellen müßten, um so Präsident Hoover für das Problem der Kriegsschulden Handlungsfreiheit zu verschaffen, und sie waren sehr zuversichtlich, dann in Washington Verständnis und Verständigungsbereitschaft zu finden.

Während der ganzen zweiten Hälfte des Januar 1932 verhielt sich die französische Regierung halsstarrig. Zugleich begann sie jedoch Symptome von Isolierungsangst zu zeigen[67]. Da sich nicht nur Italien auf die britische Seite geschlagen hatte, sondern auch aus Washington mittlerweile wieder Signale kamen, die amerikanische Regierung würde die Juni-Konferenz, falls sie lediglich eine – womöglich kurz – befristete Verlängerung des Hoover-Moratoriums beschließen sollte, als Fehlschlag werten[68], waren die französischen Ängste wohl begründet. Um den Freunden in Paris wenigstens diese Sorge zu nehmen und sie damit vielleicht sogar zur Vernunft zu bringen, wandte Sir John Simon ein etwas zweifelhaftes Mittel an. Wir in London, so ließ er Laval bestellen, sind zwar nach wie vor der Meinung, daß eine Verlängerung des Hoover-Moratoriums – wenn es denn überhaupt ein Moratorium sein müsse – nur bei Wegfall des Hoover-Mechanismus – also der fiktiven deutschen Zahlungen an die BIZ – richtig sei, aber wenn ihr in Paris glaubt, von eurem Standpunkt nicht abgehen zu können, so werden wir, um der Einigung im Juni willen, „unser Äußerstes tun, um Deutschlands Zustimmung zur Beibehaltung des Hoover-Mechanismus zu sichern"[69]. Tatsächlich ersuchte er den deutschen Botschafter in London sogleich, Brüning und Bülow mitzuteilen, die britische Regierung lege größten Wert darauf, daß Berlin sich zur Annahme der französischen Forderung verstehe[70]. Neurath leitete das unverzüglich weiter, und mit dem gleichen Begehr – höchst dringlich vorgetragen – sprach Sir Horace Rumbold im Lauf etlicher Tage mehrmals beim Reichskanzler und im Auswärtigen Amt vor[71]. Simon durfte nach Paris melden, er habe die Deutschen unter massiven Druck gesetzt.

Das Manöver des britischen Außenministers konnte naturgemäß in der Sache nicht ernst gemeint sein. Daß der Hoover-Mechanismus in London von Anfang an als amerikanisch-französische Mißgeburt galt und ihn jetzt der Jurist Simon intern als „rabulistische Unwirklichkeit" abtat, hatte damit wenig zu tun[72]. Aber es ergab wirklich keinen Sinn, daß Premierminister

---

[67] Lord Tyrrell an Simon, 12. 1. 1932; DBFP, Second Series, Vol. III, Nr. 22.
[68] Lindsay an Simon, 25. 4. 1932; DBFP, Second Series, Vol. III, Nr. 105. Lindsay zitierte Parker Gilbert mit dem Satz, Europa müsse „den Vereinigten Staaten über die Hürde helfen".
[69] Simon an Lord Tyrrell, 18. 1. 1932; DBFP, Second Series, Vol. III, Nr. 32.
[70] Simon an Rumbold, 18. 1. 1932; DBFP, Second Series, Vol. III, Nr. 36.
[71] Ebenda, Simon an Rumbold, 19. 1. 1932, Rumbold an Simon, 19. 1. 1932, Rumbold an Simon, 19. 1. 1932; DBFP, Second Series, Vol. III, Nr. 39, 40, 42.
[72] Simon an Lord Tyrrell, 18. 1. 1932; DBFP, Second Series, Vol. III, Nr. 37.

und Foreign Office versuchen sollten, in Berlin mit einigem Aufwand etwas durchzusetzen, das sie selbst unbedingt vermeiden wollten. In London dominierte die Ansicht, bei Politikern, bei Wirtschafts- und Finanzexperten, bei Geschäftsleuten, daß die Juni-Konferenz eine endgültige Regelung des Reparationsproblems zu bringen habe und nicht eine Verlängerung des Hoover-Moratoriums um ein Jahr, ob mit oder ohne Hoover-Mechanismus. Gewiß konnte man sich damit abfinden, daß die „endgültige Regelung" zur Dämpfung französischer Emotionen als Moratorium aufgeputzt wurde, aber dann mit vier oder fünf Jahren Laufzeit und ohne jedes Element des Young-Plans, das auf das Fortbestehen einer grundsätzlichen deutschen Reparationsverpflichtung und auf die Möglichkeit einer Rückkehr zu realen Zahlungen gedeutet hätte.

In Wahrheit spielten denn auch die Briten nur eine hübsche kleine Komödie. Wenn Sir John Simon über Baron Neurath „Druck" auf die Deutschen ausübte, versäumte er nicht, im Gespräch mit dem Botschafter zwei Punkte auffallend kräftig zu betonen: Erstens seien er und die britische Regierung überzeugt davon, daß die einzige effektive Lösung des Problems in der simplen Liquidierung der Reparationen bestehe, zweitens handle es sich bei der eben ausgesprochenen Forderung keineswegs um eine Forderung der britischen Regierung; es gehe nur um Rücksichtnahme auf die Franzosen[73]. Trotz all der starken Worte, die dann noch folgten, lag es auf der Hand, daß eine Pression dieser Art lediglich Ablehnung bewirken sollte.

In Berlin sind die britischen Winke einigermaßen verstanden worden, und so setzte die Reichsregierung dem Londoner Druck getrost ein hartes „Nein" entgegen. Zwar wurde rege Geschäftigkeit entfaltet. Brüning und Bülow konferierten mit Sir Horace Rumbold, und nach solchen Konferenzen fanden dem Botschafter zugesagte Kabinettssitzungen statt, deren – negatives – Resultat über Rumbold nach London berichtet wurde, worauf Simon den Botschafter anwies nachzufragen, ob denn das „Nein" des Kabinetts das letzte Wort gewesen sei – und nach der Auskunft, ja, das sei in der Tat das letzte Wort gewesen, drehte sich das Karussell ein zweites Mal[74]. Allerdings hatten Brüning und Bülow neben ihrer Diagnose der britischen Hintergedanken zwei weitere gute Gründe für die Ablehnung. Endlich hatte in Berlin so manches Kabinettsmitglied und so mancher Ministerialbeamter, hatte zudem Reichskanzler Brüning inzwischen noch besser als bisher schon begriffen, daß sich mit dem Baseler Bericht des Sonderausschusses trefflich Politik machen, daß er sich als tödliche Waffe gegen den Young-Plan handhaben ließ. So deuteten Brüning und Bülow auf die entscheidenden Sätze des Berichts und erklärten, diese Sätze machten es der Reichsre-

---

[73] Simon an Rumbold, 18. 1. 1932; DBFP, Second Series, Vol. III, Nr. 36.
[74] Dazu auch die Besprechung über die Reparationsfrage, die am 20. 1. 1932 unter Vorsitz Brünings stattfand; AdRK, Die Kabinette Brüning, Bd. 3, Nr. 637.

gierung geradezu zur Pflicht, keine Reparationen mehr zu zahlen und alle Moratorien und Moratoriumsmechanismen, die sich auf den Young-Plan beriefen, abzulehnen, auch wenn die Regierung selbstverständlich nicht daran denke, den Plan „zu zerreißen"[75]. Auf dieses Argument gab es in der Tat keine Antwort, und den Briten fiel es auch nicht ein, nach einer Antwort wenigstens zu suchen. Daher konnte der Kanzler noch einen Schritt weiter gehen und seinen britischen Gesprächspartnern sagen beziehungsweise sagen lassen, die Reichsregierung sei nicht nur weit davon entfernt, irgendwelche französische Forderungen zu akzeptieren, sondern müsse ihrerseits die Bedingung stellen, daß die Juni-Konferenz als Basis ihrer Erörterungen den Baseler Bericht nehme und daß dies in der offiziellen Ankündigung der Konferenz, etwa in der Einladung an die interessierten Regierungen, auch klar zum Ausdruck komme[76].

Nicht weniger wichtig war aber eine Sorge, die sich im Kanzleramt und in den Ministerien zu regen begann. Brüning hatte der Verschiebung der Lausanner Konferenz vom Januar bis zum Juni gern zugestimmt, weil bis dahin noch mit einer weiteren Verschlechterung der deutschen und der globalen Wirtschaftslage gerechnet werden durfte. Was aber, wenn die Weltwirtschaftskrise, bisher der deutschen Reparationspolitik so nützlich, im Sommer ihren Tiefpunkt erreichen und wenn dann die wirtschaftliche Entwicklung eine Wendung zum Besseren nehmen sollte? Die Behauptung vom ursächlichen Zusammenhang zwischen Reparationen und Krise mußte unglaubwürdig werden und damit die Abschüttelung der Reparationslast, bei wirtschaftlicher Erholung ohnehin schwieriger, ihre allseits anerkannte Notwendigkeit verlieren. Der Schluß war klar: Die Konferenz durfte nicht später als Juni stattfinden, und sie hatte mit der definitiven Erledigung der Reparationen zu enden, nicht mit einem kurzfristigen Moratorium[77]. So wies Brüning auch einen – als taktisches Mittel etwas seriöser gemeinten – letzten Versuch Simons zurück, zwischen der französischen und der deutschen Position zu vermitteln. Der britische Außenminister hatte darauf aufmerksam gemacht, daß die Juni-Konferenz wohl erst nach dem Ablauf des Hoover-Moratoriums zu Beschlüssen kommen werde, und daher der deutschen Regierung vorgeschlagen, jetzt sofort einer Verlängerung des Hoover-Mechanismus für den zeitlichen Überhang – vielleicht bis Dezember – zuzustimmen, sofern diese Verlängerung im Juni gleich zur Diskussion gestellt werde[78].

Kaum hielt Simon die erwartete und erwünschte deutsche Ablehnung in Händen, zeigte sich sehr schnell, wen London, dem wahren britischen Ziel

---

[75] So Bülow zu Rumbold, 20. 1. 1932; DBFP, Second Series, Vol. III, Nr. 44.
[76] Rumbold an Simon, 21. 1. 1932; DBFP, Second Series, Vol. III, Nr. 50.
[77] Rumbold an Simon, 19. 1. 1932; DBFP, Second Series, Vol. III, Nr. 42.
[78] Rumbold an Simon, 22. 1. 1932, Rumbold an Simon, 23. 1. 1932; DBFP, Second Series, Vol. III, Nr. 52, 56.

folgend, tatsächlich unter Druck setzte. Er wandte sich nun wieder an Laval, und nachdem er dargetan hatte, daß er sich bei der deutschen Regierung größte Mühe gegeben habe, jedoch leider erfolglos geblieben sei, ließ er den Franzosen wissen, daß also Frankreich nicht daran vorbeikomme, sich zu einer vernünftigen Politik zu bequemen[79]. Die Regierung in Paris wollte das keineswegs einsehen, setzte vielmehr mit allerlei Tricks ihre Versuche fort, die französische Ansicht im Spiel zu halten, und zwar nach wie vor derart, daß die Konferenz, die im Juni in Lausanne beginnen sollte, vielleicht nicht gerade präjudiziert, aber doch im Sinne der Pariser Wünsche vororientiert worden wäre. So brachen Laval und Flandin einen Streit über den Wortlaut der Einladung zur Juni-Konferenz oder ihrer Ankündigung vom Zaune, indem sie sich redlich anstrengten, eine Formel einzuschmuggeln, die – in wechselnden Formulierungen – die Lausanner Konferenz darauf verpflichten wollte, Deutschland „kein schlechteres als das bestehende Reparationsregime" zu oktroyieren[80].

Ein solch durchsichtiges Manöver, Hoover-Mechanismus und Young-Plan doch noch in die Zukunft zu retten, lehnten die Briten nicht nur in der Sache ab, sie nahmen es auch übel, zumal die britischen Nerven auch durch die französischen Methoden strapaziert wurden: Mehrmals erklärte die Pariser Regierung, sich den Londoner Vorschlägen zu fügen, und dann präsentierte sie doch wieder ihre eigene Version[81]. Größeres Verständnis brachten die Briten dafür auf, daß die französische Regierung die Auffassung vertrat, die Lausanner Konferenz müsse neben den Reparationen noch über andere Aspekte der Wirtschaftskrise debattieren, weshalb die Teilnahme der USA erforderlich sei. Indes registrierten die Briten auch in dieser Frage mit wachsendem Unmut, daß die Franzosen zäh dem Argument widerstrebten, die Juni-Konferenz sei eine Regierungskonferenz, die sich jedenfalls in erster Linie mit dem Reparationsproblem zu beschäftigen habe, und die Teilnahme eines offiziellen Repräsentanten der amerikanischen Administration an einer Reparationskonferenz der Gläubigerstaaten sei ausgeschlossen[82].

Schon nach wenigen Tagen kam eine gereizte Schärfe in den britisch-französischen Dialog. Bald war eine spürbare Verschlechterung der Beziehungen zu konstatieren. Im letzten Januardrittel hatte die Spannung derart zugenommen, daß MacDonald sich mit fadenscheiniger Begründung weigerte, die Dinge durch ein Gespräch in Paris zu klären, und Laval mit ebenso fadenscheiniger Begründung eine Einladung nach London ausschlug[83]. Doch

---

[79] Simon an Lord Tyrrell, 5. 5. 1932; DBFP, Second Series, Vol. III, Nr. 76.
[80] DBFP, Second Series, Vol. III, Nr. 67–93.
[81] Simon hatte das schon Ende Dezember 1931 die Briten wissen lassen. Lindsay an Simon, 28. 12. 1931; DBFP, Second Series, Vol. III, Nr. 2. Auch Lord Tyrrell an Simon, 10. 2. 1932, 11. 2. 1932, Vansittart an Patterson, 11. 2. 1932; DBFP, Second Series, Vol. III, Nr. 83, 85.
[82] Lord Tyrrell an Simon, 29. 1. 1932; DBFP, Second Series, Vol. III, Nr. 69.
[83] Hierzu Lord Tyrrell an Simon, 22. 1. 1932, Simon an Lord Tyrrell, 23. 1. 1932; DBFP, Second Series, Vol. III, Nr. 54, 55.

dauerte es nicht lange, bis die britische Regierung die Geduld verlor. Bereits am 18. Januar hatte Simon den britischen Botschafter in Paris, Lord Tyrrell, ermächtigt, der französischen Regierung in passender Form klarzumachen, daß Frankreichs starre Haltung die öffentliche Meinung in England allmählich sehr unfreundlich stimme; die Zahl derer nehme zu, die glaubten, Zusammenarbeit mit Frankreich sei unfruchtbar, und darunter werde das britisch-französische Verhältnis unweigerlich leiden[84]. Am 2. Februar übermittelte dann das Foreign Office Lord Tyrrell eine Instruktion, in der es hieß, die britische Regierung anerkenne das Recht der deutschen Regierung, sich jeglicher Verlängerung des Hoover-Mechanismus zu widersetzen, und sei der Auffassung, daß Deutschland auf Grund des Baseler Berichts berechtigt sei, ab 1. Juli alle Zahlungen bedingungslos einzustellen. Verstehe sich daher Paris nicht zu einer vernünftigen Regelung, könne von der Regierung Seiner Majestät nicht erwartet werden, sich im Juli einer Verurteilung Deutschlands anzuschließen, sie werde vielmehr nötigenfalls erklären, daß die deutsche Regierung von Umständen, über die sie keine Macht habe, gezwungen worden sei, die Zahlungen einzustellen, und daß sie nicht die Beschuldigung treffe, Handlungen begangen zu haben, die ihre Entschlossenheit verrieten, den Young-Plan zu zerstören[85]. Lord Tyrrell führte die Instruktion am 8. und 9. Februar im französischen Außenministerium und bei Flandin aus, und zwar, obwohl er bisher – wie das ein guter Botschafter tut – bei seiner eigenen Regierung um Verständnis für den französischen Standpunkt bemüht gewesen war, mit größtmöglicher Deutlichkeit; selbst der Hinweis fehlte nicht, daß man in London nichts mehr über irgendwelche störenden Manöver der Bank von Frankreich hören wolle und daß die französische Regierung gefälligst eine entgegenkommendere Zollpolitik – bei britischer Kohle – verfolgen möge[86].

Ausgerechnet in jenen Tagen, am 10. Februar, beklagte Brüning in einer Ministerbesprechung, daß der britische Druck auf Frankreich nachgelassen habe, weil man in London derzeit durch andere Sorgen, so in Indien und Ostasien, von der Reparationsfrage abgelenkt sei[87]. Der Kanzler hatte diesen Eindruck bei seinen Genfer Unterredungen mit Simon und Tardieu gewonnen und lieferte damit ein exzellentes Beispiel für einen sehr häufigen Vorgang: daß nämlich Politiker aus negativen oder kritischen Reaktionen auf eigene Fehler ganz falsche Schlüsse ziehen. In Genf hatte Brüning dem britischen Außenminister eröffnet, die Reichsregierung sehe sich wieder einmal genötigt, in einer vertraulichen Erklärung an die interessierten Regierungen ihre grundsätzliche Haltung in der Reparationspolitik zu verdeutlichen. Sie müsse vermeiden, daß Paris auf Grund ihres Schweigens den

---

[84] Simon an Lord Tyrrell, 18. 1. 1932; DBFP, Second Series, Vol. III, Nr. 37.
[85] Simon an Lord Tyrrell, 6. 2. 1932; DBFP, Second Series, Vol. III, Nr. 76.
[86] Lord Tyrrell an Simon, 9. 2. 1932; DBFP, Second Series, Vol. III, Nr. 80.
[87] Vermerk Vogel, 10. 2. 1932; AdRK, Die Kabinette Brüning, Bd. 3, Nr. 668.

Vorwurf erhebe, sie habe die Verschiebung der Lausanner Konferenz betrieben, um den Young-Plan zu untergraben; außerdem sei die deutsche Wirtschaftslage miserabel, und die öffentliche Meinung in Deutschland würde es nicht verstehen, wenn die Reichsregierung nichts gegen die Reparationen unternehme[88]. Sir John Simon hatte den Kanzler dringend gebeten, Erklärungen zu unterlassen, die nichts Gutes bewirken könnten, im Gegenteil nur zu Irritationen und Gegenerklärungen führen würden. Mit vielleicht unangebrachter Ironie hatte Simon zudem bemerkt, er vermöge nicht recht zu verstehen, wie mit einem vertraulichen Dokument, das nur Regierungskanzleien erreiche, die Entwicklung der deutschen Wirtschaft und die öffentliche Meinung in Deutschland zu beeinflussen sei[89]. Für Brüning, einen Mann, dessen Mißtrauen schon von kleinsten Anlässen geweckt wurde, war das genug.

In Wirklichkeit hatte die französische Regierung, nachdem ihr Simon die britische Entschlossenheit klargemacht hatte, nötigenfalls offen für Deutschland Partei zu ergreifen, keine andere Wahl, als zu Kreuze zu kriechen. Gewiß fiel dabei auch ins Gewicht, daß sie ihre Verhandlungsposition selbst immer wieder beschädigte, indem sie versicherte, es gehe ihr ja gar nicht um Young-Plan und Reparationen an sich, sondern nur um deren Funktion als Bollwerk der europäischen Nachkriegsordnung; fielen diese Forts, breche sofort die Flut der übrigen und wirklich gefährlichen deutschen Forderungen – vor allem der militärischen und territorialen – über die Westmächte herein[90]. Doch durch solche Argumente ließen sich die Briten, die endlich an die Lösung der wirtschaftlichen Gegenwartsprobleme gehen wollten, nicht bremsen, zumal sie – und erst recht die Amerikaner – weder einen eventuellen Anschluß Österreichs noch die Erfüllung der deutschen Ansprüche an Polen so bedrohlich zu finden vermochten, wie man das in Paris tat.

Die zweite These, mit der die französische Regierung ihr reparationspolitisches Zaudern zu rechtfertigen suchte, die These, daß die europäischen Reparationsgläubiger erst dann Handlungsfreiheit hätten, wenn sie den Erlaß ihrer Schulden an die USA zuverlässig einkalkulieren durften, war im französisch-britischen Dialog ebenfalls unbrauchbar. Die Briten weigerten sich einfach, über die Zukunft des Schuldenproblems zu diskutieren, und blieben unbeirrbar bei ihrer Auffassung, daß hier und jetzt eine Regelung der Reparationsfrage zustande gebracht werden müsse; jetzt schon die Zu-

---

[88] Note by Sir John Simon of a Conversation with Dr. Brüning, Genf, 8. 2. 1932; DBFP, Second Series, Vol. III, Nr. 78. Die Aufzeichnung Simons ist nicht nur wesentlich ausführlicher als der von Vogel festgehaltene Bericht Brünings, sondern auch plausibler.
[89] Ebenda.
[90] Lord Tyrrell an Simon über Gespräch mit Flandin, 10. 1. 1932, Simon an Lord Tyrrell über Unterredung mit Botschafter de Fleuriau, 11. 2. 1932; DBFP, Second Series, Vol. III, Nr. 13, 14.

stimmung der Vereinigten Staaten suchen, „würde sie nur in Verlegenheit bringen"[91]. Als der entscheidende Faktor im Hin und Her zwischen Paris und London stellte sich vielmehr ganz einfach der politische Wille Großbritanniens heraus, und der britische politische Wille entschied den Kurs beider Länder deshalb, weil Frankreich – eine bittere Erkenntnis, der sich die französischen Politiker nicht länger verschließen konnten – in Angelegenheiten von gesamteuropäischem Interesse nicht mehr zu selbständiger, von britischem Einverständnis unabhängiger Politik imstande war. Großbritannien hingegen besaß zumindest theoretisch und zumindest nach der Überzeugung der Akteure noch immer die Möglichkeit, eigene Wege zu gehen – nicht nur in seinem weltweiten Empire und Commonwealth, sondern auch, gestützt auf globale Macht, in kontinentaleuropäischen Fragen.

Zwei Tage nach Brünings pessimistischer Anwandlung meldete der in Genf gebliebene Staatssekretär v. Bülow, daß sich Großbritannien und Frankreich auf eine Formel für die Ankündigung der Lausanner Konferenz geeinigt hätten[92]. Aus dem von Bülow mitgeteilten Wortlaut der Ankündigung ergab sich, daß die französische Regierung in allen Punkten kapituliert hatte. Die Formel besagte in dürren Worten, daß die Konferenz im Juni auf der Basis des Baseler Expertenberichts zu diskutieren und für die in diesem Bericht bezeichneten Probleme dauerhafte Lösungen zu finden habe. Von dem nichtssagenden Satz abgesehen, die Konferenz solle sich auch über Methoden zur Überwindung der anderen wirtschaftlichen und finanziellen Schwierigkeiten verständigen, die zur derzeitigen Weltkrise beitrugen, war jede einschränkende und jede weitergehende französische Forderung unberücksichtigt geblieben. Kein Wunder, daß Bülow der Reichsregierung empfahl, der Formel zuzustimmen, und daß er von Brüning umgehend zur Zustimmung autorisiert wurde[93]. Nachdem alle interessierten Regierungen die Formel ebenfalls akzeptiert hatten, schlug Sir John Simon am 25. April den 16. Juni als Eröffnungstag der Konferenz vor, und damit war, da er keinen Widerspruch fand, nun auch der Termin für die Beendigung der Reparationen festgesetzt.

Es verstand sich, daß die französische Regierung auch in der Niederlage das Haupt hochhielt und den britischen Kollegen bedeutete, die Kapitulation Frankreichs sei gewissermaßen nur ein transitorisches Phänomen. So sagte Ministerpräsident Laval, in einem Gespräch mit Lord Tyrrell, in dem er auch noch das französische Zurückweichen in den Nebenpunkten – der Beteiligung der Bank von Frankreich am Kredit für die Berliner Reichsbank

---

[91] So äußerte sich der amerikanische Geschäftsträger in London am 15. 1. 1932, und Sir Ronald Lindsay, der britische Botschafter in Washington, stimmte ihm ausdrücklich zu. DBFP, Second Series, Vol. III, Nr. 28, 38.
[92] AdRK, die Kabinette Brüning, Bd. 3, Nr. 669. Auch Patterson an Vansittart, 12. 2. 1932; DBFP, Second Series, Vol. III, Nr. 90.
[93] AdRK, die Kabinette Brüning, Bd. 3, Nr. 669.

und dem Aufschlag auf Kohlenimporte aus Großbritannien – zusicherte: Die Regierung der Republik, darüber wolle er in London keine Zweifel aufkommen lassen, stehe auf dem Standpunkt, daß ihre Zustimmung zu dem offiziellen Text der Ankündigung der Lausanner Konferenz, wie er nach britischen Wünschen formuliert worden sei, die Handlungsfreiheit Frankreichs auf der Konferenz selbst in keiner Weise einschränke[94]. Das war, wie sich zeigen sollte, durchaus ernst gemeint. Doch mehr als Gesten konnte eine solch trutzige Haltung nicht mehr hervorbringen. Kapitulationen können nicht einfach zurückgenommen werden.

Am Quai d'Orsay herrschte denn auch eine realistischere Einschätzung der Lage vor. Zwar hielt sich auch Philippe Berthelot, der Generalsekretär des französischen Außenministeriums, loyal an die Linie des Kabinetts, als er Lord Tyrrell erklärte, die französische Annahme der Londoner Ankündigungs-Formel schreibe Frankreichs Haltung in den kommenden Debatten nicht fest, definiere lediglich die derzeitige französische Position. Auch bemerkte er vorwurfsvoll, die Briten hätten Paris in den letzten Wochen ja unter harten Druck gesetzt und dabei nicht gezögert, sich für die deutschen Auffassungen zu engagieren. Doch fuhr er fort, er persönlich habe schon im vergangenen Juli nicht daran gezweifelt, daß es mit den Reparationszahlungen, wenn sie erst einmal unterbrochen seien, ein Ende habe. Danach konnte Berthelot, dessen Vater einer der bedeutendsten Chemiker Frankreichs und in einer ebenfalls erfolgreichen politischen Karriere mehrmals Minister gewesen war, eine seiner nicht seltenen Warnungen vor der künftigen Macht Deutschlands freilich nicht unterdrücken; er hoffe, so sagte er, in London behalte man im Gedächtnis, daß eine Eigenschaft der deutschen Nation, die er, Berthelot, ja sehr gut kenne, die Fähigkeit sei, „guten Glaubens zu lügen"[95]. Es machte die tragische Zerrissenheit eines Franzosen aus, der in jenen Jahren die Pariser Außenpolitik mitbestimmte, daß er, ohne den Alpdruck verscheuchen zu können, unter dem er litt, andererseits die Unausweichlichkeit einer Entwicklung erkannte und an dieser Entwicklung selbst mitzuwirken hatte, die den Einbruch des Alptraums in die Realität bringen mußte. Seiner Warnungen ungeachtet, konstatierte Berthelot, daß die Lösung der Reparationsfrage, wie sie die britische Regierung vorschlage, notwendig und unvermeidlich sei. Die öffentliche Meinung in Frankreich habe das noch nicht begriffen, indes könne die öffentliche Meinung ja „erzogen" werden. Im übrigen stünden Wahlen bevor, und mit einer neuen Kammer „kann vieles bewirkt werden"[96].

---

[94] Lord Tyrrell an Simon, 11. 2. 1932; DBFP, Second Series, Vol. III, Nr. 88.
[95] Lord Tyrrell an Simon, 11. 2. 1932, DBFP, Second Series, Vol. III, Nr. 89.
[96] Ebenda.

VI. Brünings Entlassung, die Übergangskabinette Papen/Schleicher und das Ende der Reparationen

Die Entwicklung der inneren Verhältnisse Deutschlands hat die jetzt endlich erreichte britisch-französische Verständigung noch stabilisiert, und zwar aus einem etwas paradox anmutenden Grund. Daß die radikalen politischen Bewegungen im Reich unentwegt an Stärke gewonnen und inzwischen die im Herbst 1931 erreichte Marke bereits weit hinter sich gelassen hatten, ist in den Ländern außerhalb Deutschlands, wo Regierungen und Öffentlichkeit durch Diplomaten und Journalisten laufend über die deutsche Radikalisierung informiert wurden, mit ungläubiger Bestürzung verfolgt worden. Dabei galt die Besorgnis nicht den Kommunisten, da nichtdeutsche Beobachter klar erkannten, daß die von Ernst Thälmann geführte KPD nicht die kleinste Chance hatte, erfolgreich Revolution zu machen und ein Sowjet-Deutschland zu schaffen. Die Gefahr drohte augenscheinlich von rechts, von Adolf Hitler und der NSDAP. Nach einer stürmischen Reichstagssitzung, auf der sich die nationalsozialistischen Abgeordneten besonders übel aufgeführt hatten, notierte Sir Horace Rumbold tief beunruhigt: „Wie wird Deutschland wohl fahren, wenn sein Geschick in die Hände solcher Repräsentanten gerät?"[1] Neben der eindeutig antiliberalen und antidemokratischen Stoßrichtung der NS-Bewegung wurde gerade in jenen Monaten – entgegen fünfzig Jahre später getroffenen Feststellungen – nicht zuletzt ihr rabiater und rassistischer Antisemitismus wahrgenommen. Jüdische Organisationen in England dachten sogar zeitweilig daran, Premier MacDonald zu offiziellen Protesten gegen die „Judenverfolgung in Deutschland" aufzufordern[2]. Nach wie vor schreckten auch die ungewöhnliche Erregbarkeit und der Hang zur Gewalttätigkeit.

Welche Außenpolitik war von diesen Leuten zu erwarten? Wenn der Chef der Heeresleitung, General v. Hammerstein, in Unterhaltungen mit britischen Diplomaten vernichtende Kritik an den Führern der NS-Bewegung übte und meinte, es sei „absurd", den „mediokren" Hitler mit Mussolini zu vergleichen[3], so wirkte das erst recht beunruhigend. Der Duce der italienischen Faschisten bewies doch immer wieder, daß ihm wenigstens ein be-

---

[1] Rumbold an Simon, 1. 3. 1932; DBFP, Second Series, Vol. III, Nr. 95.
[2] P. Scheffer, Londoner Korrespondent des Berliner Tageblatts, an Bülow, 29. 7. 1932; PA, R 29473.
[3] Rumbold an Simon, 1. 3. 1932; DBFP, Second Series, Vol. III, Nr. 95.

achtlicher Fundus an Rationalität zu Gebote stand. Angesichts derartiger Zustände war es in England ebenso wie in den USA und in Frankreich begrüßt worden, daß Feldmarschall v. Hindenburg, dessen Amtszeit ablief, sich trotz seines hohen Alters zur Wiederwahl zur Verfügung stellte. Um so heftiger fiel aber dann am 13. März der Schock aus, als Hindenburg, den die Parteien der „Weimarer Koalition" von SPD bis DVP stützten, im ersten Wahlgang gegen Hitler, Theodor Duesterberg, den stellvertretenden Vorsitzenden des „Stahlhelm", und Thälmann die absolute Mehrheit verfehlte. Am 10. April holte er zwar 53 Prozent, doch nahm es alle Welt als Alarmzeichen, daß Hitler nicht gegen einen Sozialdemokraten, einen Mann des Zentrums oder einen Liberalen 36,8 Prozent der Stimmen gewann, sondern gegen die große Symbolfigur der preußisch-deutschen Militärtradition, ja der preußisch-deutschen Reichstradition, gegen einen Heros der Nation. Wenn selbst dieser Held, dem ein ironisches Geschick – so sah man die Dinge in London, Washington und sogar Paris – die Rolle des Hüters von Ruhe und Ordnung und des Garanten einer gewissen Berechenbarkeit der deutschen Politik zugeteilt hatte, sich fast nicht mehr gegen einen Mann zu behaupten vermochte, der aus dem Nichts kam und nichts als Umsturz, Gewalt im Innern und Gewalt nach außen verhieß, dann war die Lage in der Tat bitter ernst geworden. Hindenburg Hilfe zu bieten und seinen Kanzler möglichst lange im Sattel zu halten, erschien nun wichtiger denn je, und es lag auf der Hand, daß dabei der Konferenz von Lausanne größte Bedeutung zukam, sofern sie Brüning einen reparationspolitischen Erfolg bescherte.

Daß der Erledigung des Reparationsproblems überragende Bedeutung beigemessen wurde, aus den anerkannten wirtschaftlichen Gründen und nun auch im Hinblick auf eine dämpfende Wirkung in Deutschland, war ferner daran abzulesen, daß die Leiter der britischen und der französischen Außenpolitik auf jene kleinen Irritationen, die Deutschlands revisionistische Grundtendenz seit Jahren laufend lieferte, einige Monate lang nahezu nicht reagierten. So mißfiel es in London und vor allem Paris naturgemäß sehr, daß das Verhältnis zwischen dem Reich und der Sowjetunion trotz Moskaus Politik der Nichtangriffspakte – mit den europäischen Nachbarstaaten und selbst mit Frankreich – intim und die mit dem Schlagwort „Rapallo" ausgedrückte gemeinsame Polenfeindschaft intakt blieb. Die sowjetischen Führer erklärten den deutschen Freunden die Pakte mit dem wachsenden Druck auf Rußlands fernöstliche Grenzen, den der Expansionismus Japans schuf, und außerdem mit der Notwendigkeit, die Kollektivierung der Landwirtschaft – und andere Maßnahmen einer neuen Revolution von oben – außenpolitisch abzuschirmen[4]. In Berlin wurde die Begründung akzeptiert, da die sowjetischen Freunde ohne weiteres der deutschen Forde-

---

[4] Aufzeichnung Bülow über Unterredung mit sowjetischem Botschafter, 12. 12. 1931; PA, R 29451.

rung nachkamen, aus den Nichtangriffspakten jeden Satz herauszuhalten, der als Anerkennung irgendwelcher europäischer Grenzen und als Abkehr Moskaus vom sowjetischen – besser: russischen – Revisionismus deutbar gewesen wäre. Die Fortdauer der deutsch-sowjetischen Freundschaft ist in Paris – von Warschau ganz zu schweigen – auch deshalb übel vermerkt worden, weil die deutsch-polnischen Beziehungen gerade im Frühjahr 1932 aufs äußerste angespannt waren. Es herrschte eine Atmosphäre, in der auf deutscher Seite von polnischen Absichten gemunkelt wurde, Danzig handstreichartig zu annektieren und sogar Ostpreußen anzugreifen[5], während die Marine der Reichswehr – unabhängig von den Gerüchten über polnische Pläne – den Zeitpunkt der Konferenz von Lausanne für geeignet hielt, Danzig mit mehreren Kriegsschiffen einen demonstrativen Besuch abzustatten; ein Protest der polnischen Regierung machte auf die Kriegsmarine ebenso wenig Eindruck wie die Intervention des erst gegen Ende Mai über das Vorhaben informierten Staatssekretärs v. Bülow[6]. Briten und Franzosen legten hingegen Zurückhaltung an den Tag.

Auch sah man es in Paris – weniger in London – gar nicht gerne, daß Italien den Zollunions-Schock so leicht überwand, die vorsichtige Annäherung an das Deutsche Reich unbeirrt fortsetzte und dabei in Berlin durchaus Gegenliebe fand; schließlich waren die französisch-italienischen Beziehungen wieder einmal auf einem Tiefpunkt angelangt, weil führende Faschisten in jenen Monaten mit leidenschaftlicher Theatralik erneut weitgehende italienische Ansprüche in Nordafrika anmeldeten[7]. Daß die italienisch-ungarischen wie die deutsch-ungarischen Kontakte häufiger wurden und die Skizze einer im Zeichen gemeinsamer Ablehnung des Status quo stehenden Verbindung deutlicher hervortrat, konnte ebenfalls nicht gefallen: Über Ungarn nahm Deutschlands Einfluß auf dem Balkan zu, und dies drohte, zusammen mit dem Einvernehmen zwischen Rom und Budapest, die Kleine Entente zu schwächen und ihre Funktion im französischen Bündnissystem zu erschweren.

Zugleich erwies sich die Befürchtung, Deutschland werde auf der großen Abrüstungskonferenz, die am 2. Februar in Genf mit feierlicher Rhetorik eröffnet worden war, unerbittlich die militärische Gleichberechtigung for-

---

[5] Das begann schon 1930, so E. Freiherr v. Thermann, Generalkonsul in Danzig, an AA, 30. 9. 1930; PA, R 28321 k. Ferner Moltke an AA, 8. 6. 1932; ADAP, Serie B, Bd. XX, Nr. 121. Auch Aufzeichnung Neurath, 9. 8. 1932; PA, R 29507.
[6] Aufzeichnung Bülow, 23.5.193, Aufzeichnung Völckers, Gesandtschaftsrat in der Abteilung II des AA, 23. 5. 1932, Aufzeichnung Bülow, 30. 5. 1932; PA, R 29453.
[7] Außenminister Dino Grandi sagte z. B. am 4. 5. 1932 in der Kammer: „Italien könne es nicht dulden, bei der Gestaltung der neuen Entwicklung des schwarzen Erdteils übergangen zu werden und wird sich im Interesse der kommenden Generationen seinen Anteil zu sichern wissen." Ähnlich äußerte er sich zum Nahen Osten. Schubert an AA, 7. 5. 1932; PA, R 29507.

dern, als nur allzu berechtigt[8]. Zwar gab sich die deutsche Delegation weisungsgemäß größte Mühe, die Konferenz nicht vorzeitig in ein deutschfranzösisches Duell ausarten und dabei womöglich an erkennbarer deutscher Intransigenz scheitern zu lassen[9]. Auch erklärten die Vertreter des Reiches unentwegt, daß Deutschland keineswegs aufrüsten wolle – höchstens ein bißchen – und nur die Abrüstung der anderen anstrebe. Angesichts der territorialen Ziele des deutschen Revisionismus, über die Berlin ja keinen Zweifel duldete, klangen die Reden der deutschen Delegierten jedoch unaufrichtig und beschwor allein schon die deutsche Forderung auf Gleichberechtigung, die von der Sowjetunion, von Italien und von Ungarn unterstützt wurde, die düstere Vision der deutschen Aufrüstung und eines dann unvermeidlichen abermaligen europäischen Wettrüstens herauf – und das ausgerechnet auf einer Abrüstungskonferenz. Indes sind auch all diese minderen Reizungen oder erst in der Zukunft liegenden Gefährdungen vorerst recht milde behandelt worden.

Auf der anderen Seite mehrten sich Anzeichen, die auf ein positives Ergebnis der anstehenden Reparationskonferenz wiesen. Auch zeichneten sich die Umrisse einer möglichen Lösung ab. Bereits im Januar hatte Carl Bergmann, Staatssekretär a.D. und Mitglied des Verwaltungsrats der Deutschen Reichsbahngesellschaft, Brüning aufgesucht. Bergmann, der früher an der deutschen Reparationspolitik hervorragenden Anteil gehabt hatte und noch immer über exzellente Verbindungen in allen Gläubigerstaaten verfügte, kam gerade aus Paris und setzte dem Kanzler auseinander, daß die Konferenz von Lausanne selbstverständlich das Ende der Reparationen, das heißt das Ende jährlicher Zahlungen, bringen müsse. Jedoch sei eine simple „Streichung der Reparationen ohne einen irgendwie gearteten geldlichen Abschluß augenblicklich bei unseren Gegnern noch völlig unerreichbar". Dennoch dürfe nicht länger gewartet werden, da sicher sei, „daß – etwas zynisch gesprochen – die Weltwirtschaftskrise uns nicht den Gefallen tun werde, noch so lange auf ihrem Tiefpunkt zu verharren, bis [der] völlige Umschwung in der reparationspolitischen Auffassung unserer Gegner eingetreten sei". Bergmann sagte, „daß er unter völliger Streichung der Reparationen an eine Hingabe von Anleihetitres über 4 Milliarden Gold an die BIZ in Basel" denke. Diese titres seien „keine Anleihe, sind also noch in keiner Weise zu verzinsen und zu amortisieren. Die BIZ, die ja nach ihrem Statut für solche Dinge berufen ist, soll berechtigt sein, Teile von diesen 4 Milliarden in zweckmäßig erscheinender Stückelung auf Anleihe international auf-

---

[8] Hierzu St. Nadolny, Abrüstungsdiplomatie 1932/33. Deutschland auf der Genfer Konferenz im Übergang von Weimar zu Hitler, München 1978.
[9] Aufzeichnung Bülow über Abrüstungsbesprechung in Genf, 26. 4. 1932, mit MacDonald, Lord Londonderry, Norman Davis, Hugh Gibson, dem Vorsitzenden der amerikanischen Delegation bei der Abrüstungskonferenz, und Bülow; AdRK, Die Kabinette Brüning, Bd. 3, Nr. 727.

VI. Brünings Entlassung

zulegen." Die Auflage der ersten Tranche – zu fünf Prozent Zinsen und einem Prozent Amortisation – könne in zwei Jahren möglich sein[10]. Ähnliche Gedanken erreichten Berlin aus London, New York, Washington und sogar Paris[11]. Brüning reagierte keineswegs negativ, und im Auswärtigen Amt begann Staatssekretär v. Bülow von sich aus über solche Möglichkeiten nachzudenken[12].

Der Mai brachte schließlich noch jene günstige Wendung, auf die Berthelot im Februar Lord Tyrrell vertröstet hatte. Nach den beiden Wahlgängen vom 1. und vom 8. Mai hatte Frankreich eine Kammer, in der den linken Parteien, Radikalsozialisten, Sozialisten und kleineren Gruppen, die absolute Mehrheit zugefallen war, und es gab keinen Zweifel, daß – nach dem kurzlebigen Kabinett Tardieu, das vom Februar bis zum Mai Laval abgelöst hatte – Edouard Herriot, der Führer der Radikalsozialen, die nächste Regierung bilden werde (was dann am 4. Juni geschah). Jetzt schien der Erfolg der Konferenz von Lausanne endgültig gesichert. Botschafter v. Hoesch verzeichnete einen „höchst bedeutsamen Umschwung in der französischen Politik". Die Wähler hätten „gegen die Halsstarrigkeit der französischen Außenpolitik ... und zugunsten des Friedens, der Ruhe und der Verständigung" gestimmt. Die überwältigende Mehrheit der Franzosen schrecke vor den „Perspektiven erneuter kriegerischer Verwicklungen mit Deutschland" zurück und lehne sich gegen den Gedanken auf, „etwa um Polens willen in einen Konflikt mit Deutschland hineingezogen" zu werden. „Sie will in Gottes Namen auf Reparationen verzichten, um die Ruhe zu haben." Die deutsche Politik finde „also jetzt in Frankreich ein durchaus verändertes Terrain" vor, und es eröffneten sich „weitreichende Ausblicke ... wie im Jahre 1924" ungeachtet der Tatsache, daß die in der Wahl geschlagenen Minister wie Tardieu und Flandin die neuen Leute „mit grausigen Geschichten über die deutsche Gefahr" überhäuften; Tardieu etwa habe Herriot „einen deutschen Einfall in Danzig und im Korridor für die nächsten 10 Tage in Aussicht gestellt"[13].

In der ersten Unterredung mit Herriot erlebte Hoesch tatsächlich einen Mann, der von der „Besorgnis" sprach, „mit der ihn das innerlich brodelnde Deutschland für die Sicherheit Frankreichs erfülle". Auch habe Herriot die Lektüre der eben erschienenen Memoiren Stresemanns als ein „besonders schmerzliches und peinliches Erlebnis" bezeichnet, da er, der 1924 den deutschen Ministern „mit aller Offenheit entgegengekommen" sei, in den

---

[10] Vermerk Pünder, 15. 1. 1932; AdRK, Die Kabinette Brüning, Bd. 3, Nr. 632.
[11] Schon im Herbst 1931 hatte François-Poncet Staatssekretär v. Bülow resignierend erklärt, „daß man die französische Öffentlichkeit sehr langsam an den Gedanken gewöhnen müsse, daß der Young-Plan sich nicht realisieren lasse"; Deutschland müsse Frankreich wenigstens eine „Geste des guten Willens" bieten. Aufzeichnung Bülow, 12. 11. 1931; PA, R 70507.
[12] AdRK, Die Kabinette Brüning, Bd. 3, Nr. 632, Anm. 4. Aufzeichnung Bülow über Gespräch mit dem französischen Geschäftsträger Pierre Arnal, 27. 5. 1932; PA, R 29452.
[13] Hoesch an AA, 31. 5. 1932; PA, R 70508.

Memoiren lesen mußte, daß sich Stresemann „gewissermaßen gebrüstet habe", ihn, Herriot, „hereingelegt zu haben"; im übrigen sei Herriot auch deshalb verletzt, weil sich Stresemann über seine Person „verächtlich" geäußert und ihn eine „dicke Qualle" genannt habe. Gleichwohl aber konnte Hoesch melden, daß Herriot die Unterhaltung „mit der warmherzigen Bekundung seines guten Willens" eröffnete und daran erinnerte, er sei der „Mann, der 1924 eine Ära der Verständigungspolitik eingeleitet und das Ruhrgebiet geräumt habe"[14].

In Brünings Stimmung hielten sich jedoch, obschon der Linksruck in Frankreich allenthalben so optimistisch gedeutet wurde, wie Hoesch dargetan hatte, seltsam starke Elemente von Skepsis. Wohl berichtete er am 2. Mai in einer Ministerbesprechung, es sei ihm in Genf – wo er kurz an der Abrüstungskonferenz teilgenommen hatte – gelungen, „den englischen Außenminister und Sir Frederick Leith-Ross für die deutsche Auffassung zu gewinnen, daß nur die völlige Streichung deutscher Zahlungen die Wirtschaftssituation wieder herstellen könne"[15]. Er hatte anscheinend wirklich immer noch nicht recht gesehen, wie weit offen die Türen standen, die da von ihm eingerannt worden waren. Auch konstatierte er befriedigt, daß selbst Frankreich unter dem Druck der Isolierung auf der Suche nach einer „politisch möglichen Formel" für die Beendigung der Reparationen sei; ganz allgemein habe Deutschland „durch die Angst vor einer Zusammenbruchskrise Boden gewonnen". Aber auf der anderen Seite fühlte er offenkundig seine innenpolitische Position schwächer werden. Die NS-Bewegung drängte sich immer bedrohlicher vor den Toren zur Macht, und ihr evidentes Anschwellen mußte den Reichspräsidenten und seine Berater mehr und mehr in Versuchung führen, sich mit Hitler und der NSDP irgendwie zu arrangieren, unter Umständen auch durch Beteiligung an der Macht unter Opferung des amtierenden Reichskanzlers. Während der Botschafter in Washington, Friedrich v. Prittwitz, an Bülow schrieb, er hoffe, daß Deutschland ein solches Experiment erspart bleibe[16], begann sich der Staatssekretär schon darauf einzustellen[17].

Am 11. Mai sprach Brüning im Reichstag und benutzte in seiner Rede, nach fortwährenden Anpöbeleien durch nationalsozialistische Abgeordnete, die Wendung, er werde die Ruhe nicht verlieren, denn die Ruhe brauche man „besonders bei den letzten hundert Metern vor dem Ziel". Mit dieser griffigen Formulierung, die im In- und Ausland Aufsehen erregte, appellierte der Kanzler an das Nationalgefühl der „Nazis", ihn das Reparationsproblem noch erledigen zu lassen, weil sie dem selbst auf Grund ihrer Maßlosigkeit in Auftreten und Agitation nicht gewachsen seien, zugleich appel-

---
[14] Hoesch an AA, 1. 6. 1932; PA, R 70509.
[15] AdRK, Die Kabinette Brüning, Bd. 3, Nr. 732.
[16] Prittwitz an Bülow. 12. 2. 1932; PA, R 29517.
[17] Bülow an Prittwitz, 25. 1. 1932; PA, R 29517.

lierte er aber an die Stützen seiner Macht, ihn das zu Ende bringen zu lassen, was er als die im Augenblick wichtigste und als seine ureigene Aufgabe ansah. Indes war er auch keineswegs sicher, tatsächlich hundert Meter vor dem Ziel zu sein. Am 27. Mai sagte er in einer Besprechung über die in Lausanne zu verfolgende Taktik, daß selbstverständlich die Forderung nach Streichung der Reparationen gestellt werden müsse: „Diese Forderung wird sich allerdings kaum sofort durchsetzen lassen, wenigstens noch nicht auf dieser Konferenz."[18]

Dennoch waren die Vorzeichen für die Konferenz von Lausanne ungewöhnlich günstig, wenn die Gläubiger die Tendenz verrieten, die Reparationsfrage zumindest de facto aus der Welt zu schaffen, und beim Schuldner Deutschland die Bereitschaft entstanden und gewachsen war, für dieses faktische Ende des leidigen Kapitels eine Formel zu finden, die von der Regierung Frankreichs der französischen Öffentlichkeit und von den Regierungen aller Gläubigerstaaten den USA präsentiert werden konnte. Da geschah in Berlin etwas, das die Welt ebenso verblüffte wie beunruhigte. Zwei Wochen vor Beginn der Konferenz, am 30. Mai, wurde Reichskanzler Brüning von Hindenburg entlassen.

Der Kanzler hatte das Vertrauen des Präsidenten aus mehreren Gründen verloren[19]: Weil der politische Kopf der Reichswehr, General Kurt v. Schleicher, und etliche Standesgenossen Hindenburgs das Vorhaben Brünings, hoffnungslos überschuldeten ostelbischen – vor allem ostpreußischen – Großgrundbesitz zu enteignen und für Siedlungszwecke zu nutzen, als „Agrarbolschewismus" angeschwärzt hatten; weil die rheinisch-westfälische Schwerindustrie einen Kanzler verlangte, der mit der strikten Spar- und Deflationspolitik brach; weil einige Repräsentanten des alten Preußen, die das Ohr des Präsidenten hatten, Brüning – trotz seiner militärischen Meriten und Gesinnung eben doch Katholik und Mann des Zentrums – den bevorstehenden reparationspolitischen Erfolg nicht gönnten; weil die reaktionäre Kamarilla um Hindenburg selbst jenem bescheidenen Einfluß, der in Brünings parlamentsfeindlichem Konstitutionalismus der demokratischen Linken verblieben war, ein Ende machen und die Dinge noch weiter nach rechts treiben wollte. Die Voraussetzung war von Brüning freilich selbst geschaffen worden, indem er mit der steten Zurückdrängung des Reichstags eine politische Konstellation herbeigeführt hatte, in der die Intrigen einer verschwindend kleinen Clique derart bedeutende Entscheidungen zu erreichen vermochten. Von dem allen abgesehen, wirkte aber nicht zuletzt der Zeitpunkt des Vorgangs erschreckend. Gerade jene ausländischen Beobachter, die Deutschland wohlgesinnt waren, fanden die Verantwortungslosigkeit schwer begreiflich, die daraus sprach, daß unmittelbar vor

---

[18] AdRK, Die Kabinette Brüning, Bd. 3, Nr. 767.
[19] Winkler, Weimar 1918–1933, S. 461 ff.

der so wichtigen Reparationskonferenz der Kanzler – also mitten im Strom das Leitpferd – gewechselt wurde. Wieder einmal hätten in Deutschland, so notierte Sir Horace Rumbold, kleinliche Gesichtspunkte der inneren Politik, ja Gesichtspunkte einer Kirchturmpolitik Priorität vor dem nationalen Interesse erhalten[20].

Den zweiten Schock versetzten Hindenburg und seine Berater Deutschland und der Welt mit der Wahl des Nachfolgers. Als am 30. und 31. Mai unter den möglichen Kandidaten da und dort auch Franz v. Papen genannt wurde, winkten alle ernsthaften Beobachter der Berliner politischen Szene verächtlich ab: ausgeschlossen! Tatsächlich hatte Franz v. Papen nicht das geringste politische, administrative oder militärische Verdienst aufzuweisen, das ihn für ein höheres staatliches Amt, geschweige denn das Amt des Reichskanzlers, qualifiziert hätte. Bis zum Ende des Weltkrieges aktiver Offizier, war Papen in seiner militärischen Karriere lediglich dadurch aufgefallen, daß ihn die Vereinigten Staaten 1915 ausgewiesen hatten, weil er, damals Militärattaché in Washington, bei Versuchen ertappt worden war, Sabotageakte in Häfen der amerikanischen Ostküste und in amerikanischen Fabriken zu organisieren. Kopfschüttelnd bemerkte Außenminister Stimson, da hätten es die Deutschen doch fertiggebracht, einen Mann zum Reichskanzler zu machen, der ohne Zögern zurückgewiesen würde, sollte er als Botschafter nach Washington kommen wollen[21]. Von unbestreitbarem persönlichen Charme und von ebenso unbestreitbarem Vermögen, hatte der Major a.D. nach dem Krieg Aktien des Zentrums-Organs „Germania" erworben und bei dem Blatt die Funktion des Aufsichtsratsvorsitzenden übernommen. Das erlaubte es ihm, am äußersten rechten Rand des Zentrums als Politiker zu dilettieren und von 1921 bis 1928, dann wieder seit 1930 als Abgeordneter der Partei im preußischen Landtag zu sitzen, ohne daß irgend jemand besondere politische Talente an ihm entdeckt hätte; auch bewegte sich der geschworene Monarchist im sogenannten „Herrenklub", wiederum ohne zu den Leitfiguren jener hochkonservativen Vereinigung zu zählen. Vermutlich war es gerade die Leichtgewichtigkeit und mithin Lenkbarkeit dieses Flaneurs in den Gassen der Politik, die Schleicher und einige andere Berater Hindenburgs dazu bewogen, ihn dem Präsidenten – der Papen sehr zugetan war – als Chef einer Regierung einzureden, die ja offensichtlich als Regierung des Übergangs fungieren, das heißt die NS-Bewegung an die Macht heranziehen und durch Machtbeteiligung zähmen und in Dienst neh-

---

[20] Rumbold an Simon, 4. 6. 1932; DBFP, Second Series, Vol. III, Nr. 122.
[21] Lindsay an Simon, 1. 6. 1932; DBFP, Second Series, Vol. III, Nr. 117. Ähnlich konsterniert – wenn auch in der Wortwahl dienstlich vorsichtig – berichtete der deutsche Botschafter in Washington, der eine schwere Einbuße des deutschen Ansehens und herbe amerikanische Kritik an den „Junkern und Militaristen" in der neuen deutschen Regierung meldete. Prittwitz an AA, 4. 6. 1932, 6. 6. 1932; PA, R 80151.

men sollte[22]. Als Sir Horace Rumbold – den Briten fiel der Abschied von Brüning wohl am schwersten – zu Bülow bemerkte, die Regierung Brüning sei in England als „Damm gegen die Nazi-Flut" sehr geschätzt worden, antwortete der Staatssekretär, die neue Regierung werde versuchen, „die Flut abzulenken oder zu kanalisieren"[23], und Baron Neurath, frischgebackener Außenminister unter Papen, erklärte dem Botschafter, Reichspräsident v. Hindenburg habe ihm versichert, daß Hitler ihn, Neurath, gerne lange Zeit an der Spitze des Auswärtigen Amts sehen möchte[24]; ein solcher Satz kam der Mitteilung gleich, daß ein Kabinett Hitler nicht länger ausgeschlossen und daß ihm, Neurath, auch in einem Kabinett Hitler die Leitung der Außenpolitik zugedacht sei. Für ein Experiment mit den Nationalsozialisten oder jedenfalls für eine abermalige gehörige Rechtsverschiebung der politischen Gewichte schien sich Papen im übrigen auch durch eine fröhliche Forschheit zu empfehlen, die dem früheren Kavallerieoffizier – zum Schaden seiner politischen Urteilsfähigkeit – geblieben war.

So durfte Franz v. Papen ein Kabinett bilden, das als „Regierung der nationalen Konzentration" präsentiert wurde, in Wirklichkeit aber eine Regierung geradezu ridiküler Reduktion war. Von Justizminister Franz Gürtner, Wirtschaftsminister Hermann Warmbold und Arbeitsminister Hugo Schäffer abgesehen, gehörten tatsächlich alle Mitglieder des Kabinetts dem Adel an, und kein Minister durfte von sich behaupten, Mandatar einer größeren Gruppe der Bevölkerung zu sein. Zunächst waren also Reichspräsident und Reichswehr die alleinigen Stützen der Regierung, war auch noch die schon äußerst schmale Basis des zweiten Kabinetts Brüning verlassen, eine vollständige Lösung vom System Brüning vollzogen. Einer solch schwachen Regierung mußte die Suche nach einer Massenbasis ohnehin eingeboren sein, und für eine derart weit rechts orientierte Regierung kam als breitere Grundlage ohnehin nur die auf der äußersten Rechten angesiedelte NS-Bewegung in Betracht.

In der Tat bereiteten Papen und seine Minister die Annäherung an Hitler und die NSDAP sogleich vor, indem sie den Reichstag auflösten und den Nationalsozialisten damit den ersehnten Wahlkampf schenkten. Mitte Juni verfügten sie außerdem die Wiederzulassung der Bürgerkriegsarmee Hitlers, der SA, und erlaubten deren Uniformierung; Brünings Innenminister Wilhelm Groener hatte Ende 1931 SA und Uniformierung verboten. Auch leiteten sie – abermals in scharfem Kontrast zur Politik Brünings – die definitive Ausschaltung der Linken, gerade auch der demokratischen Linken, aus dem politischen Leben Deutschlands ein. So veranlaßte Papen die mehr oder weniger gewaltsame Absetzung der sozialdemokratischen Minder-

---

[22] Mommsen, Die verspielte Freiheit, S. 434 ff.
[23] Rumbold an Simon, 7. 6. 1932; DBFP, Second Series, Vol. III, Nr. 127.
[24] Rumbold an Simon, 3. 6. 1932; DBFP, Second Series, Vol. III, Nr. 120.

heitsregierung in Preußen – der sogenannte „Preußenschlag" vom 20. Juli 1932[25] –, und das anschließende rigorose Vorgehen gegen zahlreiche sozialdemokratisch orientierte staatliche Angestellte und auch schon Beamte kann durchaus als Vorspiel zu den „Säuberungen" des Jahres 1933 gesehen werden.

Noch schroffer war die Abwendung von den Vorgängern auf dem Felde der internationalen Politik. Zwar suchte Neurath, zu Abschiedsbesuchen noch einmal nach London zurückgekehrt, den britischen Außenminister davon zu überzeugen, daß die deutsche Außenpolitik unter dem Reichskanzler Papen und dem Außenminister Neurath keine Änderung erfahren werde[26]. In Wahrheit sollte es mitnichten Kontinuität geben. Etliche Kabinettsmitglieder waren Anhänger einer wirtschaftlichen Autarkie des Deutschen Reiches[27], und da Autarkie allenfalls dann machbar sein konnte, wenn ganz Mitteleuropa, große Teile Osteuropas und Südosteuropas unter deutsche Verfügungsgewalt gerieten, hatten derartige Pläne nichts mehr gemein mit bloßer Revisionspolitik, ja nicht einmal, da sie statt deutscher Hegemonie deutsche Herrschaft implizierten, mit den Visionen der Ausdehnung deutscher Wirtschaftsmacht, wie sie bei der Konzipierung der deutsch-österreichischen Zollunion aufgetaucht waren.

Papen selbst war zu einem radikalen Bruch mit der bisher verfolgten Politik entschlossen: Nicht länger Feindschaft mit Frankreich und nicht länger Freundschaft mit der Sowjetunion, statt dessen deutsch-französisches Militärbündnis und dann, zusammen mit einem um die von Deutschland beanspruchten Gebiete erleichterten Polen, große gemeinsame Unternehmen gegen das bolschewistische Rußland. Für solche Ideen, deren Verwandtschaft mit der Zielsetzung Hitlers – ersetzt man das für den Nationalsozialisten wenig interessante Frankreich durch England – unverkennbar ist, hatte Papen in Vorträgen zu werben begonnen[28], und am Vorabend der Konferenz von Lausanne machte im „Herrenklub" das Gerücht die Runde, „Fränzchen" wolle bereits diese Gelegenheit benutzen, um Herriot eine politische und militärische Allianz anzubieten[29].

Als Papen das am 29. Juni tatsächlich tat[30], spielte er damit freilich nur dem französischen Ministerpräsidenten eine freudig ergriffene Chance zu. Herriot informierte umgehend MacDonald und Sir John Simon, die er dann mit dunklen Andeutungen über finstere Absichten, die ihm der Reichskanz-

---

[25] Benz, Papens „Preußenschlag".
[26] Simon an Newton, 6. 6. 1932; DBFP, Second Series, Vol. III, Nr. 124.
[27] Z. B. Ernährungsminister und Ostkommissar Magnus Freiherr v. Braun; vgl. v. Braun, Von Ostpreußen bis Texas, S. 201 ff., 208 ff. Teichert, Autarkie.
[28] Aufzeichnung Völckers, 23. 6. 1932; PA, R 28307.
[29] Ebenda.
[30] Aufzeichnung Papen, 29. 6. 1932; ADAP, Serie B, Bd. XX, Nr. 174.

ler vertraulich kundgetan habe, mißtrauisch zu stimmen suchte[31]. Deutlicher wurde Herriot, als er auch Moskau unterrichtete, so deutlich, daß seine Mitteilung einer – durchaus Wirkung zeigenden – Warnung der sowjetischen Regierung vor den neuen Leuten in Berlin gleichkam[32]. Im übrigen nahmen die Franzosen Papens Offerte nicht recht ernst; angesichts der Umstände sahen sie darin begreiflicherweise lediglich ein konferenztaktisches Manöver, mit dem die Deutschen Frankreich zum Verzicht auf weitere Reparationszahlungen des Reiches und gleich auch noch zur Anerkennung der militärischen Gleichberechtigung Deutschlands verlocken wollten. Jedoch stand hinter Papens Eröffnungen in der Tat eine ernstgemeinte Konzeption. In Berlin fand ein Kurswechsel statt, und wenn Staatssekretär v. Bülow in Gesprächen protestierte, er persönlich sei keineswegs ein Anhänger der Autarkie[33], wenn er sich ferner – unterstützt vom deutschen Botschafter in Moskau – größte Mühe gab, das besondere Verhältnis zwischen dem Deutschen Reich und der Sowjetunion zu erhalten, so führte das nur dazu, daß dieser konsequente Verfechter reiner Revisionspolitik, obwohl er nach wie vor an der Spitze des Auswärtigen Amtes stand, ständig an Einfluß verlor.

Bei der nächsten Aufgabe praktischer Politik, nämlich dem Kampf gegen die Reparationen auf der Konferenz von Lausanne, sollte allerdings an Ziele und Methoden der Regierung Brüning angeknüpft werden[34]. Das konnte nach Lage der Dinge nicht anders sein. Die Abhalfterung Brünings hatte die deutschen Aussichten freilich verschlechtert. Zwar dachte die britische Regierung nicht daran, die Berliner Vorgänge zum Anlaß zu nehmen, ihre Haltung in der Reparationsfrage zu ändern; dazu saß die Überzeugung von der wirtschaftlichen Schädlichkeit der Reparationen mittlerweile viel zu fest. So gab Simon am 6. Juni Lord Tyrrell den für die Londoner Auffassung charakteristischen Auftrag, Herriot zu sagen, der Ministerpräsident stimme doch sicherlich mit ihm, Simon, darin überein, „daß es unter den gegebenen Umständen völlig unmöglich sein wird, Deutschland dazu zu bewegen, irgendeine Verpflichtung zu unterschreiben, jetzt oder in Zukunft Zahlungen zu leisten". Er fügte die Mahnung an, Herriot sei gewiß mit ihm der Meinung, „daß uns ein bloßes Moratorium nicht befähigen würde, den tatsächlichen Schwierigkeiten zu begegnen, die mit dem Transfer enormer Summen, hauptverantwortlich für die Nöte der Welt, verbunden sind"[35]. Jedoch betrachtete der britische Außenminister die neue deutsche Regierung, der persönlichen Wertschätzung Neuraths ungeachtet, ohne jedes Vertrauen

---

[31] Great Britain and France: Notes of a Conversation held on Tuesday, July 5; DBFP, Second Series, Vol. III, Nr. 175.
[32] Dirksen an AA, 28. 2. 1933; PA, R 28307 k.
[33] Aufzeichnung Bülow über Unterredung mit dem rumänischen Gesandten, 18. 8. 1932; PA, R 29453.
[34] AdRK, Das Kabinett von Papen, Bd. 1, Nr. 4.
[35] Simon an Lord Tyrrell, 6. 6. 1932; DBFP, Second Series, Vol. III, Nr. 126.

und glaubte daher guten Grund zu haben, ihr das von ihm selbst so dringend gewünschte Ende der Reparationen nur gegen das Versprechen politischen Wohlverhaltens zuzugestehen. Schon bei Neuraths Abschiedsbesuch unternahm Simon den Versuch, dem nunmehrigen deutschen Außenminister klarzumachen, daß Deutschland, wenn es in der Reparationsfrage die Dienste Großbritanniens als „ehrlicher Makler" haben wolle, nicht immer bloß Forderungen nennen dürfe, sondern eine Gegenleistung erbringen müsse: die Zustimmung zu einem zeitlich befristeten „politischen Waffenstillstand"[36]. Und am 9. Juni ließ er nach Berlin bereits den Entwurf einer internationalen Vereinbarung eines solchen Waffenstillstands übermitteln, nicht ohne darauf hinzuweisen, daß ohne positive Berliner Reaktion der französische Widerstand gegen eine Lösung des Reparationsproblems im deutschen Sinne noch härter sein werde als ohnehin zu erwarten[37].

In der Tat fielen die französischen Reaktionen heftig aus. Daß ein „Kabinett der Barone", wie es nun in Berlin amtierte, bei einer links orientierten Pariser Regierung, nahezu gleichzeitig gebildet, auf Abneigung stoßen mußte, lag auf der Hand, und die Abneigung war naturgemäß mit stärkstem Mißtrauen verschwistert. Bei den an sich skeptischen und erst recht jeden Politiker aus Deutschland mit Argwohn aufnehmenden Franzosen hatte Brüning nie soviel Vertrauen genossen wie bei Briten und Amerikanern, doch war in den gut zwei Jahren seiner Kanzlerschaft Respekt gewachsen und in den wenigen Begegnungen mit französischen Politikern zu einigen, vor allem zu Laval, sogar ein recht gutes persönliches Verhältnis entstanden[38]. Auch kannte man in Paris Brünings Bereitschaft, für die Liquidierung der Reparationen eine Form finden zu helfen, die der französischen Regierung einen größeren Ansehensverlust im eigenen Lande nach Möglichkeit ersparte. Diese in der Person Brünings liegenden Vorteile hatten die Berliner Intriganten der deutschen Politik leichtfertig aus der Hand genommen. Die neuen Leute in Berlin galten Herriot und seinen Ministern einfach als Repräsentanten Preußens und des wilhelminischen Deutschland; die ohnehin nicht schlafende Erinnerung an 1870/71 und an den Weltkrieg wurde wieder hellwach.

Welch tiefes Mißtrauen den jetzt im Deutschen Reich regierenden „Junkern" und „Militaristen" entgegenschlug, zeigte sehr deutlich das plötzliche Nachlassen des französischen Interesses an einem „politischen Moratorium", wie es gerade eben wieder von London propagiert wurde. Nicht daß die Idee aufgegeben worden wäre, aber der richtige Eifer fehlte. In Anbetracht des grundsätzlichen Mangels an Achtung vor Verträgen, wie er nach

---

[36] Simon an Newton, 6. 6. 1932; DBFP, Second Series, Vol. III, Nr. 124.
[37] Simon an Neurath, 9. 6. 1932; DBFP, Second Series, Vol. III, Nr. 128.
[38] Rumbold an Simon, 27. 1. 1932; DBFP, Second Series, Vol. III, Nr. 67. Nach Rumbold hatte François-Poncet berichtet, ihm gegenüber habe Laval den deutschen Reichskanzler als „un homme d'or" charakterisiert.

VI. Brünings Entlassung

Pariser Meinung für wilhelminische Außenpolitik charakteristisch war, konnte die deutsche Unterschrift unter einen politischen Waffenstillstand, die man von einem Kanzler Brüning noch begehrt hatte, jetzt keinen sonderlichen Wert mehr haben. Daß ausgerechnet in jenen Tagen unter dem Titel „Vermächtnis" Aufzeichnungen und Briefe Stresemanns erschienen, die, von seinem ehemaligen Privatsekretär Henry Bernhard herausgegeben, zumindest für die ersten Jahre der Amtszeit des verstorbenen Außenministers ein ungewöhnliches Maß an Unaufrichtigkeit – namentlich gegenüber Frankreich – belegten, hat den Urteilen und Vorurteilen – von der persönlichen Kränkung Herriots ganz abgesehen – kräftige Nahrung gegeben. Kein Wunder also, daß unter den veränderten Umständen die Neigung wieder zunahm, Deutschland so lange wie nur irgend möglich in Reparationsfesseln zu halten.

In den ersten Tagen der Lausanner Konferenz trat tatsächlich eine französische Delegation auf, mit der eine definitive Verständigung in der Reparationsfrage so unmöglich schien wie ein Jahr zuvor. Neben den einladenden Staaten – Großbritannien, Frankreich, Belgien, Italien, Deutschland und Japan – hatte auch die stattliche Reihe der übrigen Gläubigerländer Vertreter geschickt: Kanada, Australien, Neuseeland, Südafrika, Indien, Griechenland, Polen, Portugal, Rumänien, Tschechoslowakei. Einfluß auf den Gang der Dinge nahmen jedoch nur Briten, Franzosen, Italiener und Deutsche. Ministerpräsident Herriot ließ nun anfänglich keinen Zweifel daran, daß eine völlige Preisgabe des Young-Plans und die Streichung der Reparationen für Frankreich nicht in Frage komme. Er zeigte sich im Plenum der Konferenz ebenso intransigent wie in den ersten bilateralen Gesprächen mit den deutschen Delegierten: Der Gedanke an Streichung der Reparationen, so sagten Herriot und Hérault Germain-Martin, sein Finanzminister, zu Papen und dem neuen Leiter des Reichsfinanzministeriums, dem Grafen Lutz Schwerin-Krosigk, sei „Zeitverschwendung", habe „etwas durchaus Kindisches"[39]. Da andererseits die Deutschen mit der nicht weiter überraschenden Erklärung begannen, sie könnten weder jetzt noch in Zukunft eine Mark zahlen[40], öffnete sich eine Kluft, über die es anscheinend keine Brücke gab. Die Briten, die sich ja schon vor der Konferenz als „ehrliche Makler" angeboten hatten, standen offenbar vor einer kaum lösbaren Aufgabe. Es sollte auch eine saure Arbeit werden, und neben der französischen Defensivtaktik hatte daran die Persönlichkeit des Nachfolgers von Brüning keinen geringen Anteil.

---

[39] Aufzeichnung über eine deutsch-französische Besprechung in Lausanne, 24. 6. 1932, o. N.; AdRK, Das Kabinett von Papen, Bd. 1, Nr. 39.
[40] In der zweiten Plenarsitzung der Konferenz von Lausanne sagte Papen: „Die Reparationsleistungen haben sich als unmöglich und schädlich erwiesen. Die Erfahrungen schließen die Möglichkeit aus, in der Hoffnung auf künftige Entwicklungen ein neues Experiment mit den Reparationen zu machen." AdRK, Das Kabinett von Papen, Bd. 1, Nr. 30.

Zunächst nahmen sich MacDonald, Simon und Handelsminister Walter Runciman die Begründung vor, die Herriot und Germain-Martin für die französische Haltung ins Treffen führten. Mit dem ersten Argument, nämlich daß am Young-Plan festgehalten werden müsse, weil sonst das Prinzip der Heiligkeit von Verträgen ins Mark getroffen werde, hielten sich die Briten freilich nicht lange auf; schließlich konnte niemand im Ernst behaupten, jener hehre Grundsatz werde verletzt, wenn ein Vertrag mit Zustimmung aller Vertragsparteien revidiert oder aufgehoben wird. Ernsthafter war das zweite Argument: Werde Deutschland von jeder Reparationslast befreit, genieße es – als ein Staat mit einer im Vergleich zu anderen Industrieländern sehr geringen inneren Schuld – im internationalen Handel unfaire Wettbewerbsvorteile; auch Brüning hatte die Leiden, die seine rigide Sparpolitik mit sich brachte, gelegentlich mit der Verheißung einer nach Abschüttelung der Reparationen möglichen „Exportoffensive" zu rechtfertigen gesucht. Aber abgesehen davon, daß gegen das französische Argument zahlreiche wirtschaftliche Einwände zu Gebote standen, war es einfach schon mit dem Hinweis auf die im Augenblick vorrangige Heilbedürftigkeit der herrschenden Krise außer Kraft zu setzen. Am stichhaltigsten war das dritte und nicht zum ersten Mal vorgebrachte Argument: Die Streichung der Reparationen sei unmöglich, solange man nicht mit Washington die Streichung der alliierten Kriegsschulden vereinbart habe. Das Verlangen nach Vorsicht klang um so plausibler, als die amerikanische Administration – nur noch Monate von den Präsidentschaftswahlen entfernt – sich zweideutiger denn je vernehmen ließ[41]: Einerseits keine vollständige Liquidierung der Reparationen – andererseits kein bloßes Moratorium; einerseits kein Verzicht auf das Einfordern der alliierten Kriegsschulden, was immer die Europäer über die Reparationen beschließen mögen – andererseits Nachziehen der USA, falls die Europäer das Reparationsproblem erledigen. Das lieferte der französischen Skepsis ebenso gute Gründe wie dem britischen Optimismus.

Die britisch-französischen Unterredungen waren so lang und so ermüdend, daß es die Briten nicht dabei beließen, die Argumentation der französischen Kollegen zu widerlegen, sondern auch, wie schon vor einigen Monaten, zu der Drohung griffen, die Intransigenz Frankreichs werde Großbritannien in eine Einheitsfront mit Deutschland zwingen[42]. Nach etlichen Tagen des Widerstreits von Thesen, Behauptungen, Klagen und Vorwürfen lichtete sich der Pulverdampf über der Walstatt. Herriot und Germain-Martin mußten einsehen, was sie im Grunde bereits vor der Konferenz gewußt hatten: Der Young-Plan und Reparationen in Form von Annuitäten konnten nicht länger verteidigt werden. Auf der anderen Seite hatten MacDo-

---

[41] Lindsay an Simon, 1. 6. 1932; DBFP, Second Series, Vol. III, Nr. 117.
[42] Great Britain and France: Notes of a Conversation, June 20; DBFP, Second Series, Vol. III, Nr. 140.

nald, Simon, Runciman und Schatzkanzler Neville Chamberlain zu begreifen, daß die französische Delegation, um die öffentliche Meinung in Frankreich zu beschwichtigen, nicht ohne irgendeine deutsche Konzession nach Hause kommen durfte. Der Zwang zum Kompromiß führte schließlich zur „Entdeckung" jener Lösung, die von Bergmann und vielen anderen Fachleuten bereits lange vor der Konferenz gefunden, erörtert und den Regierungen nahegebracht worden war: Eine Abschlußzahlung Deutschlands, die nicht offiziell in die Rubrik „Reparationen" placiert zu werden brauchte; in Gestalt von Schuldverschreibungen bei der Bank für Internationalen Zahlungsausgleich hinterlegt – die Obligationen von der BIZ erst nach einigen Jahren auf den Markt zu bringen – und auch dann nur, wenn die deutschen und die globalen Wirtschafts- und Währungsverhältnisse nicht gestört werden. Mit anderen Worten: Die Zahl auf dem Scheck, den Deutschland ausstellen sollte, hatte eindrucksvoll zu sein, doch der Tag der Einlösung des Schecks war der Sankt-Nimmerleins-Tag[43]. Daß die Vertreter des Deutschen Reiches diese ingeniöse Regelung zurückweisen könnten, die allen das Gesicht wahrte, den Schlußpunkt hinter das Kapitel der Reparationen setzte und Deutschland jeder realen Zahlung enthob, schien ausgeschlossen.

Genau das aber tat Papen. Simons „politischen Waffenstillstand" hatte Neurath schon vor Konferenzbeginn abgelehnt[44]. Jetzt, in seiner Rede während der ersten Plenarsitzung der Konferenz, legte Papen in wohlgesetzten Worten dar, daß er gar nicht daran denke, die deutsche Unterschrift unter dem Young-Plan in Frage zu stellen, daß jedoch die Reparationen als der Krebsschaden der Weltwirtschaft verschwinden müßten, Deutschland ohnehin nichts mehr zahlen könne und die Konferenz sich nun Plänen zur wirtschaftlichen Kräftigung Deutschlands, Europas und der Welt zuwenden solle[45]. Kein Zweifel, Papen glaubte damit auf Brünings Kurs zu bleiben, in Wirklichkeit war er, jedenfalls zunächst, nun auch noch in der Reparationsfrage von seinem Vorgänger abgewichen, der zuletzt doch deutlich Neigung zum Kompromiß verraten hatte. Vielleicht fühlte der Kanzler sich durch die freundliche Geste ermuntert, die Briten, Franzosen und die übrigen Gläubiger – auf britische Anregung – zu Beginn der Konferenz gemacht hatten, als sie erklärten, daß alle etwa fälligen Zahlungen gestundet seien, solange man in Lausanne konferiere[46]. In einer Unterhaltung mit Herriot und seinen Beratern bemerkte Neville Chamberlain ohne jede Ironie, die Konferenz stehe unter der Notwendigkeit, die Deutschen zur Annahme eines Arrangements

---

[43] DBFP, Second Series, Vol. III, Nr. 137–163.
[44] Rumbold an Simon, 11. 6. 1932; DBFP, Vol. III, Nr. 132.
[45] AdRK, Das Kabinett von Papen, Bd. 1, Nr. 30. Stenographic Notes of the Second Plenary Session of the Conference, June 17, 1932; DBFP, Second Series, Vol. III, Nr. 138.
[46] Ebenda.

zu bewegen, das den deutschen Kredit wiederherstelle[47]; die Position der Stärke, die Deutschland auf Grund seiner Schwäche gewonnen hatte, war damit genau charakterisiert. Ein solches Arrangement wurde Papen jetzt offeriert, und er weigerte sich, während an seiner Seite Neurath ab und an Konziliantes murmelte, das Geschenk anzunehmen[48].

Geduldig setzten ihm MacDonald, Simon, Chamberlain und Runciman wieder und wieder auseinander, daß die von ihnen vorgeschlagene Regelung die beiden entscheidenden Bedingungen für deutsch-französisches Einvernehmen erfülle: Sie vermittle der öffentlichen Meinung in Frankreich den Eindruck, daß Deutschland, wenn es sich wirtschaftlich wieder erholt habe, noch einmal tief in die Tasche greifen müsse, und sie gebe den Deutschen die Gewißheit, daß sie nie mehr etwas zu zahlen hätten. Da Papen darauf mit der stereotypen Klage antwortete, er könne dem armen deutschen Volk keine neuen Lasten aufbürden, kam es allerdings auch vor, daß MacDonald, ein Mann, der normalerweise mit den Repräsentanten anderer Staaten höflich umging, die Geduld verlor und Papen fragte, ob er das, was ihm gesagt worden sei, denn auch verstanden habe[49]. Im übrigen verursachte die reine Negation, in der Papen anfänglich verharrte, auch ebenso unsinnige wie zeitraubende deutsch-französische Rededuelle, im Plenum und in bilateralen Gesprächen. So mußte Graf Schwerin-Krosigk, vor kurzem noch Ministerialdirektor im Reichsfinanzministerium und seit Anfang Juni Mitglied des Kabinetts, in langen Ausführungen darlegen, wie groß das Elend in Deutschland sei[50], worauf Kollege Germain-Martin und Herriot nicht weniger lange Jeremiaden anstimmten, die beweisen sollten, daß es den Franzosen mindestens so schlecht gehe wie den Deutschen[51]. Bald drohte das Scheitern der Konferenz.

Da machte Papen plötzlich eine Kehrtwendung und bot eine Abschlußzahlung von zwei Milliarden Reichsmark an – wobei man ihn so verstehen mußte, als meine er nicht fiktive Milliarden im Bergmannschen Sinne, sondern reales Geld –, sofern die Gläubigerstaaten einige politische Bedingungen des Deutschen Reiches erfüllten: So müßten sie jenen Teil des Vertrags von Versailles offiziell außer Kraft setzen, in dem die deutsche Kriegsschuld behauptet sei, und die militärische Gleichberechtigung Deutschlands anerkennen[52]. Papen handelte dabei gegen den Rat Neuraths und Bülows, je-

---

[47] Great Britain and France: Notes of a Conversation, July 2, 1932; DBFP, Second Series, Vol. III, Nr. 163.
[48] Great Britain and Germany, June 20, Great Britain and Germany, June 25, Great Britain and Germany, June 27, Notes of Conversations; DBFP, Second Series, Vol. III, Nr. 141, 147, 149; AdRK, Das Kabinett von Papen, Bd. 1, Nr. 40, 46.
[49] DBFP, Second Series, Vol. III, Nr. 182.
[50] AdRK, Das Kabinett von Papen, Bd. 1, Nr. 39 mit Anm. 1.
[51] Ebenda.
[52] Great Britain and Germany, Notes of a Conversation, 3. 7. 1932; DBFP, Second Series, Vol. III, Nr. 166. AdRK, Das Kabinett Brüning, Bd. 1, Nr. 47 mit Anm. 1.

doch mit Unterstützung etlicher der in Berlin gebliebenen Minister. Jedenfalls war es, gemessen an Papens Zielen, ein Narrenstreich. Wie er auf die Idee kommen konnte, daß Frankreich bereit sein werde, den Verzicht auf deutsche Reparationen gleich auch noch mit der Anerkennung einer zumindest partiellen französischen Kriegsschuld zu verbinden – darauf wäre die Entlastung Deutschlands ja hinausgelaufen –, ist rätselhaft. In der Tat verweigerte Herriot jede Verhandlung[53]. Und was die militärische Gleichberechtigung betraf, so beriefen sich Briten und Franzosen mit Recht darauf, daß die Konferenz von Lausanne zur Lösung des Reparationsproblems einberufen worden sei, und verwiesen dann kühl auf die parallel in Genf tagende und für die Frage doch wohl zuständige Abrüstungskonferenz.

Hingegen hatte Papen der französischen Delegation die sofort ergriffene Gelegenheit zu der triumphierenden Feststellung geliefert, mit der Offerte von zwei Milliarden Reichsmark habe er seine bisherige Argumentation selbst als unwahr entlarvt[54]. Der Kanzler und andere Angehörige der deutschen Delegation trugen aber auch insofern dazu bei, Unklarheiten zu schaffen, als sie einmal in Aussicht stellten, die zwei Milliarden in einigen Jahren komplett zu zahlen, indes ein anderes Mal von – etwa 1935 beginnenden – Annuitäten sprachen[55]. Beides schien darauf hinzudeuten, daß die Deutschen sich mit der inzwischen sowohl britischen wie französischen Vorstellung einer fiktiven Abschlußzahlung merkwürdigerweise nach wie vor nicht anfreunden wollten.

Für die Briten war das ebenso unverständlich wie unannehmbar; schließlich ging es ihnen darum, jede weitere Belastung Deutschlands, von einer Belastung durch künftige Jahresraten ganz zu schweigen, im allgemeinen und speziell im deutschen Interesse auszuschließen; für die Franzosen waren die genannten kümmerlichen zwei Milliarden ohnehin indiskutabel, ob real oder fiktiv. Gelegentlich machte Papen, nachdem er mit den politischen Bedingungen aufgelaufen war, sogar Miene, zum Ausgangspunkt zurückzukehren: Werde Deutschland weiterhin als zweitklassige Nation behandelt, deutete er, ermuntert von Wirtschaftsminister Warmbold und Landwirtschaftsminister Magnus Freiherrn v. Braun, an, so könne es – nicht „werde" es – nichts zahlen[56]. Kein Wunder, daß der auf eine harte Probe gestellte MacDonald in der Endphase der Konferenz einmal zu Papen sagte, wenn die Deutschen „sich hinsetzten und die Geschichte ihrer Angebote schrie-

---

[53] Great Britain and France, Notes of a Conversation, July 5; DBFP, Second Series, Vol. III, Nr. 172.
[54] Great Britain, France and Germany, Notes of a Conversation, June 28; DBFP, Second Series, Vol. III, Nr. 151.
[55] Great Britain and Germany, Notes of a Conversation, July 3, 1932; DBFP, Second Series, Vol. III, Nr. 168. AdRK, Das Kabinett von Papen, Bd. 1, Nr. 56.
[56] Great Britain, France and Germany, Notes of a Conversation, July 6; DBFP, Second Series, Vol. III, Nr. 179. AdRK, Das Kabinett Brüning, Ministerbesprechung, 7. 7. 1932, Nr. 52.

ben, ... würden sie es gar nicht gerne sehen, sollte die Geschichte veröffentlicht werden"[57].

Konferenzschlachten wie die von Lausanne gleichen in mancher ihrer Phasen der Begegnung feindlicher Heere im Gefecht: Im Lärm der Reden und im Rauch des Argumentenfeuers verlieren die Streiter und ihre Führer jede Übersicht; die Bewegungen der Heerhaufen scheinen zeitweilig ohne Richtung, und das Ende, dem der Kampf zustrebt, wird vollends unerkennbar. In Lausanne stellte sich erst nach wochenlangen und oft wirren Debatten heraus, daß Papen ganz gegen seinen Willen doch dazu beigetragen hatte, den Gang der Dinge auf ein bestimmtes Resultat hinzulenken. So unseriös in der gegebenen Situation sein Vorschlag wirken mußte, Deutschland und Frankreich sollten ein Militärbündnis schließen, so unvermeidlich es war, daß seine andere taktische Idee, die vier europäischen Großmächte Deutschland, Frankreich, England und Italien könnten einen Konsultativpakt vereinbaren, im Augenblick der gleichen Bewertung verfiel – eines stand fest: Nachdem Papen einmal zwei Milliarden Reichsmark angeboten hatte, war es der deutschen Delegation nicht mehr möglich, wieder die Haltung der ersten Konferenztage einzunehmen und im Ernst zu behaupten, Deutschland könne oder werde gar nichts zahlen; Innenminister Wilhelm Freiherr v. Gayl, der in Berlin geblieben war, hat das sofort erkannt[58]. Den Briten fiel nun die Aufgabe zu, eine Verständigung zu sichern, die garantierte, daß eine deutsche Restzahlung – oder welchen Namen der Vorgang auch erhalten sollte – in der erwünschen Form gezahlt wurde, nämlich gar nicht, und im übrigen ging es nur mehr um die Höhe der Summe.

In Anbetracht des Faktums, daß man sich über die Höhe einer bloß fiktiven Zahlung zu einigen hatte, nahm die Auseinandersetzung, die das Problem zwischen Frankreich und Deutschland provozierte, eine auf den ersten Blick überflüssige Länge und Schärfe an. Jedoch war gerade diese Auseinandersetzung der einzige begründete und unvermeidliche Konflikt in Lausanne. Herriot und seine Delegation wußten, daß es ihnen, nach Paris zurückgekehrt, schwer genug fallen mußte, den Franzosen eine Reparationsregelung plausibel zu machen, bei der nur sicher war, daß der französische Staatshaushalt auf Jahre hinaus nicht mit deutschem Geld rechnen durfte; wenn sie dann noch eine zu geringe deutsche Abschlußzahlung zu erklären hatten, geriet das Kabinett in Gefahr. Auf der anderen Seite standen Papen und die deutsche Delegation unter noch größerem innenpolitischen Druck. Von den Nationalsozialisten, nach einer kurzen Überraschungspause Anfang Juni, ohnehin gnadenlos angegriffen, konnte sich Papen ausmalen, welch heißen Empfang er in Berlin zu erwarten hatte, sollte er einer

---

[57] Great Britain and Germany, Notes of a Conversation, July 7; DBFP, Second Series, Vol. III, Nr. 182.
[58] AdRK, Das Kabinett von Papen, Bd. 1, Ministerbesprechung, Nr. 52.

dem Anschein nach zu hohen Abschlußzahlung zustimmen und sich dem Vorwurf aussetzen, in einer nationalen Lebensfrage schwächliche Nachgiebigkeit gezeigt zu haben; und für den 31. Juli waren Reichstagswahlen angesetzt. Daher lagen die französischen und die deutschen Vorstellungen anfänglich weit auseinander. Dachten die Franzosen an eine deutsche Restzahlung von 8 Milliarden, 7 Milliarden, 6 Milliarden, mindestens aber 5 Milliarden, so wollten die Deutschen keinesfalls über die von Papen genannten 2 Milliarden hinausgehen[59].

Einmal mehr war es Sache der Briten, als „ehrliche Makler" zu wirken. Sie verstanden die Lage beider Parteien und waren deshalb – zumal sie in der Frage der Höhe einer deutschen Zahlung auf eigenes Desinteresse pochen konnten – imstande, den Franzosen die deutschen und den Deutschen die französischen Schwierigkeiten nahezubringen. Dennoch kostete es größte Mühe, Herriot und Germain-Martin allmählich auf 4 Milliarden herunterzuhandeln, Papen hingegen von 2 auf 2,6 Milliarden zu bringen. Dabei ging es nicht ohne britische Drohungen ab und nicht ohne Argumente, deren Spitzen in Ironie und Sarkasmus getaucht waren; abermals traf der Sarkasmus vor allem Franz v. Papen[60]. Allerdings ist zu seinen Gunsten zu sagen, daß die deutsche Delegation von einem Teil des Kabinetts eher zu irrationaler Verhandlungsführung angehalten wurde, sowohl hinsichtlich der deutschen politischen Bedingungen wie hinsichtlich des Zahlungsproblems, und wenn Papen auch nicht an Weisungen aus Berlin gebunden war, so blieben Signale aus der Reichshauptstadt doch nicht ohne Wirkung, zumal Papen auf Übereinstimmung zwischen Kanzler und Kabinett Wert legte. Finanzminister Graf Schwerin-Krosigk und Wirtschaftsminister Warmbold hatten schon zum Abschluß geraten, als die Franzosen bei 5 Milliarden angelangt waren[61], aber der Reichsminister für Ernährung und Landwirtschaft, Freiherr v. Braun, der dem Kreis um Hindenburg viel näher stand, setzte sich noch am 1. Juli, die Konferenz war inzwischen zwei Wochen alt, vehement dafür ein, keine Mark zu zahlen, in welcher Form auch immer, und einfach die Streichung der Reparationen zu fordern[62]; Ministerialdirektor Köpke kommentierte das in einem Brief an Bülow mit der Bemerkung, Braun habe in der Kabinettssitzung „mit gewohnter Frische" argumentiert und „durch wenig Reparationskenntnis und keine Sympathie für die Wirtschaft behindert"[63].

---

[59] Great Britain and Germany, Notes of a Conversation, July 3; DBFP, Second Series, Vol. III, Nr. 166.
[60] Auch Herriot war imstande, protokollieren zu lassen, „daß er, nachdem er den deutschen Vorschlag gehört habe, in ernste Zweifel über die Intelligenz der deutschen Repräsentanten geraten sei". Great Britain and France, Notes of a Conversation, July 5; DBFP, Second Series, Vol. III, Nr. 172.
[61] AdRK, Das Kabinett von Papen, Bd. 1, Nr. 52.
[62] AdRK, Das Kabinett von Papen, Bd. 1, Nr. 46.
[63] Köpke an Bülow, 2. 7. 1932; PA, R 29453.

Am Ende brachte MacDonald die Franzosen und die Deutschen dazu, sich auf 3 Milliarden zu einigen. In dieser Höhe sollte das Deutsche Reich Obligationen – zu 5 Prozent Zinsen und 1 Prozent Amortisation – bei der BIZ in Basel deponieren, die diese Schuldverschreibungen nach drei Jahren auf den Markt bringen durfte, sofern es die wirtschaftliche Lage Deutschlands und der Welt erlaubte. Das Ergebnis entsprach dem Rat der Sachverständigen nach Art und nach Höhe, dem bald erreichten britisch-französischen Kompromiß zumindest im Wesen und den deutschen Interessen in jeder Hinsicht. Den entscheidenden Anteil hatten die Politik und das politische Gewicht Großbritanniens; letzteres setzte sich schließlich durch, obwohl die gewissermaßen leidtragenden Franzosen und die deutschen Gewinner mit jeweils unrealistischer Zielsetzung und taktischen Schnitzern den guten Schluß lange genug hinausgezögert hatten. Im Grunde waren aber sowohl die französische wie die deutsche Delegation mit dem Resultat durchaus zufrieden. Nach Berlin zurückgekehrt, sprach Papen im Kabinett von dem „gesamtpolitischen Vorteil", der Deutschland zuteil geworden sei[64].

In einem Punkt waren Herriot und Germain-Martin jedoch unnachgiebig geblieben. Sie hatten es standhaft abgelehnt, die europäische Reparationsregelung völlig von der amerikanischen Haltung in der Schuldenfrage zu trennen. Um trotzdem abschließen zu können, verfielen Franzosen und Briten auf den Ausweg, die Reparationsvereinbarung von Lausanne zwar sofort zu unterzeichnen, aber erst nach Ratifizierung in Kraft treten zu lassen. Die Ratifizierung wiederum sollte erst dann stattfinden, wenn die Dinge zwischen den USA und ihren europäischen Schuldnern ins reine gebracht worden waren. Die deutsche Delegation wurde mit einer Note darüber informiert und nahm zustimmend Kenntnis[65]. So war freilich die ursprüngliche britische Absicht zunichte gemacht, durch die eigene Großmut die Amerikaner zu gleicher Großmut mitzureißen, und die amerikanische Administration, ob die Hoovers oder die seines Nachfolgers Franklin D. Roosevelt, wurde denn auch bockbeinig und weigerte sich, einen derart offen und ungeniert ausgedrückten Zusammenhang zwischen deutschen Reparationen und alliierten Zahlungen an die USA anzuerkennen, also zuzugeben, daß die Vereinigten Staaten jahrelang indirekt Reparationen von Deutschland erhalten hatten.

Die europäisch-amerikanischen Gespräche über das Schuldenproblem brachen zusammen. Im Hinblick auf die Stimmung im Kongreß mußte es Roosevelt vorziehen, von einem Schuldnerstaat nach dem anderen mit kleinen Restzahlungen abgespeist – so von Großbritannien – oder mit simpler Zahlungseinstellung – so von Frankreich – konfrontiert zu werden. Die po-

---

[64] AdRK, Das Kabinett Brüning, Bd. 1, Nr. 56.
[65] DBFP, Second Series, Vol. III, Anhang zu Nr. 186.

litischen Beziehungen zwischen den USA und den Säumigen wurden davon aber kaum berührt. Der Befreiung Deutschlands von der Reparationslast konnte der Vorgang erst recht nichts anhaben. In Lausanne hatten die Briten den auf der „amerikanischen Bedingung" bestehenden Franzosen etwas gereizt und den eine definitive Erledigung der Reparationsfrage fordernden Deutschen tröstend gesagt, daß selbstverständlich, wie immer sich die Vereinigten Staaten verhalten mochten, das Lausanner Ergebnis nicht mehr in Frage gestellt werden könne[66]. Das bestätigte sich nun, obwohl eine recht sonderbare Lage eintrat: Die USA weigerten sich, den europäischen Ländern ihre Schulden zu erlassen. Infolgedessen wurde das Abkommen von Lausanne nie ratifiziert. Da das Abkommen nicht ratifiziert wurde, trat es nie in Kraft. Indes hielten sich alle Beteiligten daran; von Deutschland wurde keine weitere Reparationszahlung mehr verlangt oder geleistet. Eine völkerrechtlich nicht existente Vereinbarung erfüllte gleichwohl ihren politischen Hauptzweck.

Auf die innenpolitische Entwicklung in Deutschland gewann der Erfolg von Lausanne allerdings keinen Einfluß. Dafür zeichnete gewiß auch die verfehlte Taktik des Reichskanzlers verantwortlich. In der Kabinettsitzung, in der Papen am 11. Juli, über seine Verhandlungsführung und das erreichte Resultat Rechenschaft ablegte, konstatierte Reichswehrminister Kurt v. Schleicher nüchtern und ohne Schonung seines Freundes Papen, es „sei... nicht an der Feststellung vorbeizugehen, daß das Kabinett als solches durch das Lausanner Ergebnis eine schwere Niederlage erlitten habe... In den Augen der Öffentlichkeit sehe die Sache folgendermaßen aus. Die Deutsche Delegation habe gesagt, daß Deutschland nicht zahlen werde, weil es nicht zahlen könne. Nachträglich habe man sich dann doch zur Zahlung bereit erklärt, für den Fall, daß politische Bedingungen durchgesetzt würden, d.h. wenn Deutschland die Wehrfreiheit zugestanden werde und Deutschland wieder eine honorige Nation geworden sei. Das politische Ziel sei dann nicht erreicht worden. Gleichwohl sei die Delegation auf den Zahlungen sitzen geblieben."[67]

In den Wochen des Wahlkampfs vor dem 31. Juli, in denen die Leidenschaften einer durch Bürgerkriegsfronten gespaltenen Nation auf den Siedepunkt stiegen und die Nationalsozialisten hofften, mit einer gewaltigen propagandistischen Anstrengung einen Wahlerfolg zu erringen, der sie an die Macht brachte, ist naturgemäß auch übersehen oder bewußt ignoriert worden, daß die sogenannte Rest- oder Abschlußzahlung fiktiver Natur war. Doch lag der innenpolitische Mißerfolg mehr noch daran, daß der Bürgerkrieg, den Nationalsozialisten und Kommunisten gegeneinander und den

---

[66] So MacDonald und Chamberlain zu Papen, Neurath und Schwerin-Krosigk am 3.7.1932; DBFP, Second Series, Vol. III, Nr. 166.
[67] AdRK, Das Kabinett von Papen, Bd. 1, Nr. 56.

beide in partieller Kooperation auch gegen die demokratische Linke, gegen alle liberaldemokratischen Kräfte im Staat, gegen den im „Zentrum" organisierten Katholizismus und gegen die von der Regierung Papen repräsentierten reaktionären Kreise führten, den Charakter der Unversöhnlichkeit und mithin der Unempfindlichkeit gegen außenpolitische Erfolge oder Mißerfolge angenommen hatte.

Vielleicht wäre es zu einer spürbaren Wirkung auf die innere Krise in Deutschland gekommen, hätten die Deutschen schon bald nach dem reparationspolitischen Triumph von Lausanne zwei Effekte sehen können: Eine Linderung der wirtschaftlichen Nöte und eine deutliche Verbesserung der deutsch-französischen Beziehungen. Jedoch stellten sich sichtbare Zeichen wirtschaftlicher Erholung kaum ein, und diese Folgenlosigkeit, die im übrigen die Überzeugung Lügen strafte, der Wegfall deutscher Reparationen und alliierter Kriegsschulden sei ein entscheidender Faktor für die Ankurbelung der Weltwirtschaft, verhinderte jede Freude und jede aus der Freude möglicherweise erwachsende Dankbarkeit, damit jede Minderung der innenpolitischen Spannung. Und im Verhältnis zu Frankreich kam es nicht nur zu keiner Besserung, sondern ganz im Gegenteil zu einer bösen Verschlechterung. Daß die in Lausanne ausgefochtenen Streitigkeiten sowohl in Berlin wie in Paris die Stimmung eher verdunkelt hatten, war zunächst daran abzulesen, daß die Idee großzügiger französischer Wirtschaftshilfe zwar auch jetzt nicht aus den Überlegungen der Regierungen und den Unterredungen der Diplomaten verschwand, aber doch mit schwindendem Engagement diskutiert wurde; das galt für die französische Seite, und es galt für Berlin, obwohl dort von manchen die Frage aufgeworfen wurde, ob man nun, nachdem die reparationspolitische Ernte in die Scheuer eingefahren worden war, gefahrloser die Hand nach französischem Geld ausstrecken könne[68].

Kurz nach Lausanne brach indes ein neuer Konflikt aus. Bis in den Sommer hinein hatte die deutsche Delegation auf der Genfer Abrüstungskonferenz das unter Brüning entstandene taktische Konzept beherzigt, als Anwalt allgemeiner Abrüstung aufzutreten und im übrigen darauf zu vertrauen, daß die mangelnde Abrüstungsbereitschaft anderer Staaten, nicht zuletzt Frankreichs, der deutschen Forderung nach militärischer Gleichberechtigung und dann nach einer vorerst noch bescheidenen Aufrüstung allmählich mehr und mehr Plausibilität verschaffen werde. In der Tat hatte

---

[68] So die Überlegung des Industriellen Otto Wolff schon Anfang Juni, am 8.6.1932 von François-Poncet Staatssekretär v. Bülow übermittelt; PA, R 29451. Am 20.7.1932 wandte sich Gustav Krupp v. Bohlen und Halbach an das AA mit der Frage, ob Bedenken gegen die Annahme von Kreditangeboten französischer Banken – veranlaßt von der Pariser Regierung – bestünden. Jetzt, nach der Erledigung der Reparationen, konnten Bülow und Köpke antworten, das Amt habe keine Bedenken, falls die Kredite nicht mit politischen Bedingungen verbunden seien. Aufzeichnung Köpke, 20. 7. 1932; PA, R 28257 k.

sich die Konferenz – was angesichts der japanischen Gewaltakte in der Mandschurei und der inneren Zustände in Staaten wie Deutschland alles andere als verwunderlich war – alsbald in einem Gestrüpp von Mißtrauen und Bedenken verfangen, während etwa Italien, Großbritannien und die USA immer deutlicher, wenn auch noch inoffiziell, ihre Anerkennung des deutschen Anspruchs bekundeten. Allerdings leistete Frankreich gerade in dieser Frage zähesten Widerstand, doch war selbst in Paris klar, wie Ministerpräsident Herriot Ende Juli Botschafter v. Hoesch zugab, daß am Ende der Abrüstungskonferenz Deutschlands „Befreiung von den Versailler Bestimmungen" stehen werde, so wie Lausanne die Liquidierung der Reparationen gebracht habe[69]. Man war also auf gutem Wege, und im Auswärtigen Amt dominierte, ebenfalls noch im Juli, die Auffassung, daß die deutsche Delegation die Entscheidung über die deutsche Gleichberechtigung weder „erzwingen" solle noch zu erzwingen brauche[70].

Bald darauf trat jedoch auch bei der Behandlung des Rüstungsproblems auftrumpfende Ungeduld an die Stelle besonnener Taktik. Das lag sicherlich auch daran, daß der innere Druck auf das Kabinett Papen zunahm. Bei den Reichstagswahlen blieb die NSDAP zwar noch weit von der absoluten Mehrheit entfernt, wurde aber mit 37,3 Prozent (zuvor 18,3) und 230 Sitzen (zuvor 107) stärkste Fraktion; sie war der gewichtigste Einzelfaktor in der deutschen Innenpolitik geworden. Kein Zweifel, daß Papen und seine Regierung nun den Atem von Verfolgern im Nacken fühlten, die als gefährlich mächtige Bundesgenossen oder bereits als Ablösung drohten. Wohl wichtiger war die im Reichwehrministerium – auch ohne Bedrängung durch die Nationalsozialisten – wachsende Neigung, statt mit rationalem Kalkül mit Kraftakten Handlungsfreiheit zu gewinnen. Am 26. Juli sprach General v. Schleicher im Rundfunk und griff dabei Frankreich unter Verzicht auf jeglichen Takt scharf an; überdies kündigte er an, daß Deutschland selbständige Militärpolitik betreiben werde, sollten die anderen Mächte die deutschen Ansprüche nicht erfüllen[71]. Als der französische Botschafter am nächsten Tag protestierte, antwortete Außenminister Neurath kühl, die Franzosen hätten kein Recht, Reden eines Ressortministers zu kritisieren; sie seien in solchen Dingen allerdings von den bisherigen Reichsregierungen „verwöhnt" worden[72].

Wie zu erwarten, reagierten Frankreich und sowohl Großbritannien wie die USA recht unwirsch; die französische Haltung versteifte sich auch in der Sache. Am 29. August überreichte Neurath, der sich abzeichnenden Isolierung des Reiches ungeachtet, dem französischen Botschafter eine Denk-

---

[69] Hoesch an AA, 29. 7. 1932; PA, R 70509.
[70] Aufzeichnung Bülow, 12. 7. 1932; PA, R 29507.
[71] Schulthess', 1932, S. 128 ff.
[72] Aufzeichnung Neurath, 27. 7. 1932; PA, R 70509.

schrift der Reichsregierung, in der keine Zurückhaltung mehr gewahrt war und die Formel vom deutschen Recht „auf einen seiner nationalen Sicherheit entsprechenden Rüstungsstand" auftauchte[73]. Die französische Replik konnte in Berlin, wo sie am 11. September einging, nicht befriedigen[74], und am folgenden Tag ließ sich Neurath vom Reichskabinett ermächtigen, der französischen Regierung und Arthur Henderson, dem Präsidenten der Abrüstungskonferenz, mitzuteilen, daß es Deutschland „ablehnen müsse, bei der weiteren Verhandlung zur Abrüstungsfrage in Genf vertreten zu sein"[75].

In Erwartung der in der Tat losbrechenden weltweiten Kritik hatte Baron Neurath eine Woche zuvor an Staatssekretär v. Bülow, dem überflüssige und obendrein derart grobe Provokationen ein Greuel waren, geschrieben: „Wir müssen uns bei der Aufnahme dieses Kampfes darüber klar sein, daß uns nur die stärkeren Nerven zum Erfolg führen können."[76] Der Erfolg blieb auch nicht aus. Da einerseits eine Abrüstungskonferenz ohne deutsche Beteiligung eine Farce gewesen wäre, andererseits kein Mittel zu Gebote stand, die Deutschen an den Verhandlungstisch zurückzuzwingen, mußte die deutsche Forderung schließlich erfüllt werden – wenigstens annähernd. Bis zum 11. Dezember rangen Amerikaner, Briten und Italiener den Franzosen eine Erklärung ab, in der es hieß, „daß einer der Grundsätze, die die Konferenz leiten sollen, darin bestehen muß, Deutschland und den anderen durch die Verträge abgerüsteten Staaten die Gleichberechtigung zu gewähren, in einem System, das allen Nationen Sicherheit bietet, und daß dieser Grundsatz in dem Abkommen, das die Beschlüsse der Konferenz enthält, verwirklicht werden soll"[77].

Danach kehrten die Deutschen nach Genf zurück, und die Konferenz vertagte sich am 14. Dezember auf den 31. Januar 1933. Jedoch war der Erfolg Berlins um einen hohen Preis erkauft worden. Kaum war der Streit um die Reparationen zu Ende, hatte eine neue deutsch-französische Kontroverse die Regierung beschäftigt und die Öffentlichkeit aufgewühlt. Diese zusätzliche Reizung des sowieso schon hoch gereizten deutschen Nationalismus, neben der kein Gefühl für den Sieg von Lausanne aufkam, wurde ein Element bei der Verschärfung des deutschen Bürgerkriegs, und zwar ein Element, das sich naturgemäß für Deutschnationale und Nationalsozialisten günstig auswirkte. Reichskanzler v. Papen hat das nicht erkannt, und wenn er es erkannt hätte, wäre es ihm als Gewinn für die Rechte vermutlich willkommen gewesen, obwohl jegliche Kräftigung der Nationalsozialisten das

---

[73] ADAP, Serie B, Bd. XXI, Nr. 20.
[74] ADAP, Serie B, Bd. XXI, Nr. 47.
[75] AdRK, Das Kabinett von Papen, Bd. 2, Nr. 132.
[76] Neurath an Bülow, 6. 9. 1932; PA, R 29507.
[77] Schulthess', 1932, S. 481 f.

VI. Brünings Entlassung

Eindämmungs- und Kanalisierungskonzept erschwerte und obwohl die neuerliche Herausforderung Frankreichs dem frankophilen Aspekt seiner außenpolitischen Zielsetzung glatt widersprach.

Indes war der Boykott der Genfer Abrüstungskonferenz ohnehin der letzte nennenswerte außenpolitische Akt des Kabinetts Papen. Der Kanzler und seine Regierung sahen sich in den letzten Monaten der am 3. Dezember endenden Amtszeit Papens derart von innenpolitischen Problemen und Konflikten absorbiert, daß die Außenpolitik, wie Staatssekretär v. Bülow in einem Brief etwas wehmütig bemerkte, abzudanken hatte[78]. Nur ein halbes Jahr hatte Franz v. Papen als Reichskanzler fungiert. Das ist normalerweise eine zu kurze Spanne, um einen Amtsinhaber und seinen Kabinettskollegen gestalterischen Einfluß auf die Politik ihres Landes zu erlauben. Im Falle der Regierung Papen verhielt es sich anders. In der Außenpolitik – wie auch in der Innenpolitik – geschah nämlich in diesen Monaten die Abkehr von allen Zielen und Methoden, die noch in Weimarer Maßstäbe paßten, und der Übergang zu jener neuen Periode, die von den Ambitionen und Formen des nationalsozialistischen Expansionismus bestimmt wurde.

Die beiden Kabinette Brüning hatten anti-französische Positionen bezogen, um, vorerst propagandistisch-rhetorisch, den Angriff auf den territorialen Status quo Kontinentaleuropas einzuleiten, sie hatten im Dienste solcher Absichten frühe Fäden einer gegen das französische Sicherheitssystem gerichteten Bündnispolitik zu knüpfen und dem speziellen deutschen Verhältnis mit der Sowjetunion größere Intimität zu geben gesucht, sie hatten mit dem Projekt der deutsch-österreichischen Zollunion sogar einen ersten konkreten Schritt zum Ausbruch aus der französisch dominierten Friedensordnung unternommen und sie hatten, überwiegend durch Verschlechterung der wirtschaftlichen „Krankheit" Deutschlands, die Reparationsfrage forciert. Dies alles stellte einen klaren Bruch mit den Grundsätzen und den taktischen Rezepten Stresemannscher Politik dar, aber noch keinen Bruch mit sämtlichen Möglichkeiten und Elementen Weimarer Außenpolitik; im Grunde handelte es sich eher um eine Rückkehr zu den Emotionen, den Tendenzen und auch dem Verhalten, die in den Jahren 1920 bis 1924 herrschend gewesen waren. Schon solche Verschärfung und Tempobeschleunigung des deutschen Revisionismus schufen Gefahren: sie störten das ruhebedürftige Europa, sie kündigten die Verletzung vielfältiger Interessen bestimmter Staaten an und sie riefen daher immer wieder sogar Kriegspsychosen hervor. Auf der anderen Seite zeigten gewisse anglo-amerikanische und gelegentlich selbst französische Reaktionen auf die lauter und lauter angemeldeten deutschen Ansprüche, daß die konsequente Fortsetzung eines derartigen Revisionismus durch ein Deutsches Reich, das nach Rückgewinnung der finanziellen und militärpolitischen Bewegungsfreiheit über ent-

---

[78] Bülow an Scheffer, 14. 9. 1932; PA, R 49473.

sprechende Machtmittel verfügte, zwar sicherlich an den Rand eines europäischen Krieges geführt hätte, vermutlich jedoch nicht über den Rand hinaus.

Papen hingegen begann die deutsche Außenpolitik vom Revisionismus zu lösen. Nicht im Sinne eines Verzichts auf revisionistische Etappen. Aus praktischen wie aus propagandistischen Gründen hatte das Deutsche Reich bei jeder territorialen Machterweiterung revisionistische Phasen zu passieren; das schrieb die Geographie ebenso zwingend vor wie die Notwendigkeit, die Nation für Grenzüberschreitungen zu mobilisieren, die mit dem Risiko eines Krieges verbunden sein mußten. Doch im Zeichen einer autarkistischen Ideologie schmiedete er deutlich erkennbar – wenngleich naturgemäß erst zu Ansätzen gelangend – Pläne, die, bei Ruhigstellung Frankreichs, auf ein nicht länger begrenztes, ja überhaupt nicht mehr irgendwie definiertes Ausgreifen nach Osten und Südosten zielten. Das hatte seinem Wesen nach mit Revisionismus nichts mehr zu tun, und ein Mann wie der Staatssekretär v. Bülow, die Personifizierung revisionistischer Politik, wurde schon unter Papen und dem Außenminister v. Neurath zum Relikt einer abgelebten Periode. Das Denken Papens und etlicher Mitglieder seines Kabinetts schlug vielmehr eine Brücke zu jener „Raumpolitik", die seit Jahr und Tag der Führer der NS-Bewegung in Büchern, Aufsätzen und Reden den Deutschen predigte. Am 29. Juli 1932, als sich der französische Ministerpräsident Herriot bei Botschafter v. Hoesch über die Rundfunkrede beklagte, die Reichswehrminister v. Schleicher am 26. Juli gehalten hatte, sprachen die beiden, denen die deutsch-französische Verständigung und der Friede in Europa so sehr am Herzen lag, noch lange über die allgemeine Situation. Am Ende, so notierte Hoesch, blieb Herriot „sorgenvoll und meinte düster, er sehe viele Dinge kommen"[79].

Nun ist Franz v. Papen am 3. Dezember 1932 von eben jenem General Schleicher im Reichskanzleramt abgelöst worden, dessen Rede Herriot so besorgt gestimmt hatte. Ein französischer Regierungschef konnte denn auch keinen Anlaß sehen, von dem Berliner Wechsel eine wohltätige Wirkung auf die internationalen Beziehungen in Europa zu erwarten. Den Grund für Pariser Skepsis lieferte aber gerade nicht die Annahme, Kurt v. Schleicher werde die Politik seines Vorgängers fortsetzen, womöglich radikaler zugespitzt. Im Gegenteil. Es stellte sich ja sehr rasch heraus, daß Schleicher die politische Isolierung, in der die Regierung Papen – mit dem Reichswehrminister Schleicher – existiert hatte, als einen nicht lange erträglichen Zustand ansah[80]. Er unternahm Anstrengungen, seinem eigenen Kabinett eine breitere politische Basis zu schaffen, und zwar durch die Gewinnung eines von Hitler zu trennenden gemäßigten Flügels der NSDAP wie auch durch die

---

[79] Hoesch an AA, 29. 7. 1932; PA, R 70509.
[80] Turner, Hitlers Weg zur Macht, S. 34 ff.

Gewinnung der Gewerkschaften. Ersteres war gewiß ein Versuch am untauglichen Objekt, und der zweite Teil dieser taktischen Konzeption erwies sich ebenfalls als unanwendbar, nicht zuletzt auf Grund des Mißtrauens, das die Gewerkschaftsführer einem General entgegenbrachten, der obendrein als intrigant und unzuverlässig galt. Jedoch war die Tendenz zu erkennen, ein System zu etablieren, das mehr Ähnlichkeiten mit dem System Brünings als mit der Diktatur Papens haben sollte.

Parallel dazu durfte Schleicher die Neigung zugesprochen werden, auch in der Außenpolitik bei Brüning und nicht bei Papen anzuknüpfen. Als er am 15. Dezember 1932 sein Regierungsprogramm in einer großen Rundfunkrede darlegte, spielte die Außenpolitik verständlicherweise, angesichts der katastrophalen Wirtschaftslage, nur eine bescheidene Rolle. Immerhin fanden sich in der Rede Wendungen, die starke Anklänge an die im Herbst 1930 von Curtius geprägte Formel von der evolutionären Revisionspolitik aufwiesen[81]. Daß er im Lager der Revisionisten stand – zumindest angesichts der 1932 gegebenen Umstände – und nicht dem Papenschen Expansionismus anhing, ergab sich aber mehr noch aus seiner unbezweifelbaren Unterstützung der deutsch-sowjetischen Zusammenarbeit, die auf der anderen Seite antipolnische und frankophobe Ausrichtung bedeutete. Die Herren im Kreml hatten daher Papens Sturz und seine Ablösung durch Schleicher mit größter Befriedigung aufgenommen; in Moskau genoß der General als Garant des deutsch-russischen Spezialverhältnisses volles Vertrauen[82].

Um so größer war der Schock, den die sowjetischen Führer erlebten, als Schleicher aus innenpolitischen Gründen schon nach knapp zwei Monaten scheiterte. Statt seiner mutmaßlichen Intention folgen und zum außenpolitischen Kurs der Kabinette Brüning zurückkehren zu können, mußte er, noch ehe die Intention Gestalt anzunehmen vermochte, einer Regierung weichen, als deren Kanzler der Chef der NSDAP, der erklärte Expansionist Adolf Hitler, fungierte und in der als Vizekanzler der nicht minder gefährlich wirkende Papen wiederkehrte. Die Kombination Hitler/Papen wurde im Kreml als äußerst bedrohlich empfunden, zumal in der neuen Regierung Alfred Hugenberg, der Vorsitzende der Deutschnationalen, das Wirtschaftsministerium übernommen hatte, ein Mann, den Nikolaj Krestinski, der stellvertretende Volkskommissar für auswärtige Angelegenheiten, im Gespräch mit Botschafter Herbert v. Dirksen ungeniert einen doktrinären Autarkisten und folglich Expansionisten nannte[83]. Die sowjetische Führung reagierte umgehend. Waffenbestellungen wurden nun in Frankreich untergebracht, und es setzten sofort Bemühungen ein, den sowjetisch-französi-

---

[81] Schulthess', 1932, S. 223 ff.
[82] Dirksen an Bülow, 31. 1. 1933; PA, R 29518.
[83] Ebenda.

schen Beziehungen eine Qualität zu geben, die zumindest westeuropäische Rückendeckung für außenpolitische Abenteuer des Dritten Reiches verhinderte und im weiteren Verlauf eine diplomatische Frontbildung gegen die neuen Herren Berlins ermöglichte[84]. Der sozusagen zweite und nun definitive Abschied von der Weimarer Republik, den die Übernahme der Macht durch das Kabinett Hitler/Papen darstellte, provozierte also, da für Osteuropa gefahrvoll und für Westeuropa noch weit weniger schmackhaft als der Revisionismus Brünings, die ersten Bewegungen zu jener außenpolitischen Isolierung, die das Dritte Reich bis 1936 gefangen halten sollte. Im Auswärtigen Amt suchte man sich zu trösten. Staatssekretär v. Bülow hatte bereits in den Monaten zuvor die Zuversicht bekundet, das Amt werde auch unter einer Regierung Hitler die deutsche Außenpolitik auf gutem Wege halten können[85]. Am 31. Januar 1933 schrieb ihm Dirksen einen Brief, in dem der Botschafter die sowjetischen Befürchtungen vorsichtig als wohl berechtigt bezeichnete[86]. Bülow antwortete beruhigend: „Ich glaube man überschätzt dort die außenpolitische Tragweite des Regierungswechsels. Die Nationalsozialisten in der Regierungsverantwortung sind natürlich andere Menschen und machen eine andere Politik als sie vorher verkündigt haben. Das ist immer so gewesen und bei allen Parteien dasselbe."[87]

In den folgenden Wochen und Monaten dürfte der Staatssekretär manchmal etwas unsicher geworden sein, ob seine zynische Zuversicht der Entwicklung in Deutschland gerecht werde. Schließlich mußte er jetzt einen nicht geringen Teil seiner Zeit darauf verwenden, aufgebrachte Botschafter und Gesandte zu beschwichtigen, die gegen die brutale Mißhandlung britischer, italienischer, litauischer, französischer, belgischer und sonstiger nichtdeutscher Staatsbürger durch Schlägertrupps der SA protestierten; der Fremdenhaß, der – zumal wenn Fremde für Juden gehalten wurden – im ganzen Land losbrach, war in der Tat furchterregend und – das vor allem – unheilverkündend. Gleichwohl: Nicht nur sich selbst suchten Bülow und Neurath etwas vorzumachen. So versicherte der nun tatsächlich, wie er das im Sommer des Vorjahres prophezeit hatte, auch einem Kabinett Hitler als Außenminister angehörende Baron Neurath dem britischen Botschafter, er habe sein Verbleiben im Amt von der Bedingung abhängig gemacht, „freie Hand" zu haben; daher brauche niemand zu befürchten, daß es in der Außenpolitik des Deutschen Reiches „Experimente" geben werde[88]. Selbst Leopold v. Hoesch, der als Nachfolger Neuraths nach London versetzt worden war, wollte dort Sir John Simon zu der Ansicht bekehren, der in-

---

[84] Weingartner, Stalin und der Aufstieg Hitlers; Rosenfeld, Sowjetunion und Deutschland 1922–1933; Geyer (Hrsg.), Sowjetunion, S. 231 ff.
[85] Bülow an Prittwitz, 25. 1. 1932; PA, R 29517.
[86] Dirksen an Bülow, 31. 1. 1933; PA, R 29518.
[87] Bülow an Dirksen, 6. 2. 1933; PA, R 29518.
[88] Rumbold an Simon, 4. 2. 1933; DBFP, Second Series, Vol. IV, Nr. 235.

nere Wandel in Deutschland werde keine Auswirkung auf die Außenpolitik haben. Und der britische Außenminister ließ sich sogar – bereits die Neigung Londons zur unbeirrten Fortsetzung der Appeasement-Politik verratend – auf das Spiel ein und erwiderte, es sei doch beruhigend, „daß Minister, mit denen man in Lausanne so eng zusammengearbeitet habe, weiterhin im Amt seien"[89].

Den in Berlin stationierten Diplomaten, die das Geschehen in Deutschland aus nächster Nähe und ohne jeden Anlaß zur Selbsttäuschung beobachteten, konnte jedoch kein Sand in die Augen gestreut werden. Noch im Dezember hatte Sir Horace Rumbold nicht allein die allgemeine Beruhigung, die während der Kanzlerschaft des Generals v. Schleicher im ganzen Deutschen Reich eingetreten war, mit Befriedigung registriert, sondern ebenso die auch für die Außenpolitik eine Abkehr vom Kurs Papens signalisierende Bemerkung des Generals, „er könne die Idee der Autarkie, die einige Befürworter in Deutschland habe, nur verdammen"[90]. Jetzt aber, keine acht Wochen später, mußte er die Wiederkehr Franz v. Papens zur Kenntnis nehmen, und zwar Papens Wiederkehr in höchst abstoßender Gesellschaft. Mit klarerem Blick, als ihn die deutschnationalen Bundesgenossen Hitlers und mit ihnen bereits Millionen deutsche Bürger besaßen, schrieb Sir Horace schon am 7. Februar 1933, wenn Herr v. Papen glaube, „er habe die Nazi-Bewegung nun eingefangen und vor den Karren der Rechten gespannt, täuscht er sich wahrscheinlich"[91]. In der Folgezeit erlebten die Repräsentanten des Auslands, ob Diplomaten oder Korrespondenten, wie „Hitler, Papen und Hugenberg auf jede konstruktive Arbeit" verzichteten „und ihre Energie derzeit auf die Zerstörung der bürgerlichen Freiheiten und die Beseitigung des parlamentarischen Regierungssystems" konzentrierten[92]. Ohne die Charakterisierung namentlich der SA-Führer als „Gangster" zu scheuen, berichtete Sir Horace Rumbold, daß die Nationalsozialisten und ihre deutschnationalen Komplicen einerseits mit allen möglichen Tricks und Manövern, nicht zuletzt mit rücksichtsloser Gewaltanwendung, die auf den 5. März angesetzten Reichstagswahlen zu manipulieren suchten, andererseits der Nation unverblümt erklärten, daß sie, wie immer die Wahl ausfallen werde, die Macht nicht mehr aus der Hand zu geben gedächten[93].

Und zu alledem kam, wie die ausländischen Missionen notierten, kein Wort aus dem Präsidialamt[94]. Der Reichspräsident, seine Umgebung und die neue Führung der Reichswehr waren offensichtlich nicht gewillt, den

---

[89] Simon an Rumbold, 31. 1. 1933; DBFP, Second Series, Vol. IV, Nr. 232.
[90] Rumbold an Simon, 21. 12. 1932; DBFP, Second Series, Vol. IV, Nr. 222.
[91] Rumbold an Simon, 7. 2. 1933; DBFP, Second Series, Vol. IV, Nr. 238.
[92] Rumbold an Simon, 22. 2. 1933; DBFP, Second Series, Vol. IV, Nr. 243.
[93] Ebenda.
[94] Ebenda.

Nationalsozialisten in den Arm zu fallen. Im Gegenteil. Mit Verordnungen, die Hindenburgs Unterschrift trugen, obwohl sie Grundrechte suspendierten und den Repräsentanten eines großen Teils der Bevölkerung bis zum 5. März einen fairen Wahlkampf unmöglich machten, zeigte der Präsident und zeigte durch ihn die Armee, daß die Transformierung des Staates in eine Rechtsdiktatur ihre Zustimmung und Unterstützung fand. Das Erlebnis dieses Prozesses machte den Diplomaten bewußt, daß sie Zeugen eines Abschieds wurden, wenn sie bei den Akteuren in brauner Uniform „eine Verantwortungslosigkeit und eine frivole Mißachtung eines jeglichen anständigen Empfindens" konstatierten, die in Deutschlands „Geschichte ohne Beispiel" seien[95]. Deutschland verabschiedete sich gleichsam von allen Traditionen und Möglichkeiten, die bislang seine Entwicklung bestimmt hatten. Hier sah man nicht etwa einer Rückkehr zum Wilhelminismus zu, hier fand ein revolutionärer Wandel statt, der durchaus Neuem, und zwar offensichtlich Bösem und Feindlichem zur Herrschaft im Deutschen Reich verhalf. Und Deutschlands Nachbarn hatten – das lehrte das Gebaren der jetzt zwischen Rheinland und Ostpreußen mit der Macht hantierenden Rabauken und Ignoranten deutlich genug – nicht weniger Grund zur Angst vor terroristischer Politik als Deutschlands Sozialisten, Demokraten, Liberale und Christen. Es geschah weit Schlimmeres als der Bruch mit der Politik Stresemanns, der im Sommer und Herbst 1930 Europa verstört hatte. Der britische Botschafter faßte das in den Satz: „Die Vergangenheit ist ausgelöscht, und Staatsmänner wie Stresemann sind vergessen."[96]

---

[95] Ebenda.
[96] Rumbold an Simon, 7. 3. 1933; DBFP, Second Series, Vol. IV, Nr. 259.

Quellen und Literatur

Unveröffentlichte Quellen

Politisches Archiv des Auswärtigen Amtes

R 27977
R 28228 k
R 28250 k
R 28252 k, 28253 k, 28254 k, 28255 k, 28256 k, 28257 k
R 28285
R 28305 k, 28306 k, 28307 k
R 28320 k, 28321 k, 28322 k
R 28631
R 28698
R 28717, 28718
R 28807
R 29449, 29450, 29451, 29452, 29453, 29454, 29455
R 29465
R 29468, 29469, 29470, 29471, 29472
R 29505, 29506, 29507
R 29512, 29513, 29514, 29515, 29516, 29517, 29518, 29519
R 30255 k, 30256 k, 30257 k, 30258 k, 30259 k, 30260 k, 30261 k
R 30358, 30359, 30360
R 30368 k, 30369 k, 30370 k, 30371/2 k
R 34013
R 34015
R 70024, 70025, 70026
R 70502, 70503, 70504, 70505, 70506, 70507, 70508, 70509
R 73781
R 74142
R 74146, 74147
R 80147
R 80149
R 80151, 80152

Institut für Zeitgeschichte (IfZ)

ED 93, Bd. 14, 15, 16

Gedruckte Quellen

Schulthess' Europäischer Geschichtskalender 46 (1930), 47 (1931), 48 (1932)

Akten der Reichskanzlei (AdRK)

Die Kabinette Brüning I und II, bearb. von Tilman Koops, 3 Bde., Boppard 1982–1990
Das Kabinett von Papen, bearb. von Karl-Heinz Minuth, 2 Bde., Boppard 1989

Akten zur deutschen Auswärtigen Politik 1918–1945 (ADAP)

Serie B: 1925–1933, bearb. von Peter Grupp, Harald Schinkel, Roland Thimme u.a., 21 Bde., Göttingen 1966–1983

Documents on British Foreign Policy 1919–1939 (DBFP)

Series Ia, Vol. VII, ed. by W.N. Medlicott, Douglas Dakin, M. E. Lambert, London 1975
Second Series, Vol. I, II, III, IV, ed. by E.L. Woodward, Rohan Butler, ass. by Margaret Lambert, London 1947–1950

Foreign Relations of the United States (FRUS)

Diplomatic Papers, 1932, Vol. I, ed. by E.R. Perkins, Washington, D.C., 1948

Memoiren, Briefe, Aufzeichnungen

Bernstorff, Johann Heinrich Graf von, Erinnerungen und Briefe, Zürich 1936
Braun, Magnus Freiherr von, Von Ostpreußen bis Texas, Oldenburg 1955
Braun, Otto, Von Weimar zu Hitler, Hamburg 1949
Brüning, Heinrich, Memoiren 1918–1934, Stuttgart 1970
Ders., Briefe und Gespräche 1934–1945, hrsg. von Claire Nix, Stuttgart 1974
Ders., Briefe 1946–1960, hrsg. von Claire Nix, Stuttgart 1974
Chamberlain, Sir Austen, Englische Politik. Erinnerungen aus fünfzig Jahren, Essen 1938
Curtius, Julius, Sechs Jahre Minister der deutschen Republik, Heidelberg 1948
Dalton, Hugh, Call Back Yesterday. Memoirs 1887–1931, London 1953
The Political Diary of Hugh Dalton 1918–1940, hrsg. von Ben Pimlott, London 1986
Dirksen, Herbert von, Moskau – Tokio – London, Stuttgart 1949
François-Poncet, André, Als Botschafter in Berlin 1931–1938, Mainz 1947
E. Jünger – C. Schmitt. Briefe 1930–1983, hrsg. von H. Kiesel, Stuttgart 1999
Kessler, Harry Graf, Tagebücher 1918–1937, hrsg. von Wolfgang Pfeiffer-Belli, Frankfurt/Main 1961
Krosigk, Lutz Graf Schwerin von, Staatsbankrott. Die Geschichte der Finanzpolitik des deutschen Reiches 1920–1945, Göttingen 1974
Luther, Hans, Vor dem Abgrund 1930–1933. Reichsbankpräsident in Krisenzeiten, Berlin 1964
Mann, Thomas, Pariser Rechenschaft, in: Über mich selbst, Frankfurt 1998
Nadolny, Rudolf, Mein Beitrag. Erinnerungen eines Botschafters des Deutschen Reiches, hrsg. von Günter Wollstein, Köln 1985
Nadolny, Sten, Abrüstungsdiplomatie 1932/33. Deutschland auf der Genfer Konferenz im Übergang von Weimar zu Hitler, München 1978
Nicolson, Harold, Diaries and letters 1930–1962, 3 Bde., hrsg. von Nigel Nicolson, London 1966–1968
Papen, Franz von, Der Wahrheit eine Gasse, München 1952
Prittwitz und Gaffron, Friedrich von, Zwischen Petersburg und Washington. Ein Diplomatenleben, München 1952

Pünder, Hermann, Politik in der Reichskanzlei. Aufzeichnungen aus den Jahren 1929–1932, hrsg. von Thilo Vogelsang, Stuttgart 1961
Ders., Von Preußen nach Europa. Lebenserinnerungen, Stuttgart 1968
Schmidt, Paul Gustav, Statist auf diplomatischer Bühne 1923–1945, Bonn 1949
Stresemann, Gustav, Vermächtnis. Der Nachlaß in drei Bänden, hrsg. von Henry Bernhard, Berlin 1932–1933
The Memoirs of Herbert Hoover, Bd. 2, The Cabinet and the Presidency 1920–1933, London 1952, Bd. 3, The Great Depression 1929–1941, London 1953
Treviranus, Gottfried R., Das Ende von Weimar. Heinrich Brüning und seine Zeit, Düsseldorf/Wien 1968
Die Weizsäcker-Papiere 1900–1932, hrsg. von Leonidas E. Hill, Berlin u. a. 1982

Literatur

Ádám, Magda, Richtung Selbstvernichtung. Die Kleine Entente 1920–1938, Budapest/Wien 1988
Adamthwaite, Anthony, Grandeur and Misery. France's Bid for Power in Europe 1914–1940, London 1995
Aldcroft, Derek H., Die zwanziger Jahre. Von Versailles zur Wallstreet 1919–1929, München 1978
Bariéty, Jacques, Tauziehen um ein neues Gleichgewicht. Konsolidierung oder Revision von Versailles? in: Franz Knipping/Ernst Weisenfeld (Hrsg.), Eine ungewöhnliche Geschichte. Deutschland – Frankreich seit 1870, Bonn 1988, S. 101–111
Ders., La Conférence de la paix de 1919 et la nation allemande, in: Revue d'Allemagne 28/1 (1996), 87–111
Baumgart, Winfried, Vom europäischen Konzert zum Völkerbund. Friedensschlüsse und Friedenssicherung von Wien bis Versailles, Darmstadt ²1987
Baumont, Maurice, Aristide Briand. Diplomat und Idealist, Göttingen 1966
Becker, Josef, Heinrich Brüning und das Scheitern der konservativen Alternative in der Weimarer Republik, in: Aus Politik und Zeitgeschichte 22 (1980), S. 3–17
Ders., Probleme der Außenpolitik Brünings, in: Josef Becker/Klaus Hildebrand (Hrsg.), Internationale Beziehungen in der Weltwirtschaftskrise 1929–1933, München 1980, S. 265–286
Beer, Siegfried, Der „unmoralische" Anschluß. Britische Österreichpolitik zwischen Containment und Appeasement 1931–1934, Wien 1988
Bennett, Edward, Germany and the Diplomacy of the Financial Crisis 1931, Cambridge 1962
Benz, Wolfgang, Papens „Preußenschlag" und die Länder, in: VfZ 18 (1970), S. 320–338
Berg, Manfred, Gustav Stresemann. Eine politische Karriere zwischen Reich und Republik, Göttingen/Zürich 1992
Beyrau, Dietrich, Zwischen Autonomie und Abhängigkeit. Ostmitteleuropa 1919–1939, in: Gerhard Schulz (Hrsg.), Die große Krise der dreißiger Jahre. Vom Niedergang der Weltwirtschaft zum Zweiten Weltkrieg, Göttingen 1985, S. 179–199
Borchardt, Knut, Zwangslagen und Handlungsspielräume in der großen Wirtschaftskrise der frühen dreißiger Jahre. Zur Revision des überlieferten Geschichtsbilds, in: Josef Becker/Klaus Hildebrand, Internationale Beziehungen in der Weltwirtschaftskrise 1929–1933, München 1980, S. 287–325
Ders., Wachstum, Krisen, Handlungsspielräume in der Wirtschaftspolitik, Göttingen 1982
Ders., Wirtschaftliche Ursachen des Scheiterns der Weimarer Republik, in: ders., Wachstum, Krisen, Handlungsspielräume in der Wirtschaftspolitik, Göttingen 1982, S. 183–205
Ders., Zur Frage der währungspolitischen Optionen Deutschlands in der Weltwirtschaftskrise, in: Ders., Wachstum, Krisen, Handlungsspielräume in der Wirtschaftspolitik, Göttingen 1982, S. 28–41
Bosl, Karl (Hrsg.), Versailles – St. Germain – Trianon. Umbruch in Europa vor fünfzig Jahren, München/Wien 1971.

Bracher, Karl Dietrich, Die Auflösung der Weimarer Republik. Eine Studie zum Problem des Machtverfalls in der Demokratie, Villingen ³1960 (Düsseldorf ⁹1978
Ders., Brünings unpolitische Politik und die Auflösung der Weimarer Republik, in: VfZ 19 (1971), S. 113-123
Broszat, Martin, Die Machtergreifung. Der Aufstieg der NSDAP und die Zerstörung der Weimarer Republik, München 1984
Büsch, Otto/C. Witt (Hrsg.), Internationale Zusammenhänge der Weltwirtschaftskrise, Berlin 1994
Büttner, Ursula, Politische Alternativen zum Brüningschen Deflationskurs. Ein Beitrag zur Diskussion über „ökonomische Zwangslagen" in der Endphase von Weimar, in: VfZ 37 (1989), S. 209-249
Burgwyn, H. James, The Legend of the Mutilated Victory. Italy, the Great War, and the Paris Peace Conference, 1915 -1919, Westport 1993.
Burke, Bernard V., Ambassador Frederic Sackett and the Collapse of the Weimar Republic, The United States and Hitler's Rise to Power, Cambridge 1994
Carsten, Francis L., Britain and the Weimar Republic, London 1984
Challener, Richard D., The French Foreign Office: The Era of Philippe Berthelot, in: Gordon A. Craig/Felix Gilbert (Hrsg.), The Diplomats 1919–1936, Princeton 1953, S. 49-85
Chappius, Charles W., Anglo-German Relations 1929–1933. A Study of the Role of Great Britain in the Achievement of the Aims of German Foreign Policy, Indiana 1966
Conze, Werner, Brüning als Reichskanzler. Eine Zwischenbilanz, in: HZ 214 (1972), S. 310-334
Ders./Hans Raupach (Hrsg.), Die Staats- und Wirtschaftskrise des Deutschen Reiches 1929/33, Stuttgart 1967
Corsini, Umberto/Davide Zaffi (Hrsg.), Die Minderheiten zwischen den beiden Weltkriegen, Berlin 1997
Costigliola, Frank, American Political, Economic and Cultural Relations with Europe 1919–1933, Ithaca/London 1984
Debicki, Roman, Foreign Policy of Poland 1919–1939, New York 1962
Deist, Wilhelm, Internationale und nationale Aspekte der Abrüstungsfrage 1924–1932, in: Hellmuth Rößler/Erwin Hölzle (Hrsg.), Locarno und die Weltpolitik, Göttingen 1969, S. 64-93
Dickmann, Fritz, Die Kriegsschuldfrage auf der Friedenskonferenz von Paris 1919, in: HZ 197 (1963), S. 1-101
Dorpalen, Andreas, Hindenburg and the Weimar Republic, Princeton 1964
Ders., Hindenburg in der Geschichte der Weimarer Republik, Berlin 1966
Doß, Kurt, Zwischen Weimar und Warschau. Ulrich Rauscher, Deutscher Gesandter in Polen 1922–1930, Düsseldorf 1984
Duroselle, Jean-Baptiste, Histoire diplomatique de 1919 à nos jours, Paris ¹¹1993
Ehrhardt, Max, Deutschlands Beziehungen zu Großbritannien, den Vereinigten Staaten von Amerika und Frankreich vom Mai 1930 bis Juni 1932, Hamburg 1950
Eschenburg, Theodor, Die Rolle der Persönlichkeit in der Krise der Weimarer Republik. Hindenburg, Brüning, Groener, Schleicher, in: VfZ 9 (1961), S. 1-29
Ewald, Josef Winfried, Die deutsche Außenpolitik und der Europaplan Briands, Marburg 1961
Gehler, Michael, Rainer F. Schmidt, Harm-Hinrich Brandt, Rolf Steininger (Hrsg.), Ungleiche Partner? Österreich und Deutschland in ihrer gegenseitigen Wahrnehmung. Historische Analysen und Vergleiche aus dem 19. und 20. Jahrhundert, Stuttgart 1996
Geigenmüller, Ernst, Botschafter von Hoesch und der deutsch-österreichische Zollunionsplan von 1931, in: HZ 195 (1962), S. 581-595
Geyer, Dietrich (Hrsg.), Sowjetunion. Außenpolitik, Bd. I, Köln/Wien 1972
Geyer, Michael, Aufrüstung oder Sicherheit. Die Reichswehr in der Krise der Machtpolitik 1924–1936, Wiesbaden 1980
Gilbert, Martin, Sir Horace Rumbold. Portrait of a Diplomat 1869–1941, London 1973
Glashagen, Winfried, Die Reparationspolitik Heinrich Brünings 1930–1931. Studien zum wirtschafts- und außenpolitischen Entscheidungsprozeß in der Auflösungsphase der Weimarer Republik, 2 Bde., Bonn 1980
Goldinger, Walter, Das Projekt einer deutsch-österreichischen Zollunion von 1931, in: Österreich und Europa. Festschrift für Hugo Hantsch, Wien 1965, S. 527-546

Goldstein, Erik, Winning the Peace. British Diplomatic Strategy, Peace Planing, and the Paris Peace Conference 1916–1920, Oxford 1991
Gosmann, Winfried, Die Stellung der Reparationsfrage in der Außenpolitik der Kabinette Brüning, in: Josef Becker/Klaus Hildebrand (Hrsg.), Internationale Beziehungen in der Weltwirtschaftskrise 1919–1933, München 1980, S. 237–263
Graml, Hermann, Die Rapallo-Politik im Urteil der westdeutschen Forschung, in: VfZ 18 (1970), S. 366–391
Ders., Präsidialsystem und Außenpolitik, in: VfZ 21 (1973), S. 134–145
Ders., Europa zwischen den Kriegen, München ⁵1982
Groehler, Olaf, Selbstmörderische Allianz. Deutsch-russische Militärbeziehungen 1920–1941, Berlin 1992
Gunzenhäuser, Max, Die Pariser Friedenskonferenz 1919 und die Friedensverträge 1919–1920. Literaturbericht und Bibliographie, Frankfurt 1970
Hagemann, Walter, Deutschland am Scheideweg. Gedanken zur Außenpolitik, Freiburg 1931, S. VII.
Hagspiel, Hermann, Verständigung zwischen Deutschland und Frankreich? Die deutsch-französische Außenpolitik der zwanziger Jahre im innenpolitischen Kräftefeld beider Länder, Bonn 1987
Heineman, John L., Hitler's First Foreign Minister. Constantin Freiherr von Neurath. Diplomat and Statesman, Berkeley/London 1979
Helbig, Herbert, Die Träger der Rapallo-Politik, Göttingen 1958
Helbich, Wolfgang J., Die Reparationen in der Ära Brüning. Zur Bedeutung des Young-Plans für die deutsche Politik 1930 bis 1932, Berlin 1962
Heyde, Philipp, Das Ende der Reparationen. Deutschland, Frankreich und der Youngplan 1929–1932, Paderborn u. a. 1998
Ders., Frankreich und das Ende der Reparationen 1930–1932, in: VfZ 48 (2000), S. 37–73
Hildebrand, Klaus, Das Deutsche Reich und die Sowjetunion im internationalen System 1918–1932, Wiesbaden 1977
Ders., Das vergangene Reich. Deutsche Außenpolitik von Bismarck bis Hitler 1971–1945, Stuttgart 1995
Hillgruber, Andreas, „Revisionismus" – Kontinuität und Wandel in der Außenpolitik der Weimarer Republik, in: HZ 237 (1983), S. 597–621
Hirsch, Felix, Stresemann. Ein Lebensbild, Göttingen u. a. 1978
Hömig, Herbert, Brüning – Kanzler in der Krise der Republik. Eine Weimarer Biographie, Paderborn u. a. 2000
Hoensch, Jörg K., Der ungarische Revisionismus und die Zerschlagung der Tschechoslowakei, Tübingen 1967
Ders., Geschichte Ungarns 1867–1983, Stuttgart u. a. 1984
Ders., Geschichte der Tschechoslowakei, Stuttgart u. a. ³1992
Holtfrerich, Carl-Ludwig, Alternativen zu Brünings Wirtschaftspolitik in der Weltwirtschaftskrise, in: HZ 235 (1982), S. 605–631
Ders., Zur Debatte über die deutsche Wirtschaftspolitik von Weimar zu Hitler, in: VfZ 44 (1996), S. 119–132
Höpfner, Hans-Paul, Deutsche Südosteuropapolitik in der Weimarer Republik, Frankfurt/Main 1983
Hürter, Johannes, Wilhelm Groener. Reichswehrminister am Ende der Weimarer Republik (1928–1932), München 1993
Hummerich, Helga, Wahrheit zwischen den Zeilen. Erinnerungen an Benno Reifenberg und die Frankfurter Zeitung, Freiburg 1984
Jaitner, Klaus, Aspekte britischer Deutschlandpolitik, in: Josef Becker/Klaus Hildebrand (Hrsg.), Internationale Beziehungen in der Weltwirtschaftskrise 1929–1939, München 1980, S. 21–38
Ders., Deutschland, Brüning und die Formulierung der britischen Außenpolitik Mai 1930 – Juni 1932, in: VfZ 28 (1980), S. 440–486
James, Harold, The German Slump. Politics and Economics 1924–1936, Oxford 1986 (deutsch: Deutschland in der Weltwirtschaftskrise 1924–1936, Stuttgart 1988)
Johnson, Norman M., The Austro-German Customs Union Project in German Diplomacy, University of North Carolina 1974

Joll, James, Europe since 1870. An International History, London ³1985
Kaelble, Hartmut, Nachbarn am Rhein. Entfremdung und Annäherung der französischen und deutschen Gesellschaft seit 1880, München 1991
Keese, Dietmar, Die volkswirtschaftlichen Gesamtgrößen für das Deutsche Reich in den Jahren 1925–1936, in: Werner Conze/Hans Raupach (Hrsg.), Die Staats- und Wirtschaftskrise des Deutschen Reiches 1929–1933, Stuttgart 1967, S. 35–81
Kent, Bruce, The Spoils of War. The Politics, Economics, and Diplomacy of Reparations 1918–1932, Oxford 1989
Kimmich, Christoph M., Germany and the League of Nations, Chicago 1976
Kindleberger, Charles P., A Financial History of Western Europe, London 1984
Klinkhardt, Bernd, Die deutsche Politik auf der Abrüstungskonferenz und die Anfänge der deutschen Wiederaufrüstung 1932/33, Marburg 1968
Knipping, Franz, Der Anfang vom Ende der Reparationen. Die Einberufung des Beratenden Sonderausschusses im November 1931, in: Josef Becker/Klaus Hildebrand, Internationale Beziehungen in der Weltwirtschaftskrise 1929–1933, München 1980, S. 211–236
Ders., Deutschland, Frankreich und das Ende der Locarno-Ära 1928–1931. Studien zur internationalen Politik in der Anfangsphase der Weltwirtschaftskrise, München 1987
Kolb, Eberhard, Die Weimarer Republik, München 1993 (⁴1998)
Koszyk, Kurt, Gustav Stresemann. Der kaisertreue Demokrat. Eine Biographie, Köln 1989
Krüger, Peter, Die Außenpolitik der Republik von Weimar, Darmstadt 1985
Ders., Versailles. Deutsche Außenpolitik zwischen Revisionismus und Friedenssicherung, München 1986
Leopold, John A., Alfred Hugenberg. The Radical Nationalist Campaign against the Weimar Republik, New Haven 1977
Link, Arthur S. (Hrsg.), Woodrow Wilson and a Revolutionary World, 1913–1921, Chapel Hill 1982
Link, Werner, Die amerikanische Stabilisierungspolitik in Deutschland 1921–1932, Düsseldorf 1970
Lowe, Cedric J./Marzari, Francesco, Italian Foreign Policy 1870–1940, London/Boston,1976
Maier, Charles S., Recasting Bourgeois Europe: Stabilization in France, Germany and Italy in the Decade after World War I, Princeton 1975
Maxelon, Michael-Olaf, Stresemann und Frankreich 1914–1929. Deutsche Politik der Ost-West-Balance, Düsseldorf 1972
Mayer, Arno J., Politics and Diplomacy of Peacemaking. Containment and Counterrevolution at Versailles 1918–1919, London 1968
Meier-Welcker, Hans, Seeckt, Frankfurt 1967
Meister, Rainer, Die große Depression. Zwangslagen und Handlungsspielräume der Wirtschaftspolitik in Deutschland 1929–1932, Regensburg 1991
Meyer, Gerd, Die deutsche Reparationspolitik von der Annahme des Young-Plans im Reichstag (12. März 1930) bis zum Reparationsabkommen auf der Lausanner Konferenz (9. Juli 1932), Bonn 1991
Möller, Horst, Europa zwischen den Weltkriegen, München 1998
Mommsen, Hans, Die verspielte Freiheit. Der Weg der Republik von Weimar in den Untergang 1918–1933, Berlin 1989
Morsey, Rudolf, Brüning und Adenauer. Zwei deutsche Staatsmänner, Düsseldorf 1972
Ders., Zur Entstehung, Authentizität und Kritik von Brünings Memoiren 1918–1934, Opladen 1975
Niclauß, Karlheinz, Die Sowjetunion und Hitlers Machtergreifung. Eine Studie über die deutsch-russischen Beziehungen der Jahre 1929–1935, Bonn 1966
Niedhart, Gottfried, Internationale Beziehungen 1917–1947, Paderborn u.a. 1989
Ders., Die Außenpolitik der Weimarer Republik, München 1999
Orde, Anne, Großbritannien und die Selbständigkeit Österreichs 1918–1939, in: VfZ 28 (1980), S. 224–247
Patch, William L. Jr., Heinrich Brüning and the dissolution of the Weimar Republic, Cambridge 1998
Petzina, Dietmar, Elemente der Wirtschaftspolitik in der Spätphase der Weimarer Republik, in: VfZ 21 (1973), S. 127–133

Ders., Die deutsche Wirtschaft in der Zwischenkriegszeit, Wiesbaden 1977
Pfeil, Alfred, Der Völkerbund. Literaturbericht und kritische Darstellung seiner Geschichte, Darmstadt 1976
Pieper, Helmut, Die Minderheitenfrage und das Deutsche Reich 1919-1933/34, Hamburg/Frankfurt 1974
Pitts, Vincent, France and the German Problem. Politics and Economics in the Locarno-Era, 1924-1929, New York 1987
Poidevin, Raimond/Bariéty, Jacques, Frankreich und Deutschland. Die Geschichte ihrer Beziehungen 1915-1975, München 1982
Pünder, Hermann, Politik in der Reichskanzlei. Aufzeichnungen aus den Jahren 1929-1932, hrsg. von Thilo Vogelsang, Stuttgart 1961
Riekhoff, Harald von, German-Polish Relations 1918-1933, Baltimore/London 1971
Rödder, Andreas, Stresemanns Erbe. Julius Curtius und die deutsche Außenpolitik 1929-1931, Paderborn u. a. 1996
Rosenfeld, Günter, Sowjetrußland und Deutschland 1917-1922, Köln ²1984
Ders., Sowjetunion und Deutschland 1922-1933, Köln 1984
Rowland, Benjamin M. (Hrsg.), Balance of Power or Hegemony. The Interwar Monetary System, New York 1976
Saldern, Adelheid von, Hermann Dietrich. Ein Staatsmann der Weimarer Republik, Boppard 1966
Salewski, Michael, Das Weimarer Revisionssyndrom, in: Aus Politik und Zeitgeschichte Nr. 2 (12. Januar) 1980, S. 14-38
Schieder, Theodor, Die Entstehungsgeschichte des Rapallo-Vertrags, in: HZ 204 (1967), S. 545-609
Schmidt, Gustav, England in der Krise. Grundzüge und Grundlagen der britischen Appeasement-Politik 1930-1937, Opladen 1981
Ders., „Dissolving Internationl Politics?", in: Gustav Schmidt (Hrsg.), Konstellationen internationaler Politik 1924-1932. Politische und wirtschaftliche Faktoren in den Beziehungen zwischen Westeuropa und den Vereinigten Staaten, Bochum 1983, S. 348-428
Schröder, Hans-Jürgen, Deutsche Südosteuropapolitik 1929-1936. Zur Kontinuität deutscher Außenpolitik in der Weltwirtschaftskrise, in: GG 2 (1976), S. 5-32
Schuker, Stephen A., American „Reparations" to Germany, 1919-1933. Implications for the Third-World Debt Crisis, Princeton 1988
Schulz, Gerhard, Revolutionen und Friedensschlüsse 1917-1920, München ⁶1985
Ders., Zwischen Demokratie und Diktatur. Verfassungspolitik und Reichsreform in der Weimarer Republik, Bd. 3, Von Brüning zu Hitler. Der Wandel des politischen Systems in Deutschland 1930-1933, Berlin 1992
Schulze, Hagen, Weimar. Deutschland 1917-1933, Berlin 1982
Sharp, Alan, The Versailles Settlement. Peacemaking in Paris, 1919, Basingstoke u. a. 1994
Siebert, Ferdinand, Aristide Briand (1862-1932). Ein Staatsmann zwischen Frankreich und Europa, Erlenbach u. a. 1973
Soutou, Georges-Henri, Deutschland, Frankreich und das System von Versailles, in: Franz Knipping/Ernst Weisenfeld (Hrsg.), Eine ungewöhnliche Geschichte. Deutschland - Frankreich seit 1870, Bonn 1988, S. 73-84
Steininger, Rolf, „... Der Angelegenheit ein paneuropäisches Mäntelchen umhängen..." Das deutsch-österreichische Zollunionsprojekt von 1931, in: M. Gehler u. a. (Hrsg.), Ungleiche Partner? Österreich und Deutschland in ihrer gegenseitigen Wahrnehmung. Historische Analysen und Vergleiche aus dem 19. und 20. Jahrhundert, Stuttgart 1996, S. 441-478
Sundhausen, Holm, Die Weltwirtschaftskrise im Donau-Balkan-Raum und ihre Bedeutung für den Wandel deutscher Außenpolitik unter Brüning, in: Wolfgang Benz/Hermann Graml (Hrsg.), Aspekte deutscher Außenpolitik im 20. Jahrhundert. Aufsätze. Hans Rothfels zum Gedenken, Stuttgart 1976, S. 121-164
Taylor, Alan J. P., English History 1914-1945, Oxford 1965
Teichert, Eckart, Autarkie und Großraumwirtschaft in Deutschland 1930-1939, München 1984
Turner, Henry A., Stresemann and the Politics of the Weimar Republic, Princeton 1963
Ders., Stresemann. Republikaner aus Vernunft, Berlin 1968
Ders., Hitlers Weg zur Macht. Der Januar 1933, München 1996

Verschau, Ekkhard, Leopold v. Hoesch, in: Neue Deutsche Biographie, hrsg. von der Historischen Kommission bei der Bayerischen Akademie der Wissenschaft, Bd. 9, S. 367f.
Viénot, Pierre, Ungewisses Deutschland. Zur Krise seiner bürgerlichen Kultur, neu hrsg., eingeleitet und kommentiert von Hans Manfred Bock, Bonn 1999
Vogelsang, Thilo, Kurt von Schleicher. Ein General als Politiker, Göttingen u. a. 1965
Walters, Francis P., A History of the League of Nations, Oxford ²1960
Wandel, Eckhard, Hans Schäffer. Steuermann in wirtschaftlichen und politischen Krisen, Stuttgart 1974
Wandycz, Piotr, France and her Eastern Allies, Minneapolis 1962
Warner, Geoffrey, Pierre Laval and the Eclipse of France, New York 1968
Weingartner, Thomas, Stalin und der Aufstieg Hitlers. Die Deutschlandpolitik der Sowjetunion und der Kommunistischen Internationale 1929–1934, Berlin 1970
Wendt, Bernd-Jürgen, Politik zwischen Parlamentsdemokratie und Präsidialdiktatur. Die Ära Brüning im Spiegel der Kabinettsakten, in: HZ 254 (1992), S. 383–395
Wengst, Udo, Graf Brockdorff-Rantzau und die außenpolitischen Anfänge der Weimarer Republik, Bonn/Frankfurt 1973
Ders., Heinrich Brüning und die „konservative Alternative". Kritische Anmerkungen zu neuen Thesen über die Endphase der Weimarer Republik, in: Aus Politik und Zeitgeschichte Nr. 50 (13. Dezember) 1980, S. 19–26
Winkler, Heinrich August, Weimar 1918–1933. Die Geschichte der ersten deutschen Demokratie, München 1993
Woller, Hans, Machtpolitisches Kalkül oder ideologische Affinität. Zur Frage des Verhältnisses zwischen Mussolini und Hitler vor 1933, in: Der Nationalsozialismus. Studien zur Ideologie und Herrschaft, hrsg. von Wolfgang Benz, Hans Buchheim, Hans Mommsen, Frankfurt 1993, S. 42–63
Ders., Rom, 28. Oktober 1922. Die faschistische Herausforderung, München 1999
Zeidler, Manfred, Reichswehr und Rote Armee 1920–1933. Wege und Stationen einer ungewöhnlichen Zusammenarbeit, München 1993

Personenregister

Abernon, Edgar, 1st Viscount of Stoke-D' 24, 62

Baldwin, Stanley 171
Barthou, Louis 55
Benesch, Edvard 107
Bergmann, Carl 202, 213 f.
Bernhard, Henry 211
Bernhardi, Friedrich Julius Adam von 56
Bernstorff, Albert Graf von 56
Berthelot, Philippe 81, 83 f., 87 f., 102 f., 165, 198, 203
Best, Werner 180
Bethlen, Istvan (Stefan), Graf von 28, 68, 136
Bismarck, Otto Fürst von 26, 98
Blessing, Karl 169
Borah, William E. 131
Braun, Magnus Freiherr von 215, 217
Braun, Otto 49
Breitscheid, Rudolf 183
Briand, Aristide 26 f., 29, 31, 33 f., 37, 39, 46 ff., 50, 52, 56 ff., 60 ff., 65, 72, 74, 78, 81 f., 84, 87 f., 98, 101 ff., 106, 151 ff., 166, 172, 177
Brüning, Heinrich 7 ff., 39 ff., 42–45, 47, 51, 54 f., 60 f., 64 f., 70, 73–79, 85 f., 88, 93, 95, 97 f., 100, 102 f., 105 ff., 110, 114 f., 117–129, 131–135, 140 f., 144–148, 151, 153–157, 162–167, 171, 177–186, 188 f., 191 ff., 195 ff., 199 f., 202–205, 207, 209–213, 220, 223, 225 f.
Bülow, Bernhard Wilhelm von 43 f., 50, 53, 55, 60, 62 f., 66 f., 69 f., 73 f., 76, 81, 85, 86, 88, 94 f., 97 f., 99 f., 105 ff., 108, 110, 121–124, 133, 144, 146 f., 156, 158, 164 ff., 177, 181, 186, 191 f., 197, 201, 203 f., 207, 209, 214, 217, 222 ff., 226
Bülow, Bernhard Fürst von 43

Caillaux, Joseph 102
Chamberlain, Sir Austen 26 f.
Chamberlain, Neville 138 f., 171, 213 f.
Christie, M.G. 39
Churchill, Winston 95, 105
Clemenceau, Georges 19
Coolidge, Calvin 22

Coudenhove-Kalergi, Richard Graf von 122 f.
Curtius, Julius 40, 42 f., 46 f., 50, 53 ff., 60 f., 63–66, 68 ff., 72, 74, 76, 78, 81, 84 f., 88, 90–98, 100, 104, 106 ff., 110 f., 117–122, 126 f., 129–132, 135, 140, 144, 147, 151, 154, 157 f., 163 ff., 225

Dawes, Charles G. 22, 27
Dietrich, Hermann 126 ff., 133, 140
Dirksen, Herbert von 68 f., 113, 225 f.
Doumer, Paul 102
Duesterberg, Theodor 48, 200
Dufour von Feronce, Albert Freiherr 69

Ebert, Friedrich 31
Ender, Otto 93
Erzberger, Matthias 24
Escherich, Georg 69

Flandin, Pierre 84, 87, 151 ff., 155, 157 f., 177, 186–190, 194 f., 203
Fleuriau, Aimé Joseph de 187
Forster, Dirk 110
Franckenstein, Georg 105
François-Poncet, André 67, 178
Francqui, Emil 160 f., 184
Frank, Felix 108, 110
Franklin-Bouillon, Henri 57

Gayl, Wilhelm Freiherr von 216
Germain-Martin, Hérault 211 f., 214, 217 f.
Germain-Martin, Louis 84
Gilbert, Parker 35
Goebbels, Joseph 75, 180
Gömbös, Gyula 19, 136 f.
Göring, Hermann 179 f.
Graham, Sir Ronald 180 f.
Grandi, Dino 69 ff., 89, 100, 104, 117, 172
Groener, Wilhelm 64, 70, 74, 207
Gürtner, Franz 207

Hagemann, Walter 60
Hammerstein-Equord, Kurt Freiherr von 62, 70, 199
Hassell, Ulrich von 101

Heeren, Victor von 19, 96
Henderson, Arthur 55, 75, 77, 101, 105, 106f., 119ff., 129ff., 135, 144, 149–153, 156ff., 158, 160, 163–166, 222
Henderson, Sir Nevile 101
Hensch 67
Herriot, Edouard 189, 203f., 208–215, 216ff., 221, 224
Hessen, Philipp Prinz von 181
Heye, Wilhelm 119
Hindenburg und Beneckendorff, Paul von 25, 40, 42f., 45, 49ff., 53f., 55, 64, 74, 77, 127, 139, 179f., 200, 204–207, 217, 227f.
Hitler, Adolf 7, 19, 47, 52, 57, 59, 61, 118f., 121, 139, 155, 179ff., 183, 199f., 207f., 224–227
Hoesch, Leopold von 30f., 37, 50ff., 56, 62f., 67, 71, 74, 78, 81–89, 92, 94f., 101f., 103, 109, 124, 141, 144, 156, 163, 165f., 176f., 189, 203f., 221, 224, 226
Honnovat 85
Hoover, Herbert 137–143, 144, 147, 149, 173ff., 177, 191, 218
Hugenberg, Alfred 36, 121, 225, 227

Juch, Otto 91
Jünger, Ernst 187

Kaas, Ludwig 60
Kanya, Kalman von 28
Karolyi, Julius Graf von 136
Kellogg, Frank B. 33
Key, Helmer 67
Klebelsberg, Kuno Graf von 28
Koch, Walter 99
Köpke, Gerhard 43, 95f., 136, 163, 217
Krestinski, Nikolaj 225
Kühlmann, Richard Freiherr von 30, 83, 85

Laval, Pierre 111, 117, 120, 143f., 151–155, 157f., 160, 166, 171, 173–178, 186–191, 194, 197, 203, 210
Layton, Sir Walter T. 161, 163, 171f., 183f.
Leith-Ross, Sir Frederick 129ff., 187f., 204
Lerchenfeld, Hugo Graf von 91
Lindsay, Sir Donald 130f., 140
Litwinow, Maxim 66–69
Löbe, Paul 49
Luther, Hans 32, 76, 107, 126, 140

MacDonald, Ramsay 119, 122, 129f., 138f., 150f., 156, 158, 160, 163–166, 170, 189ff., 194, 199, 208, 212–215, 218
Maginot, André 151, 165
Mann, Thomas 30
Margerie, Pierre Jacquin de 50, 62, 78
Meissner, Otto 64

Melchior, Karl 169, 182f., 184, 186
Mellon, Andrew W. 138, 143f.
Miklas, Wilhelm 93
Moltke, Adolf von 113
Moraht, Hans Ludwig 62
Moysset, Henry 78
Müller, Adolf 61, 70
Müller, Hermann 7, 40, 90, 95
Mussolini, Benito 15, 19, 28f., 32, 69–72, 100, 104f., 117f., 127, 136, 139f., 172, 181, 189, 199

Neurath, Konstantin Freiherr von 31, 43, 99, 105, 132, 147, 150, 180, 188, 191f., 207–210, 213f., 221f., 224, 226
Nicolson, Harold 36, 39, 56
Norman, Montagu 129ff., 133

Orsini, Luca 117

Painlevé, Paul 26, 30
Papen, Franz von 7ff., 43, 199, 206–209, 211, 213–225, 227
Pezet, Ernst 60
Pfafferott 71
Pfeiffer, Edouard 71f.
Phipps, Eric 37
Poincaré, Raymond 30, 55, 102
Prittwitz und Gaffron, Wilhelm von 31, 98, 204
Pünder, Hermann 41, 76ff., 80, 85, 121

Radek, Karl 65
Rathenau, Walther 24
Raumer, Hans von 83
Rauscher Ulrich 53, 113
Reading, Rufus Daniel Isaacs Marquis of 42, 170f., 174
Reifenberg, Benno 42
Remarque, Erich Maria 75
Renzetti, Giuseppe 118
Reynaud, Paul 82
Riesser, Hans 63
Rist, Charles 183f.
Ritter, Karl 91f., 96f., 107
Rocco, Alfredo 69
Roosevelt, Franklin D. 218
Rosenberg, Frédéric Hans von 67
Rothermere, Harold Sidney Harmsworth Viscount 36
Rumbold, Sir Horace 37, 39, 42, 55, 57, 62, 75, 100, 119, 177f., 181, 188, 191f., 199, 206f., 227
Runciman, Walter 212ff.

Sackett, Frederic M. 65, 140, 144, 146f., 177f.

Sargent, Orme G.   37, 39
Schäffer, Hans   76, 83, 102, 178, 183, 185, 207
Schiele, Martin   40
Schleicher, Kurt von   7 ff., 64, 199, 205 f., 219, 221, 224 f., 227
Schober, Johann   90–93, 100, 107 f., 117
Schoen, Hans von   28, 68
Schubert, Carl von   28, 30, 34, 43, 70 f., 90, 95
Schüller, Richard   90 ff., 107
Schwerin-Krosigk, Lutz Graf von   211, 214, 217
Seeckt, Hans von   32, 64, 119
Seipel, Ignaz   90
Seldte, Franz   120
Severing, Carl   50
Simon, Sir John   171 f., 187 f., 190–193, 195 ff., 208 ff., 212 ff., 226
Skirmunt   119 f.
Snowden, Philip   158, 162
Stalin, Josif   68
Stimson, Henry L.   130 f., 138, 152 f., 161, 166, 175, 206
Stresemann, Gustav   21, 23–27, 29–32, 34, 36, 39, 42 f., 45, 47, 50, 88, 90, 118, 124, 166, 203 f., 211, 223, 228
Stresemann, Käte   63

Tardieu, André   60, 71, 78, 81 f., 83 f., 86, 195, 203
Temperley, A.C.   58
Thälmann, Ernst   199 f.
Tirpitz, Alfred von   25
Treitschke, Heinrich von   56
Treviranus, Gottfried   40, 46, 52–56, 60, 73, 82, 123
Tyrell, William, 1st Baron of Avon   37, 135, 160, 174, 195, 197 f., 203, 209

Vansittart, Sir Robert   37, 99, 119 f., 129–133, 160

Wallenberg, Marcus   102
Warmbold, Hermann   207, 215, 217
Weizsäcker, Ernst Freiherr von   30, 44, 52, 61
Wiggin, Albert H.   169, 171
Wilhelm, Kronprinz von Preußen   119
Wilson, Woodrow   18, 121, 173
Wirth, Joseph   40, 53
Woroschilow, Klimmt J.   13
Wysocki, Alfred   113

Young, Owen D.   35

Zaleski, August   122

www.ingramcontent.com/pod-product-compliance
Lightning Source LLC
Chambersburg PA
CBHW052018290426
44112CB00014B/2285